Palavras para Walnice

Sesc

SERVIÇO SOCIAL DO COMÉRCIO
Administração Regional no Estado de São Paulo

Presidente do Conselho Regional
Abram Szajman
Diretor Regional
Danilo Santos de Miranda

Conselho Editorial
Áurea Leszczynski Vieira Gonçalves
Rosana Paulo da Cunha
Marta Raquel Colabone
Jackson Andrade de Matos

Edições Sesc São Paulo
Gerente
Iã Paulo Ribeiro
Gerente Adjunta
Isabel M. M. Alexandre
Coordenação Editorial
Cristianne Lameirinha, Clívia Ramiro,
Francis Manzoni, Jefferson Alves de Lima
Produção Editorial
Simone Oliveira
Coordenação Gráfica
Katia Verissimo
Produção Gráfica
Fabio Pinotti, Ricardo Kawazu
Coordenação de Comunicação
Bruna Zarnoviec Daniel

Biblioteca Brasiliana Guita e José *Mindlin*

UNIVERSIDADE DE SÃO PAULO

Reitor Carlos Gilberto Carlotti Junior
Vice-reitora Maria Arminda do
Nascimento Arruda

**Pró-Reitoria de Cultura
e Extensão Universitária**
Pró-reitora Marli Quadros Leite
Pró-reitor adjunto Hussam El Dine Zaher

Biblioteca Brasiliana Guita e José Mindlin
Diretor Alexandre Macchione Saes
Vice-diretor Hélio de Seixas Guimarães

Publicações BBM
Editor Plinio Martins Filho
Editoras assistentes Amanda Fujii,
Bruna Xavier Martins, Millena Santana

Edições Sesc São Paulo
Rua Serra da Bocaina, 570 – 11º andar
03174-000 – São Paulo, SP, Brasil
Tel.: 11 2607-9400
edicoes@sescsp.org.br
sescsp.org.br/edicoes
/edicoessescsp

Publicações BBM
Biblioteca Brasiliana Guita e José Mindlin
Rua da Biblioteca, 21
Cidade Universitária
05508-065 – São Paulo, SP, Brasil
Tel.: 11 2648-0840
bbm@usp.br

Palavras para Walnice

Antonio Dimas & Ligia Chiappini

(orgs.)

edições sesc

Copyright © 2023 by Antonio Dimas, Ligia Chiappini e colaboradores
© Edições Sesc São Paulo, 2023
Todos os direitos reservados

Direitos reservados e protegidos pela Lei 9.610 de 19.02.1998.
É proibida a reprodução total ou parcial sem autorização,
por escrito, das editoras.

Edição	Plinio Martins Filho
Preparação de texto	Plinio Martins Filho
Composição	Amanda Fujii, Camila de Souza Gonçalves, Millena Santana
Capa	Ricardo Kawazu
Revisão	Plinio Martins Filho
	Antonio Dimas

Dados Internacionais de Catalogação na Publicação (CIP)

P154

Palavras para Walnice / Organizadores: Antonio Dimas; Ligia Chiappini. – São Paulo: Edições Sesc São Paulo, 2023.
392 p. il.

ISBN: 978-85-9493-226-6

1. Walnice Nogueira Galvão. 2. Homenagem. 3. Teoria literária. 4. Literatura comparada. 5. Crítica literária. 6. Docência. I. Título. II. Galvão, Walnice Nogueira. III. Dimas, Antonio. IV. Chiappini, Ligia. V. Biblioteca Brasiliana Mindlin. VI. USP – Universidade de São Paulo.

CDD: 808.4

Ficha catalográfica elaborada por Maria Delcina Feitosa, CRB/8-6187

Sumário

Apresentação – Uma homenagem – *Danilo Santos de Miranda* 11

WALNICE: PROFESSORA, CRÍTICA,
    MILITANTE, ANDARILHA E... – *Antonio Dimas*..........................13

DOS TESTEMUNHOS ÀS RELEITURAS DE EUCLIDES, ROSA E MUITO MAIS
NOS QUATRO BLOCOS DESTE LIVRO – *Ligia Chiappini* 19

I. TESTEMUNHOS, LEMBRANÇAS E IMPRESSÕES

1. WALNICE: MÃE, TUTORA, AMIGA – *Afonso Galvão Ferreira* 25

2. WALNICE, MESTRA PRA VIDA INTEIRA – *Flávio Aguiar*............................33

3. WALNICE(S), TREZENTAS VEZES TREZENTAS E CINQUENTA –
    Ligia Chiappini..37

II. RELEITURAS E TRADUÇÕES DE ROSA E DE EUCLIDES

4. ORIENTAÇÕES E TRAVESSIAS – *Benjamin Abdala Júnior* 63

5. CANGUÇURANA? BALZAQUIRANA? CANGUSSUETÊ? –
    Betty Mindlin...79

6. E BEM, E O RESTO? PERDAS E SOBRAS NAS TRADUÇÕES
ITALIANAS DE ROSA – *Ettore Finazzi-Agrò* 89

7. NOS BASTIDORES DAS TRADUÇÕES
FRANCESAS DE OS SERTÕES – *Jacqueline Penjon*.......................103

8. DE VOLTA AO "IMPOSSÍVEL RETORNO"– *Marcel Vejmelka*....................127

9. O MISTÉRIO DA LITERATURA– *Marilena Chaui*..............................143

10. JOÃO GUIMARÃES ROSA E A "ESTÓRIA"– *Michel Riaudel* 153

11. UM ENCONTRO: SABER E INTUIÇÃO EM
DOIS TEMPOS – *Salete de Almeida Cara*....................................173

III. OUTRAS LEITURAS

12. *GABRIELA*: DO SERTÃO À GUERRA FRIA – *Antonio Dimas*....................185

13. PARA WALNICE NOGUEIRA GALVÃO, UMA AMIGA:
MACHADO DE ASSIS E HUYSMANS DE PRESENTE,
EMBALADOS EM RABOS DE SEUS GATOS – *Eugenia Zerbini*..................229

14. TEATRO E ESCRAVIDÃO: AS COMÉDIAS DE MARTINS PENA – *João Roberto Faria* 241

15. O ECO NO OCO: O NÃO NA POESIA CONCRETA – *K. David Jackson* 267

16. O *FAUSTO*, DE GOETHE, EM PERSPECTIVA
ÉTICO-ESTÉTICA – *Marcus V. Mazzari* 281

17. "CONTOS DE AMIGO", DE LIMA BARRETO, OU O PODER DO ROSTO – *Šárka Grauová*...301

18. UMA CATEGORIA GEOGRÁFICA QUE ALEXANDER VON HUMBOLDT
NÃO CITOU – *Willi Bolle* 313

IV. SOBRE MESTRE CANDIDO

19. LIÇÕES DE UM MESTRE, NA VIDA E NA ARTE – *Beth Brait* 339

20. CANTO DE AMOR PELOS LIVROS,
    A PARTIR DA MORTE – *Jorge Schwartz* 359

V. À GUISA DE POSFÁCIO

21. AS TAREFAS DA CRÍTICA – *Antonio Candido* 371

22. PARA LOUVAR WALNICE – *Celso Lafer* 377

SOBRE OS AUTORES 381

Walnice Nogueira Galvão para Suplemento Pernambuco.
Foto: Fabio Seixo, 2018.

Apresentação:
Uma Homenagem

DANILO SANTOS DE MIRANDA
Diretor do Sesc São Paulo

O Sesc desenvolve sua ação sociocultural e procura cumprir sua missão educativa mantendo diálogo com diferentes instituições e organizações da sociedade, com foco naquelas que conjugam formação humana e exercício da cidadania. Este é, sem dúvida, o caso da Universidade de São Paulo e, particularmente, da Biblioteca Brasiliana Mindlin, criada para abrigar e difundir a coleção reunida durante oitenta anos pelo bibliófilo José Mindlin e sua esposa Guita, com milhares de livros e manuscritos sobre o Brasil. O exemplo da Brasiliana, com a qual o Sesc coedita este volume, é representativo da máxima de que as instituições são fruto e reflexo da ação de pessoas.

Daí se justifica a homenagem, na forma perene do livro, às contribuições e aos legados de certas figuras para a vida cultural do país, na medida em que fazem a diferença e abrem importantes precedentes para as gerações subsequentes. É nesse sentido que a trajetória de Walnice Nogueira Galvão, professora emérita de teoria literária e literatura comparada da USP, solicita reconhecimento e registro. Intelectualmente múltipla, Walnice iniciou seu percurso acadêmico nos anos 1960, revelando-se ao longo de mais sete décadas uma notável leitora, pesquisadora, analista, crítica e escritora.

Buscando fazer jus ao percurso dessa atinada intérprete da literatura brasileira, que acumula cerca de quarenta livros publicados, *Palavras para Walnice* reúne testemunhos, lembranças e comentários de seus pares, abrangendo releituras do repertório constituído pela intelectual e professora acerca das obras de autores centrais como Euclides da Cunha e Guimarães Rosa. Como não poderia deixar de ser, os relatos são permeados por menções ao mestre Antonio Candido, de quem Walnice foi aluna e assistente na Faculdade de Filosofia, Letras e Ciências Humanas da USP.

Além de sua ênfase na especificidade e nas implicações sócio-históricas da literatura, Walnice congrega uma série de outras iniciativas afins ao do trabalho de difusão e mediação cultural desenvolvido pelo Sesc. Destaca-se aí sua militância intelectual vertida na dedicação a inúmeras revistas e na constante atuação junto a bibliotecas, associações, grupos, movimentos sociais e editoras. Nessas manobras de expansão, das quais a edição deste livro passa a fazer parte, a homenageada logra levar as potências da universidade para outros domínios da experiência social, alçando pontes entre esses ambientes e entre seus agentes.

WALNICE: PROFESSORA, CRÍTICA, MILITANTE, ANDARILHA E...

Antonio Dimas

ESPANTA A QUANTIDADE de livros e de artigos que Walnice publicou. Mais de cinquenta livros; cerca de setenta capítulos em livros alheios; em torno de quinhentos artigos em periódicos diversos.

Mais que isso, simples dado numérico para alegria das agências de fomento, a diversidade do recheio de cada um deles, tocando neste ou naquele assunto, sempre com entusiasmo e mira certeira. Em seguida, a segurança de suas opiniões, sempre concisas, mesmo se controversas. Ao longo de carreira tão extensa, dentro e fora da universidade, difícil não vê-la opinando sobre livros do momento, sobre fatos do nosso entorno sempre tumultuado, sobre tópicos óbvios ou subjacentes. Sua atenção constante ao mundo vivido desmente a imagem banal do acadêmico enclausurado entre livros e requerimentos, entre comissões insaciáveis e solenidades togadas. Seu campo de ação, construído a dedo, foi (e tem sido...) sempre o da militância intelectual e docente, aqui ou fora daqui.

Cautelosa diante de uma universidade altamente politizada e/ou burocratizada, Walnice Nogueira Galvão dosou-se bem entre suas obrigações institucionais e as de cunho acadêmico, não permitindo que aquelas se sobrepusessem a estas, recurso habitual para quem se esquiva da pesquisa e se deixa embalar pela burocracia cada vez mais glutona. Foi essa precaução que permitiu a ela responder às necessidades da Universidade de São Paulo, onde ensinou por mais de 25 anos, depois de tê-la frequentado como aluna, em percurso discente já marcado pelo desviacionismo precoce. Insatisfeita com as Neo-latinas, cursadas em 1955, Walnice transferiu-se para as Ciências Sociais no ano seguinte e nelas alcançou seu bacharelado e sua licenciatura em 1961. Ano esse que lhe foi extremamente benfazejo, porque foi nele que conciliou sua inquietação, segundo se lê em seu *Memorial* para o concurso de Titular, apresentado em janeiro de 1985:

> Em 1961, Antonio Candido inaugura na Faculdade de Filosofia, Ciências e Letras da USP a disciplina de Teoria Literária e Literatura Comparada, com um curso de Teoria do Romance. Devido ao impacto desse curso, que era o que almejava e nunca tinha encontrado em nenhuma de suas opções, a candidata abandonou suas atividades, regressou definitivamente à literatura, entrou na carreira docente, e jamais conseguiu se desvencilhar de um interesse básico por prosa[1].

Em suma: sob o signo constante da travessia, Walnice entrou nas Letras; amuou-se; foi embora; entrou nas Ciências Sociais; gostou; foi até o fim; licenciou-se em 1961; e nelas doutorou-se, em 1970. Mas com uma tese afinada com as Letras: *As Formas do Falso: Um Estudo sobre a Ambiguidade no* Grande Sertão: Veredas *de Guimarães Rosa*. Isto é: foi para as Sociais, voltou para as Letras e nelas consolidou uma carreira, quando, dois anos depois, em 1972, não só recuperou uma vereda, como também fincou estaca no segundo autor que a guiou pelo sertanismo literário: Euclides da Cunha. Com Guimarães Rosa, primeiro, e Euclides, depois, Walnice marcava, então, seu espaço de atuação crítica daí por diante, sem *se desvencilhar de um interesse básico por prosa*[2].

Natural e consequente o interesse básico por esse gênero narrativo, uma vez que deveriam estar muito frescas em sua memória as primeiras aulas de Antonio Candido – já como professor de Letras e não mais de Sociologia – em torno da prosa e da teoria do romance.

Em meio aos cento e tantos cadernos de anotações (e de formação intelectual) de Antonio Candido – que Ana Luísa, Laura e Marina de Mello e Souza, suas filhas, legaram, em boa hora, para o Instituto de Estudos Brasileiros da USP – lá estão alguns, com pistas enigmáticas e sugestivas. Por exemplo: "Formação da Teoria do Romance", "Compreensão do Realismo

---

1. Arquivo da FFLCH/USP. Proc. 104/85
2. Agradeço à Sra. Maria da Luz de Freitas Obata o atendimento gentil e profissional com que me acolheu no Arquivo da FFLCH/USP quando da busca deste Processo.

no Romance", "Tópicos de Estudos sobre Romance" e uma delas, misteriosa, que se repete: "Elliot Romance". Uma outra – "Ordem Difícil: Estudo sobre o Romance como Ameaça Provisória" – sugere vínculo forte entre essas aulas e as primeiras tentativas de ensaio de Walnice, acolhidos, primeiro, pelo famoso *Suplemento Literário* de *O Estado de S. Paulo*, uma verdadeira incubadora intelectual pronta para acolher essa geração, dentro da qual emergiram tantos nomes indispensáveis como Afonso Romano de Santana, Alfredo Bosi, João Alexandre Barbosa, Leyla Perrone-Moisés, Luiz Costa Lima, Roberto Schwarz, Silviano Santiago, Telê Porto Ancona Lopez e outros. Uma geração que soube encarar, nos campi brasileiros, o ofício da crítica literária com forte profissionalismo e que, dentro dela, marcou seu espaço indelével.

Por intermédio da *Teoria do Romance*, começava, então, uma carreira promissora e diversificada, que não só atentava para a especulação simultânea entre Literatura e Sociedade, como também garantia a continuidade dessa linha de pesquisa no Departamento de Teoria Literária e Literatura Comparada da FFLCH/USP. Com livro de título igual, publicado em 1965, Antonio Candido formalizara e sacramentara um modelo de pesquisa no campo da Literatura, que encontraria, em seguida, respaldo na Fapesp e que indicaria caminho para inúmeros e persistentes resultados de qualidade. E ao dedicá-lo a Sérgio Buarque de Holanda, outro intelectual que sabia muito bem coser essas duas pontas, Antonio Candido reafirmava nossa necessidade de não nos deixarmos levar pela pesquisa circunscrita tão somente ao texto, em detrimento da circunstância social, nem deixou que a atenção a esta arranhasse a autonomia e especificidade daquele.

Mais tarde, quando recebeu seu título de Professora Emérita da FFLCH/USP, em 2011, Walnice explicitou seus numes tutelares, todos eles orientados pela pesquisa com inegável adesão ao *locus*, infensos ao nacionalismo estreito e independente de suas filiações ideológicas. Nesse momento, a homenageada expunha sua filiação intelectual, cuja marca mais incisiva era o cosmopolitismo bibliográfico, muito longe de territorialidades estreitas, fossem quais fossem, viessem de onde viessem. Através do elenco invejável de nomes, Walnice mostrava a que viera e a que linhagem intelectual pertencia: Antonio Candido (1918-2017), Florestan Fernandes (1920-1995), Gilda de Mello e Souza (1919-2005), Gioconda Mussolini (1913-1969), Maria Isaura Pereira de Queiroz (1918-2018) e Sérgio Buarque de Holanda (1902-1982).

Diante do porte desses nomes, impõe-se reconhecer que a autoridade intelectual de cada um foi construída por meio de uma bibliografia de sustância e não por cargos de carreira, nem por favorecimentos momentâneos. Desse amálgama entrecruzado não é difícil extrair também o caráter poliédrico das escolhas metodológicas, que só em caso de extrema necessidade argumentativa atinham-se aos limites estreitos do método único. A bibliografia ativa deles e delas pauta-se pela diversidade metodológica, em geral, e por um traço comum: o esforço contínuo para entender e explicar a cultura deste país. O que Walnice fez aqui e fora daqui. Andarilha por natureza e por formação, pôs-se ela na estrada e não se limitou à atuação doméstica apenas. Sua itinerância acadêmica, sem contar a pessoal, levou-a a diferentes pontos deste país e a outros, europeus e americanos, empenhada sempre no ensino e na difusão crítica da Cultura Brasileira.

Talvez isso explique a gama de assuntos que Walnice Nogueira Galvão encarou ao longo de sua carreira, pontuada por abundância notória de livros e de artigos, capazes de dar conta de Cinema, Literatura, Artes Plásticas, Música lírica, MPB, Vida editorial, Política, Arquivística etc.

Desaparece, no entanto, a falsa impressão de um ajuntamento disparatado de assuntos, tendente à mixórdia ou ao exibicionismo intelectual, quando se verifica que o fio condutor que une todos esses itens é a militância cultural, já presente nos anos 1970. Neste ponto, sua atuação não só foi pioneira, como também ajudou a desmanchar o muro que separa a universidade do seu entorno social. Sem arredar pé do ensino, nem da pesquisa funda em arquivos mal equipados, Walnice sempre conciliou seus interesses, atenta às novidades, algumas das quais enganosas e passageiras. Afinal de contas, o movimento permanente de coser fragmentos de uma dada realidade nunca lhe foi gesto estranho. Sem se importar com o tamanho, com a cor ou nem mesmo com a natureza do fragmento, sua habilidade e sua persistência sempre foi esta: recompor o mosaico que o tempo zombeteiro martelou com gosto, a ponto de nos perguntarmos quase todo dia "que país é este?" Sem condescendência, a tarefa dessa estudiosa em plantão permanente é a de juntar fatos de aparência díspar que nos expliquem. Aliás, foi ela mesma que admitiu, em entrevista forte ao valioso *Suplemento Pernambuco*, em outubro de 2018: "Sou mais a favor de alianças"[3].

---

3. *Suplemento Pernambuco*, ed. 152, out. 2018.

É bem verdade que esta declaração foi feita em outro contexto, não menos esclarecedor. De forma indireta, o que se aproveita desta confissão é o desejo permanente da entrevistada de reunir dados e fatos, sempre com o intuito do esclarecimento e da compreensão do nosso autoconhecimento como nação, seu guia maior.

Deve ser por causa desta obstinação explicativa que Walnice acabou por escolher dois autores brasileiros, lá atrás, que lhe servem de mote recorrente, desde o começo de sua carreira acadêmica.

Com Guimarães Rosa no seu doutoramento (1970), e com Euclides da Cunha na sua Livre-Docência (1972), Walnice cravou, logo cedo, os limites de sua atuação intelectual, dentro e fora do *campus*. Com a intermediação dos dois, Walnice quis deixar claro o centro de sua atividade e de seu interesse: a indagação constante sobre um Brasil arruinado. Que, vira-e-mexe, ressurge glorioso das sombras agro-pastoris, por mais *high-tech* que o país finja ser.

Implícita nessa escolha está a lição de que nem sempre é a universidade a única a oferecer esclarecimentos sempre tão urgentes e necessários. Que eles podem vir de outras fontes, as mais inesperadas. Afinal, foi o engenheiro Euclides da Cunha quem escancarou, de forma irreversível e dolorosa, o talho fundo e quase impossível de suturar entre nossa costa e nosso interior. E foi um médico, Guimarães Rosa, quem, anos depois, demonstrou que o mandonismo jagunço ainda lateja no vasto sertão chamado Brasil, onde dá suas cartas e blefa quando menos se espera.

Tomá-los como guias que se juntam à escolha dos numes, acima expostos às claras, pode funcionar como justificativa e explicação para esta homenagem mais que cabível a Walnice Nogueira Galvão, nos parece.

DOS TESTEMUNHOS ÀS RELEITURAS DE EUCLIDES, ROSA E MUITO MAIS NESTE LIVRO

Ligia Chappini

Estes escritos são sobre Walnice Nogueira Galvão e os autores que ela estudou a vida toda, seus preferidos, visitados e revisitados em sucessivos livros e ensaios, mas também sobre outros autores e outros temas literários e culturais. Uma breve descrição de suas quatro partes pode dar uma ideia dessa diversidade na unidade, caminhando da proximidade dos testemunhos para a abordagem de obras de terceiros, que, direta ou indiretamente, têm muito a ver com a vida e a obra da nossa homenageada. O epílogo volta a ela mais diretamente, em um tom, ao mesmo tempo, analítico e afetivo, fechando o ciclo.

Na primeira parte, predominam relatos sobre convivência e aprendizagem filial, acadêmica, profissional e de amizade. Superando o subjetivismo, no entanto, eles se abrem a outras vozes, que ampliam, por *flashes* sucessivos, o perfil da mulher, da mãe, da amiga, da colega, da estudiosa da literatura e da cultura, como também, da intelectual-cidadã, proporcionando uma verdadeira viagem no tempo e no espaço, geográfico, cultural e político no Brasil e fora dele.

A segunda parte se detém em leituras e releituras das obras de Euclides da Cunha e Guimarães Rosa, núcleo recorrente no trabalho da estudiosa de literatura, como já vimos acima. Não apenas dos grandes livros, *Os Sertões* e *Grande Sertão: Veredas*, mas de grandes-pequenos contos, como é o caso do inigualável "Meu Tio, Iauaretê".

Há aí espaço para as dificuldades e sucessos em traduções de Euclides da Cunha para o francês e de Guimarães Rosa para o italiano. Para um tradutor e estudioso alemão da obra rosiana, certos ensaios de Walnice convidam a revisitá-la constituindo elo fundamental na construção de sua fortuna crítica e se tornando, assim, parte integrante da triangulação Autor-Obra-Público, nos termos de Antonio Candido.

E há quem prefira ressaltar, mais especialmente, a capacidade da estudiosa para ler livros que provocam e interpelam os/as leitores/as, chamando-nos a penetrar mais profundamente nos "mistérios da literatura". E quem busque decifrar, com base nessa ficção e na correspondência do escritor, um trabalho contínuo e inovador com a tradição narrativa ocidental, transculturando, como diria Ángel Rama. O minucioso trabalho editorial, seja da correspondência de estudiosas como Gilda de Mello e Souza, seja de edições críticas das grandes obras, ilustraria, ainda, a capacidade de unir saber, pesquisa e intuição; pesquisa erudita à percepção analítica, transfigurando o texto na medida em que o desvenda por meio de uma escrita certeira.

A terceira parte se dedica a outras leituras para além desses dois clássicos, incluindo obras que não gozam da unanimidade crítica, como é o caso de Jorge Amado e a polêmica Gabriela. Nessa terceira parte, cabem também ensaios comparativos entre autores do porte de um Machado de Assis e Huysmans, relidos pela óptica de uma ficcionista. Ou entre literatura e cinema, mostrando que um conto de Rosa pode ir mais fundo que um filme sobre o mesmo tema. Por outro lado, um estudo sobre o teatro de Martins Pena capta sob a aparente leveza da comédia, a dramatização e reflexão crítica sobre o Brasil escravocrata. Mais longe e, ao mesmo tempo, bem perto, nos leva uma releitura de *O Fausto*, de Goethe. E, à primeira vista, fora do lugar, a poesia concreta, aparentemente pouco política, reencontraria, como "poesia do não", algo descoberto por Walnice e exposto em *As Formas do Falso*: que "o contrário sempre surge do seu contrário". Em seguida, volta-se ao engajamento ostensivo, na prosa de um Lima Barreto, que dramatizaria alteridade e exclusão.

Mas Walnice é cidade e é sertão. O livro sempre tem Euclides que plana sobre ou sob outras leituras e viagens, como é o caso de repensar o seu sertão à luz dos relatos de viagem de Spix & Martius e da sua travessia, refeita por dois pesquisadores aventureiros em pleno século XXI.

A quarta parte, como já foi dito, volta a aproximar-se da pessoa indissoluvelmente ligada à figura de Walnice Nogueira Galvão, à sua história e formação, pela leitura do grande mestre de todas/os nós: Antonio Candido. Sublinhando nele a importância da escrita acadêmico-didática para iniciantes, que tentam adentrar os mistérios da leitura e análise dos textos literários. Para mostrar como, articulando detalhes linguísticos e fina interpretação, Candido realiza o que a maioria dos professores tem muita dificuldade de realizar, ou seja, levar o aluno a ler, analisar e interpretar. Este artigo organiza-se a partir da recuperação do ponto de vista da estudiosa experiente, que procura colocar-se na pele de uma leitora/iniciante, o que Walnice aprendeu muito bem com o autor de *Na Sala de Aula*, entre outros textos seus em que a clareza não afeta em nada a profundidade.

Quase ao final, um texto póstumo, poético, onde os livros pensam, cantam e choram, pela perda do seu leitor atento e amoroso, que deles se despede ao antecipar sua própria morte, é lembrado por quem também aproveita a oportunidade para relembrar alguns momentos inolvidáveis de um convívio prolongado embora intermitente e de conversas sempre prazerosas e inspiradoras. O que nos remete, novamente, à primeira Assistente de Antonio Candido, Walnice Nogueira Galvão, que conviveu com ele, nos seus últimos anos de vida, mais do que qualquer um ou qualquer uma de nós, em conversas, mantidas ao sabor do chá compartilhado, sobre as quais ela ainda teria muito a nos contar.

Finalmente, como retomada do muito que ecoou até aqui, neste breve resumo e como reaproximação com a pessoa e a obra de Walnice, o livro se encerra com o próprio Antonio Candido, num prefácio, retomado à guisa de Posfácio, em que Candido comenta alguns dos ensaios mais bem realizados da autora, mostrando como ela sabe mover-se com ciência e arte, pelas várias "tarefas da crítica".

Assim, este livro estava mais do que na hora de ser produzido e publicado. Demorou, mas valeu a pena, porque não é nada pequeno. Autoras e autores, de diversas proveniências geográficas e espaços de vida e profissão, pelo Brasil e mundo afora: Alemanha, França, Itália, República Checa, Estados Unidos. Suas diferentes especialidades e o seu desempenho nelas o comprovam, pela solidez de seus trabalhos, seja em Literatura e Cultura, Teoria Literária, Filosofia, Antropologia, Direito, teoria e prática da tradução, na maior parte das vezes, abertos a uma produtiva interdisciplinaridade.

Resta-nos agradecer a todas e todos que contribuíram com estas palavras para Walnice, com destaque para uma figura marcante que aqui se fez presente, com muita lucidez e generosidade, pouco antes de nos ser roubado pela pandemia e pelo pandemônio: Alipio Freire.

Referências Bibliográficas

Suplemento Pernambuco, out. 2018, ed. 152. Disponível em: https://issuu.com/suplementopernambuco/docs/pe_152_web/2.

Galvão, Walnice Nogueira. *As Formas do Falso: Um Estudo sobre a Ambiguidade no Grande Sertão: Veredas de Guimarães Rosa*. São Paulo, FFLCH-USP, 1970.

I
TESTEMUNHOS, LEMBRANÇAS E IMPRESSÕES

I

Walnice: Mãe, Tutora, Amiga

Afonso Galvão Ferreira

> *À ma maman, sans qui cette tâche aurait été presque*
> *insurmontable. C'est bête mais c'est vrai.*

FOI ASSIM QUE ABRI minha tese de doutorado, em 1990. Isto é só um minúsculo exemplo da dedicação total de Walnice em tudo o que faz, acima de tudo com relação a mim, seu único filho.

Um de seus traços característicos, que sempre chamou a atenção de vários amigos meus, é expressar-se e comportar-se de maneira superlativa. E aqui encontro o primeiro enrosco em minha redação: como não abusar de superlativos ao tentar contribuir com minha perspectiva, pessoal, neste livro tão importante e erudito? Walnice é dedicadíssima, generosíssima, trabalhadeiríssima, engajadíssima, corretíssima. Possui uma imaginação fertilíssima, uma capacidade crítica agudíssima, um campo de interesse larguíssimo. E por aí afora.

Mãe desquitada desde que comecei a falar, Walnice muito se empenhou para que eu tivesse uma relação serena e próxima com meu pai. Crucialmente, fez malabarismos mil para prover uma educação moderna e feminista no Brasil dos anos 1960, onde Woodstock era coisa de "comunista" e o AI-5 a resposta nativa às aspirações da juventude da qual ela fazia parte. Na logística, teve muita ajuda de parte de meus avós, de ambos os lados, e no conteúdo proporcionou-me inúmeros contatos afetivos e intelectuais com seus irmãos, primos, amigos, colegas, e com sua imensa biblioteca pessoal, sem contar ensino em escolas progressistas como O *Pequeno Príncipe* e Gabriela Mistral, que ela escolheu a dedo.

Quanto a esta, relata o Manuel, amigo feito lá em 1974:

Lembro o dia em que ela levou o Afonso à escola pela primeira vez, com a famosa camisa de tigre. Eu não me lembro bem como ela estava vestida, mas lembro que era mais jovem que a maioria das mães e vestida mais informalmente. Não porque era moda, mas porque era assim. Lembro também que a gente a chamava pelo primeiro nome, coisa que até era normal no Gabriela, mas nem todas as mães deixavam. Mas dona Walnice, não era a praia dela. Antes de conhecê-la direito, depois daquele primeiro dia, alguém falou: é uma intelectual e desquitada. Para uma criança adolescente de uma sociedade retrógrada como a brasileira, aquilo era assustador. Depois fui algumas vezes em sua casa e era uma mãezona, livro na mão sempre e uma anfitriã. Ela encarou esses preconceitos absurdos de forma muita tranquila.

Só no final de minha adolescência comecei a perceber a importância primordial de seus esforços para expor-me à diversidade de ideias, à gênese do conhecimento e à resistência intelectual. Muito interessante foi o impacto de tais esforços em meus amigos, também adolescentes na época; esforços esses aliados a seu carácter inclusivo e sem preconceitos. Muitos dos meus amigos vinham de famílias tradicionais da zona sul paulistana e aproveitavam da generosidade de Walnice para esbaldarem-se em um ambiente protegido onde *flower power* era o lema. Na época, o penteado "afro" de Walnice valeu-lhe o apelido de "Wal-Wal Tempo Nublado", dado por um desses meus amigos. Sua reação foi participar na brincadeira e mesmo de uma criação de nosso coletivo baseado em uma gravação em fita K7 de uma comédia vampiresca.

Como bem diz o Manuel:

Walnice tem uma virtude pouco comum: numa conversa ela te deixa a sensação de que realmente está muito interessada no que você está contando, e faz perguntas que te estimulam a realmente falar o que pensa sem travas. Talvez força de hábito de professora, mas uma coisa não muito comum quando se conversa com uma criança pré-adolescente. Naquela época, dizia-se que crianças devem ser vistas e não ouvidas. Teria sido uma grande analista e psiquiatra, se não tivesse sido uma grande intelectual.

Quando escolhi cursar o colegial perto de casa, mas numa instituição caretíssima, magoou-se. Mas, como sempre, deu-me todo o apoio. E ainda graças a ela salvei meu espírito, pois enquanto meus colegas viam televisão, eu, cujo acesso a este meio de propaganda de massa era limitado, passava o tempo e várias noites lendo ao acaso exemplares de sua fartíssima biblioteca, como os pré-socráticos, a *Odisseia*, *Hamlet*, ou ainda os poemas de Blake.

Sua esplendorosa biblioteca, que, no passado, necessitou o aluguel de um apartamento para abrigá-la, não cessou de enriquecer-se e de criar símbolos, como conta minha amiga Bia:

> Há alguns anos, já trabalhando para Walnice, decidimos arrumar sua vasta biblioteca. Como foi divertido! Durante a arrumação, aprendi muitas coisas com a professora Walnice. Cada livro, cada catálogo de museu, cada panfleto, tinha uma história. Foi um trabalho que levou um mês para ser concluído, com muita dedicação, e que trouxe muita gratificação.

O espírito crítico e o pensamento conceitual que assim desenvolvi permitiram-me passar no vestibular para a Universidade de São Paulo – sua *alma mater* –, apesar de meu curso colegial medíocre. Muito lhe devo por tais traços de personalidade, que, adicionados de um sentimento de que se não houver uma razão coerente para que eu seja excluído, então nada impede que eu me inclua, só perdem em importância em minha formação para todo o amor que Walnice me consagra ao longo de sua vida. Amorosíssima!

Sua falta de preconceitos e seu interesse pelas novas gerações como fonte de modernidade são exemplares e embasaram a formidável aventura paratiense vivida por mim e meus amigos. Sua casa, na rua Marechal Deodoro 18, era aberta a todos os de boa índole e durante muitos anos não se fechou a porta de entrada, tanto a logística ou o número de cópias de chaves teria sido impossível de conceber. A casa era conhecida como seu reduto de trabalho árduo – berço da monumental Edição Crítica de *Os Sertões*, da qual participamos – e fonte de excelentes pratos de arroz, feijão e farinha (da terra!) para amigos, conhecidos e amigos e conhecidos desses. Walnice também nos permitiu festas memoráveis, que rivalizavam com a animação do Paratiense Atlético Clube. Enquanto ela trabalhava em seu escritório, acima da sala (de festas), os jovens estabeleciam seu território na traseira da casa, onde no quartão, rapidamente rebatizado *Big Nights*, dormiam mais de dez em sacos de dormir estendidos diretamente no chão, para aumentar a capacidade. Aos jogos de futebol e de vôlei e passeios de barco misturavam-se altíssimas conversas sobre política, artes, ciência e literatura, com muita alegria e peixe frito com caipirinha do Lapa.

Outro amigo de infância, o Felipe, descreve de maneira pertinente o misto de muito trabalho, alegria e culinária:

> Tive a oportunidade de conhecer melhor essa grande guerreira, de educação invejável, quando comecei a frequentar sua casa em Paraty. Walnice, sempre com uma paciência tibetana, hospedava com todo seu carinho e dedicação os amigos de seu filho Afonso. Frequentemente em número não menor que seis!" Ou ainda: "Até os dias de hoje não consigo compreender como ela realizou obras do porte da Edição Crítica de *Os Sertões* em meio a tantas festas que organizávamos. Também não sei como ela conseguia forças para, eventualmente, preparar almoços inesquecíveis para aqueles adolescentes famintos recém-chegados da praia. Walnice cozinha divinamente!

Desta época há muitas outras lembranças, como as do Estevam:

> Frequentei durante alguns anos sua casa em Paraty, e lembro exatamente de sua figura, observadora e sorridente. Tenho uma imagem dela enfiando as mãos pelos cabelos fartos e sorrindo generosamente naquele estilo próprio e muito divertido, que me faz lembrar da casa, o jardim interno e as gostosuras do lugar. Quando falava conosco, os meninos, era sempre uma fala rápida e precisa. Nunca, jamais, presenciei um tom ou gesto repressor. Nem um aumento de voz sequer. Talvez generosa seja um adjetivo elegante para a Walnice. Outra coisa de que me lembro bem é que a Walnice sempre estava bem-vestida. Elegante. Fosse nas ocasiões festivas em sua casa ou na casa de Paraty, não me lembro de tê-la visto em desarranjo. Isso passava uma impressão altiva, mas não presunçosa. Ao contrário, era bem despretensiosa sua elegância.

Walnice sempre foi muito inclusiva e trouxe para dentro de casa todos os meus amigos e amigas, proporcionando-lhes o mesmo ambiente complexo, aberto, e intelectual ao qual eu tinha direito – em oposição ao conteúdo reacionário dos meios de comunicação usados pela classe média paulistana. O impacto de sua generosidade, tanto material como intelectual, é imenso. Segundo o Félix, "o primeiro contato que tive com Walnice foi em Paraty, onde ela nos gratificou com sua hospitalidade e suavidade em receber convidados numa casa acolhedora como aquela. Referência na usp, desde que tenho lembrança, sua paixão por Euclides da Cunha me instigou a ler e estudar o tema Canudos, que conhecia de passagem somente dos tempos de colégio.

Aonde quer que tenha estabelecido moradia – Paris, Paraty, Austin, Lisboa, Nova York, para citar apenas alguns lugares – ela aplicou aos visitantes, próximos ou distantes, a política da porta aberta, proporcionando a mim e a inúmeros amigos meus – gregos e goianos – oportunidades únicas e inesquecíveis de impregnarem-se de alta cultura, gratuitamente e com guia de grande erudição.

Um bom relato de sua qualidade de anfitriã é dado pelo Alfredo:

> Conheci a Walnice no começo dos anos 1990, em Paraty. O meu contato com ela nessa viagem foi breve. Achei fantástica a sua acolhida, recebendo o filho e um bando de amigos. Tivemos a oportunidade de sermos bem recebidos umas duas ou três vezes mais, com, por exemplo, mesas fartas de café da manhã. Já no fim dos anos 90, tive a oportunidade de conhecer um pouco melhor a Walnice, quando ela me recebeu em seu apartamento perto de Montparnasse em Paris. Mais uma vez, fui muito bem recebido. Apesar do apartamento ser pequeno, ela compartilhou o espaço comigo. Há pouco tempo ela lembrou-se da minha visita e comentou sobre o dia em que eu telefonei para a minha esposa de um telefone público sob a Torre Eiffel. No século passado, nem pensar em telefones celulares!

Impressionante em Walnice é também seu lado enciclopédico, ajudado por uma memória fantástica. Antes do advento da Internet, a maneira mais rápida de se obter informações importantes sobre assuntos ecléticos era perguntar a ela. Ainda hoje regozijo-me de nossas longas conversas, que dão diversas voltas ao mundo e na História, cada vez que nos vemos. Com isso foi-me passada a satisfação pelo aprendizado, que certamente contribuiu a me talhar para a profissão de pesquisador. De Platão a Garrincha e do Sertão da Paraíba às ruínas de Delfos, seu conhecimento é uma fonte de prazer sem fim em conversas animadíssimas, que ela patrocina regularmente com grandes recepções em sua casa.

Por sinal, tais recepções tornaram-se lendárias. Conheço as que são organizadas tradicionalmente no dia de minha chegada em São Paulo. Segundo Alfredo:

> Nos encontramos várias vezes em sua casa, em diversos jantares conviviais sempre regados a bons vinhos, queijos e "barcos" de sushi. Nesses encontros sempre podemos conversar um pouco. Mas, apesar de sermos professores da mesma universidade, sempre me admirou como ela parece transpirar conhecimento. Sempre que ela aborda algum assunto, aprendo algo, desde a forma de abordá-lo ao tema em si. De uma forma quase que premonitória, quase toda ida à sua casa foi precedida pela aparição de um artigo dela em um jornal de grande circulação.

Ou ainda Bia:

A primeira vez que vi Walnice pessoalmente foi em uma reunião em sua casa. Escutava muito falar dela, por ser uma professora da Universidade de São Paulo que atuava intelectual e politicamente. A primeira impressão que tive foi que ela era uma mãe de amigo diferente, por ser uma pessoa muito participativa nas questões importantes da época. Senti imediata admiração por ela. Até 2013, meus contatos com Walnice davam-se apenas quando o Afonso vinha para o Brasil e ela preparava uma deliciosa recepção com receitas de sua autoria, pratos exóticos com excelente combinação de sabores.

Já Estevam refere-se a ela assim:

A generosidade estendeu-se anos depois do período juvenil em Paraty, durante os encontros entre adultos em sua casa, quando o filho já morava fora do país. Recepções e convescotes muito prazerosos, bem servidos e aconchegantes, tudo ao mesmo tempo. Come-se e bebe-se muito bem por ali. Ri-se farta e afetivamente!

A capacidade de trabalho e o empreendimento intelectual de Walnice são notórios. Incontáveis livros escritos e publicados e um curriculum de dar volta no quarteirão, com projetos realizados em diversas disciplinas além da literatura *latu-sensu*, como curadoria de peças de teatro e de exposições em museus, por exemplo. Alfredo recorda-se assim de uma homenagem à Walnice:

O momento mais especial em que pude estar presente com a Walnice foi quando ela foi homenageada como professora emérita, uma honraria para bem poucos. Foi uma cerimônia emocionante, onde pude assistir um pouco do que foi a carreira acadêmica dela através de uma série de depoimentos tocantes.

Na verdade, Walnice deixa fortes impressões em todas as pessoas que a frequentam, o que inclui meus amigos, em suas próprias palavras:

Alfredo:

Tenho uma profunda admiração por Walnice. Hoje, mais do que nunca, onde há cruzeiros marítimos para terraplanistas, precisamos cada vez mais de intelectuais com alto nível de erudição como a Walnice.

Bia:

Walnice é uma verdadeira dama e a pessoa mais culta que conheço. Também é muito educada, generosa, espirituosa, amante de uma boa música e cozinha muito bem, o que é ótimo para todos. Admiro-a por sua vida. Tem uma disposição incansável para o trabalho, pois é apaixonada pelo que faz.

Felipe:

Walnice: sinto-me um privilegiado em fazer parte dessa história.

Félix:

Sem dúvida, uma das mentes mais brilhantes e lúcidas num país com tanta carência e perdido em futilidades. Merece todo destaque e reconhecimento, como na flip 2019.

Manuel:

A Walnice de que me lembro era uma mulher dos anos 1970, ativa, inteligente, introspectiva, mas que não deixava de ter o viço e a brejeirice das brasileiras. Uma beleza tranquila. Alguém que não faz tipo e age como realmente quem é.

Zé Guilherme:

Difícil escrever algo, pois sinto como se tivesse uma vida inteira com a Walnice. Ela, que me deu um irmão de presente, estará sempre no meu coração!

E é aqui no final que me desvencilho desta esquisitice que é chamá-la de "Walnice". Afinal, nunca o fiz. Pra mim ela sempre foi "mãe" ou, preferivelmente, "Manhê!".

Referência Bibliográfica

Cunha, Euclides. *Os Sertões*. 2ª ed. Edição crítica por Walnice Nogueira Galvão. São Paulo, Ubu Editora, 2019.

2

Walnice, Mestra pra Vida Inteira

Flávio Aguiar

ENCONTREI WALNICE pela primeira vez em 1969, logo depois de ter-me transferido da Universidade Federal do Rio Grande do Sul, onde eu cursara Letras até o terceiro ano (Naquele tempo se contava o tempo letivo em anos), para a Universidade de São Paulo. Eu procurava, na verdade, Roberto Schwarz, que dera palestra na UFRGS em 1967, a convite do Centro Acadêmico Franklin Delano Roosevelt, da Faculdade de Filosofia da UFRGS, e ficara hospedado na casa de meus pais, onde eu morava. O curso de Letras estava acampado nos barracões próximos ao Piscinão da Cidade Universitária, depois dos acontecimentos dramáticos em que vândalos de extrema-direita, então sediados no Mackenzie, ajudados pela polícia, devastaram o prédio da Maria Antônia. Tudo naquela época era dramático: mais ou menos como hoje, nestes tempos dominados por novas erupções da extrema-direita no Brasil e no mundo.

Era de noite (eu cursava o noturno, pois trabalhava pela manhã, o outro horário do curso de Letras). Alguém me apontou duas jovens professoras que conversavam com uma terceira pessoa: "são professoras da Teoria Literária", "Cadeira" (assim se dizia, ao invés de "disciplina", e se escrevia com maiúscula) em que o Roberto dava aula. Eram a Walnice e a Teresa Pires Vara. Cordialmente, me explicaram que não fazia muito o Roberto tinha deixado a "Cadeira", a Faculdade, São Paulo e o Brasil. Logo entendi a lógica do exílio, palavra que não se disse, mas ficou subentendida. Agradeci, me afastei, e a vida prosseguiu.

Ano e meio depois, concluí a graduação. Houve uma cerimônia muito bizarra. Era obrigatório que se formalizasse o término do curso através do que se chamava de "colação de grau". Naquela época, nós, estudantes de esquerda, desprezávamos estes cerimoniais. Além disto, tais cerimônias descambavam para protestos contra a Ditadura (assim também com maiúscula) através dos discursos do representante dos estudantes e uma ou outra vez, de um professor mais ousado. Estes professores, a quem chamávamos de "progressistas" eram minoria (Walnice entre eles), naqueles anos, e muitos tinham sido abatidos pelos expurgos e cassações promovidos pelo regime ditatorial. O fato é que numa tarde quente de verão me dirigi ao gabinete do professor Eurípedes Simões de Paula, herói condecorado da FEB. A certa altura, alguém chamou meu nome: devia ser o Ayrosa, que dizíamos ser o "eterno" Secretário da Faculdade. Entrei na sala escura, no atual Prédio da Administração (tudo com maiúscula) da FFLCH. A sala se apresentava vetusta, recoberta por móveis também escuros. O professor Eurípedes me esperava, de pé, atrás da mesa do Diretor (*idem*, maiúscula). Quando cheguei à sua frente, reparei que havia sobre a mesa um papel com algo escrito, que deveria ser o termo de colação, e que no começo daquela cerimônia que tinha algo de patético ele deveria ter lido. Para mim se limitou a dizer: "também a vós confiro o grau". Apertou-me a mão, eu agradeci, e saí. O referido grau era o de Bacharel em Letras (Português). E assim eu estava pronto para seguir o destino que queria: fazer pós-graduação em Teoria Literária e Literatura Comparada. E foi assim que reencontrei Walnice.

Procurei, primeiro, o professor Antonio Candido. Diante do meu interesse manifesto por "arte e sociedade", ele me sugeriu procurar Walnice. Diante dela – já transmudada, tendo abandonado seu antigo severo coque por um cabelo à Gal Costa – desfiei meu interesse algo abstrato por "literatura", "América Latina", "sociedade", coisa que ela cortou me perguntando o que eu já fizera de fato. Bem, eu participara de um projeto de fôlego, sob orientação de Dionísio Toledo e supervisão de Maria da Glória Bordini, traduzindo *The Time and the Novel*, de A. A. Mendilow, *O Tempo e o Romance,* dentro da perspectiva de atualizar a bibliografia crítica sobre gênero no Brasil. Mas ela logo notou que uma boa parte de meus trabalhos de aproveitamento na graduação girava em torno do teatro. Então me perguntou o que eu poderia oferecer a respeito. Ocorreu-me a ideia de lhe falar sobre "o caso Qorpo-Santo", em torno do irrequieto dramaturgo gaúcho do século XIX, o "manso louco do Guaíba" no pitoresco dizer de Guilhermino César, recuperado no século XX como um precursor da vanguarda artística, em particular do Teatro do Absurdo. "Então", me disse ela, "a primeira coisa a provar é que existe aí matéria para fazer um mestrado"; "matéria": fontes, documentos, crítica, etc. e, sobretudo, um campo original ou a organizar para o conhecimento intelectual sistemático.

Foi não só o começo de minha dissertação de mestrado; foi o começo de aprendizado do que havia de sistemático, laborioso, descortinador de descobertas ao invés de divagações sobre ideias abstratas. Esta iniciação se estendeu a meu trabalho de doutorado, sobre o teatro de José de Alencar. E se estendeu também pela vida afora. Walnice levou-me ao conhecimento da obra de Northrop Frye; além disto, ao convívio com seu trabalho admirável como *scholar* sobre *Os Sertões*, sobre temas como o da "Donzela Guerreira", além de outros, exibindo uma incansável conjugação entre sistematização e criatividade. Levou-me também ao encontro de seu esforço militante pela inteligência, ao lado de Bento Prado, nas páginas da revista *Almanaque*, publicada pela Editora Brasiliense. E levou-me ao encontro de uma amizade que nunca me faltou, mesmo em momentos difíceis que exigiram sua dedicação e arrojo. Ainda hoje nos brinda com sua incansável militância de esquerda inteligente em seus escritos via internet, como nos *posts* no *site* GGN, ou sua presença em iniciativas como as da Fundação Perseu Abramo. Com o passar do tempo a vida, em seus meandros tortos e destortos, estabeleceu a distância de um oceano e dois hemisférios diferentes entre nós. Mas sobre isto, como corrente rarefeita nas grandes alturas, paira a inspiração imorredoura que Walnice me trouxe sobre o rigor que um trabalho intelectual exige, além do amor pelas causas da liberdade e do combate contra as injustiças sociais de nossa pátria e do mundo. Ave e Axé.

3

Walnice(s), Trezentas Vezes Trezentas e Cinquenta

Ligia Chiappini

> *Eu sou trezentos, sou trezentos e cinquenta.*
> Mario de Andrade

"POR ONDE COMEÇAR?"[1]

Talvez retomando essa velha e sempre nova pergunta de Roland Barthes, muito difícil de responder. Difícil escolha e difícil início, entre dúvidas e hesitações. Mas de saída, eu diria que, ao longo da minha convivência de mais de quarenta anos com Walnice Nogueira Galvão, como aluna, como colega e parceira de alguns projetos comuns, e como amiga de perto ou de longe, ela sempre me surpreendeu e me surpreende ainda, porque, parodiando Mario de Andrade, Walnice não é Walnice; é bem mais que trezentas-e-cinquenta Walnices.

Seus textos críticos marcaram a minha formação indelevelmente. Todos eles, exemplares da riqueza e profundidade dessa incansável leitora, pesquisadora, analista, intérprete e escritora que, segundo Antonio Candido, "sabe tudo"... ou quase tudo, porque, quando não sabe, procura e pergunta incansavelmente, até ficar sabendo tanto ou mais que suas fontes. As impressões a seguir podem dar apenas uma pálida ideia dessa riqueza. Mas, mesmo assim, vamos a elas.

---

1. Roland Barthes, "Por Onde Começar?", *Novos Ensaios Críticos, Seguidos de O Grau Zero da Escritura*, trad. Heloysa de Lima Dantas, Anne Arnichand e Alvaro Lorencini, São Paulo, Cultrix, 1972, pp. 77-86.

Impressões sobre a Ensaísta

A curiosidade intelectual, o gosto pela literatura, a sensibilidade para as questões sociais, a erudição, a alta capacidade de trabalho, aliados a intuições criadoras, produzem frequentemente abordagens originais, muitas vezes revisitando o aparentemente óbvio. A primeira hipótese para minha contribuição a este livro de homenagem era justamente mostrar como pode render uma observação crítica, aparentemente simples qual ovo de Colombo, quando ela provém de uma intérprete de primeira linha, como é o caso da nossa homenageada. Para tanto, a intenção era retomar um ensaio que apresentei na França e na Alemanha, sobre "o Direito à Interioridade"[2], inspirado na sua visão da obra de Guimarães Rosa como uma síntese muito bem-sucedida de duas tendências da literatura brasileira ainda na primeira metade do século XX: o regionalismo e a sondagem da subjetividade, pela tendência espiritualista, "algo assim como um regionalismo com introspecção, um espiritualismo com roupagem sertaneja"[3]. Em tempo, sem querer polemizar, uma gaúcha como eu, estudiosa de João Simões Lopes, sente-se na obrigação de lembrar que Simões já havia inventado um regionalismo com introspecção, ou um espiritualismo com roupagem gaúcha. Mas "o Direito à Interioridade" testa e confirma essa invenção no conto "Uma Estória de Amor (Festa de Manuelzão)"[4] do escritor mineiro, que narra uma típica festa no sertão, e, ao mesmo tempo, encena uma pungente luta que se trava na alma de Manuelzão, o vaqueiro que conduz a festa e é conduzido por ela ao fundo de si mesmo.

A intenção era republicar aqui esse texto, cortando alguns desvios teóricos e políticos que tinham mais a ver com o contexto em que foi escrito, de modo a dar maior visibilidade às passagens em que desenvolvo, para esse caso específico, a ideia de Walnice. Porém, já no primeiro esboço não gostei do sabor de requentado e desisti, pensando em desenvolver uma segunda hipótese, que nasceu muito tempo antes dessa, a partir do impacto causado em mim pela

---

2. Ligia Chiappini, "Le Droit à l'Intériorité chez João Guimarães Rosa", em Olivieri-Godet (org.), *João Guimarães Rosa: Mémoire et Imaginaire du Sertão-Monde*, Presses Universitaires de Rennes, 2012, pp. 89-102; "O Direito à Interioridade em João Guimarães Rosa", em Ligia Chiappini e Marcel Vejmelka (orgs.), *Espaços e Caminhos de Guimarães Rosa: Dimensões Regionais e Universalidade*, Rio de Janeiro, ed. Nova Fronteira, 2009, pp. 109-204.
3. Walnice Nogueira Galvão, *Guimarães Rosa*, São Paulo, Publifolha, 2000, p. 24.
4. "Uma Estória de Amor (Festa de Manuelzão)" é um dos contos-novelas do vasto conjunto intitulado *Corpo de Baile*.

leitura do então recém-publicado, *Mitológica Rosiana*[5], mais especificamente, as distintas vias de abordagens escolhidas pela autora, que pareciam se adequar criativamente tanto à especificidade dos contos, cada qual demandando abordagens e estilos distintos, quanto ao momento vital e histórico da ensaísta. Aí podemos ler com pensamento e pele, desde as análises eruditas, com sólida base antropológica, como no caso da sua leitura de "A Hora e Vez de Augusto Matraga", ou, do não menos denso, "O Impossível Retorno", sobre "Meu Tio, o Iauaretê"[6], até os mais breves e alusivos ensaios, como é o caso do compacto e poético "Do Lado de Cá", sobre "A Terceira Margem do Rio". Nele se evidencia, no destino do pai, que entra na canoa e do filho que o chama da margem até substitui-lo aí, o destino de todos nós, como futuros canoeiros e canoeiras, à espera da viagem à terceira margem no rio da vida e da morte.

Um ícone dessa versatilidade e da grande ambição crítica de Walnice são suas teses de doutorado (1970) e de livre-docência (1972). Afeita a enfrentar grandes desafios, ela escolheu como objeto dessas teses dois monstros sagrados da literatura brasileira, respectivamente, João Guimarães Rosa e Euclides da Cunha, que têm entre si alguns pontos em comum e muitas diferenças. Daí resultaram dois livros, hoje clássicos, *As Formas do Falso – Um Estudo sobre a Ambiguidade no "Grande Sertão: veredas"* (1972) e *No Calor da Hora – A Guerra de Canudos nos Jornais* (1974). De lá para cá, Walnice nunca deixou de escrever sobre esses autores e suas obras inesgotáveis. Mais da metade dos livros que publicou (cerca de quarenta) foi sobre Rosa e Euclides, além dos muitos ensaios em coletâneas e dos inúmeros artigos para jornais e revistas, tornando-se referência incontornável para *qualquer* estudioso ou estudiosa de Rosa ou de Euclides.

Por outro lado, muitos desses escritos são típicos da chamada divulgação científica e do estilo jornalístico, sem perder a profundidade e seriedade, de quem respeita também os leitores e leitoras de fora da academia. Há que

---

5. Walnice Nogueira Galvão, *Mitológica Rosiana*, São Paulo, Ática, 1978.
6. "O Impossível Retorno" é comentado muito positivamente, numa ampla bibliografia. Neste mesmo livro de homenagem, encontramos repercussões altamente positivas, a partir de pontos de vista muito diferentes, mas complementares, como o da antropóloga Betty Mindlin e o do grande crítico literário, Antonio Candido. O mesmo ensaio foi publicado em várias línguas. Em alemão, saiu na tradução de Marcel Vejmelka, por ocasião das comemorações do centenário do escritor na Embaixada Brasileira, em colaboração com a Freie Universitaet Berlin, quando se reeditou como posfácio ao conto "Meu Tio, o Iauaretê", traduzido por Curt-Meyer Clason e há muito esgotado.

considerar quanto isso é trabalhoso, porque requer leveza com profundidade, linguagem menos especializada, sem concessões fáceis, relação mais direta com as questões gerais da sociedade e da cultura, sem ignorar a questão estética e, portanto, sem cair no mero conteudismo. Um exemplo dessa crítica breve, aguda e penetrante, pode ser o célebre artigo que "viralizou" nos anos 1970: "Amado: Respeitoso, Respeitável"[7]. Polêmico, ao ponto de até hoje eu não saber se gosto ou desgosto, mas que não esqueço e volta e meia preciso reler, para conhecer mais Jorge Amado, o *best-seller* e a mim mesma, como mulher, leitora e estudiosa de literatura nas suas intrincadas relações com a sociedade.

Muitos desses trabalhos se encaixariam hoje nos chamados estudos culturais, antecipando a tendência naquilo que ela tem de melhor, sem as simplificações aí recorrentes. São frequentes as suas incursões pelo cinema, a música e mesmo os fenômenos culturais correntes na e decorrentes da internet, fazendo um esforço para entendê-los sempre com um olho no presente para compreender o passado e vice-versa. Basta ficar com um exemplo: a leitura do movimento sem-terra à luz do movimento de Canudos e o contrário[8]. Por outro lado, bem informada e atualizada, Walnice colabora com *blogs* e *sites* alternativos, para criticar, entre outros, a apropriação e manipulação de dados virtuais, principalmente quando o produto somos nós, se não abrirmos o olho[9].

Outras Walnices, Outras Impressões

Se é verdade que, como foi dito, a ideia de escrever sobre a versatilidade da escritora na crítica literária e cultural me perseguia desde a leitura que fiz do livro *Mitológica Rosiana*, verdade também é que, em meio às "eclosões da vida" e às "erosões da morte", como diria Blau Nunes[10], perdi tempo e acabei desistindo, quando reli, para republicar aqui, o prefácio de Antonio Candido

---

7. Walnice Nogueira Galvão, *Saco de Gatos,* São Paulo, Duas Cidades, 1976.
8. Veja-se, a título de exemplo: Walnice Nogueira Galvão, "Antonio Conselheiro, Herói da Pátria, por Walnice Nogueira". Disponível em: https://jornalggn.com.br/artigos/antonio-conselheiro-heroi-da--patria-por-walnice-nogueira-galvao/.
9. Aludo aqui a outro texto recente, publicado na internet: Walnice Nogueira Galvão, "O Produto é Você", Disponível em: https://jornalggn.com.br/artigos/o-produto-e-voce-por-walnice-nogueira-galvao/.
10. Blau Nunes é um peão de estância, personagem e narrador dos *Contos Gauchescos*, de João Simões Lopes Neto (Pelotas, Echenique, 1912).

ao livro *Desconversa*[11]. Nele podemos constatar como se propõe e se demonstra, com muito mais competência do que eu poderia fazer, essa capacidade plural de uma leitora voraz e sensível e de uma estudiosa da literatura, capaz de percorrer com familiaridade e êxito as diferentes dimensões do que Candido concebe como "tarefas da crítica".

Restou-me, então, uma terceira possibilidade: apelar para a memória de alguns momentos e vivências que testemunham essa versatilidade, para além das obras da escritora, flagrando um pouco dessa riqueza na pessoa, que se multiplica em várias e raras dimensões da vida, mesmo quando quotidianas; da mulher como sujeito, da intelectual, cada vez mais reconhecida e solicitada, mas que não abre mão de, simultaneamente, ser dona de casa e perfeita cozinheira; supermãe amiga; irmã compreensiva e companheira de seus irmãos; professora, que não opõe docência à pesquisa, mas busca, ao contrário, socraticamente, combinar as duas, potencializando-as dialeticamente na troca permanente com alunos e ex-alunos, aprendendo enquanto ensina e ensinando enquanto aprende, como fazia e propunha o grande educador Paulo Freire. Sem esquecer a viajante, cidadã do Brasil e do mundo.

Esta terceira proposta não cabe num texto de quinze a vinte laudas, das quais já usei quase a metade para explicar o que não ia fazer. Mas posso apontar, aqui e ali, exemplos de algumas dessas outras (?) Walnices e oferecer uma espécie de *trailer* do que guardo na memória e no coração do nosso longo e diversificado convívio profissional e pessoal.

"Coronel Galvão" nas Arcadas

Nas arcadas da Maria Antonia, no intervalo das aulas, a professora, de cabelo curto, minissaia e botas[12], retoma a quase quotidiana, animada e intensa conversa com as e os estudantes de Letras e de outras áreas da velha Faculdade de Filosofia, Ciências e Letras da USP. Ali, trocávamos informações e impressões sobre textos literários, mas também sobre cinema, música, teatro. E ficávamos sabendo das aulas pioneiras que Walnice dava em seus cursos,

---

11. Walnice Nogueira Galvão, *Desconversa – Ensaios Críticos*, Rio de Janeiro, UFRJ, 1998. Reeditado *on-line* em 2020.
12. Esse é o retrato que sintetiza o apelido de "Coronel Galvão" que recebeu nos tempos da Maria Antonia ocupada.

como foi o caso das aulas que deu sobre *A Banda*, de Chico Buarque. Mesmo quem não fazia o curso, como no meu caso, ficava sabendo dessas aulas pelos comentários entusiastas dos e das colegas presentes. E tudo se conectava perfeitamente nesse lugar e momento, em que era comum ver o jovem compositor da música recém-trabalhada em aula passar por ali, rumo ao bar da esquina ou ao bar Sem Nome, para um café ou uma cervejinha.

Mas nossos assuntos não paravam na literatura e nas artes. Discutíamos também temas de caráter mais diretamente político, como as ações do movimento estudantil contra a ditadura e as malévolas invenções do governo militar para aprisionar e desmanchar a Universidade pública e democrática, que estávamos construindo junto com professores/as progressistas, dos quais Walnice fazia parte. E, em 1968, quando a Faculdade foi ocupada pelos estudantes, ali também muito conversamos sobre a nossa participação nas reuniões paritárias, com outros/as colegas, professores/as e funcionários/as da resistência, até sermos invadidos e nos tirarem de lá à força[13].

Apoio às Ousadias: O Giz e o Gesto

Nesse tempo, eu ainda não era aluna de Walnice, o que só iria ocorrer na década de 1970, já na pós-graduação, nas salas improvisadas da Cidade Universitária[14].

Nos cursos pioneiros de pós-graduação, que tive o privilégio de frequentar por puro gosto, mesmo depois de ter defendido o doutorado, lemos inteirinho

---

13. No rescaldo dessas turbulências, Walnice receberia pouco depois, quando entrou com o pedido de permissão para fazer livre-docência, um voto negativo da Congregação, que impugnou sua "idoneidade moral". Nas idas e vindas que se seguiram, e graças à intervenção enérgica de seu chefe Antonio Candido, o voto foi retirado.
14. Na Cidade Universitária, lugar de maior dispersão, mesmo assim, o convívio continuou sobretudo nas defesas de tese, que eram momentos festivos e de grande aprendizagem para estudantes como nós, afeitos à discussão e ávidos por novas abordagens de obras como aquela que nos soava difícil e assustava pelo tamanho real e simbólico: *Os Sertões*, de Euclides da Cunha e a biografia atribulada deste. Uma defesa histórica foi a da tese de livre-docência de Walnice, sobre as matérias publicadas em jornais da época, por ele e por outros. sobre a Guerra de Canudos. A defesa dessa tese, intitulada "No calor da hora" e depois publicada em livro com o mesmo nome, foi um momento alto no Salão Nobre da fflch e as respostas de Walnice à ilustre banca, presidida por Antonio Candido, ficaram na minha memória, como exemplares de sua segurança e presença de espírito, em hora tão delicada. Principalmente uma, que expressa bem o seu estilo, capaz de dizer muito em poucas palavras, que vão direto ao alvo. Questionada por um dos arguidores sobre por que a apresentação do tema e do material compilado nessa tese era tão breve, a sua resposta reiterou, exemplarmente, essa marca da concisão como qualidade a exigir leitores à sua altura: "Para bom entendedor...".

e discutimos por escrito e oralmente desafiantes textos, como, entre outros, o volumoso e complexo livro de Northrop Frye, *Anatomia da Crítica*. Pioneira, como já foi dito, nos hoje tão populares estudos de gênero, Walnice deu um curso sobre a Donzela-Guerreira no imaginário e na História para um único aluno regularmente inscrito na pós-graduação (homem) e alguns/algumas "penetras" como eu, atraídos/as pela novidade do tema. O interessante programa tinha uma forte base nas relações entre literatura e psicanálise, o que, mais tarde, também viraria uma das linhas de pesquisa prestigiadas no Departamento de Teoria Literária e na academia em geral.

Paralelamente a cursos como esse, aos simpósios e publicações, Walnice preparava uma obra-prima, que levou vinte anos para terminar: *A Donzela--Guerreira: Um Estudo de Gênero*[15]. E ainda achava tempo para incentivar um grupo de mulheres, do qual tive o prazer de participar, a seu convite. Nele, abríamos a cabeça e o coração para entender nossa situação individual e nossos papéis na vida familiar, profissional e social. Esse grupo tinha um estilo Walnice, misto de trabalho, terapia e festa.

Antes disso e ainda na mítica Faculdade da Maria Antonia, tive o privilégio de conviver de perto com ela nas reuniões do Conselho do Departamento de Letras, ainda sem a divisão que ocorreu posteriormente, em três e logo depois, em quatro Departamentos, como é hoje. Pois nesse conselho único eu era representante de alunos, juntamente com os colegas Gilson Rampazzo e Zenir Campos Reis. E, durante o tempo que lá estivemos, nunca nos faltou, da parte da Professora Walnice, o apoio entusiasta às nossas ousadias, como aquela que me fez tirar o giz da mão do respeitadíssimo Professor José Aderaldo Castelo, quando ele, à frente de todos/as participantes do Conselho, enumerava na lousa seus argumentos em prol da extinção do curso noturno de Letras. Contra essa proposta, nós, estudantes, também tínhamos argumentos sólidos, provindos sobretudo de uma pesquisa que havíamos feito sobre a situação social dos estudantes do curso de Letras no período diurno, que não podíamos considerar privilegiados economicamente em relação à clientela potencial do período noturno, entre outras coisas, porque a maior parte, no diurno, das Letras e da própria Faculdade de Filosofia, trabalhava para se sustentar, ao contrário de estudantes de outras unidades da USP, tais como Direito ou Me-

---

15. Walnice Nogueira Galvão, *A Donzela-Guerreira: Um Estudo de Gênero*, São Paulo, Senac, 1998.

dicina, provindos de uma classe social mais alta. Em meio às razões genéricas trazidas ali pelo Professor Castelo, levantei-me do meu lugar, pedi licença atabalhoadamente, tomei o giz de sua mão e escrevi nossos dados ao lado de suas anotações, tomando simultaneamente a palavra para contradizê-lo. Um pouco pelo valor dos argumentos e muito pela surpresa do gesto ousado da estudante, o Professor Castelo se calou e a reunião do Conselho acabou sem aprovar a extinção do noturno.

Lembro de ouvir várias vezes, depois disso, da parte da Professora, que nos apoiara de viva voz na reunião, o seguinte comentário: "Ela tirou o giz da mão do Castelo!" Para Walnice, o valor simbólico desse gesto era mais importante que ter derrotado tal proposta[16].

Nos Congressos da SBPC e outras Associações

A primeira reunião da SBPC da qual participei foi numa mesa-redonda, coordenada por Walnice, como atividade acadêmica mas de militância feminista de primeira hora, no início dos anos 1970, quando já éramos colegas na área de Teoria Literária e Literatura Comparada, sob a batuta de Antonio Candido. O que me propus a apresentar aí foram os primeiros resultados de uma pesquisa que estava fazendo junto à recém-criada Associação de Domésticas de São Paulo, levantando a difícil questão sobre a nossa dependência das empregadas domésticas, para podermos exercer nossas funções acadêmicas na docência, pesquisa e extensão. Porque, enquanto mulheres, muitas de nós já mães, não poderíamos estar ali, trocando informações, discutindo e refletindo conjuntamente sobre a condição feminina, sem o trabalho delas em nossas casas. Tratava-se de um momento-chave, no qual essas profissionais estavam começando a conquistar alguns direitos, que hoje estão ameaçadas de perder. Walnice mostrou grande abertura para discutir esse tema no contexto da SBPC e ajudou-me a responder satisfatoriamente, quando parte importante do público (feminino!) mostrou-se contrariada, senão, preconceituosa, ao argumentar que tal tema não era digno da SBPC.

Um outro detalhe curioso: a reunião foi em Belo Horizonte, que eu não conhecia e aproveitei para conhecer um pouco, saindo com um colega da

---

16. Agradeço muito ao amigo e ex-colega da graduação, Gilson Rampazzo, por ter confirmado essas minhas lembranças, ajudando-me a recuperá-las, com mais segurança aqui.

Universidade, na véspera do nosso trabalho. Lembro que me atrasei para a reunião no hotel, na qual Walnice queria discutir a organização da mesa no dia seguinte. Sem censura, mas com rigor, levei um pito quando cheguei atrasada para essa reunião prévia, que também atrasou porque todas as participantes da mesa estavam me esperando. Confesso que foi a primeira e a última vez que fiz isso, tanto me impressionou o senso de responsabilidade e pontualidade da colega, que sempre defendeu a festa, mas nunca abriu mão da seriedade na hora do trabalho.

Mais tarde, já para o final da década de 1970, ela foi convidada para coordenar outra mesa-redonda, desta vez, organizada por mim, em novo encontro da SBPC, na PUC de São Paulo, sobre a situação precária de educadoras e educadores nas escolas públicas e os efeitos nefastos dessa precariedade no sistema escolar brasileiro como um todo. Era ainda um momento difícil da ditadura, em que o encontro se realizou na PUC-SP, porque lhe retiraram as condições mínimas de se realizar em Fortaleza, como estava planejado.

Às exposições, feitas por mim e outras/os colegas, como Sandra Nitrini e João Luiz Machado Lafetá, seguiu-se um acalorado debate, em que não faltaram as repetidas intervenções sobre "as alegrias e tristezas do magistério"[17]. Walnice lançou, então, aos/às educadores/as da mesa e aos/às presentes no público, o seguinte desafio: "Por que vocês não criam uma Associação para levar a luta dos professores e das professoras de língua e literatura adiante?" Era tempo de ler Gramsci e de pensar com ele a reorganização da sociedade civil. A ideia vingou e iniciamos ali mesmo as gestões para criar a Associação que se chamaria Associação de Professores de Língua e Literatura (APLL). Seu primeiro encontro foi logo no ano seguinte e se repetiu anualmente. A APLL durou mais de trinta anos e se fez presente também em outras reuniões da SBPC, sendo suas contribuições publicadas na revista *Linha d'Água*, criada logo no início dos anos 1980, ou mesmo em livro, como foi o caso de um sobre a formação permanente do professor. A revista *Linha d'Água* existe até hoje[18]

---

17. Essa era uma brincadeira corrente entre militantes da causa educacional de grupos como esse que então se formou, em torno do projeto e criação da APLL. Expressava ironicamente o desejo de superar a etapa das repetidas queixas e desabafos, para alcançar uma outra, de planejamento, organização e gestão de ações concretas e efetivas para a melhoria da educação, nos três graus de ensino, sobretudo visando à escola pública paulista e brasileira.
18. Hoje é uma revista online: https:www.revistas.usp.br/linhdagua.

e com ela Walnice colaborou já no seu primeiro número, com um texto sobre "Sociologia e Literatura"[19].

Algo semelhante ocorreu, quase dez anos depois, quando um grupo de colegas do já então Departamento de Teoria Literária e Literatura Comparada, no curso de Letras, juntou-se a colegas de outros departamentos da nossa Faculdade de Filosofia, Letras e Ciências Humanas, para realizar pesquisas, eventos e publicações sobre a América Latina, inspirados/as na obra paradigmática do crítico uruguaio Ángel Rama. Depois de muito trabalho, reuniões e debates, acabamos por criar o Centro do mesmo nome, Centro de Estudos Latino-americanos Ángel Rama, do qual tive a honra de ser a primeira presidente e que há mais de vinte anos promove vários encontros, pesquisas, cursos e publicações. Walnice deu muita força no início[20] e continuou participando dos eventos e publicações, organizados por esse Centro, depois de oficialmente criado.

Exemplo memorável foi a homenagem aos oitenta anos do grande amigo e parceiro de Rama no Brasil, Antonio Candido. O evento, intitulado "Antonio Candido – Pensamento e militância"[21], foi iniciativa de Zilah Abramo, diretora da Fundação Perseu Abramo e ex-aluna de Antonio Candido em Ciências Sociais, que procurou a FFLCH-USP para propor um congresso em comemoração. Walnice, membro da Fundação e da Faculdade, colaborou na organização do evento.

Militância Cultural: As Revistas que Vão e Vêm

Nos anos mais pesados da ditadura militar, com a Universidade vigiada e nossas salas de aula infiltradas por olheiros disfarçados de alunos, alguns e algumas de nós estávamos fazendo nossas teses e atuando como monitoras/es nos cursos de graduação. Para fugir ao isolamento, fatal para a saúde mental e física e para a qualidade de nossos trabalhos, inventávamos constantemente algumas atividades coletivas, como debates abertos a um público maior, e reu-

---

19. Walnice Nogueira Galvão, "Sociologia e Literatura", *Linha d'Água*, n. 1, pp. 3-6.
20. Repetiu-se aí a esperta e corretíssima estratégia de ajudar a lançar a ideia, deixando o trabalho burocrático para os mais jovens, mas mantendo-se sempre ao alcance dos pedidos de ajuda, de preferência, não burocrática, mas, se necessário, até nesses.
21. A reunião dos trabalhos apresentados no congresso rendeu um livro com o mesmo título, publicado pela Editora Humanitas da FFLCH-USP em coedição com a Editora da Fundação Perseu Abramo, São Paulo, 1999 e organizado pelo então presidente do Centro, Flavio Wolf de Aguiar.

niões periódicas com um grupo mais reduzido, geralmente em nossas próprias casas, para discutir desde a conjuntura mais geral do País, até nossos projetos específicos de teses e publicações. Tudo regado a muita leitura, de Gramsci a Marcuse, entre outros autores bastante lidos na época. E regado também a doses moderadas de vinho, em geral, gaúcho, de garrafão, que era barato e razoavelmente bom. Pois dessas nossas reuniões participava Walnice, com frequência, lendo conosco os textos, criticando produtivamente e trazendo otimismo e alento, tão necessários nesses tempos sombrios.

Exemplificando: em um desses encontros na minha casa, a certa altura, quando lamentávamos a censura sofrida pela revista *Argumento*[22] e o seu precoce fechamento, ela nos convidou a refletir sobre a constância das revistas literárias e culturais, como, por exemplo, as revistas do Modernismo brasileiro, que, mudando de nome e de cara, renasciam das cinzas e continuavam a dar o seu recado. E depois dessa reflexão otimista, nos lançou um novo desafio: criarmos uma revista nova para expressar nossas análises, críticas, criações poéticas e ficcionais, com a leveza da ironia e a coragem de vencer a censura e a autocensura, comuns na época. Daí nasceu *Almanaque – Cadernos de Literatura e Ensaio*, que ela dirigiu com Bento Prado Jr. por catorze números, apoiado incondicionalmente pelo editor Caio Graco, da Editora Brasiliense. Do laborioso e divertido conselho de redação, eu e vários/as de nós, do grupo mencionado, participamos ativamente[23].

Como orientadora de mestrandos e doutorandos, aos recebidos oficialmente acrescentou extraoficialmente um batalhão, pois não apenas leu e discutiu inúmeros trabalhos de colegas mais jovens e pesquisadores que a consultavam de perto ou de longe, como os incentivou a publicar nos veículos de que participava. Além das já mencionadas, *Almanaque* e *Linha d´Água*, lembremos: revista *Língua e Literatura*, da FFLCH-USP; *Revista D. O. Leitura*; revista *Teoria*

---

22. *Argumento* foi lançada em 1973, pela Editora Paz e Terra, do Rio de Janeiro. Durou apenas três números, pois o quarto número foi censurado e impedido de circular, sobretudo porque, muito atual, resistente à ditadura e vendida em banca de jornal, conseguira alcançar o grande público.
23. Feita com muito humor sem perder a seriedade intelectual, *Almanaque* vem sendo objeto de estudo de quem hoje se interessa pelas revistas do período. E a própria Walnice escreveu um artigo recente, que vai muito além do mero testemunho, com informações e análise do contexto em que a revista aparece e sobrevive. O título é "Uma Revista Chamada *Almanaque*", destinado a um volume de homenagem a Bento Prado Jr. a ser publicado pela Edufscar (a sair), iniciativa do Departamento de Filosofia da Universidade Federal de São Carlos.

e Debate, da Fundação Perseu Abramo, para citar apenas algumas delas. Aliás, a sua dedicação a revistas é notável. Ela sempre esteve e ainda está trabalhando em alguma, sendo membro ativo, alerta e crítico do conselho editorial de várias delas. Afora as supracitadas, lembro ainda as seguintes: *Literatura e Sociedade*, do Departamento de Teoria Literária e Literatura Comparada (USP); *Magma*, revista da Pós-graduação do mesmo Departamento; *Palimpsesto*, da Universidade Estadual do Rio de Janeiro (UERJ); *Revista Imaginário*, do Instituto de Psicologia da USP; *Outros Sertões*, da Universidade Estadual da Bahia (UNEB); *Poesia Sempre*, da Biblioteca Nacional; *Revista do IEB* (Instituto de Estudos Brasileiros da USP). De outras, como colaboradora, a exemplo de: *Revista do Instituto de Estudos Avançados da USP*, *Caderno Mais*, revista *Piauí*, *Cadernos de Literatura* do Instituto Moreira Salles, *Revista USP*, *Trópico*, *Revista Brasileira da Academia Brasileira de Letras*, revista *Livro*. Sem esquecer os jornais: *Jornal do Brasil*, *Folha de S.Paulo*, *O Estado de S. Paulo*, *Valor Econômico* e veículos menos óbvios para uma crítica literária, como é o caso da revista *Globo Rural* (Editora Globo).

Na revista *Teoria e Debate*, da Fundação Perseu Abramo, que resistiu muito tempo em papel e continua existindo *on-line*, Walnice, colunista de poesia e cinema, coordenou matérias em homenagem a Antonio Candido e a Paulo Freire, entre outras, para as quais, a convite dela, tive a oportunidade de contribuir.

Esse trabalho nas revistas cumpre um objetivo formativo com relação a leitores e leitoras, evidenciando-se aí o desejo de democratizar a alta cultura. Outro gênero de produção utilizado por ela, para cumprir essa função formativa junto a um público mais amplo, é a antologia. Esporadicamente, organizou e apresentou obras de escritores e escritoras escolhidos a dedo. Além do próprio Guimarães Rosa e de Euclides da Cunha, selecionou e apresentou contos de Clarice Lispector e Lygia Fagundes Telles. Mais recentemente, textos de Victor Hugo[24].

Ao mesmo tempo, dedicou-se a estudar e divulgar, inclusive no exterior, temas populares como o carnaval, sobre o qual publicou *Le Carnaval de Rio*[25]

---

24. Victor Hugo, *A Águia e o Leão – Escritos Políticos e Crítica Social*, em Walnice Nogueira Galvão (org.), São Paulo, Expressão Popular e Fundação Perseu Abramo, 2019.
25. Walnice Nogueira Galvão, *Le Carnaval de Rio*, Paris, Chandeigne, 2000.

e *Ao Som do Samba – Uma Leitura do Carnaval Carioca*[26]. Ou então voltando-se para a música popular e o cinema, a exemplo de *Sombras e Sons*[27].

O objetivo de divulgar e formar leitores e cidadãos faz dela ainda uma grande idealizadora e realizadora de eventos fora da academia. Exemplo notável são os cursos sobre Literatura Universal, que coordenou, selecionando conferencistas diversos entre 2001 e 2004, na Biblioteca Mário de Andrade, a convite da Secretaria Estadual de Cultura.

Seu trabalho junto ao MST insere-se nesse escopo. Membro da comissão editorial da Editora Expressão Popular, ajuda a preparar textos de literatura comentada, destinados às escolas dos assentamentos, eventualmente ministrando aulas e cursos na Escola Nacional de Formação Florestan Fernandes, no âmbito da mesma especialidade.

Viagens e Viagens Dentro das Viagens

Walnice sempre leu muito, escreveu muito e viajou muito dentro e fora do Brasil. Tanto como professora convidada de conceituadas universidades pelo mundo afora quanto como "turista aprendiz". No exterior, participou e continua participando dos congressos mais concorridos. Foram congressos que a levaram à África, à Índia, ao Japão. Mas a China, o Oriente Médio, o Egito, a Rússia e diversos países do Leste, conheceu por conta própria. Também viajou muito pelos sertões, conhecendo bem o Brasil e a América Latina. Foi ainda professora-visitante por curtos e longos períodos nas Universidades mais prestigiadas do mundo, entre elas: Universidade do Texas em Austin (1978); Iowa City (1978); Universidade de Columbia (1985-1986); Universidade de Paris VIII (1986-1987); Freie Universität Berlin (1989 e 2003); Universidade de Poitiers (1992, 1993, 1994, 1995); Universidade de Colônia (1995); École Normale Supérieure-Fontenay (1995); Universidade de Oxford (1999). Essas experiências foram marcadas por uma posição crítica, embora gentil, aberta e relativamente modesta, diante da academia europeia e norte-americana, onde não deixou nunca de perceber que, apesar de todo o discurso do respeito às diferenças, ao multilateralismo e à interdependência,

---

26. Walnice Nogueira Galvão, *Ao Som do Samba – Uma Leitura do Carnaval Carioca*, São Paulo, Fundação Perseu Abramo, 2009.
27. Walnice Nogueira Galvão, *Sombras e Sons*, São Paulo, Lazúli, 2010.

os intelectuais do mundo menos desenvolvido nem sempre são tratados como iguais por seus pares do primeiro mundo.

A experiência cosmopolita e suas incursões regionais, pelos sertões do Brasil e os confins da América Latina, são suficientes para defini-la como uma personalidade local global. Cosmopolita, paulista, sertaneja e caipira. Só não se agauchou, mas como ninguém é perfeito, podemos perdoar-lhe esse lapso, lembrando que, apesar dele, nunca se negou a ler e criticar construtivamente os trabalhos sobre os escritores gaúchos que eu e outros colegas lá dos pampas andamos escrevendo.

As constantes viagens muitas vezes encerravam etapas e abriam novos ciclos tanto na vida pessoal como na vida da pesquisadora, ambas muito intrincadas, alimentando-se mutuamente. Como evidências de uma sabedoria rara; de um saber morrer e renascer, para viver plenamente as várias fases da vida, depois de trabalhar traumas e lutos, abrindo-se para novas alegrias e novas viagens.

Em algumas dessas viagens, nos encontramos e partilhamos moradia, trabalho e lazer. Com esse convívio viramundo, fortaleceu-se nossa amizade e uma aprendizagem quotidiana pela vivência de bons e maus momentos. Houve inclusive algumas briguinhas, mas que soubemos superar em tempo de não comprometer essa amizade, que só se fortaleceu até hoje. Das viagens compartilhadas, mais ou menos duradouramente, destaco alguns exemplos.

Viagens pelo Brasil, para congressos da SBPC, ao Rio, Fortaleza, Salvador. Para encontros de trabalho do Grupo de Literatura e História-CLIOPE[28], em vários destinos, e uma vez à invernal Campos do Jordão, de ônibus.

A Paraty, onde Walnice tinha uma casa simpática e acolhedora, frequentemente cheia de hóspedes, fomos várias vezes. A primeira vez que estive lá, andamos felizes, sob chuva e com os pés na água de uma das periódicas enchentes na histórica cidade. Depois disso, foram vários os retornos a essa cidade, que, nos anos 1970 e 1980 era lugar de encontro de gente de cabeça aberta e livre. Com muitas noitadas de conversa até de madrugada, ora em casa, ora nos restauran-

---

28. Grupo de pesquisa em Literatura e História, que teve vários encontros no Brasil e no exterior e resultou em algumas publicações importantes, sob a coordenação geral da historiadora gaúcha, falecida precocemente, Sandra Pesavento, que, além de contribuir com ideias e textos exemplares para nossa reflexão interdisciplinar, era a própria alma do grupo, que acabou se dissolvendo, já quando ela adoeceu gravemente, antes de nos deixar. Com o grupo CLIOPE também trabalhamos em Paris, em encontro promovido por Katia Mattoso, na Sorbonne, em Varsóvia, em Poitiers, em Berlim e em Roma, que eu me lembre.

tes e bares. Walnice sabia aproveitar, mas se permitia sair à francesa, quando o sono batia, o que ela continua fazendo até hoje, mesmo nos encontros que ela mesma promove, sem que ninguém estranhe ou reclame, porque essa é uma das muitas Walnices que aprendemos a conhecer, respeitar, admirar e amar.

Em viagens ao exterior, tivemos a chance de nos encontrar no ano de 1978, em Paris, quando eu lá estava morando com a família, para desenvolver minhas pesquisas de pós-doutorado sobre Literatura e Educação e Walnice fazia uma parada terapêutica antes de voltar ao Brasil e depois de uma temporada de trabalho nos Estados Unidos. Bem mais tarde, quando ela morou nessa cidade, trabalhando aí e em Poitiers, como Professora Visitante, eu é que passei para visitá-la, sempre sobre brasas, vinda de Berlim, onde morava e trabalhava na Universidade Livre. E, em todas as vezes, entre os encontros de trabalho e as atividades culturais de que participávamos, retomávamos nossas intermináveis conversas, principalmente sobre literatura, artes, cultura, política; sobre nossas famílias e amigos/as, sobre viagens passadas, presentes e futuras, como se nunca as tivéssemos interrompido.

Na década de 1980, tivemos oportunidade de fazer, lado a lado, duas viagens a lugares muito distantes, cultural e politicamente, embora relativamente próximos no espaço. O primeiro deles foi Cuba, principalmente, à capital, Havana. Antes de chegar lá, demos uma escapada estratégica a New York, para buscar o dinheiro do meu prêmio Casa de las Américas e outra[29], inesquecível, à cidade do México, onde Walnice, frequentadora do país, me ciceroneou pelos museus, restaurantes, metrôs, ônibus no centro e nos arredores, bem como nas jornadas às pirâmides vizinhas. Isso é que se pode chamar de aprender passeando.

Em Havana, vindo do México, chegamos um tanto de surpresa, pois a Casa de las Américas estava voltada para as comemorações da Revolução, no interior do País. Isso foi muito bom, porque, mesmo assim, a direção fez sua

---

29. A primeira ida a Cuba se deu, porque eu queria receber pessoalmente o prêmio que a "Casa de las Américas" queria me enviar por transferência bancária. A sugestão de ir recebê-lo em Cuba foi, aliás, de Gerson de Moraes Leite, meu desprendido marido, que tem o gosto por viagens no sangue, mas me incentivou a viajar sem ele. Para facilitar os trâmites dessa transferência tive a ajuda inestimável de três colegas: Jorge Schwartz, que, gentilmente, me emprestou uma conta sua nos Estados Unidos, para a "Casa das Américas" enviar meu prêmio, usado, na verdade, para pagar essa viagem; a própria Walnice, que organizou uma parada na cidade do México; e João Almino, que nos hospedou lá uns dias para obtermos o visto, entre outros problemas práticos.

equipe nos dar atenção, levando-nos a conhecer lugares muito importantes: a própria Casa de las Américas, onde o pintor chileno, Guillermo Torres, estava expondo quadros sinistros, alusivos ao terrorismo de Pinochet e seus asseclas; um centro de pesquisas biológicas, voltado para a aplicação à saúde; a escola de cinema, de onde saíram grandes cineastas e belos filmes; o acampamento de férias para jovens na praia, que estava entrando na moda um tanto tardiamente. Recebíamos, assim, um tratamento dado a convidados oficiais, o que não era bem o caso. Assim, ficávamos bastante tempo livres para descobrir um pouco de Havana e de Cuba, andando a pé ou de "guagua", o que nos possibilitou um contato mais próximo com cidadãos e cidadãs que, gentilmente, queriam nos ajudar a descobrir caminhos e destinos, chegando a nos dar dinheiro para a passagem em uma ocasião, o que nos deixou muito comovidas.

Depois dessas e outras experiências, voltávamos cansadas para o modesto hotel onde nos hospedamos e conversávamos longamente, trocando impressões sobre nossas andanças. Após o descanso e o banho, saíamos novamente, para vivenciar um pouco da cidade à noite, comendo aqui e ali, bebendo mojitos ou daiquiri, a bebida preferida de Hemingway no bar que ainda guardava (guarda ainda?) a sua cadeira, exposta como uma relíquia num canto reservado expressamente.

Pelo trabalho que acabamos dando à Casa de las Américas, eu me denominei de "a premiada indesejada", chegando de surpresa e, como se não bastasse, com uma acompanhante mais inesperada ainda. Mas não temos queixa alguma. Fomos muito bem tratadas e pudemos conhecer muito em pouco tempo, de uma Cuba anterior ao "período especial", memorável, entre muitas outras conquistas sociais, pela boca cheia de alvos dentes do seu povo, ao contrário do nosso, retratado nos desdentados de Rubem Fonseca ou na Macabea, de Clarice Lispector, com sua eterna dor de dente.

Também nos impressionou muito a dignidade dos trabalhadores e trabalhadoras nos hotéis, muito bem informados sobre a importância do prêmio Casa de las Américas, da literatura, da cultura e das artes em geral. E de outros profissionais, como o chofer de táxi, que, depois de desfilar os nomes e datas dos presidentes do Brasil, rematou: "Les hace falta un Fidel!"

Tudo isso e muito mais, tive o prazer de vivenciar em Havana, com Walnice, preparando-me para voltar lá nos anos 1990, como membro do júri do mesmo prêmio; dessa vez, com marido e filhas, viagem que, embora feita no início do período especial, apenas confirmou as boas impressões da anterior. Mas "me hizo falta Walnice" para vivenciar de novo, conjuntamente, a bela Havana e poder comparar com ela esses dois momentos. Quem sabe, ainda possamos nos dar de presente uma terceira visita à Cuba do século XXI, depois de, mas ainda com Fidel...

A viagem seguinte foi a Nova York, dois anos mais tarde e por um tempo mais longo. Na verdade, eu fui antes, no início de 1985, para fazer pesquisas sobre o *roman* e o *filme noir* americanos. Lembro que, ainda no Brasil, Walnice muito me incentivara a redigir um projeto, com vistas a candidatar-me à bolsa da Fullbright, o que fiz, conseguindo um resultado positivo e podendo iniciar então, nesse ano, minhas buscas nas bibliotecas, cinematecas e cineclubes de New York, Washington e outras cidades dos Estados Unidos. Como pesquisadora visitante, ancorada na Columbia University, eu tocava a vida, apresentando aos colegas e às colegas de lá, de quando em quando, algum seminário ou palestra sobre meus projetos com esse e outros temas, já concluídos ou semiconcluídos. No final do ano, chega Walnice para ocupar um lugar, no seu caso, como professora visitante também nessa Universidade. Passamos então a dividir um apartamento de dois quartos, próximo ao famoso Lincoln Center. Tempos depois, mudamos para outro mais modesto, com uma sala e um quarto, mas no popular Village.

Lá continuamos a nossa convivência amigável e, apesar do exíguo apartamento, preservamos a tranquilidade e privacidade de cada uma. Eu, saindo cedinho, de marmita em punho, para pesquisar ou frequentar meus cursos de inglês. Walnice lendo sem parar e saindo nos dias de seus compromissos na Universidade ou nas bibliotecas. Juntas, fizemos ainda algumas viagens de pesquisa, entre outras, a Washington, para trabalhar na famosa biblioteca da cidade e, no meu caso, também na cinemateca. De permeio fizemos uma viagem a Providence, onde trabalhamos para aprofundar o intercâmbio já existente na nossa área com colegas da tradicional Universidade Brown.

Nesse tempo, descobri mais qualidades de Walnice, que não parava de ler, no único sofá do nosso miniapartamento. Este ficou mais míni ainda quando recebemos por mais de um mês, minhas duas filhas, então adolescentes, graças à solidariedade de Walnice e de outra amiga comum que já partiu[30]. Mas com ou sem as meninas, outra qualidade de Walnice se mostrou fundamental para aproveitarmos o máximo de nossa estadia em Nova York. Refiro-me à dedicação e disciplina com que ela investigava o que acontecia na vida cultural dessa cidade, em matéria de música, teatro, cinema, óperas, palestras, festas de rua, como leitora fiel da revista *New Yorker*, na falta de um Google, que ainda não havia chegado, pelo menos a nós. Mas também outros programas, como o coquetel da tarde no bar de Woody Allen ou o vinhozinho espichado no Arthur's Bar, com seu terceto de jazz a tocar para os fregueses em volta do balcão. Ou ainda os restaurantes na típica Pequena Itália, além dos ensaios de orquestras famosas no Lincoln Center, domingos de manhã, por 1 dólar. Pavarotti no mesmo lugar, pelo preço mais baixo, dos lugares em pé, até enfrentarmos a caça aos lugares vazios no primeiro intervalo, visíveis no escuro. Ou o concerto na Frick Collection: Ton Koopman ao cravo em músicas da Revolução Francesa, gratuito mas com reserva prévia e por carta. Ou Sarah Vaughn no Blue Note. Ou a *Suíte Quebra-Nozes*, o clássico balé natalino, em sua enésima apresentação, hoje já com mais de século. Sem falar na inesquecível ópera negra, *Porgy and Bess*, de George e Ira Gershwin, com libreto de DuBose Heyward, cuja beleza nos sustentou quatro horas em pé e com fome nos fundos da sala do mesmo Lincoln Center.

Terminando ou Quase

É tempo de ir fechando estas lembranças de viagens e encontros no estrangeiro, mas não sem antes falar de Berlim. Onde fui parar, pela primeira vez, como Professora Visitante, graças a ela, que havia ocupado essa função

---

30. Trata-se de Ana Verônica Mautner. Como uma das minhas filhas estava com problemas emocionais, Ana me telefonou recomendando que ela fosse me encontrar em Nova York e oferecendo-se a colaborar financeiramente para ajudar nas despesas de viagem dela e da irmã mais nova (para evitar novos problemas emocionais com esta), o que se efetivou pouco depois. Aceitei o empréstimo de mil dólares, que deu para financiar uma passagem e que devolvi, logo depois, ao voltar para o Brasil, numa visita inesquecível que fiz à Ana. Mas tão importante ou mais que o dinheiro foi a disposição de Walnice em dividir nosso parco espaço, por mais de mês, com duas adolescentes curiosas e inquietas, o que ela soube driblar com muita sabedoria, conquistando a amizade delas também. Mais tarde, voltaria a ser presença fundamental na vida da mais velha, emprestando-lhe o apartamento de São Paulo, enquanto se encontrava na França.

por um semestre na Freie Universität Berlin, mais precisamente, no Instituto Latinoamericano, no semestre de verão de 1989. Convidada a continuar no semestre de inverno, livrou-se do frio, indicando meu nome para fazê-lo[31].

Foi assim que fui parar em Berlim, numa Universidade recém-saída de uma greve, que teve alguns resultados importantes, entre eles, a criação de uma cátedra de Brasilianistik (Literatura e cultura brasileiras). Justamente nesse semestre abriram-se as inscrições para candidaturas ao novo cargo. Submetida à seleção, fui escolhida entre cerca de vinte candidatos, mas a Queda do Muro, no final de 1989 e a unificação, em 1990, quase impediram a manutenção da vaga, que só pôde vir a ser ocupada a partir de 1995. Depois disso, foram 15 anos de intensos trabalhos, na docência, na pesquisa e na divulgação de temas e autores da nossa literatura e cultura para estudantes da Universidade Livre e um público mais amplo interessado. Tanto nos cursos, quanto nos projetos, nos eventos e publicações, pude contar presencialmente ou a distância, com a participação de Walnice, como nos cursos que ministrou em 2003 e o trabalho que apresentou no evento dedicado aos cinquenta anos de *Grande Sertão: Veredas*, em 2006, publicado posteriormente nas atas do congresso. Mas sua maior contribuição foi no novo simpósio em 2008, por ocasião do jubileu de Guimarães Rosa, em que ela foi homenageada e fez a palestra de abertura. Desse evento saíram as seguintes publicações, com as quais ela colaborou: dois livros com as palestras, um em português e outro em inglês; e a tradução alemã de "O impossível retorno", como posfácio a *Meu Tio, o Iauaretê* em alemão, já mencionados aqui.

Nessa ocasião, Walnice ainda deu uma palestra-depoimento sobre Antonio Candido, no *workshop* que eu e Marcel Vejmelka coordenávamos, na linha de pesquisa sobre Alemanha-Brasil e alguns intelectuais transculturadores, como o próprio Marcel relata com mais detalhes na sua contribuição para este livro.

Para Terminar de Fato

As muitas Walnices não têm idade, como suas obras. Porque, relembrando o que foi dito, ela sabe, como Clarice Lispector, morrer e renascer, mudar e

---

31. Dando a César o que é de César, devo lembrar que os dois convites se deveram, em grande parte, ao empenho do então Dr. Berthold Zilly, Leitor para a área de português brasileiro, na mesma Universidade.

continuar sendo Walnice. Só que de outro jeito, mas, paradoxalmente, mais parecido com ela mesma.

Por isso recebeu tantos convites, prêmios e homenagens[32]. Uma dessas homenagens funciona como um coroamento da carreira exemplar da professora, pesquisadora e escritora. Refiro-me ao título de Professora Emérita, que lhe foi outorgado em 2011, pela Faculdade de Filosofia, Letras e Ciências Humanas da Universidade de São Paulo, em cuja cerimônia oficial tive a honrosa oportunidade de saudá-la, narrando um pouco do que desenvolvi aqui.

Ao terminar, de fato e de vez, vale sublinhar a acuidade que Walnice revela na leitura de volumosas e complexas obras, como exemplarmente ocorre no caso de *Os Sertões*, de Euclides da Cunha.

Cheio de contradições e profundamente ambíguo, como sói ocorrer com as grandes obras literárias, o livro de Euclides não pode ser interpretado sem levá-las em conta. No entanto, frequentemente ainda se faz isso, quando se insiste no seu conservadorismo, sem perceber aí a presença insistente do dilaceramento, vivenciado pelo escritor-narrador, sob o impacto da grande tragédia e da heroica resistência de pobres sertanejos, considerados monarquistas pelo governo brasileiro, e massacrados, não sem antes humilhar o glorioso exército nacional, impondo-lhe vergonhosas derrotas.

Leituras superficiais referem-se a *Os Sertões* como sendo uma narrativa feita do ponto de vista do vencedor – sem analisar a obra como um todo, nem levar em conta as análises de quem, como Walnice, soube mostrar a sua complexidade – e emitem um juízo totalmente negativo sobre esse monumento da literatura brasileira. Reiteram-se aí as restrições ideológicas a Euclides, com base em passagens soltas de *Os Sertões*, sem conectá-las com outras que as contradizem ou relativizam. Ou com base em textos que ele publicou em jornal, antes de chegar ao sertão, antes de conhecer Belo Monte, o Conselheiro, a resistência dos sertanejos e a barbárie da repressão que sofreram nessa guerra desproporcional.

Assim, o que passa inteiramente desapercebida é a ambiguidade, componente fundamental de qualquer obra literária que mereça essa denominação. Podemos até admitir que, a uma leitura superficial e fragmentada, pode ser

---

32. Esta saudação é acessível na íntegra, no *link*: https://www.fflch.usp.br/sites/fflch.usp.br/files/201801/walnice_nogueira_galvao_emerito.pdf.

difícil perceber o dilaceramento que a obra põe em cena, evidenciando a luta que se trava dentro do repórter-escritor, enquanto adentra o sertão e o Arraial de Canudos. À medida que vai percebendo a grandeza dos sertanejos e do seu guia, tenta mas não consegue enquadrar a realidade nas teorias racistas e deterministas, que havia aprendido na sua formação europeia, adquirida na conceituada Escola Militar do Rio de Janeiro. Mas quem não percebe isso não devia censurar os estudos de quem sabe muito bem, como Walnice, trabalhar com a ambiguidade da grande obra literária, lendo o livro de Euclides como *Anatomia*, nos termos de Northrop Frye[33], exatamente pela discussão que ele levanta, ao confrontar essas teorias com a realidade observada de perto e de dentro. Revela-se, assim, o lado catártico desse livro, como um misto de potente denúncia e comovente canto fúnebre.

Para não cair nas armadilhas dessa leitura simplista e meramente ideológica, mesmo se os responsáveis por ela quisessem evitar uma bibliografia mais especializada e volumosa, bastava prestar atenção às esclarecedoras entrevistas com a estudiosa, disponíveis na internet, em que ela resume o principal de sua análise, destacando o que ocorre quando Euclides se confronta com a realidade que seu arsenal teórico importado dos colonizadores não consegue explicar:

> Ele se arma dessa ciência europeia e não percebe que aquilo é uma taxonomia dos recursos do mundo inteiro para que os países imperialistas possam pilhar. E isso inclui as teorias sobre as raças inferiores, que só existem para justificar que o branco europeu pudesse surrupiar as riquezas das colônias e escravizar seus habitantes. Isso atrapalha Euclides. Só que quando ele descreve aquilo que viveu na guerra de Canudos, essas teorias não servem. Não há nenhuma teoria dessas todas da ciência europeia, que explique para ele onde é que reside a bravura, a coragem e a dignidade que levam aquelas pessoas até à morte para não se entregarem. Isso virou o mundo dele de cabeça para baixo, e completamente[34].

Finalmente, essa formulação concisa, que expõe didaticamente o aparentemente óbvio, bem ao estilo de nossa homenageada, nos permite concluir, voltando à primeira parte do nosso texto, para sintetizar o que a aparenta basicamente à segunda, pelo menos como hipótese: uma pessoa plural e mul-

---

33. Northrop Frye, *Anatomia da Crítica*, São Paulo, Cultrix, 1973.
34. "De Canudos ao MST", assim se intitula a entrevista concedida a Daniel de Mesquita Benevides, publicada em 14 de março de 2018 e acessível no *link*: http://artebrasileiros.com.br/cultura/de-canudos-ao--mst/.

tifacetada talvez seja mais capaz de ler a ambiguidade na grande literatura, mais capaz de desvelar a verdade na/da beleza e devolver à beleza a sua verdade una e plural, como Walnice(s).

REFERÊNCIAS BIBLIOGRÁFICAS

AGUIAR, Flavio Wolf de. *Antonio Candido: Pensamento e Militância*. São Paulo, Humanitas/ Fundação Perseu Abramo, 1999.

ARGUMENTO, n. 1-3. Rio de Janeiro, Editora Paz e Terra, 1973.

BENEVIDES, Daniel de Mesquita. "De Canudos ao MST". 14 mar. 2018. Disponível em: http:// artebrasileiros.com.br/cultura/de-canudos-ao-mst/.

BARTHES, Roland. "Por Onde Começar?" *Novos Ensaios Críticos, Seguidos de O Grau Zero da Escritura*. Trad. Heloysa de Lima Dantas e Anne Arnichand e Alvaro Lorencini. São Paulo, Cultrix, 1972, pp. 77-86.

CHIAPPINI, Ligia. "O Direito à Interioridade em João Guimarães Rosa". *In:* CHIAPPINI, Ligia & VEJMELKA, Marcel (orgs.). *Espaços e Caminhos de Guimarães Rosa: Dimensões Regionais e Universalidade*. Rio de Janeiro, Nova Fronteira, 2009, pp. 109-204.

_____. "Le Droit à l'Intériorité chez João Guimarães Rosa". *In:* OLIVIERI-GODET, Rita (org.). *João Guimarães Rosa: Mémoire et Imaginaire du Sertão-Monde*. Presses Universitaires de Rennes, 2012, pp. 89-102;

FRYE, Northrop. *Anatomia da Crítica*. São Paulo, Cultrix, 1973.

GALVÃO, Walnice Nogueira. *Guimarães Rosa*. São Paulo, Publifolha, 2000, p. 24.

_____. *Saco de Gatos*. São Paulo, Duas Cidades, 1976.

_____. "Antonio Conselheiro, Herói da Pátria, por Walnice Nogueira". Disponível em: https://jornalggn.com.br/artigos/antonio-conselheiro-heroi-da-patria-por-walnice-nogueira-galvao/.

_____. *Mitológica Rosiana*. São Paulo, Ática, 1978.

_____. "O Produto É Você". Disponível em: https://jornalggn.com.br/artigos/o-produto--e-voce-por-walnice-nogueira-galvao/.

_____. *Desconversa – Ensaios Críticos*. Rio de Janeiro, UFRJ, 1998. Reeditado online em 2020.

_____. *A Donzela-Guerreira – Um Estudo de Gênero*. São Paulo, Senac, 1998.

_____. "Sociologia e Literarura". *Linha d'Água*, n. 1, pp. 3-6. São Paulo, Associação de Professores de Língua e Literatura.

_____. *Le Carnaval de Rio*. Paris, Chandeigne, 2000.

_____. *Ao Som do Samba: Uma Leitura do Carnaval Carioca*. São Paulo, Fundação Perseu Abramo, 2009.

_____. *Sombras e Sons*. São Paulo, Lazúli, 2010.

Hugo, Victor. *A Águia e o Leão – Escritos Políticos e Crítica Social. In:* Galvão, Walnice Nogueira (org.). São Paulo, Expressão Popular/Fundação Perseu Abramo, 2019.

Lopes Neto, João Simões. *Contos Gauchescos*. Pelotas, Echenique, 1912.

II
RELEITURAS E TRADUÇÕES DE ROSA E DE EUCLIDES

4

Orientações e Travessias*

Benjamin Abdala Júnior

> *Clavo mi remo en el água*
> *Llevo tu remo en el mio*
> *Creo que he visto una luz al otro lado del río*
>
> *El día le irá pudiendo poco a poco al frío*
> *Creo que he visto una luz al otro lado del río*
>
> *Sobre todo creo que no todo está perdido*
> *Tanta lágrima, tanta lágrima y yo, soy un vaso vacío*
>
> *Oigo una voz que me llama casi un suspiro*
> *Rema, rema, rema-a. Rema, rema, rema-a*
>
> *En esta orilla del mundo lo que no es presa es baldío*
> *Creo que he visto una luz al otro lado del río*
>
> *Yo mui serio voy remando muy adentro sonrío*
> *Creo que he visto una luz al otro lado del río*
>
> *Sobre todo creo que no todo está perdido*
> *Tanta lágrima, tanta lágrima y yo, soy un vaso vacío*
>
> *Oigo una voz que me llama casi un suspiro*
> *Rema, rema, rema-a. Rema, rema, rema-a*
>
> *Clavo mi remo en el água*
> *Llevo tu remo en el mío*
> *Creo que he visto una luz al otro lado del río*[1]

1. Disponível em: www.carnecrua.com.br/archives/001376.htm.

Esta é a letra da bela canção *Al Otro Lado del Río*, de autoria do compositor uruguaio Jorge Drexter, contemplado por Hollywood com o Oscar de melhor música. Ela indica o sent ido da travessia do rio Amazonas, feita em 1952 pelo jovem Ernesto Guevara de La Serna. É o núcleo simbólico do filme *Diários de Motocicleta*, do brasileiro Walter Salles, e ponto culminante da viagem de reconhecimento de parte da América Latina do então estudante de medicina, em companhia de seu colega médico, especializado em hanseníase, Alberto Granado[2].

Respira-se, neste filme, especialmente nesta canção, uma atmosfera que nos aponta para terceiras ou outras margens que aparecem no conjunto da obra de Guimarães Rosa. A justaposição contraditória de contrários que embaralha, às vezes recursivamente, perspectivas do presente, coexiste dilematicamente com a utopia, entendida enquanto "princípio esperança", no conceito de Ernst Bloch. É assim que ocorre no embate de situações político-sociais ou nos contatos de cultura.

E então o futuro Che Guevara, após cruzar a América Andina, em sua motocicleta denominada Rocinante (Guevara era um "devorador de livros"), foi ter à Amazônia peruana, vindo a estagiar no leprosário de San Pablo, uma localidade não distante de Iquitos. Foi dessa cidade que um século antes, partira a viagem de ficção do romance *A Jangada*, do francês Júlio Verne, a que nos referiremos mais adiante. Para o jovem Guevara do filme de Walter Salles, no outro lado do rio está a luz, a possibilidade de um encontro com a população mais carente do leprosário. Seus braços, na canção de Jorge Drexter, são como remos, não apenas individuais, mas coletivos. Na margem social onde ele se encontra, não há rios, fluxos, apenas represas que se fecham. Nessa espécie de *apartheid* social, não há abertura para a sociedade. Ou então terrenos baldios por onde circula a miséria. Em meio a este mundo de lágrimas, nem tudo está perdido. Ele é como um copo vazio, mas ainda há esperança.

Para Ernesto Guevara, asmático desde criança, a travessia do rio, a par da simbolização político-social de encontro com a população mais carente do leprosário, tinha um sentido existencial. O futuro Che conseguia ultra-

---

2. Este texto foi publicado, anteriormente, em "Raído", Dourados, MS, vol. 2, n. 3, p. 9-20, jan./jun. 2008, so o título "No Fluxo das Águas: Jangada, Margens eTravessias". E está disponível também em: https://pdfs.semanticscholar.org/a75b/ce483f6192ded85a585fd20bc51c21faec44.pdf

passar, assim, limitações físicas e de origem social, embalado pelo sonho de se romper fronteiras de toda ordem. Cabe aqui, entretanto, uma observação: na biografia de Paco Ignácio Taibo II, encontramos: "Três dias mais tarde, Ernesto consegue realizar uma das façanhas pela qual daria a vida: atravessar a nado o Amazonas – uma travessia em diagonal, de uns quatro quilômetros, aproveitando a corrente. Sai na margem ofegante, mas cheio de felicidade"[3]. No filme, a travessia ocorre em linha transversal, não se levando em conta a correnteza. O discurso da história e o mito se entrecruzam, pois, imprimindo densidade a essa imagem.

A impulsão que motiva os gestos de Guevara se faz nas perspectivas abertas por Mariátegui, cuja obra veio a conhecer no Peru. Logo após fazer um discurso falando na integração da América Latina, no dia de seu aniversário, o jovem Ernesto mergulha nas águas do rio. Mariátegui considerava-se um pessimista em relação à realidade social de seu país e um otimista em relação ao futuro[4].

Entrecruzam-se, na viagem do futuro Che, sua geografia interior com a exterior da ambiência latino-americana. Essa projeção, com marcas neo-românticas, não deixa de guardar relações com os conceitos relativos à alienação postos em circulação à mesma época do existencialismo francês, a partir dos *Manuscritos Econômicos e Filosóficos de 1844*, de Karl Marx[5].

No grande rio, símbolo da biodiversidade e das misturas que nos envolvem, é possível descortinar fluxos capazes de integrar dinamicamente o diverso. Uma rede que se desloca da ficção para o referente, semelhante a um mito a "fecundar a realidade" (Fernando Pessoa), como se explicita nas formulações sonhadoras do pensamento social de Mariátegui. Como nos diários de Ernesto Guevara e de Alberto Granado, as muitas margens registradas na travessia são janelas abertas para as margens do conhecimento – uma travessia por fronteiras comunitárias de cooperação, de forma equivalente à realização supranacional do filme. Isto é, formas de cooperação capazes de emocionar a todos que ainda cultivam algum cantinho de dignidade, numa sociedade pautada pela competitividade.

3. Taibo II, p. 51.
4. José Carlos Mariátegui, *Siete Ensayos de Interpretación de la Realidad Peruana*, México, Ediciones Era, 2002.
5. Karl Marx, "Apêndice", *apud* Erich Fromm, *Conceito Marxista do Homem*, 8ª ed., Rio Janeiro, Zahar Editores, 1983.

O pensamento crítico de Mariátegui – um dos primeiros marxistas latino-americanos –, além de inovador, motiva a reflexão nestes tempos de globalização e se identifica com a trajetória heroica empreendida por Che Guevara. Mariátegui via com desconfiança gestos estereotipados que vieram a dar forma ao que veio a ser chamado "socialismo real", inclinados à desconsideração dos fatores culturais nos processos sociais e à castração das potencialidades subjetivas, marcadas negativamente como gestos individualistas e mesmo aventureiros. Essas predicações negativas foram atribuídas tanto a Mariátegui quanto a Guevara. Ficou para nós, depois de mais de setenta anos dos falecimentos de Mariátegui (morreu com apenas 35 anos de idade) e de Guevara (com apenas 39 anos), para além da mitificação que muitas vezes os banalizam (sobretudo o segundo), a força, a inclinação, o sentido e o desenho de seu gesto crítico, que se chocam contra qualquer apreensão dogmática e acrítica da teoria.

Há, pois, a valorização da potencialidade subjetiva e, em sua esteira, de uma perspectiva que poderíamos chamar de utopia concreta, onde a vontade conflui e procura consubstanciar-se em projeto. Para tanto, como em qualquer ação do sujeito, importa saber onde ele coloca os pés e por onde circula a cabeça. Se a contribuição europeia para o socialismo foi importante, importa então saber como essa teorização pode contribuir para a compreensão da realidade político-social latino-americana.

Não ficou Mariátegui restrito às pretensas exclusividades das determinações objetivas. Nem dialeticamente acreditava em sínteses inevitáveis. Qualquer travessia, voltando-nos à imagem do jovem Ernesto, dependia da interação entre pessoa e meio. No mundo instável e descontínuo das águas, o trajeto impregna-se de indeterminações. Vem daí a necessidade de uma práxis criativa. É esse sentido de práxis que embalou Che Guevara. E o contato com a obra de Mariátegui no Peru, certamente foi um ponto de encontro. Para ambos, o marxismo seria uma espécie de guia para a ação.

As interações que estamos apontando, entre as imagens de Ernesto Guevara de la Serna, sua travessia e aquelas postas em circulação pela obra de Guimarães Rosa, são impulsionadas pela relação contraditória de opostos, num movimento de atração e de repulsão. E, nessa dinâmica, e para a discussão do contato de culturas podemos estabelecer um diálogo entre o filme de Walter Salles e o conto "Orientação", da coletânea *Tutameia (Terceiras Estórias)*, publicada por Guimarães Rosa em 1967. Impulsionada pela ideia de integração, a imagem cinematográfica do jovem Ernesto não dá conta da complexidade das travessias, que os discursos históricos de sua biografia e autobiografia revelam. A problemática travessia do rio se fez beneficiando-se dos fluxos das águas, sem perder – é verdade – o objetivo de atingir a outra margem. Guevara conhece o ponto de partida e visualiza o da possível chegada.

Na "orientação", que dá título e pauta estratégias discursivas do conto de Guimarães Rosa, são desenhados gestos que levam à reflexão sobre travessias. Não há aí possibilidades de sínteses deterministas, previstas já na partida, mas aproximações contraditórias, afins do oxímoro, que prefigura a coexistência problemática do diverso, quando explora as múltiplas potencialidades das misturas desses fios discursivos, intrinsecamente híbridas, das inumeráveis margens da cultura.

O conto "Orientação", bem estudado por Walnice Nogueira Galvão em "Chinesices no Sertão: Um Conto de Guimarães Rosa"[6], é uma estória de um cule, de origem chinesa, transformado em cozinheiro. Ele é o "Chim", que virou "Joaquim" e depois "Quim". Seus *habitus* culturais, ritualmente afinados ao trabalho, acabaram por transformá-lo num pequeno proprietário rural. Na simbolização do cozinheiro, instaurou-se um processo de misturas que o levaram a se apaixonar por uma lavadeira sertaneja, culturalmente uma antípoda. O casal se consorcia entre os salamaleques da escrita rosiana e dos gestos do Quim/Chin. A lavadeira, de apelido Rita Rola, virou, em sua fala e seu olhar, a Lita Lola, ou Lolalita. Muito provavelmente estava ironicamente na perspectiva de Guimarães Rosa, a personagem Lolita de Wadimir Nabokov, romance que escandalizou a Inglaterra e a França nos finais dos anos de 1950 e sobretudo sob o impacto do filme de Stanley Kubrick, que é de 1962. A concepção de Oriente, nessa narrativa de Guimarães Rosa, é bastante ampla. Além da possível referência ao russo Nabokov, a palavra "salamaleque" é árabe, e "sol nascente" aponta para o Japão.

E o "felizquim" – expressão de Guimarães Rosa – se apaixonou tanto pela lavadeira (recorde-se da marchinha de carnaval da década de 30, assinalada por Walnice Nogueira Galvão: "Lá vem o seu china na ponta do pé / Lig li lig li lig

---

6. Walnice Nogueira Galvão, "Chinesices no Sertão: Um Conto de Guimarães Rosa", *Lusophonies Asiatiques: Asiatiques em Lusophonies*, Paris, Karthala, 2003, pp. 283-293.

li lê"), apaixonou-se tanto, que se viu nivelado de cócoras junto a ela, como se fosse um sertanejo. Entretanto, no universo rosiano, a diversidade não leva à unidade. Interpuseram-se entre eles, segundo o narrador do conto, "a sovinice da vida, as inexatidões do concreto imediato, o mau-hálito da realidade".

O Chin/Quim, quando anteriormente trançava as pernas à maneira chinesa, para melhor "decorar o chinfrim de pássaros ou entender o povo passar" veio a mirar e se apaixonar por Rita Rola, a sua Lolalita (entre as Lolas e as Lolitas). Via nela uma imagem de beleza, embora, como registra cinicamente o narrador (grafa-se com "c"), ela fosse feia, "Feia, de se ter pena de seu espelho".

Este é o "mundo do rio", que não é – segundo o narrador – o "mundo da ponte", do caminho único pré-estabelecido. Para se evitar o "mau-hálito desse mundo" e as "inexatidões do concreto imediato", o narrador descortina a mediação das culturas, vistas em suas misturas. Chin/Quim se faz perspectiva *in absentia*, quando rompe com a amada Lolalita. Esta, que havia conhecido de perto a experiência do cozinheiro chinês em lidar com misturas, veio, afinal, a incorporá-la, quando conseguiu uma distância capaz de afastar o "mau-hálito da *realidade*". Logo, um consórcio problemático entre experiência (história) e mito. Essa figuração da imagem do chinês que se fez mito para a cozinheira possui um desenho análogo ao do mito social de Mariátegui que sensibilizou o futuro Che.

É de se relevar, assim, o registro problemático das travessias, que figuram nessas formas do imaginário. Há inumeráveis formas de travessia. Algumas delas se descortinam no sertão-mundo de Guimarães Rosa. Se nos fixarmos nos horizontes amazônicos, poderíamos apontar para travessias etnocêntricas, que povoam o imaginário da região, desde os tempos de Pizarro e o mito de Eldorado. No romance *A Jangada* de Júlio Verne, sua personagem Joam Garral derrubou uma floresta para construção de uma imensa jangada de madeira, para nela colocar a família, agregados, uma igreja, casas, estábulos etc. e se deslocar de Iquitos, cidade próxima do leprosário onde estagiou o jovem estudante de medicina, até à cidade Belém, na foz amazônica. A derrubada da floresta não importa à enunciação, pois seria substituída por produções mais regulares, uniformes, sem misturas, disciplinadas e rentáveis. Aí o mito entrecruza-se com a história. Quando a jangada chega a Belém, a jangada é desfeita e a madeira vendida para o Exterior.

Se o percurso para a foz do rio se fez ao embalo das águas, a volta a Iquitos já se beneficia da tração a vapor. De Joam Garral, poder-se-ia passar à personagem histórica em que se baseou, Fitzcarraldo, seringalista que tinha suas bases econômicas em Iquitos.

Fitzcarraldo descobriu o varadouro que leva hoje a designação de Istmo de Fitzcarraldo, que permitiu a ligação entre dois rios importantes, na época, para a circulação da borracha. Era a integração da Bacia Amazônica com a Bacia do Prata. E a travessia do barco se fez, no cinema, de forma ascendente, por uma colina, através dos braços dos índios e do motor movido a vapor. Uma travessia entre dois rios, que se colocam como margens. Reversibilidade de posições.

Essa imagem de Fitzcarraldo está distante daquela posta em circulação na ficcionalização de Werner Herzog, em *Fitzcarraldo (O Preço de um Sonho)*, produção alemã de 1982[7]. No filme, ele contava consigo mesmo e mais três tripulantes; na realidade, ele tinha o apoio de cerca de mil indígenas piros e campas e uma centena de brancos. A personagem central do filme, interpretada por Klaus Kinsk[8], é um visionário que tudo faz pela cultura, no caso a ópera. É capaz de tudo sacrificar para se deslocar até Manaus para assistir ao espetáculo do italiano Caruso, no magistral teatro às margens do Rio Negro ou em favor da montagem de um grande espetáculo, no nomadismo das águas do rio Amazonas, diante da cidade de Iquitos.

A trajetória de Fitzcarrald é emblemática de muitos outros atores da Amazônia. Ele, em suas andanças, foi motivado pelo mito de Eldorado, que anteriormente havia embalado os invasores espanhóis. Uma referência cinematográfica desse mito já aparece no filme *Aguirre, a Cólera de Deus*, também de Werner Herzog[9], quando Pizarro envia à Amazônia um grupo de homens à procura da legendária cidade de Eldorado. Interpretam o filme o mesmo ator Klaus Klinsk e o moçambicano Ruy Guerra.

No filme de Werner Herzog, a travessia do barco pelo varadouro implicava ascender a uma colina e se fez com o concurso da força física dos indígenas e a tração dos motores da própria embarcação. Quem teve a ideia de acionar os

---

7. Werner Herzog, *Fitzcarraldo (O Preço de um Sonho)*, FilmProduktion, Zweites Deutsche.
8. Outros atores do filme: Cláudia Cardinale, José Lewgoy, Paul Hittscher, Miguel Angel Fuentes e Huerequeque Enrique Bohorquez, além de Milton Nascimento e Grande Otelo.
9. Werner Herzog, *Aguirre, a Cólera de Deus,* FilmProduktion, Hessischer Rundfunk4.

motores de forma conjugada com o esforço físico foi um mestiço, que cuidava das máquinas. O nome dessa personagem é Huerequeque, o mesmo nome do ator (mestiço) que a interpretou. A força "natural" dos indígenas e a técnica da civilização somavam-se em suas ações movendo roldanas, que deslizavam o barco sobre trilhos.

Como é de se observar, nessas travessias misturam-se imaginários míticos e travessias históricas. Mostram modos de ser e de estar no mundo bastante diferenciados, comutáveis, intercambiáveis, recursivos.

Importa observar que os atores sociais embalam-se quando têm horizontes. Mais, cada uma dessas práxis, seja ela individual ou coletiva, precisa concretizar facetas de um amanhã sonhado. Dessas experiências, ficam rastros que não se repetirão, para nos valer da imagem de um conhecido poema de Antonio Machado. Nos fluxos das águas, como nos fluxos da vida social, nada é estável e o futuro nunca é certo. A redução simplificadora conduz apenas a descaminhos, uma ponte que não conduz a nada. Ou para nos valer da observação do narrador do conto "Orientação", de Guimarães Rosa: "O mundo do rio não é o mundo da ponte". A travessia se faz na própria dinâmica das águas, com seus fluxos, refluxos, no reino flutuante do provisório, mas ao embalo de figurações *in absentia* do que falta.

Na travessia andina do jovem Guevara até à Amazônia, produziu-se um Che, ele que era avesso à política, quando estudante de medicina em seu país. É na dinâmica das águas, que se misturam e embaralham os caminhos (é de se repetir Antonio Machado: "Caminante no hay camino, se hace camino al andar"). O percurso vai-se configurando, motivado por um princípio de juventude ou desejo de transformação, que se figura nas cabeças das pessoas, como em Lolalita.

O romance *A Jangada de Pedra*, de José Saramago foi construído em direcionamento físico e simbólico oposto ao romance *A Jangada de Pedra* de Júlio Verne, da Europa para a América. Ele se presta à discussão do caráter nacional português, em face de uma dupla solicitação: a sua então recente integração na Comunidade Econômica Europeia e a singularidade que leva o país a identificar-se, ao lado da Espanha, com suas ex-colônias. Esse romance serve-nos igualmente de núcleo simbólico por envolver temas como o da imaginação utópica, da memória e das relações culturais entre os países de língua portuguesa e de língua castelhana. A *Jangada de Pedra* proporciona uma "viagem" que permite, assim, que se sonhe com uma comunidade não apenas dos países de língua portuguesa, mas dos países ibero-afro-americanos. Organizado em torno de estratégias geopolíticas e associado à situação histórica pós-Abril, esse romance permite repensar a cultura portuguesa em face da dupla solicitação apontada: a integração europeia e a singularidade peninsular. Esta singularidade liga-se às perspectivas que marcaram a história de Portugal: a atlanticidade, a ibericidade e a mediterraneidade.

Tais horizontes históricos acabaram por estabelecer uma comunidade cultural ibero-afro-americana. Numa sociedade internacional atraída pela dinâmica dos comunitarismos entre os povos que os leva para novos reagrupamentos determinados por afinidades culturais, é de se entender que é importante a efetiva implementação de estratégias político-culturais que nos permitam (re)imaginar essa constelação de países. Nessa comunidade, Portugal, Brasil e os países africanos de língua oficial portuguesa constituiriam assim um polo da paridade histórica que nos envolve em relação aos países hispânicos – uma paridade similar, mas que se pretende menos conflituosa, do que aquela que marcou a história de Portugal e da Espanha.

Vejamos a simbologia de *A Jangada de Pedra*, de José Saramago, que aponta para o imaginário que nos singulariza em relação à Europa – um imaginário simbolicamente "infernal", mestiço, crioulo, no sentido que estamos desenvolvendo, e que se opõe à pureza das imagens "celestiais" da tradição cultural que veio, em nossa formação histórica, dos centros hegemônicos europeus. Em epígrafe a esse romance, o ibero-americano Alejo Carpentier opõe ao ceticismo a perspectiva de que "Todo futuro es fabuloso". Tão fabuloso na efabulação desse romance que esse futuro, na vida como na arte, torna-se avesso ao pragmatismo cético da Europa. Um "futuro fabuloso" próprio de um momento de fratura, onde "principia a vida"[10], que por natureza calibânica opõe-se à convenção, à rotina e ao estereótipo de Próspero. Viver, nessa perspectiva, é criar, desenredando fios de velhas meias, como as de Maria Guavaira. "Todo futuro es fabuloso", diz Carpentier. Tão maravilhoso, diríamos, que permite uma efabulação – fabula ficcional de ação política – que, num direcionamento

---

10. José Saramago, *A Jangada de Pedra*, São Paulo, Companhia das Letras, 2003, 16ª reimp., p. 18.

temporal inverso, permite a atualização, na jangada de Saramago, de matéria sonhada para amanhã ou depois.

Cria-se, assim, na ficção de *A Jangada de Pedra*, imagens-ação identificadas com o devir emergente no útero aquático. Tudo, repetimos, por obra da concentração do tempo histórico – como nas revoluções – num único momento – "momento principal" – que permitiu a expressão do futuro desejado. Importa, qualitativamente, esse momento estranho, que escapa à compreensão do conjunto das nações europeias. Aí o inferno ibérico só consegue sensibilizar, subversivamente, os jovens, logo sufocados em sua rebeldia pela autoridade paterna. É a administração da diferença, em favor da permanência dos mesmos fluxos assimétricos de poder.

Para além do otimismo crítico em relação às transformações, é de se observar o fato de que as antigas formas – seja na literatura, como na vida sociocultural, resistem. Desloquemos nossa argumentação, nesse sentido, para Angola. Em *Mayombe,* romance escrito por Pepetela em plena guerrilha da luta de libertação nacional, o sentido crítico do narrador destaca linhas de articulação de hábitos, que impregnam suas personagens, deixando à mostra as reais motivações dos guerrilheiros, mitificados pelos discursos oficiais. Citemos uma personagem feminina, que de um ângulo periférico analisa a situação que experimenta entre os guerrilheiros:

> Isso é que me enraivece. Queremos transformar o mundo e somos incapazes de nos transformar a nós próprios. Queremos ser livres, fazer a nossa vontade, e a todo momento arranjamos desculpas para reprimir nossos desejos. E o pior é que nos convencemos com as nossas próprias desculpas, deixamos de ser lúcidos. Só covardia. É medo de nos enfrentarmos, é um medo que nos ficou dos tempos em que temíamos a Deus, ou o pai ou o professor, é sempre o mesmo agente repressivo. Somos uns alienados. O escravo era totalmente alienado. Nós somos piores, porque nos alienamos a nós próprios. Há correntes que já se quebraram mas continuamos a transportá-las conosco, por medo de as deitarmos fora e depois nos sentirmos nus.

Vieram de nossa formação hábitos alienados e as formas culturais, tal como as formas políticas, sociais e econômicas, resistem. Há nelas, de um lado, uma experiência acumulada; e, de outro, implicações ideológicas, quase sempre não conscientes, que tendem a justificar hegemonias. Constituem desenhos ou linhas que resistem e determinam a formação de caracteres, com papéis sociais marcados. O grande problema, do ponto de vista político, é que tais impregnações fazem parte do cotidiano e configuram as expectativas de cada ator, dirigente ou dirigido. Tais gestos alienantes serão mais enfáticos na obra posterior, de Pepetela, quando focalizará criticamente a nova sociedade urbana de Angola. Se escreveu *Mayombe*, na ambiência da guerrilha, escreverá depois romances como *Predadores*, cujo título direcionado às esferas de poder econômico, já é ilustrativo por si mesmo.

A travessia do romance de Pepetela se fez de forma similar às de outras gerações do pós-Segunda Guerra, tendo como horizonte uma libertação nacional e social que criasse um "homem novo" – criativo, íntegro, sociável, inclinado ao bem coletivo. Não atingiu, para seus atores mais consequentes em relação ao seu ideário, seus maiores objetivos libertários. Conseguiram, no caso de Angola e demais países africanos, a libertação do país do colonialismo, mas muitas formas conservadoras, como hábitos estabelecidos, continuaram. O exercício de determinados papéis, conjugado a determinadas práxis, modelam os novos autores, com muitos dos caracteres contra os quais se colocaram. A travessia foi feita sem, entretanto, atingir-se o ponto sonhado. Não basta que o rio Kuanza – simbólico da unidade nacional – desemboque em Luanda, com fragmentos de todo o país em suas águas, como aparece em *A Vida Verdadeira de Domingos Xavier*, de Luandino Vieira. Impõem-se reciprocidades, segundo a enunciação, para um encontro cidade-campo em que as margens do rio revelem essa integração psicossocial e econômica em sentido amplo.

Impõem-se, na atualidade, novas travessias, talvez com novos atores, que a enunciação parece apontar de forma ainda tênue, como aparece em *A Geração da Utopia*. Há uma atmosfera de pessimismo, que uma das personagens mais otimistas vai contraditar. Vale aqui – deslocando o foco para Portugal e os participantes do movimento revolucionário do 25 de Abril, que pôs fim à ditadura salazarista – a transcrição do refrão da canção *O Madrugar de um Sonho*, de Frederico de Brito, interpretada por Carlos do Carmo:

> Julguei ser um sonho
> Mas foi realidade
> E às vezes suponho
> Que não é verdade!
> Mas se alguém disser

Não "à liberdade
Eu posso morrer
Mas não é verdade...

Os sonhos são do movimento dos jovens capitães de Abril. Dessa revolução voltada para uma revolução social participaram os mesmos e outros jovens embalados por suas utopias, utopias correlatas àquelas sonhadas por jovens portugueses e africanos participantes da Casa dos Estudantes do Império.

A canção evidencia uma simetria de situações entre a revolução portuguesa e a dos países africanos colonizados por Portugal. Uma simetria supranacional, no âmbito de nossa comunidade cultural. Esse comunitarismo que nos aproxima, desenha inclinações que seriam extensíveis para outras situações, de quem viveu sonhos libertários, como em Angola. Em *A Geração da Utopia* esse sentido de solidariedade supranacional fez com que se reunissem participantes portugueses e angolanos na manifestação antiditatorial do 1º de Maio. Solidariedade sob a sombra de um regime opressivo.

Importa hoje destacar o fato de que, após a euforia da tomada de poder e aparente conclusão da travessia libertária, constata-se que os pontos atingidos (tanto em Portugal como em Angola) não eram exatamente os previstos, mas a travessia não deixou de se efetivar. Só que não houve um epílogo histórico. Esses são os fluxos das águas da vida, que acabam por se abrir a novas travessias. Renova-se o giro da espiral da linha do tempo. Se no início da travessia angolana um Viriato da Cruz escreveu o poema "Mamã Negra (Canto da Esperança)", numa perspectiva talvez neorromântica, em que vê as projeções dos olhos da Mãe (a *mátria*, a terra angolana):

[...] cintilantemente firme – como a Esperança...
em nós outros, teus filhos,
gerando, formando, anunciando –
o dia da humanidade
O DIA DA HUMANIDADE.

A tendência de quando esses sonhos não se concretizam integralmente como se desejava é o estado de melancolia, ou a distopia entre os atores embalados pela plenitude da utopia. Entretanto, a vida social se move na direção da esperança. Acreditar que as coisas possam ser melhores do que são. Se a esperança não se configurar em torno de projetos imbuídos de um princípio de juventude, como o que embalou os atores dessa geração, outros atores poderão empunhar em proveito próprio essa inclinação de esperança, voltando-se para trás e deslocando-a da realidade, através da mistificação, como ocorre com o pensamento religioso, mais ou menos fundamentalista.

É o que aponta o romance *A Geração da Utopia*, certamente num horizonte que não se restringe apenas a Angola. A esperança, como energia da geração da utopia, funda-se num princípio de juventude, que independe da idade dos atores envolvidos e se volta para o futuro. Muitos dos atores da revolução angolana comutaram a esperança por sua mistificação, que se efetiva paralelamente às instâncias de estado. E a vida passa a não se mover na perspectiva de futuro, mas de um desfrute voltado para um contínuo presente, de afirmação individualista, como na atmosfera da chamada globalização. Olha-se de lado e não para frente. Não é mais apenas a religiosidade de um paraíso perdido a ser reconquistado com sofrimento das religiões tradicionais, mas o mundo da mistificação de mercadorias, que entram na economia das trocas simbólicas, fundamentadas nas articulações socioeconômicas. Como se observa, centrado em Angola, *A Geração da Utopia* tem como matéria uma situação mais geral, que vem do mundo da desregulamentação do capitalismo financeiro, que chegou mesmo a proclamar o fim da história.

Outro problema que se coloca, como apontamos em vários momentos, é o da sobrevivência das formas que podem limitar os movimentos de toda uma geração, já que as águas da vida não têm um traçado definido, e é difícil seguir os sulcos na água de travessias anteriores, que não se repetirão, como podemos inferir do conhecido poema de Antônio Machado, já referido:

Caminhante, não há caminho,
faz-se caminho ao andar.
Ao andar faz-se o caminho,
e ao olhar-se para trás
vê-se a senda que jamais
se há-de voltar a pisar.
Caminhante, não há caminho,
somente sulcos no mar.

Ficam enfaticamente registradas, no romance *A Geração da Utopia*, como os modos de articulação que levam às formas tradicionais acabam por enredar o ser político da geração, determinando novas assimetrias nos fluxos culturais. A hegemonia desloca-se para novos grupos, que passam a administrar as novas diferenças. Para Pepetela, depreendemos através de suas estratégias discursivas, o otimismo que embalou a geração, só poderia ser efetivo se imbuído de sentido crítico. É o que aparece na trajetória de Aníbal, que acaba por se impor registros mais distanciados, marcado por certa negatividade. São experiências que apontam para o processo, contínuo, que impõe uma dialética entre otimismo e distanciamento crítico, tendo em vista a necessidade de contínuos redirecionamentos de trajetórias, pois o "mundo do rio não é o mundo da ponte" ("Orientação", de Guimarães Rosa, relembremos).

Não há fórmulas feitas e nem palavras de ordens unívocas. Estas levam apenas a uma disciplina de caserna, refutada pela enunciação do romance de Pepetela. Quando estas formulações aparecem no romance, são meramente ritualísticas, acabando por levar à repetição do mesmo. Talvez por isso mesmo, no "Epílogo", Pepetela fecha o seu romance, indicando que não há uma conclusão definitiva numa história que começou com um "portanto". Consubstancia-se a efabulação, assim, mais uma vez, como um processo aberto, mas com horizontes, para que não se submeta aos movimentos hegemônicos dos novos cursos estabelecidos. Nas águas da vida social, eivada da plenitude sonhada, há que enfrentar esses fluxos avassaladores. Ao atingir a margem que apontava para a descolonização, constatou-se que a travessia marcou a trajetória, levando a pontos diferentes, distantes da liberação sonhada. Um transcurso de uma geração que se dissocia, desconfigurando-se melancolicamente a energia, a potencialidade subjetiva, que a embalava. Uma desconstrução que não perde seu sentido dialético de processo, pois que não deixa Pepetela de constatar que os novos tempos formam tenuemente atores de uma nova geração, que certamente não deixará de se valer da experiência da geração anterior.

Referências Bibliográficas

Cunha, Euclides da. *À Margem da História*. Introd., nota editorial, cotejo e estabelecimento de texto de Rolando Morel Pinto. São Paulo, Cultrix, 1975.

_____. *Os Sertões (Campanha de Canudos)*. São Paulo, Ateliê Editorial/Imprensa Oficial do Estado, Arquivo do Estado, 2001.

GALVÃO, Walnice Nogueira. "Chinesices no Sertão: Um Conto de Guimarães Rosa". *Lusophonies Asiatiques: Asiatiques em Lusophonies*. Paris, Karthala, 2003. pp. 283-293

GRAMSCI, Antônio. *Cadernos do Cárcere*. Rio de Janeiro, Civilização Brasileira, 1999-2002. 6 vols.

GRANADO, Alberto. *Com el Che por Sudamérica*. Havana, Letras Cubanas, 1986.

_____. "Un Largo Viaje em Moto de Argentina e Venezuela". *Gramma*, 16 de out. 1967.

GUEVARA, Ernesto Che. *De Moto pela América do Sul – Diário de Viagem*. 2. ed. São Paulo, Sá Editora, 2003.

_____. Sobre la Construcción del Partido. *Obras Completas*. Buenos Aires, Legasa, 1995, tomo 1.

MARIÁTEGUI, José Carlos. *Siete Ensayos de Interpretación de la Realidad Peruana*. México, Ediciones Era, 2002.

_____. "O Problema Indígena na América Latina". In: Löwy, Michael. *O Marxismo na América Latina: Uma Antologia de 1909 aos Dias Atuais*. São Paulo, Editora Perseu Abramo, 1999.

MARX, Karl. "Apêndice". *Apud* FROMM, Erich. *Conceito Marxista do Homem*. 8. ed. Rio de Janeiro, Zahar Editores, 1983.

PEPETELA. *A Geração da Utopia*. Lisboa, Publicações Dom Quixote,1992.

_____. *Mayombe*. São Paulo, Ática, 1982.

_____. *Predadores*. Rio de Janeiro, Língua Geral, 2008.

ROSA, Guimarães. "Orientação", *Tutaméia (Terceiras Estórias)*. 2. ed. Rio de Janeiro, José Olympio Editora, 1968. Rio de Janeiro, Língua Geral, 2008.

SARAMAGO, José. *A Jangada de Pedra*. São Paulo, Companhia das Letras, 2003. 16ª reimp.

TAIBO II, Paco Ignacio. *Ernesto Guevara, Também Conhecido como Che*. São Paulo, Scritta, 1997.

VERNE, Júlio. *A Jangada*. São Paulo, Editora Planeta, 2003.

VIEIRA, José Luandino. *A Vida Verdadeira de Domingos Xavier*. 3ª. ed. Lisboa, Edições 70, 1977.

FILMOGRAFIA

HERZOG, Werner. *Fitzcarraldo (O Preço de um Sonho)*. Werner Herzog FilmProduktion, Zweites Deutsche, 1982.

_____. Aguirre, *A Cólera de Deus*. Werner Herzog FilmProduktion, Hessischer Rundfunk4, 1972.

SALLES, Walter. *Diários de Motocicleta*. FilmFour, 2004.

INTERNET

Carne crua: www.carnecrua.com.br/archives/001376.htm.

5

Canguçurana? Balzaquirana? Cangussuetê?

Betty Mindlin

> *Fiz uns rabiscos pra te dar*
> *Cheio de rumos que acabei de inventar*
> *Se por capricho não quiseres aceitar*
> *Tenho que jogar no lixo*
> *Essa loucura de te homenagear*
> Parodiando Noel Rosa

I

WALNICE É DAS PESSOAS MAIS QUERIDAS e íntimas da minha vida, das que mais me influenciaram, modelo inalcançável de erudição, capaz de juízos certeiros sobre tudo que lê, com conhecimento e curiosidade sem fim sobre arte, música, história, cinema e outros domínios. É por meu imenso afeto por ela, e não por competência, que ouso participar deste livro, na companhia de especialistas de literatura, escritores argutos, tudo que não sou. Morrendo de medo. Walnice costumava me chamar de Peter Pan, o menino que não queria crescer. É assim que ainda me sinto, menininha diante de um portento.

Mas essa desigualdade não parece ter perturbado nosso companheirismo. Construído, em tempos da ditadura militar, pela afinidade de ideias libertárias, do desafio ao sistema econômico e à ordem moral dominante, da descoberta de um traçado como mulheres, com independência, com espaço para criar, vibrar e lutar por uma sociedade menos iníqua. Nos anos 70, fomos parte de um pequeno grupo de feministas, influenciadas pelas americanas e europeias, delineando o que nos cabia naquela época e lugar, e em nossas biografias – queríamos, intensas, combinar emoções, sensualidade, intelecto e ainda ser livres! Muitas reuniões foram em casa dela. Pairava como uma bandeira *A Room of One's Own*, de Virginia Woolf. Debatíamos as dificuldades das mulheres para criar, em especial para escrever. Walnice já era uma escritora consumada, sempre foi – *As Formas do Falso* são de 1972 – mas foi marcante o relato dos obstáculos que vencera para seu braço e mão deslizarem com fluidez no papel ou nas teclas da máquina de escrever. Percorríamos também inúmeros outros assuntos, como Maio de 68 e a Rua Maria Antonia, sobre a qual ela tão bem e tantas vezes se pronunciou. Livrinho felizmente esquecido, perpetramos em conjunto, publicado à minha revelia por Caio Graco Prado na Brasiliense, *Sapta Matr,* no qual não identificamos a autoria de cada poesia. Claro que tudo que houver de bom é dela, e o péssimo meu. O comentário de José Miguel Wisnik ao receber foi: "Que coragem!"

II

Entre tantas vertentes, eu gostaria de contar quanto aprendi com Walnice sobre mitologia indígena – antes mesmo de ouvir ao vivo, na floresta, narrativas dos nossos povos.

Foi junto com Walnice que li os quatro volumes das *Mitológicas* de Lévi-Strauss. Na ausência de um sertanista calejado, abríamos nós mesmas algumas trilhas na selva dos mitos. Era uma aproximação com imagens psíquicas femininas, comportamentos que se poderiam observar. Personagens como a Moça Louca por Mel, na qual haveria uma voracidade excessiva atrapalhando o amor, ou a Rã que se transforma na Lua, a mulher pegajosa a evitar, que não consegue reter o amante, ou a Mulher Sariguê, grudenta, e assim por diante. Livres interpretações que poderiam, nesse tempo experimental, guiar condutas convenientes para os nossos amores.

Segui como um farol "O Impossível Retorno", o ensaio de Walnice sobre "Meu Tio, o Iauaretê". É proeza escrever sobre uma obra-prima iluminada como este conto; ela conseguiu. Sem suas explicações e análise, perderíamos muito. O ensaio parece continuar a ficção.

Numa época em que ainda não se pensava em recorrer aos melhores linguistas, como o saudoso Aryon Dall'Igna Rodrigues e Ana Suelly Arruda Câmara Cabral, ou ao historiador José Ribamar Bessa Freire, não era moda fazer o excelente curso de tupi antigo da USP, nem existia o *Léxico de Guimarães Rosa*, Walnice decifrou com precisão todos os termos em tupi do conto. Seu ensaio, de 1975, é contemporâneo de *Maíra* de Darcy Ribeiro, de 1976, livro repleto de termos e vozes em muitas línguas, ficção, segundo Walnice, "...compondo o mais amplo painel até agora visto em literatura da condição dos índios no Brasil"[1]. Qual dos dois terá lido o outro primeiro? Walnice me passou toda uma estante de dicionários de tupi, que devolvo quando ela quiser. Facilitando a leitura, ela arrola os nomes das personagens onças do conto em português e em tupi, estes com a respectiva etimologia, fazendo-nos observar como cada uma aparece com suas diferentes cores, formas, temperamentos, verdadeiros indivíduos. Tem um lampejo genial ao relacionar o nome da mãe do narrador com o da canguçu Maria-Maria, que é a grande paixão dele. E mostra sua familiaridade com sistemas de parentesco – deve ter lido *As Estruturas Elementares do Parentesco*, de Lévi-Strauss, ou outros tratados sobre parentesco – ao nos explicar o que é "tutira", tio materno em tupi antigo.

Nas primeiras conversas com Walnice sobre "O Impossível Retorno", três produtos da tecnologia, a arma de fogo, o relógio e o espelho, a mim pareciam símbolos básicos da superioridade que os invasores não índios pensam ter, procurando impressionar e vencer os indígenas. "... Mecê tem aquilo – espelhim, será? Eu queria ver minha cara..."[2]. Exultávamos. Quando conheci povos de contato recente, percebi como ficavam fascinados com esses objetos mágicos. Ainda não com a cachaça, o invento diabólico que o conto contém e que Walnice associa, pela bebedeira, ao fogo... Custa a todos nós, indígenas ou não, perceber a verdadeira superioridade indígena, não tão aparente quanto a produção material e a tecnologia de fora. Povos indígenas são donos de raridade: o tempo elástico que alonga a vida, a imagem, por vezes coberta com máscaras, que não rouba a alma, a igualdade, o afeto, o coletivo, um sentido para a existência. A mãe indígena do narrador do conto, doadora, bondosa, personifica só qualidades em sua lembrança.

Nesses nossos diálogos antigos, era central um dos mitos do roubo do fogo, ligado às onças, seu dono original. Por parte de mãe, seria a onça o animal totêmico do narrador. Eram os mitos indígenas dos Jê que conhecíamos mais. No entanto, também em muitos povos tupi só o jaguar possuía o fogo na origem dos tempos. Assim contam os Paiter Suruí de língua tupi-mondé em um mito que ouvi em 1980, no qual o fogo do jaguar foi roubado por um pássaro,

---

1. Leia-se o ensaio de Walnice, "Indianismo Revisitado", *Gatos de Outro Saco*, São Paulo, Brasiliense, 1981, p. 183.
2. João Guimarães Rosa, "Meu Tio o Iauaretê", *Estas Estórias*, Rio de Janeiro, José Olympio, 1969, p. 135.

o Orobab, a pedido do Criador, Pálop, Nosso Pai, para doar à humanidade. O curioso, neste povo, é que a Onça passa a ter medo do fogo quando não o tem mais. Esta onça, Mekopichay, mata a nora, a Primeira Mulher, que se casara com seu filho. Quando os netos de Mekopichay ficam sabendo do assassinato da mãe pela avó, o único meio de vingança bem sucedido é queimá-la – nenhuma arma a extingue, não adianta experimentar água fervente, flechas ou bordoadas.

A superioridade do fogo – que os povos indígenas também possuem, pois cozinham, assam, são quem introduziu o moquém – é marca dos invasores, não só pelas armas de fogo. Sidney Possuelo, experimentado indigenista, ex--Presidente da Funai que criou uma política inovadora para povos isolados, conta no documentário *Serras da Desordem*[3], como errou ao caminhar pela floresta com um índio que apenas iniciava o contato e cuidadosamente levava seu tesouro de brasas acesas para não perder o fogo. Sidney, distraído, risca um fósforo, para só em seguida refletir que fazia uma indevida demonstração de poder. Os Piripkura, dois de três únicos remanescentes de um massacre, continuam recusando o contato; no filme com seu nome só procuram funcionários da Funai quando seu fogo se extingue; continuam sempre levando brasas, desprezando as caixinhas mágicas dos fumantes e recusando os bens industriais[4].

Em suas andanças, Guimarães Rosa deve ter ouvido muitos povos, sobretudo os de Minas Gerais. Registros de mitos indígenas posteriores ao seu desaparecimento podem contribuir para entendermos melhor o que ele estudou; mesmo que no seu tempo fossem desconhecidos, devem fazer parte do repertório brasileiro, de um substrato imaginário arcaico impregnado na população não indígena.

Segundo sou capaz de aquilatar, pois ignoro a vasta bibliografia sobre Guimarães Rosa, quase nenhum decifrador, além de Walnice, estudou as marcas do universo indígena na obra do grande autor. Tradições bíblicas ou gregas, que ela também inclui em vários trabalhos, aparecem, por exemplo, nos lindos livros de Adélia Bezerra de Menezes e Luiz Roncari. Sobre os nossos povos Walnice é rainha, ninguém aprofundou tanto.

3. *Serras da Desordem*, filme de Andrea Tonacci, 2006.
4. *Piripkura*, filme de Mariana Oliva, Renata Terra e Bruno Jorge, 2017.

O tema volta, em 2016, com o ainda inédito doutorado de Edinael Rocha, centrado na novela "Buriti", de *Corpo de Baile* – tese original, de escrita invejável, alargando na literatura brasileira o espaço para a matriz indígena como fio condutor[5]. Com competência, não se afasta do texto, pelo contrário, arrasta-nos para dentro do que estamos lendo, ao extrair ou imaginar as fontes de criação do escritor, nem sempre explícitas, que o ligam ao Brasil indígena tão pouco pesquisado na crítica literária, apesar de fundamental. Se a morte não existisse – e os mitos indígenas explicam como surgiu – qual seria uma correspondência de Guimarães Rosa com Edinael, à moda da sua com Edoardo Bizzarri? Com Edinael teremos mais novidades, pois decidiu ampliar seu estudo em um pós-doutorado. Desta vez será lido em primeira mão por Cleusa Rios Passos: os indígenas contam cada vez mais com valiosos aliados.

III

Se Walnice é única com seu olhar arguto, são os indígenas de Minas Gerais que têm tido acesso às próprias raízes e se reconhecem ao ler "Meu Tio, o Iauaretê". Não por admirarem o lado Tacunapéua do narrador, mas sim pelo fascínio da metamorfose de um ser humano em jaguar. Estranheza para eles familiar.

Foi ao coordenar a formação intercultural de educadores indígenas da UFMG (FIEI) que a escritora e professora de literatura Maria Inês de Almeida difundiu nos cursos, em colaboração com sua equipe, a leitura de "Meu Tio, o Iauaretê", por vezes até mesmo em representação teatral. Descobriu a personagem indígena da Iaiá Cabocla com seus estudantes, em narrativas por eles contadas ou recriadas por escrito. Teriam algumas versões antigas sido ouvidas pelo escritor? Como não evocar a semelhança do nome com Maria-Maria?

Iaiá Cabocla, mulher metamorfoseada em onça, que não consegue voltar a ser gente, é até hoje a grande protetora dos Xacriabá, cultuada em rituais. A surpresa é como o conto de Guimarães Rosa a trouxe à baila. Maria-Maria e Iaiá Cabocla: os movimentos, peles, gestos de amor e sedução, ferocidade, as variadas onças, seus hábitos e características encantaram os leitores indígenas, cientistas-observadores atentos dos animais.

---

5. Edinael Sanches Rocha, *O Corpo da Noite: Uma Leitura de "Buriti"*, de João Guimarães Rosa, Tese de Doutorado, Departamento de Letras Clássicas e Vernáculas da FFLCH/USP, 2017. Orientação de Yudith Rosenbaum.

Luís da Câmara Cascudo já documentara no *Dicionário do Folclore Brasileiro* algumas onças fantasmagóricas, como a Onça Borges, vaqueiro metamorfoseado em onça que tenta voltar à forma humana, ou a Onça Cabocla, que aparece como uma velha tapuia, ou a Onça da Mão Torta, alma penada de um vaqueiro velho criminoso. Iaiá Cabocla, diferente delas, é sempre benfazeja, uma divindade.

Muitos estudos e livros de ficção brotaram com as aulas e oficinas da UFMG. Em um dos livros indígenas mineiros[6], o narrador conta que seus tios viam Iaiá Cabocla, e que ela conversava sempre com um ancião já falecido, Estêvão Gomes, que era seu grande amigo.

Iaiá Cabocla é presença nas vozes indígenas e na escrita dos professores. Há mesmo uma dissertação de mestrado em que é figura marcante[7]. Inspirou trabalhos de iniciação científica sob orientação de Maria Inês, como o de Elza Silveira[8]. Esta transcreve a narrativa de Emílio Xacriabá durante uma oficina de produção de livros realizada em julho de 2000 na UFMG. Iaiá Cabocla, diz ele, era uma índia, uma avó, que ao sair com o irmão avisou que ia "matar e comer rês e beber só sangue" porque não comia carne. Pediu que segurasse um cachimbo aceso, o qual deveria pôr de volta em sua boca quando voltasse da comilança. Mas quando o irmão a viu como onça, ficou com medo, fugiu com o cachimbo na mão e ela não pode se desencantar. "Continuou sendo onça encantada para o resto da vida. Ela é a protetora dos índios Xacriabá abaixo de Deus."

Notemos como "matar e comer rês e beber só sangue" porque não comia carne corrobora a observação de Walnice sobre a proibição bíblica de beber sangue e sua menção a Rodolpho von Ihering relativa à embriaguez dos carnívoros com sangue[9].

Outra onça protetora, desta vez um macho, surge no livro da escritora Shirley Djukurnã Krenak, com a história passada de geração em geração em seu

---

6. "A Onça Cabocla", em *Índios Xacriabá, O Tempo Passa e a História Fica*, Brasília, MEC/ SEF/ SEE/ MG, 1998, p. 55.
7. Gilmara Maria Rodrigues Casagrande, *O Povo Xacriabá: Mito, História e Literatura*, Universidade Federal dos Vales do Jequitinhonha e Mucuri, 2016. Acessível em: http://acervo.ufvjm.edu.br/jspui/handle/1/1432.
8. Elza Gonçalves da Silveira, *Sobre a Literatura Xacriabá*, Belo Horizonte, FALE/UFMG/SECAD/MEC, 2005, 60 p. Acessível através de: https://entreorioeosertao.files.wordpress.com/2015/07/cxxacriaba_sobreliteraturaxacriaba.pdf
9. Walnice Nogueira Galvão, "O Impossível Retorno", *Mínima Mímica: Ensaios sobre Guimarães Rosa*, São Paulo, Companhia das Letras, 2008, p. 36.

povo. O velho Makynhãm Krenak tem um sonho recorrente com uma voz lhe dando ordens. Deve seguir com a família o caminho do sol, em busca de parte do povo Krenak, que há tempo desaparecera. Ele obedece e caça para a família na viagem. A cada animal que mata, pintas aparecem em seus pés, nas pernas, no corpo. Ele pensa que é doença. A mulher começa a ter medo dele. Quando a leva para o alto de um morro, avistam o povo perdido. Ele avisa então que deve ir embora, procurar outros parentes; afirma que sempre vai defender os seus. Afasta-se devagar, chorando, começa a ter quatro patas, pelos, garras, dentes animalescos, observado pela mulher e pelos filhos[10].

A leitura de "Meu Tio, o Iauaretê" constou de vários projetos de formação de professores indígenas, em Minas e em outros estados, acompanhando a produção escrita e oral de cada povo com seus mitos. Houve quem se insurgisse contra o narrador se dizer indígena por parte de mãe. "Como é Tacunapéua, se não está no meio deles e de nenhum outro povo? Sem iguais, sem mulher, filhos, pajé, terra? Então nós indígenas somos do domínio do cru (cru-eldade)? Desprovidos do fogo? Representamos o que é selvagem, não civilizado, animal, violento, comedor de gente, vencido pelo invasor na cena final?" Em outra ocasião, foi um professor Nambiquara a se insurgir contra Lévi-Strauss: "Por que *Tristes Trópicos*? Somos alegres!" Pergunta importante, e tão atual, para que descobrisse que a tristeza não é deles cerca de oitenta anos depois, com o sombrio panorama brasileiro em 2019.

Sua indignação nos conduz a um desespero ainda mais vasto. Não se trata somente de definir se o narrador é indígena ou se sua origem materna o faz digno de tal. É em um sistema econômico monstruoso que surge sua biografia contraditória, ao pertencer ao mesmo tempo à Gente Verdadeira, aos marginais destituídos, às feras. Tanto o conto como o ensaio fazem refletir sobre o destino dos povos, o da humanidade, o da terra, o da nossa sobrevivência no planeta. Não entendemos para onde nos levará o modelo capitalista apavorante, criação artificial que se volta contra os seus criadores humanos, nem se há de surgir e qual seja uma outra máquina do mundo. Walnice que me perdoe se erro ao interpretá-la, mas quando ela nos fazer mergulhar a fundo nos múltiplos sentidos

---

10. Shirley Djukurnã Krenak, *A Onça Protetora. Borum Huá Kuparak*, ilustrações de Geovani Tárn Krenak, São Paulo, Paulinas, 2004, pp. 39.

do conto, me parece que o título genial, "O Impossível Retorno", adquire essa dimensão inesperada.

IAUARATUBA

O panorama espantoso e erudito da onça mítica nas Américas em todos os tempos que Walnice nos dá nas páginas iniciais de "O Impossível Retorno" causou furor. Como se estivéssemos conversando, trago mais algumas onças entre as numerosas com as quais me deparei – guardo mais para noitadas futuras.

Nos Ikolen Gavião de Rondônia, cuja língua é tupi-mondé, a onça é o animal de estimação do pajé. Ele próprio pode se transformar em jaguar, em um relance, e voltar depois a ser gente, a seu bel prazer. Aparece como fera na floresta a alguém que deseja ter como discípulo, pois há sempre disputa para ter mais um aprendiz de pajé. Se este tiver coragem e não o flechar, será o primeiro passo de sua iniciação. Se, medroso, atirar na onça pajé, adoecerá, e morrerá na certa se o ferimento infligido for grave. O problema é que quando vemos uma onça, não sabemos se é a metamorfose do xamã ou o animal – pavor que nos atinge com frequência. Acontece de um pajé, em forma humana, ferir a si próprio ao se ver espelhado como onça na mata; no dia seguinte, em casa, a marca da flechada que infligiu a si mesmo provará que é o autor[11]. Os Ikolen, Guimarães Rosa e Walnice irmanados! "Eh, carece de saber olhar a onça, encarado, olhar com coragem: hã, ela respeita. Se mecê olhar com medo, ela sabe, mecê então tá mesmo morto. Pode ter medo nenhum"[12].

Há numerosos povos nos quais onça e pajé se confundem. Mas nos Ikolen, fui testemunha, ouvi e gravei sete pajés, homens, em conversas reservadas, apenas presente um tradutor. Em uma das aldeias quase não havia mais mata, destruída pelas madeireiras; ficávamos escondidos em uma touceira, para que ninguém, sobretudo os missionários, nos ouvissem. A força das narrativas era tamanha, que eu julgava ver homem e jaguar se alternando, ou seguia o pajé em sua capa de ariranha ou de pássaro, quando ia em busca das almas dos doentes para trazê-las de volta do além.

---

11. Relatos da transformação dos pajés constam do livro de Betty Mindlin, Digut Tsorabá, Sebirop Catarino e outros narradores Ikolen, Couro dos Espíritos. *Namoro, Pajés e Cura Entre os Índios Gavião-Ikolen De Rondônia*, São Paulo, Senac/Terceiro/Nome, 2001.
12. João Guimarães Rosa, "Meu Tio, o Iauaretê", p. 135 e 136.

Sawara, que poderíamos com alguma licença nomear Sauaretê, é uma entidade dos Asuriní do Trocará, povo com quem estive algumas vezes. Jaguar grandioso por sua importância, é descrito como pequeno, mirrado, frágil, doentio, pois é carcomido por karoaras internos, substância misteriosa que tanto cura como causa enfermidades. São os pajés Asuriní, ou os que aspiram a tal, que vão ao seu encontro e sugam karoaras, curando-o – processo a ser repetido de vez em quando. Desde então, prenhes de karoaras, ungidos por um outro pajé experiente na terra, passam a ser xamãs também, com capacidade de aparecer como onças ou humanos e curar. Caruaras, como sabemos, fazem parte do repertório de pajelança brasileira, indígena ou cabocla. Tizuka Yamazaki, no belo filme *Encantados*, menciona-os ao contar em ficção a trajetória adolescente da pajé marajoara Zenaida, cuja autobiografia é fascinante[13]. Marajó não reconhece a existência de seus povos indígenas, embora a arqueologia e a cerâmica da ilha por si só sejam prova de que lá estão, contando com paladinas como a arquiteta e atriz indígena Carla Cajuuna.

* * *

Chão fantasmagórico indígena/brasileiro, mais extenso que o país, que torna a leitura conjunta por professores e universitários indígenas de "Meu Tio, o Iauaretê" e "O Impossível Retorno" uma aventura ainda maior.

(Nem sempre fantasmagórico, segundo habitantes xinguanos: em 2018, onças atacaram aldeias, puseram em perigo as mulheres na ida às roças, com vítimas em vários povos. Mais que pajés míticos, são animais afugentados de onde moravam pela soja, desmatamento, gado e outros desastres do trágico processo econômico brasileiro.)

Uma companheira de Maria-Maria e de Iaiá Cabocla viveu em plagas distantes das Américas. É a pantera de *Uma Paixão no Deserto*, de Balzac, encontrada por um prisioneiro dos árabes que ao fugir se esconde em uma toca – a soroca rosiana – e por ela se apaixona e é amado.

* * *

13. Zenaida Lima, *O Mundo Místico dos Caruanas e a Revolta de Sua Ave*, 4. ed., Belém, Cejup, 1998 (4. edição). O filme ficcional de Tizuka foi lançado em 2014.

Nasce agora um ritual em homenagem a Guimarães Rosa: Iauaratuba, uma roda de iauaretês em dança alucinada. Giram Maria-Maria, Iaiá Cabocla, a mansa felina balzaquiana, a Sawara adoentada, as Mekopichay avoengas, quase todas benéficas, as duas dezenas da fala do narrador com seus nomes tupi, ele próprio e seu tutira. No centro, com hábil batuta, a regente Walnice conduz o grupo, ela a maior fera.

Referências Bibliográficas

GALVÃO, Walnice Nogueira. "O Impossível Retorno". *Mitologia Rosiana*. São Paulo, Ática, 1978.

_____. *As Formas do Falso. Um Estudo Sobre a Ambiguidade no* Grande Sertão: Veredas. São Paulo, Perspectiva, 1972.

6

E Bem, e o Resto?
Perdas e Sobras nas
Traduções Italianas de Rosa

Ettore Finazzi-Agrò

> *I turn sentences around. That's my life. I write a sentence and then*
> *I turn it around.*
> *Then I look at it and I turn it around again.*
> Philip Roth, *The Ghost Writer*.

QUANDO PENSEI NA ESCOLHA de um título para esta minha breve reflexão (dedicada, com afeto e gratidão, a Walnice Nogueira Galvão) sobre as traduções italianas das obras de Rosa, hesitei bastante sobre a possibilidade de me valer do famoso *incipit* de um poema de Bilac, estropiando-o em "Ora (direis) traduzir Guimarães Rosa" e apontando, evidentemente, para a ousadia de uma escolha ou de um dever (eu diria, quase ético, mas irei voltar sobre esse ponto) que obriga os desventurados tradutores a um corpo a corpo com uma linguagem complexa, às vezes incompreensível ou – com mais frequência – irrecuperável na sua integridade.

Todavia, que verter a prosa do grande escritor mineiro para outras línguas seja uma tarefa tanto impérvia quanto, pelo menos, a de escutar e compreender o silêncio das estrelas, isso se tornou um lugar comum inconteste e, afinal, óbvio desde o início, sobre o qual me pareceu um tanto desnecessário voltar mais uma vez – também pelo fato de eu não ser um tradutor habitual ou até profissional, nem, tampouco, um teórico da tradução, me proibindo, por um lado, qualquer aprofundamento pragmático ou técnico, mas me deixando, pelo outro, uma grande liberdade hermenêutica e de julgamento, enquanto antigo leitor do texto rosiano. Aquilo que eu gostaria de discutir neste marginal ensaio, em vez dessa inútil reproposta de uma questão inconteste, seria, de fato, uma breve reflexão sobre o lugar e a tarefa do tradutor (para retomar o título de um ensaio famoso de Walter Benjamin) e sobre os resíduos da transposição ou da transcodificação da mensagem rosiana para a língua italiana. E é justamente por isso que eu decidi, afinal, me valer de Machado de Assis e do bem conhecido título do capítulo final de Dom Casmurro.

Sobre esse aspecto, sobre a questão do "depois", do "fora" e do "resto do livro" na ficção machadiana, temos, como se sabe, as iluminantes e densas considerações de Abel Barros Baptista, mas as mesmas questões poderiam, a meu ver, ser aplicadas também a Guimarães Rosa na sua procura incessante da forma e dos limites do conto, no seu enfrentar constantemente a relação implícita entre o conteúdo da narração e a sua representação livresca. Basta pensar em estórias como "Cara-de-Bronze" ou, de modo ainda mais claro, na "Estória do Homem do Pinguelo" para se dar conta de como, também ele, se preocupa com um resto sendo "tanto o que o livro não chegou a dizer – o que ficou por dizer no livro –, como o que o livro diz – o que fica do dizer do livro"[1]. Também Rosa, em suma, na construção quase dramatúrgica dos seus textos se dá conta da importância do "resto do livro", ou seja, do gesto que "inscreve no interior do livro o que deverá provir do exterior"[2]. Veja-se, por exemplo, a conclusão inconcludente da "Estória do Homem do Pinguelo":

> E haverá, então pois, outra hipótese, nova suposição, e ignorada do próprio narrador, e teoria mais sutil? Bom é dizer que ousada demais, todavia, quase inaceitável...
> – A gente vive sem querer entender o viver? A gente vive em viagem. (O narrador bebe cuia d'água.) Eu – eu não fui eu que me comecei. Eu é que não sei dos meus possíveis!
> Pouquinha dúvida.
> É mal ver que o centro do assunto seja ainda de indiscussão, conformemente?
> Dito o que ninguém diz, bom é dizer, nem – na paisagem – o nenhum passarinho, tristriz.
> Isto viria por depois? (O narrador só escuta.) E mais não nos será perguntado[3].

Aqui, na minha opinião, a tensão entre o livro e a forma do livro ("um forte caso [...] que nem dos de livro" é definida a "Estória do Homem do Pinguelo")[4], entre monólogo e diálogo, entre narração e metanarração torna-se muito

---

1. Abel Barros Baptista, *Autobibliografias, Solicitação do Livro na Ficção e na Ficção de Machado de Assis*, Lisboa, Relógio d'Água, 1998, p. 443.
2. *Idem, ibidem*.
3. João Guimarães Rosa, *Ficção Completa*, Rio de Janeiro, Nova Aguilar, 1994, vol. II, pp. 823-824.
4. *Idem*, p. 803.

evidente, remetendo para outra preocupação constante de Rosa, ou seja, para a relação entre começo, meio e fim da obra e entre texto, pré-texto e paratexto.

Todos conhecem, de fato, a genial gangorra discursiva montada pelo escritor entre o início, o "meio-do-caminho" e a conclusão da narração de Riobaldo, assim como todo leitor fica espantado diante da emaranhada sobreposição de vozes, de gêneros discursivos, de relatos e de notas aos relatos presentes em "Cara-de-bronze". Mas é justamente essa interrogação contínua sobre a arte e o modo de narrar – escondendo e revelando uma interrogação mais profunda sobre a arte e o modo de estar-no-mundo (como nos mostra magistralmente, por exemplo, "O Recado do Morro") – que faz de Guimarães Rosa, junto com Clarice Lispector, o maior contista brasileiro do século xx.

É exatamente por esse magistral entrecruzar-se e afastar-se de instâncias textuais e para-textuais, até borrar qualquer limiar entre elas, que, para voltar às versões italianas dos seus livros, fiquei muito perplexo diante da recente tradução italiana de *Tutameia* onde – apesar do louvável e muito árduo empenho em divulgar a obra de Rosa entre os leitores italianos – não encontrei nem a tentativa de respeitar a estranha, mas muito significativa, ordem alfabética do índice de leitura (alterada, como se sabe, em correspondência das letras J, G e R), nem, sobretudo, aquele "índice de releitura" final, que confirma, por contra, a antiga obsessão de Rosa pela questão do centro e da ida-e-volta[5].

Não se dar conta desse jogo de cabra-cega montado pelo escritor mineiro, levando-o, por exemplo, a entremear os prefácios com as estórias e criando uma situação duvidosa onde não se discerne com clareza o que está dentro e o que está fora da dimensão ficcional, comporta uma traição evidente do discurso narrativo e da ideologia que o sustenta. Pelo contrário e mais uma vez, Guimarães Rosa, como já Machado de Assis, procura inscrever no interior do livro o que deveria provir do exterior e permanecer fora ou em volta do discurso narrativo, isto é, o resto do livro (capa, prefácios e índices, no caso de *Tutameia* como de outras obras de Rosa). Aquilo que fica do livro, então, não é – nas palavras ainda de Barros Baptista – "o último acontecimento da *fabula*, mas um acontecimento *do livro* que pretende delimitar uma *fabula* que deverá estar já completada"[6].

5. Suzi Frankl Sperber, *Guimarães Rosa: Signo e Sentimento,* São Paulo, Ática, 1982, pp. 111- 145.
6. Abel Barros Baptista, *Autobibliografias,* 445. Veja-se aliás, sobre os "limites do livro" na obra rosiana, o importante ensaio de Daisy Turrer, *O Livro e a Ausência de Livro em* Tutameia, *de Guimarães Rosa*, Belo Horizonte, Autêntica, 2002.

E esse descaso com a forma do livro, excluindo aquilo que é excetuado pelo autor, ou seja, aquilo que ele toma dentro no seu estar fora (do latim *ex-capere*), reverbera em outros restos estruturais e de conteúdo que os tradutores italianos de *Tutameia* (ou a editora? Questão que fica necessariamente sem resposta, embora os curadores da versão italiana deveriam ter preenchido a lacuna) consideraram, evidentemente, resíduos inúteis, escombros sem significado ou com um significado puramente ornamental. Refiro-me ao Glossário colocado no fim do quarto e último prefácio "Sobre a Escova e a Dúvida": basta contar o número das entradas que constam no original (38) e aquele que encontramos na tradução (12) para compreender que alguma coisa não está, de fato, funcionando e que algo ficou perdido nas dobras da transposição para outra língua[7].

Deixo de lado (por caridade, visto que um dos curadores é meu colega e amigo) algumas traduções que ainda permanecem das vozes listadas por Rosa (do tipo: *sossobrar* – escrito de propósito com dois s – traduzido com *affondare* e remetendo para os significados de *sommergere, sommergersi, naufragare,* que são óbvios para um italiano, inutilizando o verbete, enquanto, pela sua ortografia, o verbo mencionado pelo escritor pode precisar de uma explicação ou de uma glosa). Aquilo que me deixou, todavia, encabulado foram, sobretudo, os restos tidos por dispensáveis ou descartáveis pelos curadores italianos, tudo aquilo, enfim, que ficou não excetuado, mas totalmente excluído ("fechado fora") da tradução, sendo, por contra essencial, na minha opinião, para entender a dialética imperfeita entre o livro e a forma dele, típica do escritor mineiro. Entre os termos elencados por Rosa no glossário que acompanha "Sobre a Escova e a Dúvida", encontramos, de fato, a única verdadeira tentativa – que eu saiba – de explicar a palavra "tutaméia" graças a essa série, aparentemente caótica, de significados: "nonada, baga, ninha, inânias, ossos-de-borboleta, quiquiriqui, tuta-e-meia, mexinflório, chorumela, nica, quase-nada" e enfim, separado dos outros por um ponto e vírgula, o significado, a meu ver, mais importante e que aparenta contrastar com os anteriores: *mea omnia*[8].

---

7. João Guimarães Rosa, *Tutameia. Terze Storie,* trad. V. Caporali e R. Francavilla, Roma, Del Vecchio, 2014, p. 237.
8. João Guimarães Rosa, *Ficção Completa,* vol. II, p. 687.

Omitir essa entrada, como acontece na versão italiana, não é só uma falta de respeito pelo original (confirmada, aliás, pelo índice final, onde numa confusão incompreensível de textos, pré-textos e paratextos, os prefácios parecem ser cinco e não quatro e a "Glosação em Apostilas ao Hipotrélico" é apresentada, também do ponto de vista tipográfico, como se fosse uma estória à parte)[9], mas é sobretudo uma maneira de ocultar ao leitor o sentido profundo do universo poético rosiano, balançando entre subtração e acréscimo, entre a identificação na ambivalência do *nonada* (de um nada que não é ou que é no seu ser nada) e a ambição de afundar ou naufragar – agora sim – numa totalidade frágil e transparente, num "tudo aquilo que é meu" que guarda a consistência dos ossos-de-borboleta, ou seja, daquilo que inexiste na sua existência verbal.

Nesse sentido, o resto do livro é mais uma vez aquilo que o autor inclui no seu discurso (*tutameia = mea omnia*) no mesmo gesto com que o excetua (*tutameia = quase-nada*). Todo tradutor, a meu ver, deveria ter a consciência de lidar com uma escrita que reflete constantemente sobre si mesma e sobre aquilo que fica em volta ou atrás dela enquanto resto não descartável, de um discurso que esconde dentro de si outros discursos, complementares ou excedentes em relação ao percurso narrativo que se apresenta como principal.

Os tradutores italianos, em geral, mostraram ter este escrúpulo, este "respeito" pelo texto (noção a que já fiz alusão e sobre a qual irei voltar mais adiante) apesar da necessidade – ou da obrigação por parte das editoras – de tornar compreensíveis, para o leitor médio, obras escritas numa linguagem enroscada, barroca e, às vezes, intraduzível. Poderia mencionar aqui, como exemplo, aquela que, na minha opinião, resta a melhor tradução italiana das obras de Guimarães Rosa, ou seja, a versão que Giulia Lanciani nos deu das *Primeiras Estórias,* feita, aliás, por uma pessoa que foi também crítica e teórica da literatura (tanto assim que o seu posfácio à tradução pode ser considerado um marco imprescindível na recepção na Itália da obra rosiana)[10]. Isso, evidentemente, deixando de lado as traduções de Edoardo Bizzarri que se valeu, porém, na sua versão de *Corpo de Baile*, da ajuda constante e amigável do

---

9. João Guimarães Rosa, *Tutameia*, pp. 285-287.
10. João Guimarães Rosa, *Le Sponde dell'Allegria*, Torino, Società Editrice Internazionale, 1988; 2ª ed., La Terza Sponda del Filme, Milano, Mondadori, 2003.

próprio escritor: as cartas trocadas entre autor e tradutor representam, nesse sentido, um verdadeiro suplemento à obra, aquilo que resta não apenas do livro, mas de um confronto amplo e profundo entre culturas diferentes[11]. E é justamente por isso que eu sinto a obrigação de me deter sobre essa relação à distância (também pessoal, física: o escritor no Rio, o seu tradutor em São Paulo) entre duas vozes que provêm de mundos distintos, embora ligados pela mesma raiz linguística neolatina.

De fato, lida numa ótica culturalista, a correspondência entre Guimarães Rosa e Edoardo Bizzarri nos oferece não apenas a possibilidade de repensar o papel "perigoso" do tradutor, mas, mais em geral, de nos interrogar sobre a função do mediador cultural – práticas, ambas, sem garantias, impedindo qualquer equidistância; trabalhos perenemente suspensos entre a proximidade e o afastamento, entre o rigor e a liberdade. Tanto a tradução quanto a mediação exigem de fato, por parte de quem as pratica, por um lado, uma fidelidade absoluta ao objeto, pelo outro, uma capacidade subjetiva de colocar, reinventando-o, esse mesmo objeto num contexto (linguístico ou cultural) que é fatalmente "outro". Em ambos os casos, na tradução e na mediação, a gente tem a ver com atividades altamente arriscadas, obrigando aquele que "vai-entre" os textos (e entre os discursos, e entre as linguagens...) a ficar numa condição suspeita e suspensa, numa espécie de vazio ou de *béance* que nada pode preencher – justificando, pelo menos em parte, as faltas e as falhas na tradução italiana de *Tutameia*.

Esta situação duvidosa depende, evidentemente, de uma ambiguidade fundamental e de fundo que é própria da mediação/tradução, visto que se existem normas a serem respeitadas, existe também uma inevitável latência do sentido, uma margem de indecisão ou de ambivalência que nenhuma norma pode ajudar a apagar por completo. No caso da tradução, tudo isso é bastante claro: as palavras são, obviamente, refratárias a uma transcodificação completa, a um espelhamento sem restos – e não só no caso da linguagem literária, mas também naquele de outras linguagens especializadas (razão pela qual, diga-se de passagem, todas as tentativas de uma tradução automática são destinadas a naufragar, frequentemente, no grotesco). Também no caso da divulgação

---

11. João Guimarães Rosa, *Correspondência com o Tradutor Italiano*, São Paulo, Instituto Cultural Ítalo-Brasileiro, 1972.

de uma cultura num contexto outro existe, todavia, o mesmo perigo que se liga, mais uma vez, a uma impossibilidade de fazer passar para uma situação cultural diferente elementos próprios de um espaço, de um tempo, de uma sociedade peculiares.

Um exemplo banal é a própria palavra *sertão*: termo fundamental no universo rosiano, mas de fato intraduzível (pelo menos nas línguas que eu conheço) e que define também uma dimensão antrópica, sociocultural, histórico-geográfica, além de literária, peculiar, dificilmente compreensível por parte de um não-brasileiro. Claro que a gente pode chegar a dar uma ideia bastante completa daquilo que *sertão* realmente significa, mas toda a ampla série de sentidos que nessa ideia é implicada ou implícita, fica inevitavelmente mergulhada numa latência de sentido que nenhuma norma ou código linguístico pode reduzir a um grau zero da diferença, a uma completa indiferença ou identidade de significado. Basta pensar em noções que estão incluídas naquela palavra guarda-chuva ou nas imagens que a figura do "sertão", por assim dizer, constela e traz consigo, tais como *seca, vereda, jagunço, retirante, gerais* ou termos ainda mais polissêmicos, tais como *bumba-meu-boi, pau-de-arara* etc., cada um dos quais expõe ao mesmo perigo de inadequação ou de incompreensão.

Transferir um elemento tão importante, na sua latência (que é própria, aliás, também da cultura brasileira, como mostram, de fato, as inúmeras declinações e as incontáveis acepções da palavra "sertão" presentes nos textos rosianos), atribuir, então, a esse termo fundamental um significado pontual numa outra língua se apresenta, por isso, como uma tarefa, não apenas difícil e arriscada, mas impossível. De modo geral e a partir desse exemplo, se poderia concluir que a única, possível analogia "científica" para o trabalho do tradutor consiste não tanto na referência a uma operação química baseada em princípios rígidos e em técnicas incontestes, quanto na evocação de uma espécie de *opus alchemycum,* isto é, de uma tentativa de transmutação mágica da essência originária para uma essência diferente. E a nossa procura, a procura de uma tradução absoluta e/ou de uma mediação completa, se assemelharia, nesse sentido, à busca da pedra filosofal: daquela *Rebis,* afinal, que sendo uma "coisa dupla" (uma *res bis,* justamente), permitiria habitar duas dimensões, duas línguas, duas culturas ao mesmo tempo, indo ou circulando entre elas sem se aperceber de nenhuma diferença. Busca absurda, obviamente, para o pesquisador moderno, mas busca que nos confirma, porém, como a mediação pura ou absoluta, metaforizada na duplicidade e ambivalência da "coisa", seja uma procura (do) impossível, excluindo desde o início o conseguimento do seu objeto.

A conclusão prévia e incontornável, de fato, é que entre dois contextos tão ligados e, ao mesmo tempo, tão diversos do ponto de vista histórico-cultural (como, no meu caso, o italiano e o brasileiro) permanece sempre uma margem de diferença, escombros ou restos que podem ser considerados migalhas de sentido, "inânias", "bagas" ou "nicas", mas que nunca deveriam, todavia, ser eliminados ou excluídos. Dito de outra forma, podemos deduzir que os discursos/percursos histórico-culturais podem ser, com certeza, confrontados, registrando os possíveis lugares de encontro, as encruzilhadas eventuais entre sentidos diferentes, mas sem que isso permita chegar a uma anulação das (respectivas) peculiaridades. A diferença, afinal, pode ser reduzida a uma pequena fresta – e seria esse o alvo duma excelente mediação cultural – mas sem poder fechar totalmente a porta da (recíproca) incompreensão, sem poder suturar por completo a pequena racha separando textos e contextos fatalmente diferentes.

Voltando ao caso de Edoardo Bizzarri e às suas traduções das obras de Guimarães Rosa, sabemos que o seu foi um trabalho paciente e erudito de transcodificação do texto rosiano e sabemos também, graças, justamente, à correspondência trocada entre os dois, quanto foi profundo o seu empenho para uma melhor compreensão e tradução da escrita de Rosa. No livro reunindo as cartas, temos de fato um testemunho concreto das dificuldades enfrentadas na prática da tradução e da mediação cultural (em que entra também uma figura frequentemente ignorada como o editor ou o seu representante, tentando – e conseguindo, às vezes – impor o seu ponto de vista). O escritor mineiro, como se sabe, ficou encantado com a tradução de Bizzarri de *Corpo de Baile* e eu não posso não concordar com ele sobre o valor e a importância da empreitada. Aquilo que eu devo, apesar de tudo, anotar é que também esse trabalho "dificultoso", "difícil: como burro no arenoso"[12], não conseguiu, todavia, apagar as marcas da diferença. E isso, a partir do título do grande romance rosiano que o mesmo tradutor concluiu, desta vez, sem a ajuda do autor e que aparece mutilado de um dos seus elementos fundamentais.

---

12. João Guimarães Rosa, *Ficção Completa*, vol. I, p. 687.

De fato, se Bizzarri fez questão de manter *Grande Sertão* (é isso já é alguma coisa, se pensarmos nas traduções inglesa e francesa da obra)[13], nada pôde fazer para guardar os dois pontos e uma palavra ainda mais inexplicável para o público italiano como *Veredas* (que eu saiba, o título completo foi mantido, arriscando a incompreensão por parte dos leitores, só na tradução espanhola de Angel Crespo)[14]. Para além disso, é possível detectar, no corpo da tradução, interpretações arbitrárias ou até erradas do texto originário: uma delas me deu, por exemplo, um verdadeiro susto, visto que é um dos elementos semânticos e formais – com consequências decisivas, a meu ver, do ponto de vista hermenêutico – sobre os quais apoiei a minha leitura do romance rosiano[15]. Com efeito, a pergunta inicial e decisiva em volta da qual se enrosca e cresce a escrita romanesca, ou seja, "O diabo existe *e* não existe?", aparece, na tradução italiana, na forma disjuntiva mais tradicional: "Il diavolo esiste *o* non esiste?"[16]

O caso de Bizzarri, aliás, poderia nos levar a algumas considerações sobre o "lugar impossível" do intermediário, daquele, enfim, que se colocando num limiar é, todavia, obrigado a desconhecer os limites entre os discursos (o seu próprio e o do outro) ou, pelo menos, a aboli-los no mesmo gesto com que os reafirma. Acho, nesse sentido, que a imagem mais apropriada da impossibilidade duma tradução/mediação perfeita e sem resíduos esteja dobrada exatamente nas edições bilíngues, isto é, no uso do texto bifronte: pôr lado a lado o texto original e a sua tradução significa, de fato, evidenciar necessariamente aquele branco, aquele vazio que une e separa as duas versões (e os dois tempos, e os dois espaços ocupados por elas) – abismo que não pode ser colmatado mas que o sentido, porém, deve atravessar para se reencontrar fatalmente outro, renovado, re-escrito na página sucessiva. O agente desta "passagem através", desta travessia dos signos, se identifica e encontra o seu lugar precário só nesse trabalho que é ao mesmo tempo "hermético" e "herme-

---

13. Como todos sabem, a tradução inglesa saiu com o título: *The Devil to Pay in the Blacklands*, New York, Knopf, 1963; a tradução francesa foi publicada sob o título: Diadorim (*"Le Diable dans la rue, au Milieu du Tourbillon"*), Paris, Albin Michel, 1965.
14. *Grande Sertón, Veredas*, Barcelona, Seix Barral, 1967.
15. Ettore Finazzi-Agrò, *Um Lugar do Tamanho do Mundo, Tempos e Espaços da Ficção em João Guimarães Rosa*, Belo Horizonte, Ed. UFMG, 2001.
16. João Guimarães Rosa, *Grande Sertão*, 3. ed., Milano, Feltrinelli, 1986, p. 11. Como já lembrei, antes da tradução do romance (cuja primeira edição saiu em 1970), Edoardo Bizzarri já tinha publicado a sua versão de *Corpo de Baile* (*Corpo di Ballo*, Milano, Feltrinelli, 1965).

nêutico", ou seja, etimologicamente, nessa prática patrocinada pela figura de Hermes/Mercúrio: o deus das passagens, aquele que guia e desvia, o protetor das estradas cultuado, justamente, na herma, na estátua bifronte colocada nas encruzilhadas. Figura, enfim, ilocável, ambígua, que faz as ligações entre duas dimensões sem se situar em lugar nenhum, consistindo apenas na inconsistência do seu teimoso "ir-entre".

De resto, a função parece espelhar-se na ficção se pensarmos no papel desempenhado pelas encruzilhadas em *Grande Sertão: Veredas* ou na questão, mais uma vez, do Meio ou do meio-do-caminho, assim como no grande adversário de Riobaldo – ele sim um pactário, um "desalmado", um ser "misturado dum cavalo e duma jiboia" – identificado por um nome que parece remeter para a sua origem dupla, divina e, ao mesmo tempo, diabólica: Hermógenes. Hermes, então, como presença numinosa à qual podemos finalmente ancorar o sentido implícito na ação do intermediário, sabendo, porém, de antemão que esse deus não tem propriamente lugar, mas se localiza apenas num entremeio, no espaço mediano que se abre no confronto/relação entre formas culturais heterogêneas, entre dimensões aparentemente incomparáveis. Como esse deus, de fato, também o mediador cuidadoso é destinado a não ter nunca um lugar próprio ou fixo, a não ter nunca uma pátria, mas a se colocar, isso sim, entre duas pátrias linguísticas, no limiar onde sentidos diferentes se enfrentam e/ou se misturam. Espaço-tempo incerto e enigmático, "resto", mais uma vez, onde a verdade, porém, se manifesta às vezes na sua precária evidência, na sua opaca luminosidade, na sua plural coerência, levando a nos interrogar sobre um aspecto que eu acho fundamental no papel do intermediário e que eu não saberia definir senão como o seu lado "ético".

De fato, são dois os atributos que eu conferiria com certeza ao "bom intermediário", ambos encerrando uma conotação de ordem moral: o *respeito* e o *pudor*. Quanto ao primeiro, acho evidente que qualquer mediador deve ter essa capacidade de olhar atrás e, ao mesmo tempo, de re-ver (são estes, como se sabe, os significados do verbo latino *respicere*) as culturas que ele põe em contato ou em diálogo. O *respeito* é, nesse sentido, aquilo que se poderia ainda definir com o termo resguardo[17], isto é, um vigiar obstinado, um tomar continuamente "sob guarda" elementos que o uso incessante, o hábito de olhar

---

17. Sobre esses dois termos, cf. Jean Starobinski, *L'Œil Vivant*, Paris, Gallimard, 1961.

em superfície ou do interior da sua própria cultura (da sua própria pátria) deixaria fatalmente escapar, sem interrogar o seu significado mais profundo que se esconde justamente no seu aspeto "trivial". Um trabalho, então, que poderia ser assimilado ao do *guetteur* barthesiano, ou seja, de quem – ainda como Hermes –, se coloca na encruzilhada entre os discursos, "en position *triviale* par rapport à la pureté des doctrines (*trivialis,* c'est l'attribut étymologique de la prostituée qui attend à l'intersection de trois vois)"[18]. A "ética", como se vê, não deve ter necessariamente um conteúdo aceite pela moral dominante, pela norma vigente, mas se referir, pelo contrário, a um *ethos,* a um comportamento que possa, eventualmente, fugir às regras estabelecidas, chegando a colocar o sujeito que o pratica numa corajosa anomia, ou melhor, numa arriscada atopia, numa desnorteante ausência de horizontes.

Só assim, de fato, poderemos entender como o *resguardo,* o *respeito* que devemos aos discursos ou aos textos seja contrabalançado pelo olhar, pela atenção, pela espera obstinada que eles, os discursos e os textos, reservam aos seus hermeneutas. Com efeito, respeitar a cultura outra que a gente deve interpretar e divulgar, significa não apenas ver ou olhar, mas ser também vistos e pré-vistos por ela, já que cada discurso tem respeito para quem o respeita, é "trivial" e acolhedor como Nhorinhá para com aqueles que conseguem "trivializar" os seus elementos formais ou de conteúdo, ocultados debaixo da superfície ou tornados insignificantes pela inércia do olhar.

Quanto ao pudor, enfim, creio que o objetivo de um paciente trabalho de mediação é também o de saber *medir* as distâncias e, sobretudo, o de manter, de saber guardar a *mesura,* no sentido que os antigos trovadores atribuíam a esta palavra, isto é, o conhecimento e o respeito daquilo que pode ser dito ou feito em certas circunstâncias, sem exceder as fronteiras, móveis, porém sagradas, correndo entre instâncias heterogêneas. O respeito pelo texto deve, de fato, ter também aquele mesmo caráter pudico e idealizado que liga, à distância, Riobaldo a Otacília (o que na poesia trovadoresca era definido como *amor de lonh*). O mediador, então, não é apenas aquele que medeia, mas é também aquele que mede, que pondera as diferenças, ficando na sombra de uma difícil escolha entre amor sacro e profano pelas culturas em confronto

---

18. Roland Barthes, *Leçon,* Paris, Seuil, 1978, p. 26: "Em posição trivial a respeito da pureza das doutrinas (trivialis é o atributo etimológico da prostituta esperando no cruzamento de três ruas)" (trad. minha).

– devotando-se, por um lado, a uma perigosa e carnal anomia (naquele corpo-a-corpo com a linguagem ao qual fiz alusão no início), mas resguardando, pelo outro, o seu recatado e incontornável anonimato (que o mantém na sua incorpórea necessidade).

Só assim, a meu ver, só repensando sem fim o seu estatuto "impossível" que balança entre a fidelidade e a traição, só praticando o não-lugar que se abre entre lugares diversos, só habitando com um pudor amoral a distância, só ficando suspenso perto do "limite" entre as culturas (o pudor, de fato, é sobretudo uma *epokhé,* uma suspensão do juízo) é que o mediador vai conseguir talvez descobrir a proximidade entre elas, apesar da inevitável permanência de restos que ficam, que são desde o início fadados a ficar intraduzíveis. É graças a esse trabalho obscuro e perigoso de desbravamento de um território habitado pelas sobras de um discurso "outro" que o bom tradutor pode finalmente recuperar a sua escondida capacidade de falar – de falar-entre, obviamente; de nos dizer o segredo que está inter-dito em qualquer mediação e que apenas o nosso incansável "ir-entre" pode, eventualmente, nos permitir de enxergar e de tornar escandalosamente evidente, na sua natureza insondável e intransponível de resto a ser sem fim questionado.

E agora – para finalizar, sem, na verdade, conseguir finalizar – vamos cuidar da suma das sumas, do resto dos restos, daquilo que sobra, enfim, de qualquer possível tradução e interpretação das obras de João Guimarães Rosa: vamos, enfim, "à História dos subúrbios", ou talvez, nos referindo à atual situação política do Brasil, vamos à crônica de um golpe anunciado, porque a história, como o livro que por instantes a detém, não começa nem acaba com a palavra "fim", mas continua na sua trágica incongruência, naufragando ou "sossobrando", como *Grande Sertão: Veredas,* no símbolo enigmático e inconcludente do infinito.

Referências Bibliográficas

Baptista, Abel Barros. *Autobibliografias. Solicitação do Livro na Ficção e na Ficção de Machado de Assis.* Lisboa, Relógio d'Água, 1998.

Barthes, Roland. *Leçon.* Paris, Seuil, 1978.

Rosa, João Guimarães. *Correspondência com o Tradutor Italiano*. São Paulo, Instituto Cultural Ítalo-Brasileiro, 1972.
_____. *Grande Sertão*. 3. ed. Milano, Feltrinelli, 1986
_____. *Ficção Completa*. Rio de Janeiro, Nova Aguilar, 1994. 2 vols.
_____. *Tutameia*. Terze Storie. Trad. V. Caporali e R. Francavilla. Roma, Del Vecchio, 2014.
Sperber, Suzi Frankl. *Guimarães Rosa: Signo e Sentimento*. São Paulo, Ática, 1982.

7

Nos Bastidores das Traduções Francesas de *Os Sertões*

Jacqueline Penjon

> *O livro é difícil de qualquer maneira – pela linguagem, pelas ideias, pela falta de síntese, pelo excesso de antíteses, pela ambição enciclopédica, pela mistura de gêneros etc. Agora, pode-se avaliar a corveia que deve ser traduzi-lo.*
> Walnice Nogueira Galvão[1]

COMO QUASE TODOS os intelectuais brasileiros, Euclides da Cunha (1866-1909) teve uma formação francesa no século que Wilson Martins definiu como um "imenso galicismo". Um exemplo da pertinência desta definição nos é dado por Gustave Aimard (1818-1883), viajante e romancista, que em 1882 escreve no seu último relato de viagem, de publicação póstuma: "[...] tout le monde parle français à Rio; je ne sais véritablement pas pourquoi les Brésiliens s'obstinent à parler le portugais, d'autant plus qu'ils sont presque Français de caractère; d'ailleurs n'appartiennent-ils pas, comme nous, à la race latine?"[2]

Alguns anos depois, em 1890, Max Leclerc (1864-1932) diplomado em ciências políticas e enviado ao Brasil pelo *Journal des Débats* para escrever sobre a República recém-instalada, faz uma radiografia do brasileiro e das instituições nas suas "Cartas do Brasil" e sublinha: "la langue française se parle à Rio dans le monde des affaires et le monde officiel, presque autant et aussi couramment que le portugais. Le français est un instrument indispensable aux Brésiliens pour communiquer avec le reste du monde"[3]. De fato, a língua portuguesa, aquela "Última flor do Lácio, [...] desconhecida e obscura" de Olavo Bilac, língua que

---

1. "Terreno de Prospecções", *Cadernos de Literatura Brasileira – Euclides da Cunha*, IMS, 2002, p. 389.
2. Gustave Aimard, *Mon Dernier Voyage, Le Brésil Nouveau*, Paris, E. Dentu, 1886, p. 170. Com Napoleão III aparece o conceito de latinidade, ligado à América Latina. Em 1885 implanta-se no Rio a Aliança Francesa, originária de 1883, para reforçar o estudo do francês, língua de prestígio, língua universal.
3. Max Leclerc, *Lettres du Brésil*, Paris, E. Plon, Nourrit et Cie., 1890, p. 252.

Herculano já comparava a um túmulo, só terá um ensino institucionalizado na Sorbonne em 1919[4]. Certamente a francofilia do imperador D. Pedro II ajudou nessa fixação no francês como marca da elite, marca da ascensão da burguesia oitocentista incipiente. Não é raro que um autor brasileiro escreva diretamente na língua de Molière (Machado de Assis, Joaquim Nabuco, etc. A lista seria muito comprida.) ou até escolha um pseudônimo francês, como José de Freitas Valle (1869-1958), um dos grandes mecenas de São Paulo, que passa a se chamar Jacques d'Avray: Jacques era o sobrenome da sua mãe e Avray uma lembrança de Ville d'Avray, cidade da Seine et Oise. O francês deu-lhe mais notoriedade[5]. Outro exemplo é o do médico, jornalista e poeta baiano Egas Moniz [Barreto de Aragão] (1870-1924) com quem Euclides da Cunha travou relações em Salvador, cidade por onde passou a caminho de Canudos. Egas Moniz assina seus poemas como Pethion de Villar. Péthion era nome comum na França do século XVIII. Na Revolução Francesa, ilustrou-se um Péthion de Villeneuve, deputado por Chartres. O nome Egas Moniz ficou reservado ao profissional da medicina. Pethion de Villar, que permaneceu bastante tempo na Europa entre Paris, Portugal e Alemanha, é louvado em várias revistas, tais como *Le Mercure de France*, *La Renaissance latine* e *La Revue Mauve*, o que levou Artur Azevedo a escrever que era menos ignorado em França e na Suíça do que no Rio de Janeiro![6]

Nesse contexto, entende-se perfeitamente a preocupação de Euclides da Cunha em ver seu livro *Os Sertões* traduzido para o francês[7]. Em carta de 15 de maio de 1900 a Pethion de Villar, Euclides anuncia que o livro está pronto e com modéstia escreve que certamente seu único valor será a sinceridade com a qual foi traçado. No entanto acrescenta:

> Por isso, talvez não faça jus à consagração de uma versão para o francês a que espontânea e cavalheirescamente te propuseste quando aí estive. Transplantado à mais vibrátil

---

4. Graças ao esforço de personalidades francesas e portuguesas, criou-se um curso de língua e literatura portuguesa, financiado pelo governo português. Foi atribuído ao professor Georges Le Gentil, doutor em Letras, que durante a guerra, fora encarregado de uma missão em Portugal, de 1916 à 1919. Ver Jacqueline Penjon, "Naissance de l'Enseignement du Portugais", *Reflexos*, n. 004. Disponível em: http://revues.univ-tlse2.fr/reflexos/index.php?id=582.
5. O *Mercure de France* de 1 fev. 1920, p. 761, tem um parágrafo sobre d'Avray e seus "Tragipoèmes".
6. *O Paiz*, 14 out. 1899.
7. É interessante notar que o austríaco Ferdinand Wolf publicara primeiro em francês seu livro *Le Brésil Littéraire. Histoire de la Littérature Brésilienne*, Berlin, Asher, 1863.

das línguas, por um parisiense dos trópicos, temo que o meu estilo, algo bárbaro, não se afeiçoe a tão delicado relevo.

Em todo o caso não me deslembrei do honroso oferecimento e caso desejares enviarei um excerto qualquer como prova indispensável[8].

No ano seguinte à publicação do livro que já está na segunda edição, envia outra carta a seu amigo, em 6 de fevereiro de 1903:

E venho lembrar-lhe uma velha promessa, feita aí, quando os Sertões eram apenas um projeto: traduzi-lo em francês. Se quiser fazê-lo cedo-lhe todos os direitos, abrindo mão de todos os lucros materiais que disto me possam advir; e estou pronto a firmar qualquer compromisso escrito, nesse sentido[9].

Alguns meses depois, feliz com a opinião de Pethion sobre o livro, em 28 de abril, torna a falar da tradução: "Não deixe de mandar-me logo qualquer tradução que faça dos excertos escolhidos, dado que a rudeza do meu estilo se possa afeiçoar aos encantos de outra língua"[10]. Infelizmente, o projeto não se realizou. Para evocar a tragédia de Canudos, da autoria de Pethion de Villar, restou apenas um soneto em francês, "Cain", dedicado a Euclides da Cunha[11].

Dada a sua morte prematura, Euclides da Cunha não chegou a ver tradução de sua obra.

Leitores e/ou Tradutores

Ao longo do ano de 1897, os principais jornais franceses – *Le Temps, Le Journal, La Presse, Le Figaro* etc. – informaram sobre a guerra de Canudos, embora de maneira sucinta. Os acontecimentos não ficaram completamente desconhecidos. *Os Sertões,* no original, tiveram vários leitores. Entre eles, o líder socialista Jean Jaurès (1859-1914)[12] que passou três semanas no Brasil, entre 8 e 31 de agosto de 1911. Jaurès pronunciou várias conferências no Rio e

---

8. Walnice Nogueira Galvão e Oswaldo Galotti, *Correspondência de Euclides da Cunha,* São Paulo, Edusp, 1997, p. 119.
9. Walnice Nogueira Galvão e Oswaldo Galotti, *Correspondência de Euclides da Cunha,* p. 147.
10. Walnice Nogueira Galvão e Oswaldo Galotti, *Correspondência de Euclides da Cunha,* p. 162.
11. Francisco Venâncio Filho publica o soneto no artigo "Os Sertões", *Revista Brasileira,* n. 11, pp. 125-140, out. 1944.
12. Foi professor de filosofia no liceu e a partir de 1882 na Faculdade de Letras de Toulouse; em 1892 tornou-se doutor em letras. Eleito deputado no ano seguinte, chegou a líder socialista em 1898.

em São Paulo. Uma delas sobre "Euclides da Cunha e a Revolução Francesa". Ao jornalista que o entrevistava declarou ter lido Olavo Bilac e *Os Sertões* de Euclides da Cunha na língua de Camões, graças a seus conhecimentos da língua occitana. Constâncio Alves, então diretor da seção dos manuscritos da Biblioteca Nacional, evoca suas lembranças no capítulo que dedica ao líder francês[13]. Conta que este veio visitar a Biblioteca e tornou-se leitor assíduo de obras em português. E explica: "Não lhe é inteiramente estranha a nossa língua: nela encontrou traços que a irmanam a outras que conhece. Mas as semelhanças não bastam para suprimir todo o labor da leitura, e essa circunstância aumenta o nosso reconhecimento para com o sr. Jaurés"[14]. E acrescenta: "[Jaurès] descobriu que o glorioso autor de *Os Sertões* era realmente na literatura o homem representativo do Brasil".

O Professor Georges Dumas (1866-1946), médico, doutor em Letras, verdadeiro embaixador cultural, um dos criadores do Groupement des Universités et des Grandes Écoles de France pour les Relations avec l'Amérique Latine[15], declarou que uma das suas melhores lembranças foi a hora que passou com Euclides da Cunha em outubro de 1908. Só conheceu o interior do Brasil através de sua leitura de *Os Sertões,* livro tão profundo e vivo que seu conhecimento é com toda certeza preciso e exato. Dumas escolhia os professores para a cooperação universitária, que iriam participar da criação da Universidade de São Paulo e da Universidade do Distrito Federal/Universidade do Brasil. Entre eles, Robert Garric (1896-1967), professor de língua e literatura francesa, incumbido de várias missões em 1933, 1934, 1937, 1938 e 1939, na Universidade de São Paulo, na Universidade do Distrito Federal, no Rio de Janeiro, e na Bahia. Leitor curioso de Jorge de Lima, Gastão Cruls e Euclides da Cunha, na sua estadia no Rio, Robert Garric projetou traduzir *Os Sertões*. No entanto, não concretizou a ideia. Militante católico, Garric fundou com Alceu Amoroso

---

13. Constâncio Alves (1862-1933) era médico, jornalista e poeta. Publica, entre outras obras, *Figuras*, Rio de Janeiro, Ed. do Anuário do Brasil (Almanak Laemmert), 1921. O capítulo dedicado a Jaurès é datado de 24 ago. 1911 e ocupa as páginas 151-158.
14. *Constâncio Alves, op. cit.,* p. 154.
15. Esse *Groupement...* foi criado em fevereiro de 1908 para desenvolver as relações intelectuais entre a França e as "Repúblicas irmãs da América Latina". Georges Dumas, a convite da Sociedade de Psicologia, já tinha dado, em 1907, uma série de conferências no Brasil. Seu depoimento, de agosto de 1917, em *A Glória de Euclides da Cunha* de Francisco Venâncio Filho, está reproduzido no "Suplemento Literário" de *A Manhã*, 23 ago. 1942.

Lima as "Equipes Sociais" como tinha feito em Paris. Estudantes e operários se juntavam "para que aqueles trouxessem a estes uma cultura fundamental, através de um contato profundamente humano"[16]. Vários professores que permaneceram em São Paulo ou no Rio foram tentados pela tradução de obras brasileiras. Assim, Pierre Hourcade (1908-1983) e Michel Berveiller (1910-1974) da USP, com *Jubiabá* de Jorge Amado que publicaram pela Gallimard, em 1938, sob o título *Bahia de Tous les Saints*, acompanhado de "traduit du brésilien". Roger Bastide (1898-1974) que chegou a São Paulo nesse mesmo ano, também foi leitor assíduo de Machado de Assis e de Euclides da Cunha. Numerosos artigos testemunham essas leituras, mas Bastide escolheu o Gilberto Freyre de *Casa Grande & Senzala*, para traduzir. *Maîtres et Esclaves*, saiu pela Gallimard em 1952, com prefácio de Lucien Febvre.

Desejo Frustrado

Blaise Cendrars (1887-1961)[17] também conheceu a literatura brasileira nos anos 1920, nas três viagens que fez ao Brasil. René Thiollier, da Academia Paulista de Letras, num artigo-homenagem ao escritor, lembra sua estadia em São Paulo e declara:

> Cendrars, quando não saía à noite, recolhia ao seu quarto e lia. Furava a noite lendo, interessava-se enormemente pela nossa literatura. Leu, no original, Os Sertões de Euclides da Cunha, que ele considerava um grande livro, uma grande obra, o Retrato do Brasil de Paulo Prado, Macunaíma de Mário de Andrade[18].

Numa entrevista feita em Paris, em 1937, pela poetisa Beatrix Reynal[19], para os *Diários Associados*, podemos ler que Beatrix foi apresentada ao escritor Blaise Cendrars, por um amigo comum. Encontraram-se numa esquina da rue des Saints-Pères, conversaram num café de artistas ali por perto e Cendrars convidou-os para irem até seu estúdio na Avenue Montaigne. Beatrix então

---

16. Cláudio Medeiros Lima, *Memórias Improvisadas – Alceu Amoroso Lima Diálogos com Cláudio Medeiros Lima,* Petrópolis, Vozes, 1973, p. 204. Na época das Equipes Sociais, Alceu Amoroso Lima era reitor da UDF.
17. Pseudônimo adotado em 1912 por Frédéric Louis Sauser nativo da Suíça romanda. Cendrars esteve três vezes no Brasil: 1924, 1926 e 1927-28.
18. "Blaise Cendrars no Brasil", *Jornal do Commercio,* Caderno Letras, p. 6, 19 ago. 1962.
19. Beatrix Reynal vivia no Rio de Janeiro nos anos 1930 e 1940. Seus versos de *Tendresses Mortes*, Paris, Grasset, 1937, foram bastante elogiados.

escreve: "Ali uma surpresa nos espera – sobre sua mesa de trabalho vários números de revistas brasileiras, do Rio e de São Paulo, como também *Os Sertões*, de Euclides da Cunha, que Cendrars lê e estuda"[20]. De fato, entusiasmado pela obra, Cendrars manifestou, várias vezes, seu desejo de traduzi-la em cartas dirigidas a Ribeiro Couto[21] na década de 1940. Ribeiro Couto (1898-1963) conhecera Blaise Cendrars na Confeitaria Vienense da rua Barão de Itapetininga, com o grupo dos amigos de São Paulo em 1926. Trocaram correspondência entre 1938 e 1952. Na década de 1930, Cendrars estava ocupado com a tradução de *A Selva* (1930), do português Ferreira de Castro (1898-1974), empreendida sob sugestão de Paulo Prado. *Forêt Vierge* saiu pela Grasset em 1938. Em 24 de dezembro de 1948, ele confessou seu desejo, já de vários anos, a Ribeiro Couto, explicando que seria um trabalho de fôlego e que antes de se lançar gostaria de ter a opinião do amigo e a maneira de proceder para obter os direitos junto à Livraria Francisco Alves. Em janeiro de 1949, Ribeiro Couto responde-lhe que nenhum escritor francês poderia fazer uma tradução melhor. Animado, Cendrars escreve que precisa da garantia da editora e de uma batelada de dicionários ... mas levará o tempo necessário. Quando – frustração! – soube em maio que já existia uma tradução, feita por uma desconhecida, Sereth Neu, de quem nunca ouvira falar! Tentou obtê-la junto a seu livreiro e declarou: "C'est catastrophique pour ce grand livre!"[22]

Cendrars escreveu em 1952, em *Le Brésil – Des Hommes Sont Venus*, no primeiro capítulo:

> *L'Homme Nouveau. Le Brésilien. – Condamnés à la civilisation, nous devons progresser ou périr!...* déclare Euclides da Cunha, le génial auteur de Os Sertões, le plus grand livre de la littérature brésilienne moderne et son premier classique. [...]

Acrescentou uma nota sobre *Os Sertões*:

---

20. Beatrix Reynal, "Um Amigo do Brasil – Blaise Cendars e Suas Saudades das Nossas Coisas – Admirador de Aleijadinho e de Euclides da Cunha – Folião Carnavalesco – Anticomunista Ferrenho", *O Jornal*, 27 jun. 1937.
21. Ribeiro Couto, jornalista, magistrado, diplomata, poeta e romancista, foi vice-cônsul honorário em Marselha e cônsul em Paris, onde faleceu.
22. Ver Adrien Roig, "Blaise Cendrars et ses *Bons Amis* de São Paulo ou les Réalités d'Une Utopie" em M. T Freitas e Claude Leroy (dir.), *L'Utopialand de Blaise Cendrars*, Paris, L'Harmattan, 1998, pp. 53-71. O professor Roig tem as fotocópias dessa correspondência. A citação corresponde à carta de 2 jun. 1949.

C'est l'histoire d'une rébellion mystique à l'intérieur de l'État de Bahia en 1896-97. Une traduction en français de ce beau livre, qui tient de l'épopée, du traité de géographie humaine, de l'essai d'ethnographie, a été publiée sous le titre *Terres de Canudos par* Mme Sereth Neu (Ed. Caravela). Je le regrette, car j'allais entreprendre la traduction quasi irréalisable de ce livre difficile sous le titre de *Sauvagerie (L'homme, la brousse et le bled)*[23].

Uma outra leitora, seduzida pelo texto, empreendeu com amor essa tarefa impossível. Já existiam duas traduções, uma em espanhol, *Los Sertones,* publicada em Buenos Aires em 1938, da autoria de Benjamin de Garay e outra em inglês, *Rebellion in the Backlands,* por Samuel Putnam, lançada em 1944 nos Estados Unidos.

Uma Leitora Apaixonada

Quando voltou ao Brasil, seu país natal[24], com o marido e os filhos, um pouco antes da guerra, por volta de 1934, Sereth Neu tornou-se leitora de obras brasileiras. Ganhou de presente *Os Sertões* e ficou entusiasmada. Ela própria declarou: "Foi uma admiração de leitor que me moveu: pareceu-me indispensável que os franceses conhecessem esta obra-prima"[25]. Em outra entrevista[26], ela confessou que ficara empolgada pela forma e pelo fundo da maravilhosa obra. Verificou se existia uma versão francesa e sonhou com essa realização e sua utilidade, seria um trabalho longo, árduo, exigindo muita paciência e tenacidade, um trabalho de dois anos. Ao se referir à tradução que Sereth Neu estava realizando, Francisco Venâncio Filho escreveu em 1944 "tem-na quase a terminar"[27].

23. Blaise Cendrars, *Le Brésil – Des Hommes Sont Venus*, Paris, Gallimard, 2010, pp. 23-24.
24. Sereth Simon (seu nome de solteira) nasceu certamente depois de 1876, no bairro de Santa Teresa no Rio. Passou seus primeiros anos em Jacareí (São Paulo) e foi para a França, onde estudou. Ficou vários anos na Sabóia, em Annecy, onde se passa, aliás, o seu romance *Michel Platanaz*. Em maio de 1908, casou-se com Henri Neu e teve três filhos (Georges, Juliette e Charles; Georges foi presidente do "Groupement" dos diversos comitês da colônia francesa do Rio). Sócia da "Société des Gens de Lettres", Sereth escreveu dois romances. O primeiro, *Thérèse Quincia*, foi publicado em Paris, em 1925. Ela traduziu para o francês, de Simón Bolívar, *Un Message Mémorable d'il y a Cent Ans,* Nice (1926) e do discípulo de Auguste Comte, o tenente-coronel Alfredo Severo dos Santos Pereira, *Les Bases Erronées du Communisme Russe,* Paris (1932). Em 1939, tornou-se professora de francês no Liceu franco-brasileiro do Rio. Ficou viúva em 1945, antes da publicação de *Les Terres de Canudos*.
25. Francisco Pati, "As Razões da Tradutora", *Correio Paulistano*, 23 jan. 1948.
26. Conceição Jardim, "A Gloriosa Jornada de – *Os Sertões* – no Primeiro Cinquentenário Comemorativo da Campanha de Canudos", *Jornal do Brasil*, 10/11 ago. 1947.
27. *Revista Brasileira*, n.11, p. 135, out. 1944.

E segundo a *Gazeta de Notícias,* em outubro de 1945, estava pronta, "em curso de impressão"[28]. Se, de fato, estava pronta em 1945, não se pode dizer que estava "em curso de impressão". No dia 1º de setembro, no Centre d'Etudes françaises, organizou-se uma apresentação da tradução junto com a tradutora. Impossibilitado, o adido cultural francês, Raymond Warnier (1899-1987)[29], foi representado pelo professor Roger Bastide. Um público seleto que contava com membros da família de Euclides, com os escritores Osório Dutra, diretor da cooperação intelectual e Sérgio Buarque de Holanda, presidente da Associação dos escritores brasileiros, com o diretor da Biblioteca Nacional, e entre outros, com artistas e professores, assistiu à leitura de um capítulo, à projeção de filmes do Instituto Nacional do Cinema educativo sobre a vida de Euclides e também, à obra do compositor Carlos Gomes, mas nenhum editor se mostrou interessado em publicar a tradução[30].

Editar em Tempo de Guerra

Sereth Neu publicou seu segundo romance *Michel Platanaz,* em francês, no Rio em 1942 pela Atlântica Editora. A ocupação da França (1940-1944) provocara a emigração de muitos intelectuais e a implantação de algumas editoras fora do país, na América do Norte ou do Sul, como em Buenos Aires e Rio de Janeiro. Assim, Max Fischer da Editora Flammarion, escritor francês exilado, que chegara ao Rio de Janeiro em maio de 1941, montara a Americ--Edit que reeditava sobretudo obras francesas contemporâneas; Charles Ofaire (transformação de Hofer, seu nome verdadeiro), editor suíço que chegara em setembro do mesmo ano[31], dirigiu a Atlântica Editora ao mesmo tempo que militava no combate pela França livre. A Atlântica tornou-se editora importante pela publicação das obras de Georges Bernanos escritas no Brasil: *Lettre*

---

28. "Movimento Intelectual", *Gazeta de Notícias,* 28 out. 1945. Neste mesmo ano saiu, em Estocolmo, uma versão sueca do livro, a partir da tradução americana.
29. Foi o primeiro adido cultural que a França enviou ao Brasil (maio de 1944). "Normalien", já estivera em Portugal onde dirigira o Instituto francês (1931-1941) e patrocinara a publicação do *Bulletin des Etudes Portugaises* (BEP). No Rio, incentivou o programa de tradução de dez obras-primas brasileiras, a primeira sendo *Os Sertões*.
30. AMAE (Archives du Ministère des Affaires étrangères), RC 1945-1959, Anos 45-47 vol. n.233, notas R. Warnier à DGRC (Direction Générale des Relations Culturelles) 20 set. 1945 / 20 dez. 1945.
31. *Jornal do Brasil,* na coluna "Outros Passageiros para o Rio" é mencionado Charles Ofaire como "diretor da Desclée de Brouwer & Co, conhecida empresa de publicidade", 11 set. 1941.

aux Anglais (1942); *Monsieur Ouine* (1943); *Le Chemin de la Croix-des-Âmes* (1943-1945). Em 1942, como as edições em francês alcançaram grande repercussão no Brasil e em toda a América, a Atlântica resolveu ampliar a esfera de suas atividades: criar uma coleção de romances brasileiros traduzidos para o francês. Visava essa editora, então, "os melhores romances brasileiros, escolhidos criteriosamente, com estudos introdutórios e vertidos com rigorosa fidelidade por vários escritores e professores franceses ou de língua francesa que atualmente residem no Brasil"[32]. Alguns títulos são citados como *Memórias de um Sargento de Milícias* de Manuel Antônio de Almeida, *Memórias Póstumas de Brás Cubas* de Machado de Assis, *O Ateneu* de Raul Pompeia, *O Cortiço* de Aluízio Azevedo e alguns outros dos melhores romances da geração nova de escritores nacionais[33]. Só serão realizadas e publicadas as traduções de *Memórias de um Sargento de Milícias* por Paulo Rónai e *Memórias Póstumas de Brás Cubas* por René Chadebec de Lavalade, em 1944. De fato, em 1945, Charles Ofaire embarcou de volta para a França, junto com Georges Bernanos, a pedido do Général de Gaulle[34]. Já não se podia mais contar com a Atlântica que entrou em liquidação a partir de março de 1946.

A Atlântica Editora e a Editora Caravela Ltda tinham o mesmo endereço[35]. As duas utilizavam o mesmo logotipo, uma caravela em cujo casco figurava o nome da editora.

32. *Revista Carioca*, n. 362, 12 set. 1942, p. 9.
33. O Instituto de Estudos Brasileiros da Universidade de São Paulo, no acervo Graciliano Ramos, conserva cartas de Ch. Ofaire propondo publicar *Vidas Secas*, *Angústia* e *São Bernardo*, em francês. Cartas de ago. 1942.
34. "Viajantes", *Jornal do Brasil*, 17 jun. 1945, p. 8.
35. Ocupavam as mesmas salas no Edifício Odeon, Praça Getúlio Vargas, 2 – 3° andar salas 304/7 (entrada pela travessa entre os cinemas Odeon e Império).

Graças ao incentivo e à ajuda de vários euclidianos, em particular Francisco Venâncio Filho que se empenhou na publicação, Sereth Neu pôde confiar sua tradução ao diretor das Edições Caravela, Jean-Gérard Fleury[36]. Venâncio Filho nem conseguiu ver o livro pronto, porque faleceu em São Paulo a caminho de São José do Rio Pardo, para a Semana Euclidiana de 1946. Foi ele quem apresentara Afrânio Peixoto à tradutora[37].

A Tradução Les Terres de Canudos (Os Sertões)

As Edições Caravela Ltda. mandaram anunciar, no *Correio da Manhã*[38], a publicação em francês de *Os Sertões* de Euclides da Cunha, "tradução que o ilustre autor desejou". E acrescentaram: "A obra prima brasileira foi traduzida por Dna. Sereth Neu [...]" e "o Dr. Afrânio Peixoto, saudoso mestre[39] da Academia de Letras honrou o volume com um belíssimo prefácio". A primeira edição comporta três mil exemplares dos quais trezentos de luxo, em subscrição a Cr$ 250,00 cada um. "Finalmente o livro [in-4º (275 x 190), 413 p. + um mapa] saiu nos primeiros dias de agosto com as seguintes indicações:

36. Jean-Gérard Fleury (1905-2002), advogado e jornalista, instalou-se no Brasil na década de 30. Teve cargos de responsabilidade em numerosas empresas; foi conselheiro do departamento "estrangeiro" da Hachette.
37. Ver Albert Venâncio Filho, "Uma Amizade Póstuma – Euclides da Cunha e Francisco Venâncio Filho", *Revista Brasileira*, n. 59, abr./mai./jun. 2009, pp. 33-68. Afrânio Peixoto já prefaciara a tradução de Putnam sob indicação de Venâncio.
38. *Correio da Manhã*, 27 jul. 1947.
39. O Dr. Afrânio Peixoto falecera em 12 de janeiro de 1947.

impressão terminada em agosto de 1947 na J. Borsoi (Rio de Janeiro), tiragem de trezentos exemplares em "papel imperial bouffant" numerados de 1 a 300 e três mil exemplares, edição normal, numerados de 301 a 3300[40].

Sereth Neu dedicou o livro a quatro eminentes personalidades: Dr. Afrânio Peixoto, "Membro da Academia Brasileira de Letras"; Dr. Reinaldo Porchat, "Reitor da Universidade de São Paulo"; Dr. Francisco Venâncio Filho, "o grande 'Euclidiano'" e Dr. Brício de Abreu, "Diretor de 'Don Casmurro'". No final da página, em nome da tradutora e do editor, consta um agradecimento à Editora Paulo de Azevedo Limitada "por sua contribuição desinteressada à publicação em língua francesa desta obra-prima brasileira".

Reinaldo Porchat, amigo íntimo de Euclides desde a mocidade, foi na década de 1940, presidente do Conselho Nacional de Educação; ia periodicamente às reuniões no Rio de Janeiro e se hospedava no Hotel Glória. No salão do hotel, conheceu Mme Sereth Neu que, na conversa, comentou que tinha traduzido Os Sertões. Muito comovido, Porchat apresentou-a a Venâncio[41]. Quanto ao jornalista e dramaturgo Dr. Brício de Abreu (1903-1970), era ele muito ligado à França, com longa experiência em Paris e fundador do jornal Dom Casmurro (1937-1946), cujo último número (4 maio 1946) foi consagrado a Euclides da Cunha.

Numa página inicial, "Quelques mots du traducteur", Sereth Neu insiste sobre as dificuldades da tradução, já que o gênio de uma língua não corresponde ao gênio da outra. Sereth Neu compara as assonâncias, base da linguagem no caso brasileiro, a uma paisagem de montanhas e vales e, no caso francês, a uma planície lisa, sutil e precisa e conclui que em Os Sertões de Euclides da Cunha "il y a un effluve spirituel qui n'appartient à aucune langue; il se rit quelque peu du jeu des assonances, de la place des phrases, de la répétition des mots, et il plane, et il domine, et il comande"[42].

Um mapa desdobrável em cor sépia – "Ébauche géographique du 'sertão' de Canudos" – inserido entre as páginas 168 e 169 da 3ª parte, antes de "La

---

40. A embaixada francesa prometera dar o papel necessário para a publicação mas teve que renunciar por falta de recursos. Acabou comprando 15 exemplares dos 300 editados para mostrar seu interesse. Ver AMAE, RC 1945-59 Enseignement, vol. 17, note n. 501 a/s de Mme Sereth Neu. 5 nov. 1947.
41. Albert Venâncio Filho, "Uma Amizade Póstuma...", p. 56.
42. Euclides Cunha, Les Terres de Canudos (Os Sertões), Rio de Janeiro, Edições Caravela Ltda, 1947, p. VII.

Traversée du Cambaio", mostra o traçado das expedições. No final do livro, há mais três seções: "Notas da 3ª Edição"[43]; datas principais da campanha de Canudos; e um índice onomástico.

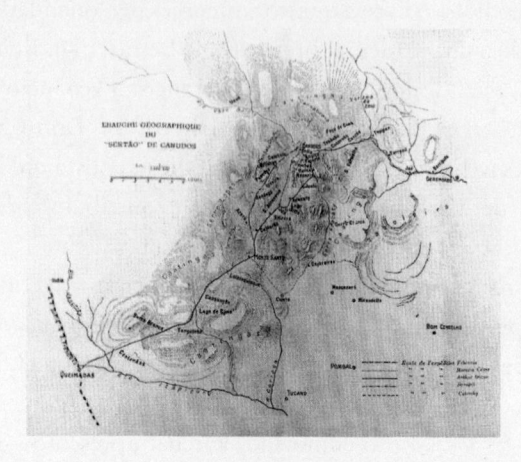

Não houve segunda edição. A partir de meados de dezembro de 1947, a editora anunciou vinte mil livros franceses à venda, livros de luxo numerados, *Petit Larousse Illustré*, Literatura, Filosofia, Ciências, Clássicos, livros para crianças com uma longa lista de autores para cada item. Ao longo dos anos 1948, 1949 e 1950, multiplicaram-se os anúncios com listas de obras e preços em Literatura, História, Religião, Belas Artes, queima de livros, etc. a maioria no *Correio da Manhã*[44], algumas no *Jornal do Commercio*. Era evidente que a editora estava encerrando as atividades[45]. Com o fim da guerra, tanto os diretores literários como os autores voltavam para a França e as editoras iam desaparecendo.

---

43. Como o sublinha W. N. Galvão, trata-se de um erro da 3ª edição. Datadas de 27 de abril de 1903, as notas correspondem às "Notas à 2ª edição". Ver W. N. Galvão, *Euclidiana*, São Paulo, Companhia das Letras, 2009, p. 248.
44. *Correio da Manhã*: de outubro a dezembro de 1949, por exemplo, na quarta-feira, 7 dez. 1949: uma longa lista de romances franceses com preços termina com "e mais vinte mil livros franceses sobre os assuntos mais variados"; 1 jan 1950, livros de história; 27 mai 1950, livros de luxo, etc. Vendem-se também livros em espanhol, livros de espiritualidade (éd. Du CERF), etc. *Jornal do Comércio*, 11 jul. 1948, livros de filosofia, etc.
45. No *Correio da Manhã* de 13 fev 1957 lê-se que as edições Caravela, fechadas há alguns anos atrás, voltaram a atuar e apresentam a coleção "Garnizé", livros de bolso: *A Vida de Chrysler,* etc. Um anúncio similar está no *Jornal do Brasil* de 12 set. 1957.

Um Lançamento Polêmico

Em São José do Rio Pardo (SP), em 1947, na Semana Euclidiana[46] sob o patrocínio da "Casa de Euclides", houve larga distribuição de *Os Sertões* em francês, na tradução de Mme. Sereth Neu, intitulada *Les Terres de Canudos*. Francisco Pati no *Correio Paulistano* (16 dez. 1947)[47] perguntou se essa oferta indicava uma predileção da "Casa de Euclides" ou foi simplesmente obra do acaso. Pati pensava que a Casa de Euclides deveria ter como interesse máximo a distribuição de *Os Sertões* em português e não em francês ou então oferecer a cada concorrente da maratona intelectual um livro com os textos das principais conferências pronunciadas em São José do Rio Pardo. Num segundo artigo "*Os Sertões* em Francês" datado de 13 jan. 1948, Francisco Pati deu a palavra ao diretor e ao secretário da Casa de Euclides. O diretor, Dr. Almeida Magalhães, declarou que o livro era distribuído aos que espontaneamente o adquiriram e que era natural também que a distribuição tinha sido em São José do Rio Pardo, capital da "Euclidésia". Tinha sido simplesmente obra do acaso. O Dr. Oswaldo Galotti escreveu que o livro em francês fora oferecido aos alunos não classificados na Maratona Euclidiana para homenagear a tradutora que, há três anos, assistia às comemorações e se tornara amiga dos maratonistas. Ela levou dois anos de trabalho diário para fazer a tradução e teve que lutar para conseguir editá-la. Madame Sereth Neu fez o lançamento oficial no dia 12 de agosto de 1947; prometeu um exemplar autografado para os maratonistas não classificados, o que entusiasmou os estudantes. O diretor e o secretário elogiaram muito *Les Terres de Canudos*. Num terceiro artigo "As Razões da Tradutora" (23 jan. 1948), Francisco Pati reproduziu a carta de Mme. Sereth Neu datada de 17 de janeiro, na qual ela explicava seu conceito de tradução: "uma tradução não é senão o reflexo do pensamento alheio que com justiça deve e quer ser humilde" e confessava: "fui homenageada muito além dos meus méritos tanto mais que a língua francesa, tão bonita que seja, não pode reproduzir [...] o maravilhoso idioma de Os Sertões, o mais maravilhoso que tenha jamais saído do bico da pena, ou da alma de um escritor brasileiro". O Dr. Oswaldo Galotti escrevera também a Francisco Pati que a tradutora merecia uma homenagem da intelectualidade paulistana.

46. A Semana Euclidiana, semana do 15 de agosto, foi instituída em 1938.
47. Francisco Pati, "Euclides em francês", *Correio Paulistano*, 16 dez. 1947.

A tradução foi muito elogiada, no próprio prefácio de Afrânio Peixoto, como também na imprensa. Podemos ler no prefácio que Madame Sereth Neu adotou Euclides da Cunha como seu filho espiritual:

> Je n'hésite pas à le dire: son livre est un acte d'amour, d'admiration et aussi de compensation.
> Pour le faire, il a fallu, non seulement de la culture et la connaissance du génie différent de chaque langue, mais encore une tendresse de femme, celle qui exalte et émeut[48].

Na seção "Livros Novos" da *Revista da Semana*, João Luso começou seu artigo por: "É preciso admirar este trabalho. Representa um esforço por todos os títulos excepcional". Mostrou as dificuldades do estilo do autor e salientou: "Quanto embaraço, que desanimadoras hostilidades não opunha um original daquela extraordinária natureza... Mas a sra. Sereth Neu era escritora para, em tal cometimento, saber lutar e vencer"[49]. Louvou sua paciência, sua coragem e sua tenacidade, qualidades exigidas pela tradução que quer ser fiel e cativante.

Apesar desta elogiosa recepção, o livro não foi nenhum *best-seller* em matéria de vendas. Um livro brasileiro em francês, em 1947, já não encontrava tantos leitores. É preciso reconhecer que o francês não era mais aquela língua de prestígio! Já em 1938, quando Alceu Amoroso Lima afixou na Universidade do Distrito Federal (UDF) a carta em francês do Prof. Robert Garric, que anunciava sua chegada, recebeu o seguinte comentário: "você ainda pensa que somos de sua geração e que o francês é a segunda língua dos brasileiros, como vocês costumavam dizer. Hoje entendemos melhor o inglês"[50]. Por outra parte, as edições Caravela estavam liquidando os estoques e Charles Ofaire estava na França. Em Paris, o editor René Julliard (1900-1962), natural de Genebra, suíço também[51], comprou os exemplares da Caravela; em 1945, Pierre Javet[52] (1914-1977), diretor literário da Julliard, criara uma nova coleção de literatura estrangeira, "Capricorne" na qual podia figurar o livro de Euclides da Cunha.

---

48. Euclides da Cunha, *Les Terres de Canudos (Os Sertões)*, p. IX.
49. *Revista da Semana,* 8 jan. 1949, n. 2.
50. Cláudio Medeiros Lima, *Memórias Improvisadas*, p. 205.
51. No seu escritório, René Julliard tinha na mesa um retrato do compatriota Blaise Cendrars. Ver Jean--Claude Lamy, *René Julliard*, Paris, Julliard, 1992.
52. Trata-se de Pierre Seeligmann que, a partir de 1941, pôde usar o nome de seu padrasto. Foi diretor literário da Julliard de 1944 a 1964 e contribuiu bastante para renome da editora, muito importante na década de 50.

Les Terres de Canudos ganharam uma nova "roupagem" com os distintivos da coleção: cores, globo estilizado, etc. A capa traz a indicação: "Grand roman historique". Na contracapa, dividida em duas partes, está a sinopse do livro que sublinha, no último parágrafo, que certamente, uma elite de leitores franceses amante de curiosidades históricas e de exotismo, sensível à aventura, será tentada pela leitura. Na parte inferior, encontramos uma pequena biografia do autor. Embaixo, no canto esquerdo, vem mencionado "encadernado em França", e, no canto direito, o preço: "950 francos". A folha de rosto é a mesma da Caravela. Portanto, a data nas catalogações continua sendo 1947. A única diferença no livro é a presença de um segundo mapa. Colocado antes do 1º capítulo, ele posiciona Canudos no Nordeste e no Brasil.

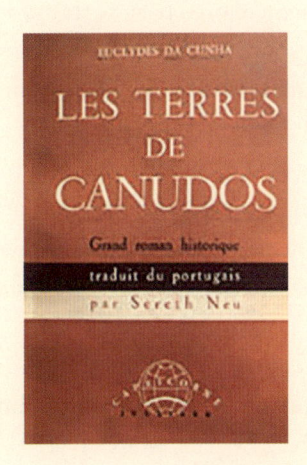

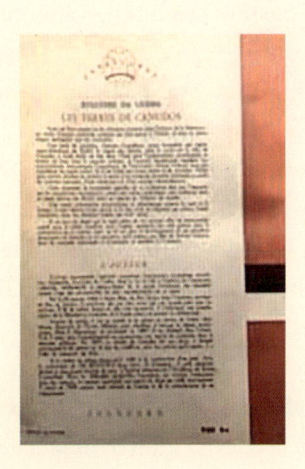

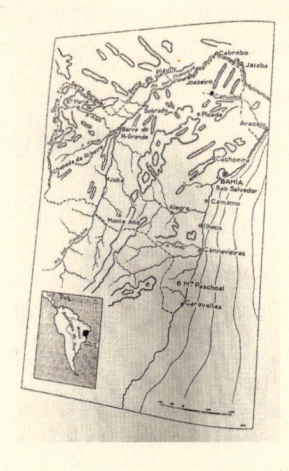

O depósito legal do livro foi feito em 21 de abril de 1950[53]. Cinco meses depois saiu uma crítica no semanal *Les Nouvelles Littéraires,* na página dedicada aos romances. Christiane Burucoa (1909-1996), que assinava como Ch. Burucoa, escreveu uma pequena coluna de 37 linhas, nas quais captou bem o essencial do livro. Ela escreveu: "Ce grand livre relatant une phase authentique de l'unité brésilienne, se lit avec un intérêt passionné. C'est qu'il souffle dans ces pages un vent épique que nous ne trouvons pas souvent dans le roman actuel"[54]. E ainda acrescentou que "romance" era a palavra certa porque esta aventura da história contemporânea do Brasil era tão surpreendente que ficava mais perto da ficção do que da realidade. O herói da epopeia seria uma espécie de Savonarola que misturava rigor com temível bondade. O livro ultrapassava seu interesse puramente nacional para se transformar, com as peripécias da ação e a emoção das personagens, numa interessante aventura; encantaria um cineasta com o exotismo do cenário. Visão bem diferente daquela de 1939! Fernand Braudel (1902-1985) tinha escrito uma pequena apresentação de *Los Sertones* (1938) na seção "notes bibliographiques" da *Revue Historique,* na qual qualificava o livro de "ensaio", mas acrescentava: "il est beaucoup plus qu'un livre d'histoire, une évocation poétique des brousses brésiliennes, les *sertões*"[55]. Finalmente, *Les Terres de Canudos* não tiveram maior repercussão.

É forçoso reconhecer que a elite amante de exotismo e de curiosidades históricas foi bastante reduzida. O contexto não ajudou muito. Em 1952 foi lançado pela editora Plon o romance do belga Lucien Marchal (1893-1960), *Le Mage du Sertão,* que ganhou no ano seguinte o prêmio dos Leitores (patrocinado pela *Gazette des Lettres*). Marchal viveu uns sete anos em Minas Gerais, nas proximidades da Zona da Mata e nunca escondeu que tinha se inspirado em Euclides da Cunha[56]. Em carta a Barbosa Lima Sobrinho, ele declarou:

---

53. *Bibliographie de la France* – Journal Général & Officiel de la Librairie – année 1950. Não há outra "edição Julliard" a não ser essa de 1950.
54. "Les Terres de Canudos", *Les Nouvelles Littéraires,* 14 set. 1950.
55. *Revue Historique,* Librairie Félix Alcan, t. 186, juil.-déc. 1939, p. 325.
56. Já é conhecida a grande celeuma que o livro provocou no Brasil. Marchal foi acusado de plágio etc. Ver Régis Tettamanzi, "Canudos en Français dans le Texte: Le Mage du Sertão de Lucien Marchal" em D. Rolland e I. Muzart-Fonseca, *Le Brésil face à Son Passé: La Guerre de Canudos,* Paris, L'Harmattan, 2005, pp. 147-157.

A exatidão histórica não me preocupava. O que eu desejei foi narrar a prodigiosa epopeia dos jagunços, evocar essa energia exaltante de um povo em luta, sem tréguas, contra o clima e os homens. O verdadeiro herói de meu romance não é Antônio Conselheiro, é Pajeu que encarna todos os vícios, toda a crueldade, toda a brutalidade dos jagunços, mas que encarna, também, essa qualidade que assegura a um povo um alto destino: a energia[57].

Marchal eliminou partes descritivas suscetíveis de aborrecer o leitor e insistiu na parte romanesca, acrescentando personagens femininas, sobretudo. A crítica francesa foi muito elogiosa; o livro foi traduzido para o inglês, o alemão e o espanhol e transformou-se até em folhetim nas páginas do jornal *Combat*. Em 1959, o romance saiu em edição de bolso pela Marabout. Os leitores amantes de exotismo e sensíveis à aventura, embora Marchal sempre dissesse que se tratava de um romance sociológico e não de um romance de aventuras, tinham encontrado seu livro de cabeceira neste êxito de livraria. Naquela carta, Marchal não deixou de sublinhar: "Recentemente, o editor Julliard, de Paris, publicou a tradução de *Os Sertões* sob o título de *Les Terres de Canudos*. O livro não teve êxito: não é acessível ao público em geral".

Renasce Euclides da Cunha

Quarenta e quatro anos depois de *Les Terres de Canudos*, em janeiro de 1993, foi lançada nova tradução, *Hautes Terres (La Guerre de Canudos)* pela editora A. M. Métailié. O contexto era muito diferente daquele da década de 40. Intensificaram-se as relações culturais franco-brasileiras, sucederam-se as traduções em ritmo acelerado, apareceu a face oculta do Brasil com desequilíbrios econômicos e sociais. Uma imagem complexa e contrastada substituiu aventura e exotismo. Por outra parte, mudou a política editorial. Doravante, as editoras escolhem as obras que querem publicar, recebem ajudas de diferentes organismos para as traduções ou as publicações[58]. Vários eventos literários concorrem à promoção das literaturas: o Salão do Livro de Paris criado em 1981 pelo Sindicato Nacional da Edição[59], as Belles Étrangères, festival lite-

---

57. Barbosa Lima Sobrinho, "Intenções de um Romancista", *Jornal do Brasil*, 21-22 jun. 1953.
58. Centro Nacional do Livro, Centro Nacional das Letras, Unesco.
59. O Brasil foi convidado de honra neste *Salão* em 1998 e 2015. A partir de 2016, o *Salão do Livro de Paris* passou a se chamar *Livro Paris*.

rário criado em 1987[60]; *Étonnants Voyageurs*, festival internacional do livro em Saint-Malo, desde 1990; festival Belles Latinas de Lyon desde 2002; ano do Brasil na França, em 2005 etc. A promoção do livro passa também pelas livrarias e pelos críticos literários. Desde 1988 existe a ADELC (Association pour le Développement de la Librairie de Création), rede de livrarias apoiada pelo Ministério da Cultura e pelos editores etc. Nesse contexto nasceu uma nova editora.

A Editora Anne-Marie Métailié

A editora foi fundada em 1979. Exibe como emblema uma salamandra, símbolo da paixão, perfeitamente adequado a seu lema: "Des livres pour vivre passionnément". Anne-Marie Métailié é formada em Letras, espanhol-português pela Université de Paris. Estudou a literatura brasileira em 1964-66 com o professor Antonio Candido, então professor convidado na Sorbonne. Diz ela que foi decisivo: "tinha descoberto uma língua com a qual me dava bem, eu sentia a música dessa língua". Ficou apaixonada pelo texto de Euclides, mas não gostara da tradução de Sereth Neu de 1947. Da mesma maneira, quando estudou a língua no ano anterior, com o professor Georges Boisvert, que utilizava como suporte um texto literário, no caso, *Dom Casmurro*, no final do ano letivo, ela era capaz de decorar capítulos inteiros, mas quando foi ler o livro em francês, notou que faltava a ironia, o que tirava o essencial. A partir dessa experiência, resolveu empenhar-se em fazer ler o que ela lia em português[61].

Com grande interesse pela América Latina, Anne-Marie Métailié começou publicando obras de ciências humanas e, pouco depois, lançou-se na publicação de textos literários. O primeiro autor a integrar sua "Bibliothèque brésilienne" foi Machado de Assis, com nova tradução de *Dom Casmurro* (1983), o que corresponde a seu projeto pessoal. Aos poucos são traduzidos e publicados os grandes romances de Machado: *Esaü et Jacob* (1985) e *Mémoires Posthumes de Brás Cubas*[62] (1989) etc. Os tradutores são quase todos pro-

---

60. Dependendo do Ministério da Cultura, organizado pelo Centro Nacional do Livro, este festival, de 1987 a 2010, convidava cada ano escritores de um país diferente. Em 1987, o país escolhido foi justamente o Brasil com 19 escritores.
61. Vários detalhes nos foram fornecidos pela própria Anne-Marie Métailié.
62. A trajetória desta tradução é bastante parecida com o que ocorreu com *Os Sertões*. Publicada no Rio em 1944 pela Atlântica, *Mémoires d'outre-tombe de Braz Cubas*, foi comprada por uma pequena

fessores universitários e os prefácios sempre escritos por especialistas. Como ela mesma confessa, teve a sorte de encontrar Jorge Coli, historiador de arte e professor da Unicamp, e Antoine Seel, "normalien" e professor de francês, que acabavam de traduzir *Memórias do Cárcere* de Graciliano Ramos para a editora Gallimard (1988). Para satisfazer sua antiga paixão pelo livro de Euclides, Anne-Marie propôs-lhes um contrato para *Os Sertões*.

A Tradução: Hautes Terres (La Guerre de Canudos)

Se a tradução de Sereth Neu respeitou os elementos científicos da obra, ela apagou bastante a riqueza e a complexidade do estilo de Euclides. Antoine Seel e Jorge Coli para não cairem na mesma armadilha, adotaram o seguinte partido: "obedecer, quando fosse possível, às estruturas retorcidas e não hesitar diante de um vocabulário raro, arcaico, técnico"[63]. Recusaram-se a neologismos.

Uma importante documentação acompanha o livro (528 p.; 24 cm). Ela ajuda o leitor a penetrar nesse mundo alheio. Três textos fazem parte da seção Prefácios: "Quelques sentiers dans les sertões" não assinado (pp. 1-VII); "Euclides da Cunha: Mort et Vie" de A. Seel e J. Coli (pp. viii-xiv); "Principales dates de la campagne de Canudos" (pp. XV-XIX). Os anexos se compõem das "Notes de l'auteur à la 2e édition" datadas de 27 abr. 1903, de um glossário elaborado pelos tradutores (pp. 501-512) assim como das notas explicativas de cada capítulo, também de sua autoria (pp. 513-529). O rodapé foi utilizado para as notas do autor.

Vários folhetos de cordel ilustram o livro, a começar pela capa. Na 3ª parte, "A Luta" (p. 176), está reproduzida a xilogravura do folheto *Antônio Conselheiro – O Santo Guerreiro de Canudos* da autoria de Rodolfo Coelho Cavalcante; na "Travessia do Cambão" (p. 204) está a xilogravura *Geografia da*

---

editora parisiense, Emile-Paul frères que acrescentou um estudo de André Maurois e fez uma pequena tiragem em 1948. Essa edição recebeu boa crítica em *Les Nouvelles Littéraires* (24 fev. 1949) mas passou meio desapercebida entre os leitores. A.M. Métailié retomou essa mesma tradução modificando apenas o título e pequenos detalhes. Ver Jacqueline Penjon, "Machado de Assis: Um Século de Traduções Francesas" em e-Letras Com(n)Vida. Disponível em: https://e-lcv.online/index.php/revista/issue/current.

63. Jorge Coli, "A Versão Francesa de *Os Sertões*", *Cult*, vol. 54, n. 2, p. 60, out. 2002. Disponível em: http://cienciaecultura.bvs.br/scielo.php?script=sci_arttext&pid=S0009-67252002000200043&lng=en&nrm=iso. Acesso: 28 jan. 2019.

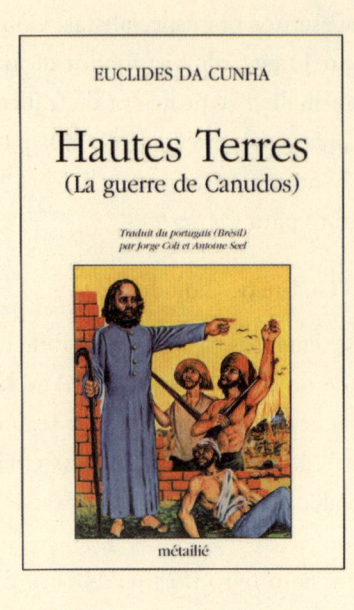

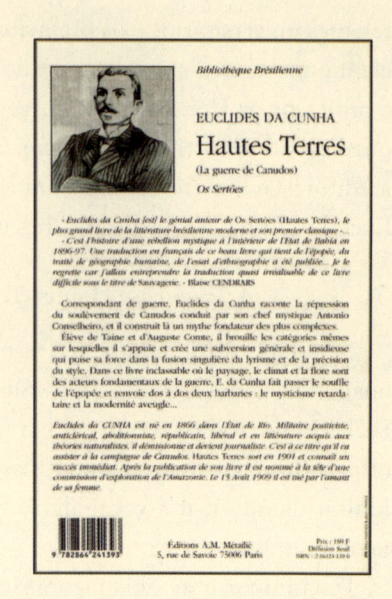

*Guerra de Canudos*⁶⁴, na "Quarta Expedição" (p. 292), *As Profecias do Padre Cícero* de Abraão Batista e na Nova Fase da Luta (p. 414), *As Prezepadas do Satanaz na Igreja* de José Pedro Pontual. Este material assim como a *Vista de Canudos Tirada do Alto da Favela* (p. 178), emprestado por Madame Cantel⁶⁵, pertence ao CentrO de Pesquisas Latino-americanas e ao Departamento de Estudos Portugueses e Brasileiros da Universidade de Poitiers. Três ilustrações – *A Caatinga* (p. 12), *O Vaqueiro* (p. 60) e *A Vaquejada* (p. 62) – foram extraídas do livro *Tipos e Aspectos do Brasil*⁶⁶. Um mapa do Nordeste acompanha a primeira parte, "A Terra" (p. 10).

Na capa vem a indicação *traduzido do português* (Brasil) e os nomes dos tradutores. Os editores costumam indicar num parêntese o país da lusofonia ao qual pertence o autor. A contracapa apresenta um pequeno retrato do autor,

---

64. Folheto de Raimundo Santa Helena, *Guerra de Canudos*. A xilogravura está exatamente no lugar do mapa sépia da tradução de 1947.
65. Raymond Cantel (1914-1986), foi professor de estudos portugueses e brasileiros na Universidade de Poitiers e, depois, na Sorbonne Nouvelle. A partir de 1959, dedicou-se à literatura popular brasileira e à literatura de cordel. Doou suas coleções a Universidade de Poitiers, que tem hoje o maior acervo de cordel da Europa.
66. *Tipos e Aspectos do Brasil*. Rio de Janeiro, ibge, 1957.

um parágrafo assinado por Blaise Cendrars sobre *Os Sertões* e sua tradução[67], uma curta sinopse do livro e alguns elementos biográficos sobre Euclides da Cunha. A salamandra, emblema da editora vem estampada na lombada. Na folha de rosto do livro é mencionado o apoio recebido para a tradução: "Traduit avec le concours du Centre National des Lettres".

O livro foi bem acolhido, os artigos na imprensa muito positivos. Deve-se reconhecer que o livro foi "feito com amor". Seus documentos e suas xilogravuras tornaram-no atrativo e acessível ao público em geral. Dois anos depois, fazia parte dos programas de concursos para recrutamento de professores do ensino médio.

Em 1997, a editora Métailié lançou uma coleção de semi-bolso "Suite brésilienne", num formato menor (19 cm) e mais barato. Euclides da Cunha ganhou uma nova capa com *design* moderno de Aparicio & Hoch. Desta vez a salamandra aparece ao lado do nome da editora. O livro (536 p.) saiu em janeiro de 1997. A folha de rosto menciona, como na edição de 1993, que o Centre National des Lettres ajudou na tradução, mas acrescenta que foi publicado com o apoio do Ministério da Cultura do Brasil.

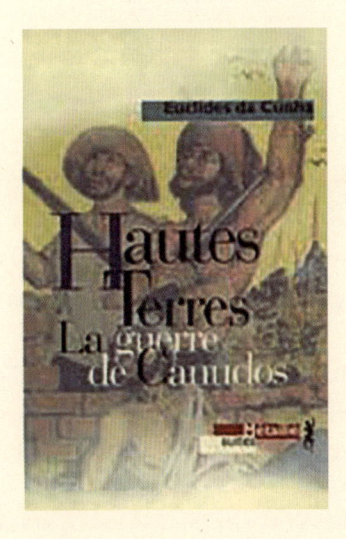

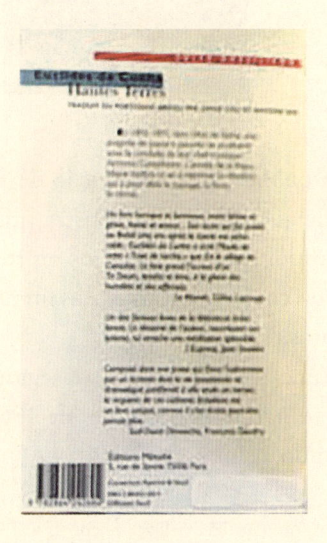

---

67. Não há referência à obra, *Brésil – Des Hommes Sont Venus*, nem à tradução que era evidentemente a primeira de 1947.

Sua contracapa traz elementos essenciais como os nomes dos tradutores, o país, uma pequena sinopse do livro e três citações críticas da obra, assinadas por Gilles Lapouge, Jean Soublin e François Gaudry.

Em 2012 saiu uma nova edição, formato grande (24 cm.) 640 p., com capa sublinhando a aridez da paisagem. A contracapa desta vez indica "Traduit du brésilien par Jorge Coli et Antoine Seel"[68]. Depois da sinopse, há apenas duas citações críticas: uma de Gilles Lapouge, outra de Blaise Cendrars e alguns elementos biográficos sobre o autor.

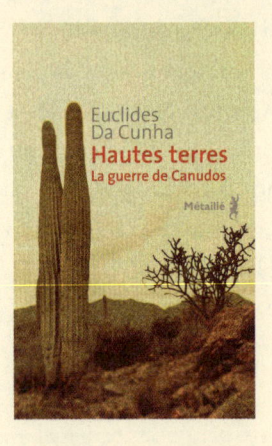

A publicação da tradução de *Hautes Terres* na Suite Brésilienne e na Bibliothèque Brésilienne mostra que o público leitor foi crescendo e se diversificando. De universitários e professores de línguas estrangeiras, passou a leitores comuns, amantes das literaturas estrangeiras, curiosos dessa "epopeia em prosa".

Anne-Marie Métailié conseguiu realizar seu projeto pessoal, partilhar sua paixão nascida na década de 1960 durante as aulas do Professor Antonio Candido, pelos dois autores que "polarizam as tendências divergentes do mun-

---

68. Renasce a velha polêmica! Jacques Thiériot (1930-2008), tradutor de *Macunaíma* e de muitos outros livros, sempre mandou mencionar "Traduit du brésilien" tais eram as diferenças com relação ao português europeu. Em 1979, sai *Macounaima*, pela Flammarion com essa menção. Idem em 1997 pela allca xx, mas em 2016, a editora Cambourakis lançou nova edição com a menção "Traduit du portugais (Brésil)" (A. M. Métailié publicou, em 2005, *Fricassée de Maris* de Betty Mindlin, com a menção "Traduit du brésilien par Jacques Thiériot" e, em 2012, *Tant et Tant de Chevaux* de Luiz Ruffato com a mesma menção).

do literário brasileiro: Machado de Assis, o clássico, e Euclides da Cunha, o romântico"[69]. Graças a seu empenho, os dois autores são hoje lidos e reconhecidos entre os maiores escritores brasileiros.

Referências Bibliográficas

AIMARD, Gustave. *Mon Dernier Voyage, Le Brésil Nouveau*. Paris, E. Dentu, 1886.

ALVES, Constâncio. *Figuras*. Rio de Janeiro, Ed. do Anuário do Brasil (Almanak Laemmert), 1921.

AMAE (Archives du Ministère des Affaires étrangères), RC 1945-1959, Anos 45-47 vol. n.233, notas R. Warnier à dgrc (Direction Générale des Relations Culturelles) 20 set. 1945 / 20 dez. 1945.

_____. Enseignement, vol. 17, note n. 501 a/s de Mme Sereth Neu. 5 nov. 1947.

"BLAISE Cendrars no Brasil". *Jornal do Commercio*. Caderno Letras, p. 6, 19 ago. 1962.

BIBLIOGRAPHIE de la France – Journal Général & Officiel de la Librairie – année 1950.

CENDRARS, Blaise. *Le Brésil – Des Hommes Sont Venus*. Paris, Gallimard, 2010. pp. 23-24.

COLI, Jorge. "A Versão Francesa de *Os Sertões*". *Cienc. Cult*, vol. 54, n. 2, p. 60, out. 2002. São Paulo, Disponível em: http://cienciaecultura.bvs.br/scielo.php?script=sci_arttext&pid=S0009672520020002000043&lng=en&nrm=iso. Acesso: 28 jan. 2019.

CORREIO da Manhã, 27 jul. 1947.

CORREIO da Manhã, out.-dez. 1949.

CUNHA, Euclides da. *Les Terres de Canudos* (Os Sertões). Rio de Janeiro, Edições Caravela, 1947.

DUMAS, Georges. "A Glória de Euclides da Cunha de Francisco Venâncio Filho", está reproduzido no "Suplemento Literário" de *A Manhã*, 23 ago. 1942.

GALVÃO, Walnice Nogueira & GALOTTI, Oswaldo. *Correspondência de Euclides da Cunha*. São Paulo, Edusp, 1997.

_____. *Euclidiana*. São Paulo, Companhia das Letras, 2009, p. 248.

JARDIM, Conceição. "A Gloriosa Jornada de – *Os Sertões* – no Primeiro Cinquentenário Comemorativo da Campanha de Canudos". *Jornal do Brasil*, 10/11 ago. 1947.

JORNAL DO BRASIL, na coluna "Outros Passageiros para o Rio" é mencionado Charles Ofaire como "diretor da Desclée de Brouwer & Co, conhecida empresa de publicidade", 11 set. 1941.

"LES TERRES DE Canudos", *Les Nouvelles Littéraires*, 14 set. 1950.

---

69. Alceu Amoroso Lima, "Euclides e Taunay". *Primeiros Estudos. Contribuições à História do Modernismo Literário*. Rio de Janeiro, Agir, 1948, pp. 290-291.

Leclerc, Max. *Lettres du Brésil*. Paris, E. Plon, Nourrit et Cie., 1890.

Lima, Alceu Amoroso. "Euclides e Taunay". *Primeiros Estudos. Contribuições à História do Modernismo Literário*. Rio de Janeiro, Agir, 1948, pp. 290-291.

Lima, Cláudio Medeiros. *Memórias Improvisadas – Alceu Amoroso Lima Diálogos com Cláudio Medeiros Lima*. Petrópolis, Vozes, 1973.

Muzart-Fonseca. *Le Brésil face à Son Passé: La Guerre de Canudos*. Paris, L'Harmattan, 2005.

"Movimento Intelectual". *Gazeta de Notícias*, 28 out. 1945.

Mercure de France, 1 fev. 1920.

O Paiz, 14 out. 1899.

Pati, Francisco. "Euclides em Francês". *Correio Paulistano*, 16 dez. 1947.

_____. "As Razões da Tradutora". *Correio Paulistano*, 23 jan. 1948.

Penjon, Jacqueline. "Machado de Assis: Um Século de Traduções Francesas". *e-Letras Com(n)Vida*. Disponível em: https://e-lcv.online/index.php/revista/issue/current.

_____. "Naissance de l'Enseignement du Portugais". *Reflexos*, n. 004. Disponível em: http://revues.univ-tlse2.fr/reflexos/index.php?id=582.

Revista Brasileira, n.11, p. 135, out. 1944.

Revista Carioca, n. 362, 12 set. 1942.

Revista da Semana, 8 jan. 1949, n. 2.

Revue Historique, Librairie Félix Alcan, T. 186, juil-déc. 1939.

Reynal, Beatrix. "Um Amigo do Brasil – Blaise Cendars e Suas Saudades das Nossas Coisas – Admirador de Aleijadinho e de Euclides da Cunha – Folião Carnavalesco – Anticomunista Ferrenho". *O Jornal*, 27 jun. 1937.

Roig, Adrien. "Blaise Cendrars et ses Bons Amis de São Paulo ou les Réalités d'une Utopie". In: Freitas, M. T & Leroy Claude (dir.). *L'Utopialand de Blaise Cendrars*. Paris, L'Harmattan, 1998.

Sobrinho, Barbosa Lima. "Intenções de um Romancista". *Jornal do Brasil*, 21-22 jun. 1953.

"Terreno de Prospecções". *Cadernos de Literatura Brasileira – Euclides da Cunha*. ims, 2002, p. 389.

Tipos e Aspectos do Brasil. Rio de Janeiro, ibge, 1957.

Venâncio Filho, Francisco. "Os Sertões". *Revista Brasileira*, n. 11, pp. 125-140, out. 1944.

_____. "Uma Amizade Póstuma – Euclides da Cunha e Francisco Venâncio Filho". *Revista Brasileira*, n. 59, abr./mai./jun. 2009, pp. 33-68.

"Viajantes". *Jornal do Brasil*, p. 8, 17 jun. 1945.

Wolf, Ferdinand. *Le Brésil Littéraire. Histoire de la Littérature Brésilienne*. Berlin, Asher, 1863.

8

DE VOLTA AO "IMPOSSÍVEL RETORNO"

MARCEL VEJMELKA

Walnice Nogueira Galvão lê "Meu Tio, o Iauaretê" de Guimarães Rosa

Introdução de Caráter Pessoal

NÃO TIVE O PRIVILÉGIO de ser discípulo de Walnice Nogueira Galvão. Entretanto, minha orientadora de doutorado e mestra em muitos aspectos do estudo literário, Ligia Chiappini, atuou como intermediadora incansável numa relação inicialmente à distância, indicando-me um grande número de textos de sua colega e amiga, discutindo suas análises e ideias. Assim fui adquirindo certa familiaridade com os estudos rosianos de Walnice Nogueira Galvão, que me orientaram e ajudaram consideravelmente na minha trajetória explorando o universo de João Guimarães Rosa[1].

Mais tarde, também tive o prazer de vários encontros pessoais com Walnice Nogueira Galvão, seja em Belo Horizonte (em 2001 e 2004, na 2ª e 3ª edição do lendário "Seminário Internacional Guimarães Rosa" da PUC-Minas, organizado por Lélia Duarte), em São Paulo em eventos e durante estadias minhas na

---

1. Foram principalmente os dois volumes clássicos de *As Formas do Falso* (1972) e *Mitológica Rosiana* (1978) que entraram na minha tese: Marcel Vejmelka, *Kreuzwege: Querungen. João Guimarães Rosas Grande Sertão: Veredas und Thomas Manns Doktor Faustus im Interkulturellen Vergleich*, Berlin, edition tranvia, 2005.

USP ou em Berlim, onde na época eu estava terminando o meu doutorado no Instituto Latino-Americano (LAI) da Universidade Livre e depois trabalhando com Ligia Chiappini em alguns projetos de ensino e pesquisa.

Um desses projetos – "Alemanha-Brasil: Dinâmicas Transculturais e Ensaios Transdisciplinares", realizado no LAI em cooperação com FFLCH/USP entre 2007 e 2009 – tratou do legado de emigrantes e exilados de língua alemã para a vida cultural brasileira. O projeto reunia entrevistas, palestras e discussões sobre personagens como Anatol Rosenfeld, Otto Maria Carpeaux, Augusto Meyer e outros. Walnice Nogueira Galvão teve um papel importante no projeto, contribuindo com análises da influência do pensamento alemão em Sérgio Buarque e Antonio Candido[2].

Outro projeto, que aqui eu quero retomar e usar como ponto de partida para minhas reflexões, foi o relançamento da tradução alemã, feita por Curt Meyer-Clason, do conto rosiano "Meu Tio, o Iauaretê"[3], no âmbito da organização do simpósio internacional "João Guimarães Rosa – Espaços e Caminhos: Dimensões Regionais e Universais", em Berlim em 2008[4]. Para este projeto, tive a honra de traduzir o ensaio de Walnice Nogueira

---

2. A palestra sobre Sérgio Buarque de Holanda foi proferida em 04 dez. 2008 no LAI. Junto com Ligia Chiappini, WNG foi entrevistada por Bruno Longui sobre Antonio Candido. As palestras dos pesquisadores convidados pelo LAI foram gravadas em vídeo, como também as entrevistas com especialistas realizadas no Brasil. Informações gerais sobre o projeto e os vídeos podem ser encontrados neste *site*: https://www.lai.fu-berlin.de/forschung/forschungsprojekte/aktuelle_projekte/brasilianischeintelektuelle/index.html.
3. João Guimarães Rosa, "Meu tio o Iauaretê" em *Estas Estórias*, 5ª ed., Rio de Janeiro, Nova Fronteira, 2001, pp. 191-235. A tradução alemã deste conto, que faz parte de *Estas Estórias* (1969), foi publicada pela primeira vez em 1981, de forma individual com o título de *Mein Onkel, der Jaguar*, pela editora Kiepenheuer & Witsch. *Estas Estórias* nunca foi traduzido na íntegra para o alemão. Em 1994, por ocasião da Feira do Livro de Frankfurt, com o Brasil como "convidado de honra", a tradução do "Iauaretê" teve uma segunda edição pela Kiepenheuer & Witsch e, depois, saiu do catálogo. O tradutor Curt Meyer-Clason ficou com os direitos autorais da tradução e cedeu-os gentilmente para o "nosso" relançamento em 2009.
4. Walnice Nogueira Galvão era homenageada especial do simpósio e proferiu a palestra de abertura "Ler Rosa Hoje: um balanço". O simpósio ficou documentado em duas coletâneas – Ligia Chiappini, David Treece e Marcel Vejmelka (orgs.), *Studies in the Literary Achievement of João Guimarães Rosa, the Foremost Brazilian Writer of the Twentieth Century*, Lewiston, Lampeter: Edwin Mellen Press, 2011; Ligia Chiappini e Marcel Vejmelka (orgs.), *Espaços e Caminhos de João Guimarães Rosa. Dimensões Regionais e Universalidade*, Rio de Janeiro, Nova Fronteira, 2009 –, que contém o texto da palestra em português "Ler Guimarães Rosa hoje: Um Balanço" e em inglês "Reading Guimarães Rosa Today: An Inventory", respectivamente.

Galvão "O impossível retorno"⁵, para que este texto figurasse como posfácio ao texto rosiano, que "introduz os leitores de língua alemã da melhor maneira possível às dimensões complexas e variadas da obra de Guimarães Rosa"⁶.

Berthold Zilly, outro mestre berlinense a quem tenho muito que agradecer, grande tradutor da literatura brasileira para o alemão – a propósito atualmente trabalhando numa re-tradução do *opus magnum* rosiano *Grande Sertão: Veredas* – afirmou que o tradutor é o leitor privilegiado e até ideal do texto literário:

> O tradutor evidentemente também é leitor, um leitor especialmente atento, assíduo, escrupuloso, crítico e exaustivo na tarefa da re-constituição dos significados da obra, um leitor potenciado. [O] tradutor é um leitor por excelência, com ambição de se aproximar do leitor ideal⁷.

Eu acredito que isso vale também para a tradução do texto crítico, com um efeito um pouco diferente do da tradução literária: o tradutor de crítica literária pode acabar aprendendo de forma privilegiada, extraordinariamente intensa, do texto traduzido.

Devo ainda confessar que o conto rosiano "Meu Tio, o Iauaretê" nunca figurou entre meus textos preferidos, apesar de, ou justamente por ser *Grande Sertão: Veredas* um dos textos que mais me vêm ocupando e marcando enquanto leitor e crítico. "Meu Tio, o Iauaretê" sempre permaneceu um tanto inacessível para mim, mas com o decorrer do tempo fui compreendendo que era a radicalidade na composição e escrita do conto que me causava esta dificuldade. Nesse contexto, a leitura proposta por Walnice Nogueira Galvão em seu ensaio – "internalizada" por mim enquanto seu tradutor – funcionou como uma chave e me ajudou muito a questionar e reestruturar a minha relação com o conto.

---

5. Walnice Nogueira Galvão, "O Impossível Retorno", *Mitológica Rosiana*, São Paulo, Ática, 1978, pp. 13-36; "Die Unmögliche Rückkehr" em *João Guimarães Rosa: Mein Onkel der Jaguar. Aus dem Brasilianischen Portugiesisch von Curt Meyer-Clason, Mit Einem Nachwort von Walnice Nogueira Galvão*, Berlin, trafo, 2009, pp. 81-131.
6. Ligia Chiappini e Marcel Vejmelka (orgs.), "Vorwort der Herausgeber", p. 8.
7. Berthold Zilly, "O Tradutor Implícito. Considerações Acerca da Translingualidade de *Os Sertões*", *Revista usp* 45, pp. 87-90, 2000.

As Voltas de "O Impossível Retorno"

A persistência e atualidade de um texto que data de 1978 prova que a crítica de qualidade - igual à obra literária de relevância – não se desatualiza tão rapidamente. E assim, muito para além da homenagem superficial, esta leitura que "amadureceu" durante quarenta anos, ainda hoje serve como ponto de partida para a re-leitura do conto rosiano "Meu Tio, o Iauaretê". Com isso, comprova-se também o papel ideal que a crítica pode exercer ao cumprir a sua função no sistema literário, tal como o concebeu e analisou Antonio Candido na *Formação da Literatura Brasileira*, enquanto sistema simbólico composto por um conjunto de produtores literários, de receptores do literário e de um mecanismo transmissor:

> É uma tradição, no sentido completo do termo, isto é, transmissão de algo entre os homens, e o conjunto de elementos transmitidos, formando padrões que se impõem ao pensamento ou ao comportamento, e aos quais somos obrigados a nos referir, para aceitar ou rejeitar. Sem esta tradição não há literatura, como fenômeno de civilização[8].

Essa mesma função se comprova, se verificamos como o ensaio de Walnice Nogueira Galvão serviu como base para e entrou em numerosos estudos posteriores do mesmo conto ou autor, contribuindo assim para formação de uma "tradição crítica", no sentido que Antonio Candido lhe deu. Se passarmos revista nos estudos onde o ensaio de Walnice Nogueira Galvão joga um papel importante, compreendemos o legado dessa leitura crítica, que parte do texto literário e acaba formando parte da riqueza crítica acumulada através dos anos e das gerações. Flávio Wolf de Aguiar, num dos ensaios mais recentes de ampla recepção e grande influência na fortuna crítica relativa ao conto[9], descreve o ensaio de Walnice Nogueira Galvão como "seminal"[10] e

---

8. Antonio Candido, *Formação da Literatura Brasileira. (Momentos Decisivos)*, São Paulo/Belo Horizonte, Itatiaia/Martins, 2000, p. 23.
9. Na verdade, o ensaio de Flávio Wolf de Aguiar foi publicado, originalmente, já em 1991, mas a versão aqui citada, de 2017, foi consideravelmente revista e ampliada. Flávio Wolf de Aguiar, "Um Pouco Além do Inferno. Contribuição à Análise de 'Meu tio, o Iauaretê', de Guimarães Rosa" em Erna Pfeiffer, Hugo Kubarth (orgs.), *Canticum ibericum. Neuere Spanische, Portugiesische und Lateinamerikanische Literatur im Spiegel von Interpretation und Übersetzung. Georg Rudolf Lind zum Gedenken*, Frankfurt am Main, Vervuert, pp. 229-234.
10. Flávio Wolf de Aguiar, "Um Pouco Além do Inferno. Contribuição à Análise de 'Meu Tio, o Iauaretê', de Guimarães Rosa", *Nonada* XXIX, 2, p. 118.

enumera os aspectos centrais da análise dela até hoje presentes nas leituras do texto rosiano:

1. O motivo central no jaguar;
2. A reflexão sobre natureza e cultura;
3. O impossível retorno ao universo do cru, oposto ao do cozido;
4. O paralelismo formal do conto com Grande Sertão: Veredas[11].

O trecho talvez mais conhecido e mais citado do ensaio de Walnice Nogueira Galvão, nesse contexto, descreve a linha divisória entre a cultura e o selvagem:

> Se o matador de onças com elas se identifica e se torna matador de homens – e está coberto de razões –, a rejeição do mundo civilizado, domínio do cozido, é acompanhada pela volta ao mundo da natureza, domínio do cru. Na linha de separação entre ambos, posta-se o fogo[12].

A partir daí, o ensaio repassa a mitologia indígena do fogo e da onça, que serviu como inspiração a Guimarães Rosa, e a contextualiza dentro das leituras antropológicas do escritor mineiro:

> O que interessa, no caso presente, e dada a dimensão muito mais ampla que Jê e Tupi-Guarani da questão, é verificar como "Meu Tio, o Iauaretê", longe de ser mera estória de lobisomem ou fábula de licantropia, é uma profunda reflexão sobre natureza e cultura, afinal o tema de toda a obra de Lévi-Strauss[13].

Não é meu propósito aqui reunir e repassar uma espécie de "fortuna crítica" do ensaio "O Impossível Retorno", mas ao rever os estudos do século XXI dedicados a "Meu Tio, o Iauaretê", constato que quase todos contêm referências ao ensaio de Walnice Nogueira Galvão. Vale a pena mencionar

---

11. *Idem, ibidem*.
12. Walnice Nogueira Galvão, "O Impossível Retorno", p. 13.
13. Outro tópico clássico, que de certa forma vem acompanhando e complementando a leitura de Walnice Nogueira Galvão, é o da "tupinização, a intervalos, da linguagem" no conto rosiano, constatada e analisada por Haroldo de Campos, em 1962: "O texto fica, por assim dizer, mosqueado de nheengatu, e esses rastros que nele aparecem preparam e anunciam o momento da metamorfose, que dará à própria fábula a sua fabulação, à história o seu ser mesmo" (Haroldo de Campos, "A Linguagem do Iauaretê", *Metalinguagem. Ensaios de Teoria e Crítica Literária*, São Paulo, Cultrix, 1976, p. 49).

aqui aqueles nos quais "O Impossível Retorno" exerce um papel significativo para a leitura proposta.

Formulando as suas reflexões em torno da tradução de "Meu Tio, o Iauaretê" para o espanhol, Valquiria Wey concentra-se na questão do bilingüismo do narrador do conto[14]. Entretanto, o eixo central de sua argumentação orienta-se pelo estudo de Walnice Nogueira Galvão, que "aponta para a complexidade das relações do mestiço com a sociedade branca"[15], simbolizada de forma central pelo fogo enquanto delimitação entre o cozido e o cru[16] e proporia como meta desse narrador "a passagem de uma cultura complexa, mas dominada, para a cultura dominante"[17].

Na sua tese de doutorado, Luzia Oliva dos Santos dedica um capítulo a "Meu Tio, o Iauaretê" sob o aspecto das fronteiras da linguagem e da figuração18 e centra-o nessa mesma reflexão sobre o simbolismo do fogo formulada em "O Impossível Retorno", enquanto "[u]m dos principais elementos que figura como agente desencadeador da ruptura com o mundo civilizado para alcançar o limite de sua identidade primeira"[19]. E num estudo bem recente, Fernando Gil contextualiza o ensaio de Walnice Nogueira Galvão sobre o conto rosiano entre as reflexões da mesma autora e das ideias de Antonio Candido relacionadas com o a superação do regionalismo[20], destacando "o modo como o conto de Rosa procura estabelecer um vínculo profundo e inextrincável com uma cultura e um sistema de valores híbridos"[21].

É interessante observar que a grande maioria dos estudos que retomam ou citam o ensaio de Walnice Nogueira Galvão concentra-se na dimensão "antropológica", quer dizer na linha divisória entre a cultura e a natureza, entre o homem e o animal, o índio e a onça, como fica demarcado pelo fogo e

---

14. Valquiria Wey, "Entrar para a Tribu Literária: A Tradução de 'Meu Tio,, o Iauaretê'", *Scripta* IX, 17, 2005, pp. 344 e ss.
15. *Idem*, p. 341.
16. *Idem*, p. 349.
17. *Idem*, p. 353.
18. Luzia Oliva dos Santos, *O Percurso da Indianidade na Literatura Brasileira: Matrizes da Figuração*, São Paulo, Editora Unesp/Cultura Acadêmica, 2009.
19. *Idem*, p. 416.
20. Fernando C. Gil, "A Indeterminação da Forma e a Forma Como Determinação: Uma Leitura de 'Meu Tio, o Iauaretê'", *Nonada* XXIX, 2, pp. 92 e s., 2017.
21. Fernando C. Gil, "A Indeterminação da Forma...'", p. 96.

representado pela oposição entre o cru e o cozido. Da filiação surge o tópico do desejo de regresso:

[A]firma: não pertenço à raça branca de meu pai, pertenço ao clã tribal de minha mãe, cujo totem é a onça. A onça, sendo totem do clã tribal de minha mãe, é meu ancestral, meu antepassado, minha origem; e a ele regresso, à onça, defraudando senhor-do-fogo[22].

O fogo atua como delimitador entre natureza e cultura, entre o animal e o humano. O tópico do desejo de regresso do índio para a onça passa a se fundir com o desejo do colonizado (do aculturado) de voltar ao seu estado natural (original):

[...]o conto de Guimarães Rosa, colocando-se decididamente do lado de lá, mostra a penosa tentativa do índio – perdidos seus valores, sua identidade, sua cultura – de abandonar o domínio do cozido e voltar ao domínio do cru[23].

Assim, a leitura se centra no desenraizamento e na identidade perdida dentro da fala e da biografia do narrador, que leva à volta da narrativa na cena final entre o interlocutor e o narrador:

É nesse momento que o narrador conclui seu relato, tentando convencer o interlocutor a deixá-lo encostar-lhe a mão, declarando que está com muito frio e que está de quatro sem qualquer motivo. Seguem-se exclamações e os rugidos e gemidos da agonia. Em suma: sua missão de desonçar a região transformou-se, e ele a executou até o fim, em missão de desgentar a região[24].

Muito menos atenção recebeu, em contraste, a parte do ensaio em que Walnice Nogueira Galvão se dedica à composição e constelação narrativa, extremamente complexa e densa do texto rosiano. Walnice Nogueira Galvão desenvolve este aspecto a partir das reflexões mais "antropológicas", articulando-o através da figura do narrador e o seu convívio com as onças, marcado pela violação de dois tabus fundamentais:

Ao sacrilégio de ter matado o totem vem somar-se o sacrilégio do incesto. Violou ao mesmo tempo os dois tabus fundantes da civilização, na desorganização de quem está perdido

22. Walnice Nogueira Galvão, "O Impossível Retorno", p. 21.
23. Idem, p. 23.
24. Idem, p. 26.

entre várias culturas. Branco ele não é nem deseja ser. Também não pode ser índio, porque ao rejeitar o branco prepotente e comedor de comida cozida rejeitou o homem. Tampouco pode ser onça, porque, ao tentar sê-lo, carrega a culpa de duas violações de tabu[25].

O tópico do fogo (humano, cultural, cozido) leva, em termos narrativos, à impossibilidade de retorno indicada no título do ensaio: "Por isso, pelo fogo de seu rancho foi encontrado; pelo fogo da cachaça foi revelado; pelo fogo do revólver foi destruído"[26]. Flávio Wolf de Aguiar retoma este tópico e liga-o com a situação narrativa:

> No caso de Meu Tio... [...] o caboclo reconhece a "superioridade" do mundo que o interlocutor representa e traz consigo, através da cachaça que o outro traz, dita melhor do que a que ele fabrica, assim como admira e teme o revólver que progressivamente ganha corpo no espaço do conto. [...] O caboclo é um iletrado que fala para quem teme, e que ali não é um ser necessariamente "civilizado", mas o ponta-de-lança de uma civilização destruidora[27].

A figura do narrador representa o conflito encenado no texto e carrega o simbolismo destacado por Walnice Nogueira Galvão e Flávio Wolf de Aguiar. Entretanto, Walnice Nogueira Galvão leva a leitura narratológica ainda mais para a frente, porque é a dimensão narrativa do conto que intensifica e potencializa todas as questões de alteridade enquanto problema e conflito como o enfocam os estudos dedicados à dimensão da trama e do simbolismo contidos no texto literário. Através da sua composição do texto e da articulação da voz narrativa, João Guimarães Rosa consegue acrescentar mais uma camada de problematização e reflexão a respeito do conflito entre homem e natureza.

Alteridade e Escrita em "Meu Tio, o Iauaretê"

A parte final do ensaio de Walnice Nogueira Galvão é anunciada como "homenagem ao autor"[28], ainda que não se limite a ela num sentido comum. Ao contrário, contém uma análise narrativa muito precisa. Walnice Nogueira Galvão parte do *tópos* já antes discutido da inclusão de elementos linguísticos

---

25. *Idem*, p. 31.
26. *Idem*, p. 32.
27. Flávio Wolf Aguiar, "Um Pouco Além do Inferno", p. 124.
28. Walnice Nogueira Galvão, "O Impossível Retorno", p. 32.

do tupi-guarani por João Guimarães Rosa. Esta observação leva à constatação de que "estamos lidando com um homem-onça, índio-branco, em cada caso bilíngue; e com um grande escritor"[29]. Este último "detalhe" é decisivo, pois determina todas as análises feitas a respeito da trama, da trajetória do personagem principal, dos elementos contido na sua fala. A presença e participação do "grande escritor" não se refere só ao homem fora do texto literário, mas também à instância do autor inscrita no texto, que é que possibilita e articula todos esses elementos que passam a ser "internos", dependentes de uma base e estrutura narrativa cuidadosamente organizada.

Assim, a figura do narrador se mostra como resultado da "sensibilidade que cria diante de nossos olhos o problema vivo do índio-em-geral num índio só"[30] e enfoca mais um elemento indispensável para completar a constelação narrativa, que é a instância do leitor. Ao se perguntar se o ineditismo em vida de João Guimarães Rosa de "Meu Tio, o Iauaretê"[31] poderia ser devido à quase identidade dessa constelação narrativa com a do romance *Grande Sertão: Veredas*, Walnice Nogueira Galvão enumera os elementos fundamentais desse aspecto: "o brilhante feito de conseguir pôr uma fala que flui ininterruptamente da boca de um narrador, que é o outro"[32].

Este "detalhe" já aparece num momento anterior do ensaio, quando Walnice Nogueira Galvão estuda a mitologia da onça em sua dimensão latino-americana, tal como está representada no conto rosiano. Ali ela comenta:

> [...]traduzindo de um universo de discurso para outro, o nosso, o título "Meu Tio, o Iauaretê", sintética e admiravelmente, propõe o branco, o índio e a onça misturados, tal como no texto se misturam o português, o tupi e o animal dos resmungos e rugidos[33].

---

29. *Idem*, p. 33.
30. *Idem, ibidem*.
31. Uma primeira versão do texto foi publicada em 1961 na revista *Senhor*, mas não entrou em nenhum livro publicado por Rosa em vida, somente no volume póstumo *Estas Estórias*. Cf. Walnice Nogueira Galvão, "O Impossível Retorno", p. 33, e mais extensamente Adriana de Fátima Barbosa Araújo, "Uma Pesquisa sobre 'Meu tio o Iauaretê'" de Guimarães Rosa: Passos Iniciais", *Revista de Letras* ii, 1, pp. 26-27, 2008.
32. Walnice Nogueira Galvão, "O Impossível Retorno", p. 34. Aqui faz-se necessário mencionar outro ensaio clássico de Walnice Nogueira Galvão, "O Letrado, A Vida Passada a Limpo", capítulo de *As Formas do Falso* e dedicado à figura do personagem-narrador, o "jagunço-letrado" Riobaldo em *Grande Sertão: Veredas* (Walnice Nogueira Galvão, *As Formas do Falso: Um Estudo sobre a Ambiguidade no* Grande Sertão: Veredas, São Paulo, Perspectiva, 1972, pp. 77-91).
33. *Idem*, p. 21.

Tudo isto se situa ainda no plano do protagonista-narrador e do seu simbolismo, mas a complexa constelação das culturas e dos tempos em confronto e conflito se manifesta também na composição narrativa, dentro da qual o protagonista-narrador não fala diretamente para o leitor, mas para um interlocutor interno à trama, que acaba de chegar ao iniciar-se o conto: *"– Hum? Eh-eh... É. Nhor sim. Ã-hã, quer entrar, pode entrar..."*[34]. Assim começa o texto literário, e Walnice Nogueira Galvão nos oferece uma descrição analítica desse visitante, constitutivo para a narração:

> Em ambos casos, o narrador-protagonista tem sua alteridade marcada com relação ao interlocutor que é homem da cidade e portador dos signos da urbanidade, nem sertanejo num caso, nem meio-índio no outro. Evitando o contraste de discursos, o interlocutor nunca fala, mas é colocado na fala do outro por meio de interpelações e respostas a hipotéticas perguntas[35].

Porque este outro, protagonista constitutivo da situação narrativa, nunca fala, mas deve fazer perguntas ou pelo menos expressá-las de forma não verbal, interagindo de qualquer forma com o narrador, que a ele reage. Devido ao seu silêncio, este protagonista não atua nem aparece nunca diretamente na narração, e afinal não é protagonista nenhum, funcionando mais como um espelho ou refrator instalado no texto:

> Assim, a fala só indiretamente se dirige ao leitor, apesar de, em ambos os casos, ser um monólogo direto iniciado por um travessão: seu alvo é o interlocutor presente na situação criada, e só dali ele inflete na direção do leitor. Este, evidentemente, está colocado para cá do interlocutor, e recebe pela mediação deste o monólogo a ele destinado[36].

Esta situação específica tem efeitos particulares que Flávio Aguiar detecta na sua radicalidade dolorosa: O que resta do conto é uma cicatriz de alienação absoluta, este sim, traço comum que une, em seu embate, a civilização que avança, alienada de seus supostos propósitos elevados, e o caboclo dominado, posto à margem da sua e de qualquer identidade[37]. E, no final do ensaio, intensifica-se o conflito com a inclusão do ponto de vista e da posição extra-literária

---

34. João Guimarães Rosa, "Meu Tio, o Iauaretê", p. 191.
35. Walnice Nogueira Galvão, "O Impossível Retorno", p. 34.
36. *Idem, ibidem.*
37. Flávio Wolf Aguiar, "Um Pouco Além do Inferno", p. 128.

do leitor: E o leitor, atônito, a tudo assiste, confundido com o ponto de vista do assassino[38].

Há unanimidade na crítica que o conto, embora deixe o final concreto do encontro entre narrador e visitante em aberto, termine com o confronto definitivo entre os dois protagonistas-representantes de suas esferas culturais. O visitante anda armado e empunha o revólver, ameaçando o caboclo-onça e matando-o presumivelmente. A constelação narrativa termina assim com os gritos e urros do narrador e em uma suspensão indicada pelas reticências finais:

> Desvira esse revólver! Mecê brinca não, vira o revólver pra outra banda... [...] Veio me prender? Ói: tou pondo mão no chão é por nada, não, é à-toa... [...] Ui, ui, mecê é bom, faz isso comigo não, me mata não... Eu – Macuncôzo... Faz isso não, faz não... Nhenhenhém... Heeé!...
> Hé... Aar-rrã... Aaãh... Cê me arrhoôu... Remuaci... Rêiucàanacê... Araaã... Uhm... Ui... Ui... Uh... uh... êeêê... êê... ê... ê... [39]

Esta "cumplicidade" indesejada e inevitável do leitor, forçada pelo autor ao constituir o texto da forma que o concebeu, possibilita-nos conectar o tópico da morte com o ato de narrar e suas limitações, segundo uma observação muito instigante de Ettore Finazzi-Agrò. Numa leitura mais antiga de "Meu Tio, o Iauaretê", referindo-se ao estudo de Walnice Nogueira Galvão, este falava ainda de maneira geral da "condição 'impossível' em que o autor tinha colocado o seu personagem"[40], para aprofundar esta reflexão num texto mais recente, inspirado no pensamento de Giorgio Agamben:

> [T]emos que considerar esse texto ["Meu Tio, o Iauaretê"] como uma representação atrevida e impossível desse momento extremo em que um homem, tornado animal, descreve, dentro da voz e através da morte, uma parábola em que se enuncia algo de essencial: não um sentido, talvez, quanto uma indicação ou um indício – um desejo não cumprido de comunicar, uma falta que nada pode preencher e que ninguém consegue realmente "falar", porque não tem (nem nunca terá) uma testemunha, um supérstite que, se colocando na

---

38. *Idem*, p. 129.
39. João Guimarães Rosa, "Meu Tio, o Iauaretê", p. 235.
40. Ettore Finazzi-Agrò, "Nada, Nosso Parente. Uma leitura de 'Meu tio o Iauaretê'", *Remate de Males*, 14, p. 130, 1994:

posição de um sobrevivente, chegue a exprimir aquilo que a linguagem, na sua identificação última e primeva com a morte, se nos veda de dizer[41].

Nessa interpretação, o texto rosiano leva a linguagem até e para além do seu limite, põe em relevo a sua impossibilidade. Numa linha de reflexão bem próxima e também inspirada no pensamento de Agamben, Clara Rowland avança até mais um pouco, vendo no conto a culminação do relacionamento conflitivo e produtivo entre oralidade e escrita na obra rosiana:

> A sujeição ao condicionalismo da escrita dessa situação deve ser lida no quadro da clivagem maior que a obra de Rosa apresenta entre oralidade e escrita, entre uma cultura de contadores de histórias e a dependência moderna da palavra impressa de uma obra que trabalha intensamente a forma do livro e que convoca de forma ostensiva as potencialidades formais da página (de que se alimenta também a desagregação da "linguagem do Iauaretê"). O diálogo oculto é uma forma de colocar essa questão precisamente na medida em que encena uma oralidade tanto mais forte quanto direcionada para um modo de destinação que é o da escrita[42].

Aqui é a escrita, na sua especificidade, que se leva a si própria para além de suas limitações essenciais. Clara Rowland opta por uma leitura final da "ilegibilidade" intencionada do texto rosiano, quando este tenta realizar a sua própria metamorfose em onomatopeia. Eu me pergunto se inscrever a ilegibilidade – enquanto incompreensibilidade – dentro do próprio texto não seria equivalente a uma capitulação do autor, conclusão improvável no caso de João Guimarães Rosa. Ao estudar o romance tardio de Thomas Mann, *Doutor Fausto*, aprendi através da *dialética negativa* de Theodor Adorno que a obra de arte deve assumir o seu sofrimento por completo para poder objetivá-lo, atravessar o desespero para poder comunicar uma esperança, por mínima que esta seja, como única possibilidade de estabelecer, no seu interior, um elo com a esfera social: "A necessidade de tornar o sofrimento expressivo, é condição prévia para toda verdade. Porque sofrimento é objetividade que pesa sobre o

---

41. Ettore Finazzi-Agrò, "A Voz de Quem Morre. O Indício e a Testemunha em 'Meu Tio, o Iauaretê'", *O Eixo e a Roda – Revista de Literatura Brasileira*, 12, p. 31, 2006
42. Clara Rowland, "Língua de Onça: Onomatopeia e Legibilidade em 'Meu Tio, o Iauaretê', de Guimarães Rosa", *Literatura e Sociedade* 20, pp. 111-112, 2015.

sujeito; o que este vivencia como a experiência mais subjetiva, a sua expressão, é mediado objetivamente"[43].

Walnice Nogueira Galvão termina com a hipótese de que João Guimarães Rosa poderia ter vislumbrado nesse conto "para além da tragédia da extinção de culturas [...], a tragédia da constituição da cultura, essa viagem sem volta do homem"[44]. De forma mais acentuada do que em qualquer outro texto seu, em "Meu Tio, o Iauaretê" Guimarães Rosa enfrentou o dilema fundamental do escritor e não poder voltar à inocência, retornar para além ou antes do momento da escrita, sem abrir mão do momento constitutivo da literatura, mesmo que a sua obra esteja marcada e permeada justamente por esta saudade para aquém da escrita, do domínio da oralidade; uma saudade de superar a condição da alteridade e de estabelecer uma ligação imediata, ou até uma comunhão, com o outro.

Este seria o "impossível retorno" do autor, do escritor, encenado na impossibilidade de retorno do seu personagem-narrador, representado na possibilidade insinuada, mas nunca realizada, da onça passar a ser de fato a narradora do texto. Observa Walnice Nogueira Galvão em relação ao protagonista que "esse passo definitivo, esse cruzar da linha divisória do cozido para o cru, esse retorno impossível, será a sua perdição"[45]. E podemos concluir, dali e com a ajuda decisiva da leitura e reflexão de Walnice Nogueira Galvão, que no nível do autor, esta impossibilidade de retorno incorpora o conflito fundamental da obra rosiana, mas não uma perdição ou desistência, ao contrário um convite ao "eterno retorno" em forma de leituras e releituras do conto e de contribuições para a sua fortuna crítica.

Referências Bibliográficas

ADORNO, Theodor W. *Ästhetische Theorie*. 15. ed. Frankfurt am Main, Suhrkamp, 2000.
AGUIAR, Flávio Wolf: "Um Pouco Além do Inferno. Contribuição à Análise de "Meu Tio, o Iauaretê", de Guimarães Rosa". *In:* PFEIFFER, Erna & KUBARTH, Hugo (orgs.). *Can-*

---

43. Theodor W. Adorno, *Ästhetische Theorie*, 15ª ed., Frankfurt am Main, Suhrkamp, 2000 p. 29. "Das Bedürfnis, Leiden beredt werden zu lassen, ist Bedingung aller Wahrheit. Denn Leiden ist Objektivität, die auf dem Subjekt lastet; was es als sein Subjektivstes erfährt, sein Ausdruck, ist objektiv vermittelt".
44. Walnice Nogueira Galvão, "O Impossível Retorno", p. 34.
45. *Idem*, p. 32.

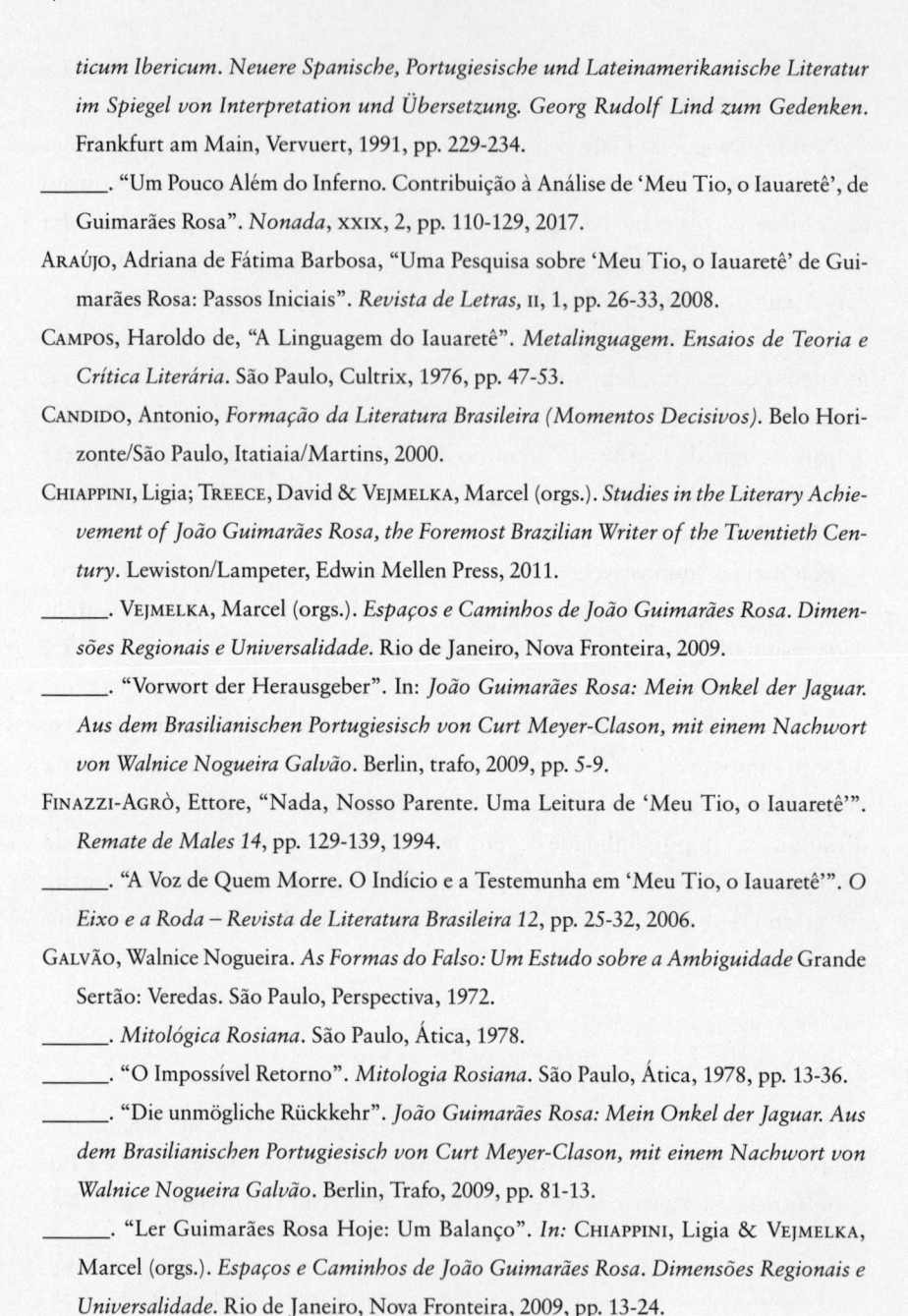

ticum Ibericum. Neuere Spanische, Portugiesische und Lateinamerikanische Literatur im Spiegel von Interpretation und Übersetzung. Georg Rudolf Lind zum Gedenken. Frankfurt am Main, Vervuert, 1991, pp. 229-234.

_____. "Um Pouco Além do Inferno. Contribuição à Análise de 'Meu Tio, o Iauaretê', de Guimarães Rosa". *Nonada*, XXIX, 2, pp. 110-129, 2017.

ARAÚJO, Adriana de Fátima Barbosa, "Uma Pesquisa sobre 'Meu Tio, o Iauaretê' de Guimarães Rosa: Passos Iniciais". *Revista de Letras*, II, 1, pp. 26-33, 2008.

CAMPOS, Haroldo de, "A Linguagem do Iauaretê". *Metalinguagem. Ensaios de Teoria e Crítica Literária.* São Paulo, Cultrix, 1976, pp. 47-53.

CANDIDO, Antonio, *Formação da Literatura Brasileira (Momentos Decisivos).* Belo Horizonte/São Paulo, Itatiaia/Martins, 2000.

CHIAPPINI, Ligia; TREECE, David & VEJMELKA, Marcel (orgs.). *Studies in the Literary Achievement of João Guimarães Rosa, the Foremost Brazilian Writer of the Twentieth Century.* Lewiston/Lampeter, Edwin Mellen Press, 2011.

_____. VEJMELKA, Marcel (orgs.). *Espaços e Caminhos de João Guimarães Rosa. Dimensões Regionais e Universalidade.* Rio de Janeiro, Nova Fronteira, 2009.

_____. "Vorwort der Herausgeber". In: *João Guimarães Rosa: Mein Onkel der Jaguar. Aus dem Brasilianischen Portugiesisch von Curt Meyer-Clason, mit einem Nachwort von Walnice Nogueira Galvão.* Berlin, trafo, 2009, pp. 5-9.

FINAZZI-AGRÒ, Ettore, "Nada, Nosso Parente. Uma Leitura de 'Meu Tio, o Iauaretê'". *Remate de Males* 14, pp. 129-139, 1994.

_____. "A Voz de Quem Morre. O Indício e a Testemunha em 'Meu Tio, o Iauaretê'". *O Eixo e a Roda – Revista de Literatura Brasileira* 12, pp. 25-32, 2006.

GALVÃO, Walnice Nogueira. *As Formas do Falso: Um Estudo sobre a Ambiguidade* Grande Sertão: Veredas. São Paulo, Perspectiva, 1972.

_____. *Mitológica Rosiana.* São Paulo, Ática, 1978.

_____. "O Impossível Retorno". *Mitologia Rosiana.* São Paulo, Ática, 1978, pp. 13-36.

_____. "Die unmögliche Rückkehr". *João Guimarães Rosa: Mein Onkel der Jaguar. Aus dem Brasilianischen Portugiesisch von Curt Meyer-Clason, mit einem Nachwort von Walnice Nogueira Galvão.* Berlin, Trafo, 2009, pp. 81-13.

_____. "Ler Guimarães Rosa Hoje: Um Balanço". *In:* CHIAPPINI, Ligia & VEJMELKA, Marcel (orgs.). *Espaços e Caminhos de João Guimarães Rosa. Dimensões Regionais e Universalidade.* Rio de Janeiro, Nova Fronteira, 2009, pp. 13-24.

_____. "Reading Guimarães Rosa Today: An Inventory". In: CHIAPPINI, Ligia; TREECE, David & Vejmelka, Marcel (orgs.). *Studies in the Literary Achievement of João Guimarães Rosa, the Foremost Brazilian Writer of the Twentieth Century*. Lewiston, Lampeter, Edwin Mellen Press, 2011, pp. 8-26.

GIL, Fernando C. "A Indeterminação da Forma e a Forma Como Determinação: Uma Leitura de 'Meu Tio o Iauaretê'". *Nonada*, XXIX, 2, pp. 89-109, 2017.

ROSA, João Guimarães. "Meu Tio, o Iauaretê". *Estas Estórias*. 5ª ed. Rio de Janeiro, Nova Fronteira, pp. 191-235, 2001.

ROWLAND, Clara. "Língua de Onça: Onomatopeia e Legibilidade em 'Meu Tio, o Iauaretê', de Guimarães Rosa". *Literatura e Sociedade, 20*, pp. 107-114, 2015.

SANTOS, Luzia Oliva dos Santos. *O Percurso da Indianidade na Literatura Brasileira: Matrizes da Figuração*. São Paulo, Editora Unesp/Cultura Acadêmica, 2009.

VEJMELKA, Marcel. *Kreuzwege: Querungen. João Guimarães Rosas Grande Sertão: Veredas und Thomas Manns Doktor Faustus im Interkulturellen Vergleich*. Berlin, Edition Tranvia, 2005.

WEY, Valquiria. "Entrar Para a Tribu Literária: A Tradução de 'Meu Tio, o Iauaretê'". *Scripta*, IX, 17, pp. 340-355, 2005.

ZILLY, Berthold. "O Tradutor Implícito. Considerações Acerca da Translingualidade de Os Sertões". *Revista USP*, 45, pp. 85-105, 2000.

9

O Mistério da Literatura

Marilena Chaui

I

VOLTANDO-SE PARA A EXPERIÊNCIA DA LINGUAGEM, Merleau-Ponty falava em prodígio: ela exprime perfeitamente sob a condição de não exprimir completamente, toda sua força estando nessa maneira paradoxal de acercar-se das significações, aludi-las sem jamais possuí-las. Não apenas prodígio, a linguagem é também mistério: usa o corpo dos sons e dos sinais para nos dar um sentido incorpóreo só alcançado pela virtude da corporeidade sonora e gráfica. Por isso, no exato momento em que está obcecada consigo mesma, é-lhe dado, como que por excesso, abrir-nos para uma significação. Transgredindo a materialidade dos vocábulos se acasala com o invisível. "Como o tecelão, o escritor trabalha pelo avesso: só tem a ver com a linguagem e é assim que, repentinamente, se encontra cercado de sentido"[1].

O livro interpelante, prossegue Merleau-Ponty, é "máquina infernal, aparelho de criar significações", pois o momento da expressão é aquele em que o escritor, tendo imprimido uma torção inusitada no léxico disponível, o faz "secretar uma significação nova", deixando-a à disposição do leitor não prevenido de quem se apodera. O escritor não convida quem o lê a reencontrar o que já sabia, mas toca nas significações existentes para torná-las destoantes

---

1. Maurice Merleau-Ponty, "Le Langage Indirect et les Voix du Silence", *Signes*, Paris, Gallimard, 1960, p. 56.

e conquistar, por virtude dessa estranheza, uma nova harmonia que se apposse do leitor. Escrever é essa astúcia que priva a linguagem instituída de centro e de equilíbrio, reordena os signos e o sentido e ensina tanto ao escritor como ao leitor o que sem ela não poderiam dizer nem pensar, pois a palavra não sucede nem antecede o pensamento porque é sua contemporânea.

Como ler um livro interpelante? A resposta a essa indagação é a obra de Walnice Nogueira Galvão, pensadora em que o conhecimento profundo das humanidades – filosofia, teologia, história, antropologia, psicologia, psicanálise – e das artes – literatura, teatro, pintura, escultura, arquitetura, música, cinema – se volta para a compreensão do que são as letras brasileiras e que, ao fazê-lo, transforma seu saber em meditação, numa tecelagem que puxa os fios do imaginário mesmo quando (ou especialmente quando) o escritor se quer tecelão do real, mas tece realmente as formas do falso.

Nada mais verídico do que a maneira como Guimarães Rosa recupera proezas, aproveita padrões da vida sertaneja da região do São Francisco, retoma a lenda do pacto com o Diabo e do corpo fechado, "uma das mais caras tradições do sertão"[2].

No entanto...

Grande Sertão: Veredas é uma novela de cavalaria. E não é. Riobaldo é um par de França letrado e Diadorim, uma princesa encantada. E não são. O Diabo está separado de Deus. E não está.

Nada mais verídico do que os variados recursos empregados por Euclides da Cunha no colossal esforço para dar sentido à tragédia de Canudos.

No entanto...

Os Sertões é um documento de descrição realista-naturalista da guerra de Canudos. E não é.

Dentre as inúmeras dimensões da leitura dessas obras por Walnice – literária, sociológica, histórica, política – que desfazem a imagem feudal do sertão, eu gostaria aqui de mencionar aquela que me parece decifrar o vínculo interno entre *Grande Sertão: Veredas* e *Os Sertões*: a dimensão teológico-metafísica que os sustenta e lhes imprime o selo de obras literárias magnas.

Não me refiro apenas ao lugar que Walnice atribui à culpa que dilacera Riobaldo e o força a indagar se o Diabo existe ou se há apenas "homem hu-

---

2. Walnice N. Galvão, *As Formas do Falso*, São Paulo, Perspectiva, 1972, p. 67.

mano", nem ao "complexo de Caim" que faz de *Os Sertões* o mais gigantesco *mea culpa* de nossa literatura, Euclides em busca de perdão para uma falta sem remissão. Refiro-me à busca *do sentido dessas culpas:* a origem e as formas do Mal. Donde, no caso de *Grande Sertão: Veredas,* o lugar central que Walnice confere ao caso de Maria Mutema, "parábola que fala do mal puro, o mal em si sem motivação"[3], relato estruturante do próprio romance, construído como posição e reposição incessante daquilo que Walnice decifra como "a coisa dentro da coisa" e que, ao fim e ao cabo, tece a relação cósmica entre Deus e o Diabo.

A questão do Mal originário move a interpelação de Walnice ao desfiar duas obras fiadas com o fio que define o próprio ser da literatura: o "é e não é". Questão filosófica primeira e última: *tò ón me ón* (*o ser/o não ser*). E, por isso também, questão primeira e última da literatura quando Walnice escreve:

> O fetiche do texto se mostra em sua maior nitidez quando o narrador se detém na descrição de Diadorim morto: "Não escrevo, não falo! – para assim não ser: não foi, não é, não fica sendo!" (GSV, 563) Então o texto assume o nível do real e empurra o real para fora, de modo tal que passa a ser real aquilo que o texto instaura[4].

Se o escritor trabalha no avesso, Walnice, dotada daquilo que Gracián chamou de engenho agudo – aquele que capta o oxímoro como estrutura fundante do real e do imaginário –, se volta para Guimarães Rosa e Euclides da Cunha para revelar que não trabalham simplesmente no avesso, mas criam um mundo às avessas. Eis porque Walnice decifra o enigma que percorre *Grande Sertão: Veredas* ou o périplo de "a coisa dentro da coisa" como mudança de toda coisa no seu contrário, o avesso de seu avesso. Em outras palavras, a origem do Mal, contradição incessante de todas as coisas e de todos os acontecimentos que se voltam contra si mesmos, abre o abismo, isto é "o Diabo na rua no meio do redemoinho",

> [...] ritornelo que surge e ressurge a intervalos no seio do texto, texto-súmula que o narrador compôs para si mesmo como um extrato (tanto no sentido de "tirado de" como de "concentrado") de toda a sua experiência de vida, é a imagem-mor que fixa essa concepção, por um lado, e por outro todas as imagens da coisa dentro da coisa. [...] Na concepção do

---

3. Walnice N. Galvão, *As Formas do Falso*, p. 119.
4. *Idem*, pp. 90-91.

narrador, o diabo vige dentro do homem, mas também vige dentro de todos os seres da natureza. [...] Tudo se passa como se o cosmos fosse Deus, princípio positivo, mas admitindo a existência de um princípio negativo que leva o nome de Diabo[5].

tò ón me ón – que se exprime na fala final de Riobaldo: "O Diabo não há! É o que eu digo, se for..."

No caso de *Os Sertões*, a dimensão teológico-metafísica do mundo às avessas criado pelo Mal é descortinada a partir do momento em que Walnice assinala a diferença entre o intento de Euclides da Cunha e o texto realmente escrito por ele. Com efeito, Euclides pretende oferecer uma descrição realista, objetiva, imparcial, científica da guerra de Canudos, mobilizando para isso todos os recursos provenientes das ciências naturais e humanas. Todavia, desde suas primeiras linhas, o realismo cede o passo à ficção e o livro não é descritivo, mas, do começo ao fim, narrativo, épico e trágico, ou, como explica Walnice, *um epos trágico, impossivelmente sem herói*.

A postura do narrador – esse narrador que manejando a intertextualidade finge a apresentação de um simpósio de sábios – é peculiar. Intromete-se naquilo que está narrando, em tom conspícuo, e com alguma freqüência apostrofa os autores e seus assuntos sempre no plural majestático.
O narrador reveste a persona de um tribuno, discursando para persuadir.
[...]
Assim é que Os Sertões constitui-se em narrativa desde a primeira palavra; mesmo aquilo que parece descrição, ou tem por objeto aparente descrever, já é narração.[6]

Ora, essa narrativa traz em seu cerne a dimensão milenarista de Canudos. No entanto, Walnice não a coloca onde estamos acostumados a encontrá-la, isto é, na figura de Antonio Conselheiro. Numa virada do mais alto engenho agudo, Walnice a deposita na figura de Euclides da Cunha. Misto de cientista e tribuno, mas atormentado com a origem do Mal, a fonte de Euclides é a Bíblia. Porém uma Bíblia peculiar: *Os Sertões* se realiza como gigantesca e maligna inversão dos arquétipos do Gênesis e do Apocalipse.

---

5. Walnice N. Galvão, *As Formas do Falso*, p. 129
6. Walnice N. Galvão, "FortunaCrítica", em *Os Sertões. Edição Crítica e Organização Walnice Nogueira Galvão*, São Paulo, Ubu Editora/Edições Sesc São Paulo, 2016, pp. 625-626.

Por aí começa a primeira parte de *Os Sertões,* com sua mimese do Gênesis, seu andamento desmesurado, tirânico, narrando o caos parindo a Terra. Tudo ali é convulso e em movimento [...] na região de Canudos o Gênesis ainda não terminou: os excessos da temperatura estão modificando incessantemente a própria morfologia dos minerais, o líquen está em vias de atacar a pedra para transformá-la em solo, e assim por diante.[7]

Não apenas a gênese não está completa, mas se realiza como o contrário do Gênesis: em vez de luz radiante e *kósmos,* imperam escuridão, desordem, excesso, convulsão. Todavia, não é apenas o Gênesis que está do avesso, também o Apocalipse no qual estão ausentes a redenção e a glória finais na Jerusalém Celeste.

E por isso tudo está virado pelo avesso nesse Apocalipse, que não é paradisíaco, porém demoníaco, do inferno, dos mundos ínferos, do que é rejeitado pela razão, do que confunde o entendimento humano. [...] Em vez de predominarem o ar em que resplandece a Cidade de Deus e a água que a fecunda, ali só há terra e fogo[8].

Percebemos, então, que o fio que tece o vínculo metafísico-teológico entre *Os Sertões* e *Grande Sertão: Veredas* nos permite compreender porque neste reencontramos o Apocalipse às avessas, quando Walnice nos golpeia com sua presença:

Em bela página, que suponho única no romance brasileiro, Guimarães Rosa constrói uma visão apocalíptica com as virtualidades da miséria(...) Este quadro fantasmagórico e tremendo mostra a plebe rural desencadeada, monstro coletivo que avança para tomar tudo o que lhe foi negado por séculos de miséria e opressão. O horror da visão leva o narrador a abstrair os conteúdos dela, para com eles construir uma alegoria negativa: "Nem me diga o senhor que não – aí foi que pensei o inferno feio deste mundo: que nele não se pode ver a força carregando nas coisas a justiça, e o alto poder existindo só para os braços da maior bondade"[9].

Mas não só isso. Com Walnice, descobrimos que *Os Sertões* decifra o título da obra magna de Guimarães Rosa: as *veredas* são desejo de rio, que, entretanto, só existe às avessas, seco. *Me on.*

---

7. Walnice N. Galvão, "Fortuna Crítica", pp. 626-627.
8. *Idem*, p. 627
9. Walnice N. Galvão, *As Formas do Falso*, pp. 67-68

II

Assinalei como Walnice lê livros interpelantes. Quero, agora, assinalar como ela cria um livro interpelante. Refiro-me a *A Donzela-Guerreira*, que nos interpela desde o momento em que nos deparamos com a grafia proposta e nunca abandonada por Walnice – Donzela-Guerreira –, indicando que estamos diante de um sintagma, pois é a unidade interna dos dois termos que constitui o ser do arquétipo: uma virgem aguerrida.

A interpelação do enigma de *Grande Sertão: Veredas* e *Os Sertões* nos arrasta na travessia da culpa em busca da origem do Mal. A reconstrução literária de *A Donzela-Guerreira* por Walnice nos interpela pelo deciframento de um outro enigma metafísico: a origem do *ser* do feminino a partir da alteridade radical de uma mulher que transgride os limites culturalmente impostos aos gêneros.

O enigma é anunciado desde o início do livro com a apresentação do arquétipo feminino construído sem a figura da mãe e esvaziado de todos os atributos com que as culturas inventam o ser mulher.

Primeiro enigma: a Donzela-Guerreira é mítica ou histórica, imaginária ou real? Afinal, a galeria mistura os fios da tecelagem: Palas Atena, Atalanta, Bellatrix, Camila, Mu-Lan, Yansã, Durga-Parvati, Débora, Judite, amazonas, valquírias, Diadorim, Joana d'Arc, Catalina de Erauso, Simone Weil, Maria Quitéria, Clara Camarão, Bárbara de Alencar, Maria Bonita são figuras que pertencem a tempos e espaços ora imaginários ora reais, habitados por deusas, santas, princesas, rainhas, jagunças, patrícias façanhudas, revolucionárias, personagens de poemas, peças teatrais e romances, mas também mulheres de carne e osso, cujas proezas são trazidas por documentos históricos.

Segundo enigma: a figura da Donzela-Guerreira se propaga por difusão cultural de um núcleo primitivo ou é sistematicamente construída nas mais diferentes épocas e culturas a partir da presença do sagrado, como evidenciam as figuras de Palas Atena, Judite, Mu-lan, Yansã?

Esses dois enigmas, entretanto, não esgotam a interrogação. Uma terceira questão é proposta por Walnice: por que não podemos confundir a Donzela-Guerreira com outras figuras que também se furtam ao destino de esposa e mãe? Por que não tomá-la como feiticeira, hierodula, hetaira, prostituta e meretriz, ainda que muitas vezes essa identificação tenha sido feita, como no caso de Joana D'Arc, bruxa antes de ser santa, e ainda que essas figuras causem espanto, medo e repulsa pelo exercício desabrido de uma sexualidade sem finalidade reprodutiva?[10] Ora, comparada a essas figuras, a Donzela-Guerreira "se destaca por ser outra: ela não é mãe, nem esposa, nem prostituta, nem feiticeira, etc. Seu nicho muito especial deve ser procurado ali onde não radica nenhuma dessas"[11].

A radical alteridade da Donzela-Guerreira é exatamente o que a transforma num enigma maior dos que foram mencionados até aqui. Por isso, a milenar construção do arquétipo, recolhida por Walnice numa impressionante coletânea de textos, abre uma nova interrogação.

> Essa personagem frequenta a literatura, as civilizações, as culturas, a história, a mitologia. Filha de pai sem concurso de mães, seu destino é assexuado, não pode ter amante nem filhos. Interrompe a cadeia das gerações, como se fosse um desvio do tronco central e a natureza a abandonasse por inviabilidade. Sua potência vital é voltada para trás, para o pai; enquanto ela for só do pai, não tomará outro homem. Mulher maior, de um lado, acima da determinação anatômica; menor, de outro, suspensa do acesso à maturidade, presa no laço paterno, mutilada nos múltiplos papéis que a natureza e a sociedade lhe oferecem[12].

É preciso ir mais longe, descer à origem, chegando ao avesso do avesso para nele encontrarmos a dimensão propriamente metafísico-teológica que sustenta a invenção da Donzela-Guerreira na fieira dos tempos e na multiplicidade de culturas, quer a virgem aguerrida seja imaginária, quer seja real.

Para isso, Walnice examina a assimetria incontornável trazida pelo arquétipo, uma vez que a Donzela-Guerreira sempre desempenha papéis masculinos, mas "o contrário não é verdadeiro: raramente os homens se prestam a desempenhar papéis femininos", a não ser por tradições teatrais (como o teatro grego, o elizabetano, o No e Kabuki japoneses, a Ópera de Pequim) ou, então, por deboche, como no carnaval (e sem esquecermos Virginia Woolf analisando vestes cerimoniais masculinas como becas universitárias, roupagem de magistrados, fardas de militares). Walnice se ocupa primeiro com a ambivalência que

---

10. Por isso Walnice se volta para cada uma dessas figuras revelando que exprimem uma "radicalização intransigente dos papéis femininos que parece ser um ideal da cultura masculina" na qual o homem transita através de múltiplas esferas de atuação e espera, em cada uma delas, ter à sua disposição uma mulher que executa uma única função.
11. Walnice N. Galvão, *As Formas do Falso*, p. 34.
12. *Idem*, pp. 11 e 12.

se exprime nesses casos para, a seguir, voltar-se para o que se esconde sob ela: a assimetria que diz a inferioridade das mulheres perante o poder do qual os homens têm o monopólio e explica porque as donzelas sempre transgrediram os limites impostos.

No entanto, se a ambivalência esconde a assimetria, o que interessa a Walnice é o que se esconde sob a própria assimetria, pois praticamente inexiste "a fantasia feminina no sentido de obrigar um homem ter destino de mulher". Essa constatação lhe permite levantar a hipótese de que "a donzela-guerreira, antes de ser uma aspiração feminina, possa constituir uma fantasia masculina"[13]. Assim, a assimetria "nos ajuda a raciocinar pelo avesso"[14] para descobrirmos que estamos diante "da concretização mítica de uma fantasia masculina de maternidade"[15], não sendo acidental a existência de inúmeras cosmogonias em que o Um primordial é hermafrodita, gerando os dois sexos ao parir o primeiro pai e a primeira mãe, mas também como Jeová criando Adão com cujo concurso Eva será criada. Se a psicanálise inventou e alardeou aos quatro ventos a inveja do pênis, silenciou sobre a inveja da gestação e – completa Walnice – nada nos impede de considerar a primeira como fantasia compensatória para a segunda.

Estamos, assim, conduzidos aos mitos fundadores, reabrindo o campo do sagrado, que fora aberto com a interpelação de *Grande Sertão: Veredas* e *Os Sertões*.

Na cultura ocidental, o mito fundador exemplar é, sem dúvida, o de Palas Atena, virgem – *parthenos* – nascida da cabeça de Zeus, revelando o desejo imaginário de uma partenogênese masculina e de um pacto jamais rompido, pois a filha sempre será donzela e jamais se transformará em mulher pela mediação de um parceiro sexual. Ainda uma vez, lembra Walnice, os homens da psicanálise, obcecados com o complexo de Édipo, deixaram na sombra o de Electra: "o par pai-homem-maduro com filha-donzela-morta é um par esquecido"[16].

Isto porém, não basta. Com efeito, se a Donzela-Guerreira nasce com ausência da mãe (ou órfã de mãe, como Diadorim), será preciso indagar se há filho que nasce sem concurso do pai.

---

13. *Idem*, p. 140
14. Walnice N. Galvão, "A Donzela-Guerreira", *Donzela Guerreira,* São Paulo, Sesc São Paulo, 2009, p. 9.
15. *Idem, ibidem.*
16. Walnice N. Galvão, *A Donzela-Guerreira*, p. 141. "Problema *deles*, afinal", escreve Walnice, comentando com graça a obsessão dos homens da psicanálise com o Édipo em detrimento de Electra.

De Palas Atena passamos ao arquétipo da *Pietà*, a mãe abraçada ao filho morto cuja ressurreição está anunciada. Esse arquétipo se encontra presente nas culturas mediterrâneas com Afrodite e Adônis, Isis e Osíris, Selene e Dionísio, Astarte e Tamus, Tétis e Aquiles, e, evidentemente, Maria e Cristo.

Essas representações da morte e ressurreição do filho, garantia do eterno retorno do ciclo sazonal, seriam típicas de regiões onde as estações são muito marcadas em seus limites, onde tudo morre no inverno e tudo renasce na primavera. Expressão do princípio feminino, as deusas são variantes da mesma Grande Mãe mediterrânica (...) apesar de mãe sempre virgem, no sentido de não-esposa: ela é Mãe com o Filho, fecundada por Deus. O pai nunca importa ou então se trata de estrita partenogênese[17].

Que, depois desse percurso magistral, Walnice escolha *Orlando* para o capítulo final de *A Donzela-Guerreira*, intitulado "Arremate: o enigma", não há de nos surpreender. Com o romance de Virgínia Woolf, a questão da diferença de gênero retoma o enigma decifrado na obra de Guimarães Rosa, o "é e não é", a personagem alternando-se como homem e mulher[18].

Todavia, ao concluir o romance, Virgínia Woolf, deixa aberto o enigma: quando homem, Orlando se apaixona por uma arquiduquesa, mas, agora, tornado mulher, ele a reencontra como um arquiduque, levando-a a exclamar: "você era uma mulher!", ao que o amado retruca: "você era um homem!". E Walnice comenta: a atitude de Virgínia é de "zombeteira incapacidade de dar conta de tão portentoso enigma", fazendo como Clarice e Machado que, *correndo risco de encarar o enigma, não se atreveram a ir mais longe*[19].

Por isso *A Donzela-Guerreira* faz interpelar: afinal, por que, depois de haver decifrado o enigma da Donzela-Guerreira, Walnice repõe, com Virgínia, Clarice e Machado, o "portentoso enigma" do "é e não é"?

Penso que posso responder: porque, interpelando outros e nos interpelando, sua obra nos diz que Walnice Galvão desvenda o mistério do ser da literatura, que dá ser ao que não é e rouba o ser daquilo que é. *tò ón me ón*.

---

17. Walnice N. Galvão, *A Donzela-Guerreira*, p.141.
18. Não menos significativo é que, ao indagar o que é ser mulher ou homem, Virgínia Woolf o faça por intermédio da personagem como escritor e escritora. Um romance dentro do romance? Walnice me permitiria dizer que reencontramos a "coisa dentro da coisa"?
19. Walnice N. Galvão, *A Donzela-Guerreira*, p. 236.

Referências Bibliográficas

MERLEAU-PONTY, Maurice. "Le Langage Indirect et les Voix du Silence". *Signes*. Paris, Gallimard, 1960.

GALVÃO, Walnice Nogueira. *As Formas do Falso: Um Estudo Sobre a Ambiguidade no* Grande Sertão: Veredas. São Paulo, Perspectiva, 1972.

_____. "Fortuna Crítica". *Os Sertões. Edição Crítica e Organização Walnice Nogueira Galvão*. São Paulo, Ubu Editora/Edições Sesc São Paulo, 2016.

_____. "A Donzela-Guerreira". *Donzela Guerreira*. São Paulo, Sesc São Paulo, 2009.

10

João Guimarães Rosa
e a "Estória"

Michel Riaudel

A Dança dos Gêneros

A NOÇÃO DE GÊNERO muitas vezes já mostrou ser, para a modernidade literária, um ponto sensível. Ora os autores pretenderam desvencilhar-se dela em nome de sua liberdade criadora, ora a revisitaram e quiseram atualizá-la, pondo em risco o valor convencional do "pacto genérico": de fato, se cada um inventa ou reinventa a seu bel-prazer a forma de seus escritos, introduz suas variantes, a exceção torna-se a regra, e a noção de gênero dissolve-se por si mesma. Acaso a literatura contemporânea prefeririria à intertextualidade que rege e regula, espécie de gramática coletiva que organiza os textos como as espécies do naturalista organizam por classificação o mundo dos seres vivos, a intertextualidade individualizada da citação, da alusão ou da paródia? Nesse caso, o gênero não valeria mais como lei, como corpus de determinações, mas se reduziria a uma espécie de contrato *in progress* em perpétua renegociação.

Guimarães Rosa parece inscrever-se na linhagem dos escritores que, sem rejeitar a ideia de gênero, buscam costurar categorias sob medida, adaptadas às suas obras. Em vários momentos, de fato, ele levantou a questão do gênero de suas "ficções", não para descartá-la mas para refundi-la, à força de sucessivos tateios. Lembremos a diversidade dos elementos que compõem *Corpo de Baile*: as duas partes de *Manuelzão e Miguilim* ("Campo Geral" e "Uma Estória de Amor") são apresentadas como "poemas"; dentro mesmo de *No*

Urubuquaquá, no Pinhém, "O Recado do Morro" e "Cara-de-bronze" são intitulados "contos" –, mas o texto, bastante compósito, insere coplas de vaqueiros, diálogos, fragmentos de roteiro... –, enquanto "Lélio e Lina", apesar de ser "estória", é dada como "romance"; enfim, os dois textos de *Noites do Sertão*, "Lão-Dalalão (Dão-Lalalão) e "Buriti", são novamente classificados como "poemas".

Contudo, em uma entrevista concedida em janeiro de 1965 a Günter Lorenz, ele declara: "não sou romancista; sou um contista de contos críticos[1]". E dois anos mais tarde, ele abre o primeiro dos quatro prefácios (!) de *Tutaméia* com esta célebre afirmação: "A estória não quer ser história. A estória, em rigor, deve ser *contra* a História. A estória, às vezes, quer-se um pouco parecida à anedota[2].

Dois parágrafos depois, ele completa a ideia privilegiando – visando, de algum modo, uma definição implícita que se aplicaria à coletânea – uma das inúmeras categorias de anedotas que, segundo ele, é possível distinguir:

> E há que, numa separação mal debuxada, caberia desde logo série assaz sugestiva – demais que já de si o drolático responde ao mental e ao abstrato – a qual, a grosso, de cômodo e até que lhe venha nome apropriado, perdoe talvez chamar-se: *anedotas de abstração*.

Pode-se ver, pelas redundantes precauções tomadas pelo autor: "mal debuxada", "assaz", "a grosso", "perdoe", "até que lhe venha nome apropriado", "talvez" –, que a categorização está longe de ser direta e firme.

A essas insistentes reservas, vem somar-se, como modelo possível dessas "terceiras estórias", no quarto e último "prefácio" ("Sobre a Escova e a Dúvida"), a menção a *Dona Sinhá e o Filho Padre,* texto que seu autor, Gilberto Freyre, rotulara de "seminovela" e que Guimarães Rosa, por sua vez, requalificará como "binovela" ou "sesquinovela"[3].

Esses esboços, hesitações, remorsos em torno da invenção ou da reinvenção de um gênero, pareceram-nos intrigantes o bastante para nos incitar a buscar seus fundamentos e avaliar seu alcance. Tratar-se-ia de uma diplomática es-

---

1. João Guimarães Rosa, *Ficção Completa*, Rio de Janeiro, Nova Aguilar, 1994, vol. I, p. 35, Doravante *FC I*.
2. João Guimarães Rosa, *Ficção Completa*, Rio de Janeiro, Nova Aguilar, 1994, vol. II, p. 519, Doravante *FC II*.
3. *FC II*, p. 681.

quiva para escapar ao engessamento de sua obra, a seu enclausuramento em velhas heranças? Ou, ao contrário, de um gesto que procuraria amarrar-se a alguma tradição que o precederia? Ou, ainda, de avançar prudentemente rumo a uma nova categoria narrativa? Tentaremos trazer respostas a essas questões, analisando sucessivamente sua recusa do romance e as diversas pistas abertas pelo escritor em *Tutaméia*, antes de sugerir algumas hipóteses mais pessoais sobre o assunto – respostas e hipóteses menos preocupadas com considerações de ordem taxinômica ou "gramatical" que com os contornos da poética que delas derivaria.

A Escolha da Prosa (Poética)

Num primeiro momento, não podemos deixar de constatar a constância do negativo. João Guimarães Rosa sempre começa abordando negativamente a questão: – *não sou romancista*; a "estória" *contra* a "história" com ou sem maiúscula. Como se se tratasse, aos seus olhos, de escapar à evidência crítica, aos enquadramentos preestabelecidos da *doxa*.

A rejeição do estatuto de romancista, vindo do autor de *Grande Sertão: Veredas* causa perplexidade. A ponto de parecer uma espécie de denegação através da qual, consequentemente, a refutação equivaleria a reconhecimento, afirmação. Aliás, o termo "romance" não o incomodava à época de *Corpo de Baile*. E em uma carta de 23 de abril de 1959 à sua tradutora de língua inglesa Harriet de Onís, ele escrevia, referindo-se, sem dúvida, ao modelo melvilliano: "[...] o romance de Riobaldo é uma espécie descomedida de cetáceo, com seu toucinho todo querendo ser de poesia e metafísica"[4]. Por isso, não vamos nos apegar demais à fantasia dos rótulos, que ilustra certo gosto de Guimarães Rosa pela provocação. No entanto, levaremos a sério o paradoxo do autor de romance que se proclama não romancista.

Afastemos, em primeiro lugar, a hipótese segundo a qual o escritor teria menos apreço por sua única grande narrativa que por suas novelas. Em 1963, Guimarães Rosa dirige a seguinte consideração a seu tradutor Edoardo Bizzarri, que poderia ter que escolher entre se lançar à versão italiana de *Corpo de Baile* ou à de *Grande Sertão: Veredas*: "Se Você puder ficar com os dois,

---

4. Citado por Edna Maria F. S. Nascimento e Lenira Marques Covizzi, *João Guimarães Rosa. Homem Plural, Escritor Singular*, São Paulo, Atual, 1988, p. 58.

melhor! Se não, porém, estou sentindo que talvez preferiria Você com o Grande Sertão: Veredas, coisa maior e mais retumbante"⁵.

Ao opor romancista e contador/contista, o escritor se inscreve, na verdade, em uma longa tradição de debates a respeito da narrativa e da forma longa. Sem remontar a Aristóteles e à sua preferência pela imitação pura, a arte dramática, por oposição ao gênero misto da epopeia, lembremo-nos de Edgar Allan Poe, que afirmava que a atenção de um público não podia se manter por mais de uma hora seguida. E mais ainda de Mallarmé e de Valéry. O primeiro desdenhando, em *Crise de vers*, a "universal *reportagem*":

> Narrar, ensinar, mesmo descrever, tudo bem e até talvez bastasse a cada um para intercambiar o pensamento humano, pegar ou colocar na mão do outro em silêncio uma moeda, o emprego elementar do discurso está a serviço da universal *reportagem* da qual, com exceção da literatura, participam qualquer um entre os gêneros de escritos contemporâneos⁶.

Podemos nos perguntar o que Mallarmé finalmente aceita salvar e proteger no seio da exceção "literatura", pois o que é claramente condenado aqui é o engodo mimético que o uso *elementar* da prosa narrativa alimenta, à imagem da ficção econômica, desse ilusionismo que é a "troca" monetária. Passando um ao outro a narrativa "realista", referencial, "como se passa para a frente uma moeda", em uma relação caritativa ou mercantil, autor e leitor dão um ao outro a ilusão de um domínio do real, quando só estariam, de fato, trocando quimeras.

A crítica parece ter-se tornado mais severa com Valéry, que distingue "radicalmente" a prosa da poesia, esta última opondo-se, segundo ele, "nitidamente à descrição e à narração de acontecimentos que tendem a dar a ilusão da realidade, ou seja, ao romance e ao conto quando seu objeto é dar potência de verdade a narrativas, retratos, cenas e outras representações da vida real"⁷. Nesse sistema extremamente polarizado, o leitor de romance, "absorvido por

---

5. João Guimarães Rosa, *Correspondência com seu Tradutor Italiano Edoardo Bizzarri*, São Paulo, T. A. Queiroz, Instituto Cultural Ítalo-brasileiro, 1980, carta de 1º de mar. de 1963, p. 9.
6. "Narrer, enseigner, même décrire, cela va et encore qu'à chacun suffirait peut-être pour échanger la pensée humaine, de prendre ou de mettre dans la main d'autrui en silence une pièce de monnaie, l'emploi élémentaire du discours dessert l'universel *reportage* dont, la littérature exceptée, participe tout entre les genres d'écrits contemporains".
7. Paul Valéry, "Propos sur la Poésie", *Œuvres*, Paris, Gallimard, Col. Bibliothèque de la Pléiade, 1957, tomo i, p. 1374.

aquilo que devora [...] é presa de uma espécie de alienação[8]". Não pertence mais a si mesmo, vê-se, em outros termos, *possuído* pela intriga. Essa noção de *possessão* sugere, além da do engodo do "ele me possuiu", o cruzamento entre a imagem jurídico-econômica de Mallarmé e "a ordem fisiológica" através da qual Valéry marca a diferença entre o verso e a prosa. Não se trata absolutamente, contudo, de um estado de transe, de um entusiasmo, ou seja, de uma comunhão vibrante com os deuses, mas de uma possessão imperfeita, clivante, alienante. Em contrapartida, o leitor de poemas não é convidado a *abandonar-se* às aventuras romanescas, ou seja, a renunciar assim a uma parte daquilo que é; ele é, ao contrário, levado a exaltar a sua unidade, a mobilizar a integralidade de seu ser em um "jogo total" e harmonioso de potências rítmicas e simbólicas.

Em que esse banimento do narrativo poderia nos esclarecer acerca da posição de Guimarães Rosa? Apesar de premiada em 1936 pela Academia Brasileira, sua única tentativa poética, *Magma,* foi mantida inédita pelo autor, e foi apenas trinta anos após a sua morte, em 1997, que a editora Nova Fronteira tornou-o público. Assim, o escritor não interpretou esses louros como um incentivo, já que voltou à narração para não mais deixá-la. Sua reticência com relação à categoria romanesca não é uma rejeição nem da prosa nem da narrativa. Podemos, de fato, interpretá-la de diversas maneiras.

Por um lado, constatando que sua predileção concentra-se na forma mais ou menos breve. A expressão "contos críticos", para definir sua obra reduz assim os textos mais extensos a uma espécie de composto, de reunião de micro estórias, de "casos" ou, termo popular justamente reivindicado por Guimarães Rosa, de "causos", cujo mais célebre continua sendo, no interior de *Grande Sertão: Veredas,* o de Maria Mutema. A coerência desses *casos* e a unidade do livro é de qualquer modo assegurada por um destino ou uma voz, a de Riobaldo. Nenhuma dúvida, tampouco, que a corruptela regional "causo" o interesse por sua proximidade com a "causa" portuguesa e mais ainda latina: a causa jurídica ou lógica, a noção de princípio primeiro, de motivo e de razão, de origem das *coisas...* Termo de algum modo bifronte, com sua face popular,

---

8. Na verdade, essa polarização permanece bastante artificial, criada para as necessidades de uma demonstração que, mais adiante, reconhece "graus, inúmeras formas de passagem [...] entre esses termos extremos da expressão literária"(*idem*, p. 1375).

evocando uma conversa sem importância sobre "causos", e sua face erudita, remontando às chaves da compreensão do mundo.

O *Supra-Mundo Contra o Lugar Comum*

Se relacionarmos essa constatação com o trabalho sobre a linguagem, os ritmos, a sintaxe, a invenção verbal absolutamente excepcional para a convenção romanesca oriunda do século XIX (mesmo considerando a lenta lapidação de Flaubert, a *épreuve du gueuloir*, extremamente atenta às sonoridades da frase, a ambição declarada do autor de *Madame Bovary* de elevar a prosa à altura da poesia[9]), podemos nos perguntar se as estórias de *Sagarana* e das coletâneas seguintes não são, no final das contas, espécies de expansão de sua obra poética, já intensamente à escuta da oralidade, da ruralidade mineira ou outra, do país profundo, da língua profunda... Em outras palavras, assim como Guilherme de Almeida, relator do júri de 1936, via em certas peças de *Magma*, em particular na série "No Araguaia", uma "quase-epopeia bárbara na sua verde simplicidade de água e vegetal[10]", nós poderíamos ler as breves estórias de *Tutameia,* publicadas em sua maioria sob a forma de crônicas ou de causos na publicação médica *Pulso,* a partir de 1965, ou essa ou aquela página da obra narrativa, como avatares de "poemas em prosa", para marcar assim menos a proximidade genérica que uma contiguidade estilística entre esses textos.

Efetivamente, Guimarães Rosa ressaltou em diversas ocasiões a dimensão poética de seus textos. Expõe a Curt Meyer-Clason a ideia que *Grande Sertão: Veredas* oculta um pensamento metafísico, uma visão minuciosa das paisagens da natureza e uma poesia implícita, dando a entender que o tradutor alemão

---

9. Ver, por exemplo, sua carta a Louise Colet de 24 de abril de 1852 (Gustave Flaubert, *Correspondance*, ed. Bernard Masson et Jean Bruneau, Paris, Gallimard, 1998, p. 175, Col. Folio): "Contudo, eu bem que concebo, eu mesmo, um estilo: um estilo que seria belo, que alguém fará um dia, daqui a dez anos ou a dez séculos, e que seria ritmado como o verso, preciso como a linguagem das ciências, e com ondulações, roncos de violoncelo, faíscas de fogueiras, um estilo que nos entraria na ideia como um golpe de estilete, e onde nosso pensamento finalmente vogaria por superfícies lisas, como quando deslizamos em uma canoa com um bom vento de popa. A prosa nasceu ontem, é isso que temos que nos dizer. O verso é a forma por excelência das literaturas antigas. Todas as combinações prosódicas foram feitas, mas para as da prosa, ainda falta muito".
10. João Guimarães Rosa, *Magma*, Rio de Janeiro, Nova Fronteira, 1997, p. 7.

será mais sensível a isso que a versão Taylor-de Onís[11]: "Não viram [...] que o livro é tanto um romance, quanto um poema grande, também"[12]. O desafio é perfeitamente compreendido pelo correspondente, que retoma a ideia em diversos momentos de suas respostas.

Podemos então nos perguntar se a rejeição intempestiva do romance não participaria de uma espécie de adesão a uma clássica hierarquia dos gêneros, que o rebaixa enquanto forma trivial, degradada, popular ou aburguesada. Desse ponto de vista, caberia relacioná-la com a crítica formulada por Guimarães Rosa contra seu antecessor Mário de Andrade, a quem faltavam, a seus olhos, fineza, sensibilidade estética, a quem ele reprova por se apoiar na sintaxe popular, filha da ignorância e da indigência verbal.

É a vontade de atualizar a língua escrita que é aqui censurada, o esforço dos modernistas para colocá-la no diapasão da linguagem falada, para "prosaicizar" a literatura, tirando-a de seus grilhões formais, lexicais e sintáticos. Com isso, eles viravam a página do modelo retórico recebido do antigo molde português, no cruzamento da formação jesuítica e da escola de direito. A revolução roseana não se inscreve em um projeto modernizador – o que não exclui sua modernidade. Ele se proclama espontaneamente um reacionário da língua:

> Não sou um revolucionário da língua. Quem afirma isto não tem qualquer sentido da língua, pois julga segundo as aparências. Se tem de haver uma frase feita, eu preferia que me chamassem de reacionário da língua, pois quero voltar cada dia à origem da língua, lá onde a palavra ainda está nas entranhas da alma, para poder lhe dar luz segundo a minha imagem[13].

Assim, ele nega imitar o falar do povo, conferir a seus textos uma cor popularesca. Ao contrário, ele se atribui a missão de "purificar" a língua:

---

11. Cf. João Guimarães Rosa, "Carta de 17 de jun. de 1963", *João Guimarães Rosa: Correspondência com seu Tradutor Alemão Curt Meyer-Clason*, ed., org. e notas de Maria Apparecida Faria Marcondes Bussolotti, trad. das cartas em alemão, Erlon José Pascal, Rio de Janeiro, Nova Fronteira, Academia Brasileira de Letras/Belo Horizonte/Ed. UFMG, 2003, p. 113.
12. João Guimarães Rosa, *João Guimarães Rosa*..., p. 115.
13. FC I, p. 49.

[...] minha língua brasileira é a língua do homem de amanhã, depois de sua purificação. Por isso devo purificar minha língua. Minha língua, espero que por este sermão você tenha notado, é a arma com a qual defendo a dignidade do homem[14].

Se entra poesia na sua prosa, é para arrancá-la ao prosaico, no sentido de uma elevação. Em meio a um comentário destinado a esclarecer a tradução alemã, ele precisa: "É poesia, mesmo. (Com isto, estou elevando o instinto)"[15]. A poesia se opõe ao vulgar, à banalidade, ao lugar-comum: "Duas coisas convém ter sempre presente: tudo vai para a poesia, o lugar-comum deve ter proibida a entrada, estamos é descobrindo novos territórios do sentir, do pensar [...]"[16]. Sua poética consiste em reativar uma tradição do maravilhoso cuja problemática seria mais metafísica que ontológica. É nisso que o seu sujeito narrativo e os seus personagens apresentam outros sintomas, se expõem a interrogações outras que o sujeito modernista; eles postulariam uma transcendência onde os outros se debateriam na imanência.

Os "contos" de Guimarães Rosa, apesar de atravessados pela dúvida, supõem de fato a existência de um "supra-mundo", de um lugar em que reside uma verdade estável, de referência, mesmo que ela seja, na maioria dos casos, tanto para as personagens quanto para nós, leitores, oculta, velada, cifrada. É nesse sentido que podem ser qualificados de "críticos"; não porque manifestam um desequilíbrio, uma crise insolúvel, mas porque parecem funcionar um pouco à maneira dos apólogos: têm uma virtude didática, esotérica ou iniciática, como mostram em particular as análises de Francis Utéza[17].

Desse ponto de vista, a discussão genérica que Guimarães Rosa levanta focaliza-se mais na questão da mimese que na elaboração de um novo sistema de gêneros. Nós o vemos mais ruminando sua ideia, reformulando uma mesma categoria, escavando-a, aprofundando-a, que preocupado em refundir a tríade aristotélica. Aliás, seria mais naturalmente da concepção platônica da imitação que poderíamos aproximá-lo, que daquela apresentada na *Poética*. Pois, se tanto Platão quanto Aristóteles concordam sobre a função mimética

---

14. *FC I*, pp. 51-52.
15. João Guimarães Rosa, Carta de 23 de março de 1966, *Correspondência com seu Tradutor Alemão*, p. 313.
16. *Idem*, Carta de 24 de março de 1966, p. 314.
17. Cf. Francis Utéza, *João Guimarães Rosa: Metafísica do* Grande Sertão, São Paulo, Edusp, 1994.

da "poesia", seja ela épica, dramática ou, digamos, "lírica", discordam sobre o valor a ser-lhe atribuído. Aristóteles nela vê uma fonte natural, própria ao homem, de aprendizagem, de ensino, de reflexão, que é tanto mais eficaz quanto mais é "pura", como é o caso de sua forma dramática. Em contrapartida, Platão vê na imitação uma fonte de ilusão e de ludíbrio. Se ele quer expulsar o poeta da república, é porque o assimila ao sofista, criador de simulacros, depositário de um falso saber.

Ora, o que Guimarães Rosa parece a cada vez recusar com suas reticências frente à prosa ou ao romance, é a convenção naturalista, a pretensão de reproduzir, de representar. Admite Balzac, Flaubert, Dostoiévski, mas recusa Zola: "foi apenas um charlatão[18]". Como Valéry, no final das contas – se bem que por outros caminhos –, ele não busca a identificação, mas um trabalho que leve do concreto da pequena estória à atitude crítica, reflexiva, que conduza da anedota à abstração, ou seja, ao trabalho, se não da razão, pelo menos do espírito. A exemplo de Jó Joaquim que, em *Tutameia,* "queria apenas os arquétipos, platonizava"[19]. No início do livro, os quatro primeiros parágrafos do preâmbulo "Aletria e Hermenêutica" concluíra-se com a referência explícita ao "Mito da Caverna".

Disso podemos tirar três ensinamentos: em primeiro lugar, o traçado assumido de uma linha virtual que ligaria Guimarães Rosa a Platão, e mais ainda à sua posteridade gnóstica; em segundo lugar, a vacuidade declarada dos espelhos que são levados ao longo de uma estrada[20], já que nosso mundo não passa da sombra de um mundo bem mais real – se podemos pretender a certo realismo, seria àquele que designaria esse supra-mundo; enfim, a reconciliação do *logos* e do *mythos*.

A Estória e as Verdades Sensíveis

Não é inútil, aqui, retomar a relação de Platão com o mito, na medida em que isso ajudará a recolocar em perspectiva nossa leitura de Guimarães Rosa. Como entender, de fato, a posição paradoxal do filósofo grego? Por um lado,

---

18. FC I, p. 57.
19. João Guimarães Rosa, Desenredo, *Tutaméia*, FC II, p. 556.
20. Cf. A epígrafe que Stendhal atribuiu indevidamente a Saint-Réal, no capítulo 13 do livro primeiro de sua obra *O Vermelho e o Negro*: "um romance é um espelho que levamos ao longo de uma estrada".

ele substitui as "estórias" pelo discurso da razão; por outro, recorre repetidas vezes a lendas para esclarecer sua mensagem. É que os diálogos postos em cena por Platão se situam em um momento crucial da cultura grega, o da passagem de uma civilização da oralidade a uma civilização da escrita, concomitante com o surgimento das duas disciplinas da "razão" que serão a história e a filosofia (o que, nesse campo, é encarnado pela passagem do ensino direto, sem escrita, de Sócrates, ao discurso indireto de seu discípulo, decerto dialogado em sua apresentação, mas reportado no tempo; ou ilustrado pelas afirmações paradoxais que sublinham, em *Fedro*, a superioridade da fala sobre a escrita).

É, consequentemente, com Platão, que se opera de certo modo a disjunção entre dois modos de "fala", o *mythos* e o *logos,* a partir do critério da presença ou não de uma testemunha, de um fiador. O logos é autorizado, sustentado por aquele que o emite: o autor; enquanto o mito reporta fatos que se perdem em uma noite coletiva e imemorial, sem testemunhas. Esse vaivém entre a historieta, a anedota e o grande pensamento, entre a língua, a sabedoria popular, e a elaboração erudita, escrita, é o que vai articular, por sua vez, a obra de Guimarães Rosa, cujos "dois corpos" propostos pelas fotografias que o representam ilustram de certo modo essa interface e essa inversão: o homem a cavalo, percorrendo o sertão mineiro, de caderno à mão, à escuta dos falares; e o diplomata em sua mesa, em breve acadêmico, de camisa branca, terno e gravata borboleta.

Resta-nos, nessa etapa, entender como se efetua a passagem da *estória* à verdade oculta, ou como, para retomar uma fórmula do próprio Guimarães Rosa, se tira "o leite que a vaca não prometeu"[21] – por que espécie de magia... "O não-senso, crê-se, reflete por um triz a coerência do mistério geral, que nos envolve e cria. A vida também é para ser *lida*. Não literalmente, mas em seu supra-senso".

Uma pista oferece-se a nós, mas, naturalmente, não mais que sugerida ou no mínimo implícita, na sequência de "Aletria e Hermenêutica", constituída de uma sucessão de piadas, de estórias engraçadas, nonsenses e outros ditos espirituosos. Guimarães Rosa faz mesmo menção – após a "graça", o "gracejo", o "humor" – ao "chiste", que não é, escreve ele, "rasa coisa ordinária; tanto

---

21. "Serão essas – as com alguma coisa excepta – as de pronta valia no que aqui se quer tirar: seja, o leite que a vaca não prometeu" (*FC II*, p. 519).

seja porque escancha os planos da lógica, propondo-nos realidade superior e dimensões para mágicos novos sistemas de pensamento"[22].

Mesmo se o escritor não o menciona ao lado de Chaplin ou de Cervantes, não podemos deixar de pensar em Freud e em sua obra de 1905 sobre *O Chiste e sua Relação com o Inconsciente*. Em primeiro lugar, pela semelhança dos dois textos, que poderiam ser tomados como uma espécie de compilação ou de coleção, à primeira vista bastante bruta ou lacônica, de gracejos ou absurdidades. Segundo, porque ali onde alguns só veem brincadeiras fúteis ou vulgaridade, ambos leem no "chiste" um catalisador de significados profundos. Notaremos também que existe na *Deutung* do psicanalista, continuação do sistema estabelecido cinco ou seis anos antes no ensaio sobre o sonho, algo que o aproxima da "hermenêutica" à qual convida o título do prefácio.

Contudo, Guimarães Rosa, tão pronto a citar os grandes textos ocidentais e orientais, de Goethe a Lao-Tsé, do Tao a São Paulo ou Plotino, é pouco loquaz sobre a psicanálise. Provavelmente porque o para-além freudiano é, na verdade, um para-aquém, situado em nós. Não é entretanto improvável que ele tenha lido algumas páginas de Freud, em particular essa obra sobre o *Witz*. De todo modo, sua "Aletria e Hermenêutica" atribui, ao chiste, uma interpretação completamente diferente.

No livro que consagra à sua leitura de Freud, Paul Ricœur opõe uma hermenêutica da suspeita encarnada, entre outros, por Nietzsche ou pelo médico vienense, e uma hermenêutica da fé. Uma desarma os ardis da consciência por uma consciência ainda mais ardilosa. Atribui-se como objetivo a desmistificação, postula a falsidade da consciência, emite dúvidas sobre sua capacidade de analisar o mundo e enunciar verdades. Ao contrário, Guimarães Rosa concebe o sensível como depositário de uma verdade, de uma parcela do divino, *ligado* ao grande Todo.

> Todos os meus livros são simples tentativas de rodear e devassar um pouquinho o mistério cósmico, esta coisa movente, impossível, perturbante, rebelde a qualquer lógica, que é chamada "realidade", que é a gente mesmo, o mundo, a vida. Antes o obscuro que o óbvio, que o frouxo. Toda lógica contém inevitável dose de mistificação. Toda mistificação contém boa dose de inevitável verdade. Precisamos também do obscuro[23].

---

22. *Idem, ibidem*.
23. João Guimarães Rosa, Carta de 9 de fev. de 1965, *Correspondência com seu Tradutor Alemão*, p. 238.

A literatura, a língua, em outras palavras, a elaboração simbólica, apresentam justamente a mesma ambiguidade que o símbolo, com a sua face sensível, concreta, e sua face inteligível, abstrata. Esta distinção, conforme ao esquema platônico ou neoplatônico, explica-nos, contudo, porque Guimarães Rosa investiu tanto na escrita, mais do que na filosofia: é que as palavras e a escrita eram, para ele, as vias régias de acesso, não ao inconsciente[24], mas à sobre-natureza.

A palavra, em toda a sua materialidade fônica, visual, naquilo que sedimenta da história dos homens e do pensamento, mesmo que seja um neologismo, é a unidade simples, e ao alcance de todos, capaz de nos colocar em relação com a "Alma do Mundo". Ela oferece uma *travessia* mais segura, ela é mais eficaz do que a razão para aceder às regiões secretas dos mistérios. Guimarães Rosa insistirá em diversas ocasiões em seu anti-intelectualismo[25]. A sabedoria nasce do coração e do trabalho sobre a língua.

Primeiro: considero a língua como meu elemento metafísico, o que sem dúvida tem suas consequências. Depois, existem ilimitadas singularidades filológicas, digamos, de nossas variantes latino-americanas do português e do espanhol, nas quais também existem fundamentalmente muitos processos de origem metafísica, muitas coisas irracionais, muito que não se pode compreender com a razão pura[26].

E mais adiante: "A religião é um assunto poético e a poesia se origina na modificação de realidades linguísticas"[27].

---

24. Noção que ele recusa, como o indica a reação firme contra a proposta de tradução por Harriet de Onís de "O Burrinho Pedrês". Onde o original dizia: "E, agora, pronta de todo está ela ficando, cá que cada vaqueiro pega o balanço de busto, sem-querer e imitativo, e que os cavalos gingam bovinamente", a tradutora americana sugere: "Now everything is quieting down, with each herder rocking in the saddle in unconscious imitation, and the horses swaying bovinely". O escritor corrige: "in unwilling/ in not minded/ in disregarded/in insensible (Please, qualquer coisa, mas não "unconscious".)", (Iná Valéria Rodrigues Verlangieri, *J. Guimarães Rosa – Correspondência com a Tradutora Norte-Americana Harriet de Ónis*, Araraquara, 1993, p. 284 e 269, Dissertação de Mestrado).
25. "Para compreender a "brasilidade" é importante antes de tudo aprender a reconhecer que a sabedoria é algo distinto da lógica. A sabedoria é saber e prudência que nascem do coração. Minhas personagens, que são sempre um pouco de mim mesmo, um pouco muito, não devem ser, não podem ser intelectuais, pois isso diminuiria sua humanidade" (FC I, p. 57).
26. *Idem*, p. 45.
27. *Idem*, p. 56.

A língua e a sua reinvenção poética já têm, por si mesmas, uma virtude hierofânica. "[...] a poesia coloca a linguagem em condições de emergir", escrevia Gaston Bachelard[28]. E Paul Ricœur acrescenta que

> [...] todo *mythos* comporta um *logos* latente que requer ser exibido. É por isso que não existe símbolo sem um início de interpretação; quando um homem sonha, profetiza ou poetiza, já outro se levanta para interpretar; a interpretação pertence organicamente ao pensamento simbólico e a seu duplo sentido[29].

A estória não é mais, consequentemente, escrita *contra* a História; ela é "potência de história", potência hermenêutica. O texto literário, elevado à altura poética, é ao mesmo tempo, nessa lógica, comunhão com o sagrado, pois já parcela divina, e via de revelação, de restauração do sentido. Mais ainda, ele é, segundo novamente Paul Ricœur, dotado de um poder assimilador.

> [...] o segundo sentido *habita* de alguma maneira, o sentido primeiro. [...] O símbolo está ligado, *ligado* em um duplo sentido: ligado *a...* e ligado *por*. De um lado, o sagrado está *ligado a* seus significados primários, literais, sensíveis: é o que faz sua opacidade; por outro lado, o significado literal está *ligado pelo* sentido simbólico que reside nele; é o que chamei de poder revelante do símbolo, que faz sua força a despeito de sua opacidade [...] o movimento que me arrasta para o sentido segundo me *assimila* ao que é dito, me torna participante daquilo que me é anunciado. A similitude na qual reside a força do símbolo, e da qual ele tira o seu poder revelante não é, de fato, uma semelhança objetiva, que eu possa considerar como uma relação exposta diante de mim; é uma assimilação existencial de meu ser ao ser segundo o movimento da analogia[30].

O trabalho "sacerdotal" da palavra, tal como o concebe Guimarães Rosa, esforça-se pois para restabelecer uma ligação do sentido ao sentido, de circular assim do sensível ao inteligível por pontes estreitas e analogia. Diferentemente de Freud, ele não faz do mostrar-esconder inscrito no *traço* de linguagem ou no chiste o lugar de uma dissimulação do desejo, mas a concreção de uma manifestação ou de uma revelação do sagrado. E novamente como Valéry, o

---

28. Gaston Bachelard, *La Poétique de l'Espace*, Paris, P.U.F., 2009, p. 10, Col. Quadrige.
29. Paul Ricœur, *De l'Interprétation. Essai sur Freud*, Paris, Seuil, 1965 (reedição "Points-Essais", 1995), p. 29.
30. Paul Ricœur, *De l'Interprétation...*, pp. 41-42.

objetivo que o escritor fixa para si mesmo é o restabelecimento de um laço que se desfez, se perdeu, entre a palavra e a vida, graças ao qual "não é mais o sujeito que vive, é a Totalidade que vive nele[31]".

Meu lema é: a linguagem e a vida são uma coisa só. Quem não fizer do idioma o espelho de sua personalidade não vive. [...] O idioma é a única porta para o infinito, mas infelizmente está oculto sob montanhas de cinzas. [...] Sim, com isto eu já disse todo o fundamental sobre a minha relação com a língua. É um relacionamento familiar, amoroso. A língua e eu somos um casal de amantes que juntos procriam apaixonadamente, mas a quem até hoje foi negada a bênção eclesiástica e científica[32].

Na verdade, se Benedito Nunes pôde distinguir a marca platônica nesse amor mais próximo do eros e do ágape gregos que do amor cristão[33], seria necessário mostrar também o quanto esse platonismo ou neoplatonismo impregnou-se amplamente das concepções provenientes das discussões sobre as teorias da linguagem que surgem no século XVIII, com Vico, Herder e, depois, com os românticos alemães. Aflora em Guimarães Rosa a nostalgia de uma língua pura, ingênua, intuitiva, por meio da qual homens e deuses comungavam, tanto ela estava próxima dos tempos das origens.

Esta língua de "antes de Babel"[34], que ele se esforça em reinventar em um movimento pretensamente regressivo, parece se opor ao procedimento joyciano, a despeito da base comum. A análise crítica, porém, se não pode deixar de escutar e de entender o paratexto fornecido pelo autor, não tem vocação de tomá-lo como favas contadas, de considerá-lo como a última palavra de sua tarefa. Por isso, gostaríamos de concluir abrindo, para outras pistas de reflexão, a questão do estatuto genérico da prosa roseana. Perguntando-nos em particular o que poderia precisamente constituir, no final das contas, o coração e o motor dessas narrativas.

---

31. Francis Utéza, "Aux Frontières de l'Esprit et de la Matière. Guimarães Rosa: 'Barra da Vaca'", *Letterature d'America*, Rivista trimestrale, Brasiliana, Anno x, n. 45-46, Roma, Facoltà di Scienze Umanistiche dell' Università di Roma "La Sapienza", 1992, p. 162.
32. FC I, p. 47.
33. Cf. Benedito Nunes, "O Amor na Obra de Guimarães Rosa", *O Dorso do Tigre*, São Paulo, Perspectiva, 1976, pp. 143-171.
34. Mary Lou Daniel, *João Guimarães Rosa: Travessia Literária*, Rio de Janeiro, José Olympio, 1968, p. 26.

O Mestre e o Iniciado

Em uma obra muitas vezes reduzida à sua caricatura, Jean-François Lyotard distinguia as narrativas da modernidade cujo herói tinha que conquistar o conhecimento e aquelas cujo herói reivindicava ou afirmava sua liberdade[35]. Teríamos, assim, por um lado a narrativa cognitiva e por outro a narrativa prática. A personagem – e consequentemente o leitor – das estórias de Guimarães Rosa, quer saber, quer entender. Será que eu pactuei com o diabo? pergunta-se Riobaldo. Será que eu faltei com meus deveres filiais? interroga-se o narrador de "A Terceira Margem do Rio" (*Primeiras Estórias*).

Toda a estrutura de "Cara-de-Bronze" já acumulava questionamentos: à curiosidade de Moimeichego respondem as nebulosas respostas dos vaqueiros, ainda mais turvas e contraditórias por se apoiarem em informações de segunda mão: "[...] isto são coisas deduzidas, ou adivinhadas, que ele [Cara-de-Bronze] não cedeu confidência a ninguém". O mistério deste ser de bronze, Segisberto Jéia, permanece intacto, ele que, em contrapartida, está sempre a par de tudo sem nunca sair de seu quarto[36]. Qual teria sido exatamente o objeto do périplo de dois anos de Grivo, a mando de seu patrão[37]? Uma mulher enigmática, ou verdades ainda mais enigmáticas? Que estaria buscando afinal de contas o velho, talvez leproso? Certamente nada de objetivo, como nos é explicado, nem o local de um tesouro enterrado, nem a virtude medicinal de uma planta, nem uma terra fértil – mas o que, então?

> *O vaqueiro Pedro Franciano*: Eu acho que ele queria era ficar sabendo o tudo e o miúdo.
> *O vaqueiro Tadeu*: Não, gente, minha gente: que não era o-tudo-e-o-miúdo...
> *O vaqueiro Pedro Franciano*: Pois então?
> *O vaqueiro Tadeu*: ... Queria era que se achasse para ele o *quem* das coisas[38].

---

35. Cf. Jean-François Lyotard, *La Condition Postmoderne. Rapport sur le Savoir*, Paris, Éd. de Minuit, 1979, p. 53.
36. Cf. FC I, p. 679.
37. Seus companheiros espreitam o seu retorno para ter uma resposta: "[...] ele agora voltou, ele está aí, de oxalá. A gente vai saber as coisas todas...", (FC I, p. 693). Mas Grivo, o taciturno, não parece homem de revelar tudo: "Narrará o Grivo só por metades? Tem ele de pôr a juros o segredo dos lugares, de certas coisas? Guardar consigo o segredo seu; tem. Carece. E é difícil de se letrear um rastro tão longo.", (FC I, p. 696).
38. FC I, p. 691.

Isso explicaria porque as perquirições dessas narrativas se traduzem muitas vezes em buscas, como mostra Benedito Nunes a propósito da viagem de Grivo e de outros[39]. Consciente da centralidade de um conhecimento velado, o crítico evoca, além disso, a respeito de *Tutameia*, a oposição aristotélica entre o mito e a fábula:

> Aristóteles [...] dizia ser o mito um testemunho daquela admiração pelas coisas, que move a inteligência a tentar compreender o que elas têm de incompreensível. Propõe-nos a fábula sabedoria possível e desejável; impõe-nos o mito, paradoxalmente, a desejável, mas não possível, compreensão do mundo e da existência[40].

A fábula proporcionaria um saber acessível, mas no final das contas relativamente menor; o mito, aquilo de que precisaríamos saber, a essência e o sentido das coisas, mas que se perdeu nos limbos de um passado longínquo, como dissemos: sem testemunha. Ambos têm, de qualquer modo, a ver com o conhecimento. Contudo, o conhecimento que as narrativas de Guimarães Rosa constituem não pode ser oferecido em uma fórmula moral. Ele não pode ser comunicado, não pode ser ensinado através de um gênero apodítico; ele se vivencia, passa por um aprendizado, uma experiência. É da ordem da iniciação no interior da qual são mobilizados simultaneamente a sensação, a percepção e o conceito. Assim, a narrativa cognitiva convoca nessa obra uma prática e uma duração, ela se instala em um tempo e um espaço de que vivencia as fronteiras.

Esse tempo não seria, por isso, o de Cronos, mas poderia nos levar a pensar mais no *aiôn* que evoca Gilles Deleuze a partir da *Lógica do Sentido*, tempo, segundo ele, próprio ao "acontecimento". No acontecimento (como no *aiôn*) residiriam ao mesmo tempo o futuro e o passado, o ativo e o passivo, a causa e o efeito, "o mais e o menos, o demasiado e o insuficiente, o já e o ainda não: pois o acontecimento infinitamente divisível é sempre *os dois junto*, eternamente o que acaba de acontecer e o que vai acontecer, mas nunca o que está acontecendo"[41]. O que *ocorre* nas narrativas de Guimarães Rosa não é de fato "o que está acontecendo". Este acontecimento da *estória*, foi às vezes

---

39. Cf. Benedito Nunes, "A Viagem de Grivo", também "A Viagem", respectivamente pp. 181-195 e 173-179.
40. Benedito Nunes, "Tutameia", p. 204.
41. Gilles Deleuze, *Logique du Sens*, Paris, Éd. de Minuit, 1969, p. 17.

qualificado de epifania, subentendendo uma revelação, uma iluminação, a manifestação de uma forma de *alètheia* cara aos heideggerianos. Que seja. Mas, estamos seguros de ver aparecer alguma coisa em nossa leitura; e, sobretudo, estamos seguros de ver a mesma coisa?

A dúvida nos inclina a preferir a noção de experiência, compatível com uma forma de iniciação cujo objeto permanece ao mesmo tempo secreto e singular, que pertence a cada leitor. O que "ocorre" não é um acidente, mas o "próprio sentido"[42]; e não o sentido dado de uma vez por todas, mas aquele que construímos e temos o encargo de construir. Devemos lembrar da interpelação de Guimarães Rosa a Günter Lorenz, visando a tarefa do crítico: "[...] um crítico que não tem desejo nem a capacidade de completar junto com o autor um determinado livro, que não quer ser intérprete ou intermediário, que não pode ser, porque lhe faltam condições, deveria se abster da crítica"[43].

A menção ao *aiôn* nos leva ao caminho da distinção deleuziana entre conto e novela, sobre a qual é de tom bom glosar depois de *Mil platôs*:

> [...] há novela quando tudo é organizado em torno da questão: "O que aconteceu? O que pode ter acontecido?" O conto é o contrário da novela, porque ele mantém o leitor em suspenso com uma questão completamente diferente: o que vai acontecer? Sempre alguma coisa vai ocorrer, vai acontecer[44].

Algumas páginas adiante, a oposição se consolida em torno de um outro critério:

> A novela está fundamentalmente em relação com um *segredo* (não com uma matéria ou um objeto do segredo que deveria ser descoberto, mas com a forma do segredo que permanece impenetrável), enquanto o conto está em relação com a *descoberta* (a forma da descoberta, independentemente daquilo que podemos descobrir)[45].

Ora, a glosa esquece que essas categorias nunca operam de fato, como se pensa por comodidade ou talvez preguiça, enquanto antagonismos, mas

---

42. "Não se perguntará, pois, qual é o sentido do acontecimento: o acontecimento, é o próprio sentido", *idem.*, p. 34.
43. *fc i*, p. 40.
44. Gilles Deleuze e Félix Guattari, *Mille Plateaux. Capitalisme et Schizophrénie 2*, Paris, Éd. de Minuit, 1980, p. 235.
45. *Idem*, p. 237.

como duas séries de devires de gênero ao mesmo tempo desconexos e inextricavelmente ligados em torno desse conceito de acontecimento, duplamente orientado, como vimos. É preciso, de fato, voltar ao germe dessa enganosa dicotomia, que começou a ser elaborada dez anos antes.

> Ora, este *aiôn* em linha reta e forma vazia é o tempo dos acontecimentos-efeitos. Assim como o presente mede a efetuação temporal do acontecimento [...] assim o acontecimento por si mesmo e na sua impassibilidade, sua impenetrabilidade, não tem presente mas recua e avança em dois sentidos ao mesmo tempo, perpétuo objeto de uma dupla questão: o que vai acontecer? O que acabou de acontecer? E o angustiante do acontecimento puro é, justamente, que ele é alguma coisa que acaba de acontecer e que vai acontecer, exatamente ao mesmo tempo, nunca alguma coisa que está acontecendo. O x de que sentimos que isto acaba de acontecer, é o objeto da "novela"; e o x que sempre vai acontecer é o objeto do "conto". O acontecimento puro é conto e novela jamais atualidade[46].

Se pensarmos em um texto como "A terceira margem do rio", cuja canoa não é imóvel, mas animada por um movimento que a reequilibra constantemente contra a corrente do rio ou contra as correntes triviais das solicitações mundanas, ou se pensarmos nas construções em espelho, simétricas, como a do título "Lão-Dalalão (Dão-Lalalão)", ou a de "As Margens da Alegria" e de "Os Cimos", estes últimos abrindo e fechando respectivamente *Primeiras Estórias*, podemos nos perguntar se a natureza da *estória* não consiste em subsumir esses devires paradoxais do conto e da novela em uma forma reconciliadora do passado e do futuro, a forma própria ao *aiôn*. Assim se realizaria essa revolução reacionária, que não deixa tampouco de ser uma ruptura modernizadora.

Se, contudo, a poética de Guimarães Rosa parece tão pouco conforme ao horizonte de sua época, e menos ainda da nossa, é sem dúvida porque confere a esses acontecimentos puros não um valor angustiante, mas os transforma em uma "produção de novidade", uma "criação" que tem a "satisfação como fase final, o *self-enjoyment,* [que] marca o modo como o sujeito se enche de si"[47]. Sua originalidade consiste em fazer renascer, contra toda expectativa (ou seja, contra a modernidade fantástica), a modalidade maravilhosa, mágica, alquímica, que tem menos a ver com a eternidade das coisas que com o seu

---

46. Gilles Deleuze, *Logique du Sens*, p. 79.
47. Gilles Deleuze, Le Pli, *Leibniz et le Baroque*, Paris, Éd. de Minuit, 1988, pp. 106-107. O capítulo responde então à questão: "o que é um acontecimento?".

perpétuo declínio e recomeço: "o rio-rio-rio, o rio – pondo perpétuo"[48]. Esse infinito roseano, feito de espanto e admiração, é assim menos um desafio ético à nossa condição que quadro ontológico, prova dos limites de nossa liberdade. Em outras palavras, o que a *estória* talvez também reconcilie, mas apenas até certo ponto – o da prova ou da experiência da perpetuidade do mundo, do eterno retorno – é a narrativa cognitiva e a narrativa prática, em um *gênero* que, de algum modo, fez o luto das discussões sobre o simulacro (no sentido em que a terceira margem não deve ser buscada nas profundezas do rio, mas na espessa superfície da linguagem), gênero da exploração e da tensão problemática entre o que se *pode* conhecer e o que se *deveria* saber.

Tradução Marcia Valéria Martinez de Aguiar

Referências Bibliográficas

Bachelard, Gaston. *La Poétique de l'Espace*. Paris, puf, 2009. Col. Quadrige.

Daniel, Mary Lou Daniel. *João Guimarães Rosa: Travessia Literária*. Rio de Janeiro, José Olympio, 1968.

Deleuze, Gilles & Guattari, Félix. *Mille Plateaux. Capitalisme et schizophrénie 2*. Paris, Éd. de Minuit, 1980.

_____. *Le Pli. Leibniz et le Baroque*. Paris, Éd. de Minuit, 1988.

_____. *Logique du Sens*. Paris, Éd. de Minuit, 1969.

Lyotard, Jean-François. *La Condition Postmoderne. Rapport sur le Savoir*. Paris, Éd. de Minuit, 1979.

Nascimento, Edna Maria & Covizzi, Lenira Marques. *João Guimarães Rosa: Homem Plural, Escritor Singular*. São Paulo, Atual, 1988.

Nunes, Benedito. *O Dorso do Tigre*. São Paulo, Perspectiva, 1976.

Ricœur, Paul. *De l'Interprétation. Essai sur Freud*. Paris, Seuil, 1965 (reedição "Points-Essais", 1995).

Rosa, João Guimarães. *Correspondência com seu Tradutor Alemão Curt Meyer-Clason*. Ed., org. e notas de Maria Apparecida Faria Marcondes Bussolotti. Trad. das cartas em alemão: Erlon José Pascal. Rio de Janeiro/Belo Horizonte, Nova Fronteira/Academia Brasileira de Letras/Ed. ufmg, 2003, p. 113.

---

48. *fc ii*, p. 412.

_____. *Correspondência com seu Tradutor Italiano Edoardo Bizzarri*. São Paulo, T. A. Queiroz, Instituto Cultural Ítalo-Brasileiro, 1980.

_____. *Ficção Completa*. Rio de Janeiro, Nova Aguilar, 1994.

_____. *Magma*. Rio de Janeiro, Nova Fronteira, 1997.

UTÉZA, Francis. "Aux Frontières de l'Esprit et de la Matière. Guimarães Rosa: 'Barra da Vaca'". *Letterature d'America, Rivista trimestrale*, Brasiliana, Anno x, n. 45-46, Roma, Facoltà di Scienze Umanistiche dell' Università di Roma "La Sapienza", 1992.

_____. *João Guimarães Rosa: Metafísica do Grande Sertão*. São Paulo, Edusp, 1994.

VALÉRY, Paul. "Propos sur la Poésie", *Œuvres*, tomo I. Paris, Gallimard, 1957. (Col. Bibliothèque de la Pléiade).

VERLANGIERI, Iná Valéria Rodrigues. *J. Guimarães Rosa – Correspondência com a Tradutora Norte-Americana Harriet de Onís*. Araraquara, 1993. Dissertação de Mestrado.

11

Um Encontro: Saber e Intuição em Dois Tempos

Salete de Almeida Cara

O TÍTULO ACIMA retoma os termos do prefácio de Antonio Candido ao volume de ensaios críticos Desconversa, de Walnice Nogueira Galvão, publicado em 1998. Lembrando ali a análise de Walnice do conto de Guimarães Rosa, "Meu Tio, o Iauaretê", Antonio Candido confirma seu juízo de vinte anos atrás: "fundindo saber e intuição, reúne a pesquisa erudita à percepção analítica mais penetrante, transfigurando o texto na medida em que o desvenda por meio de uma escrita certeira"[1]. Está posto o desafio para quem se atreve a escolher um assunto pontual na vasta produção crítica de Walnice Nogueira Galvão.

Vale lembrar que a primeira parte do livro de 1998 trazia três ensaios sobre Guimarães Rosa, objeto de sua tese de doutorado de 1970, publicada em 1972, *As Formas do Falso: Um Estudo Sobre a Ambiguidade no* Grande Sertão: Veredas[2]. A segunda parte, por sua vez, se debruçava sobre os materiais mais recentes em torno da Guerra de Canudos, Euclides da Cunha e Antonio Conselheiro, assunto central de uma longa e alentada pesquisa de Walnice,

---

1. Cf. Antonio Candido, "Prefácio", *Desconversa (Ensaios Críticos)*, Rio de Janeiro, Editora UFRJ, 1998, p. 9. Para a análise do conto de Rosa, cf. Walnice Nogueira Galvão, "O Impossível Retorno", *Mitológica Rosiana*, São Paulo, Ática, 1978.
2. Cf. Walnice Nogueira Galvão, *As Formas do Falso: Um Estudo Sobre a Ambigüidade no* Grande Sertão: Veredas, São Paulo, Editora Perspectiva, 1972. Para situar o lugar ocupado por esse livro na fortuna crítica de Guimarães Rosa, cf. Danielle Corpas, *O Jagunço Somos Nós (Visões do Brasil na Crítica de* Grande Sertão: Veredas), Campinas, Mercado de Letras, 2015.

que levou à produção de outros ensaios e livros³. E como deixar de tratar da edição crítica de *Os Sertões* que, em 2016, Walnice publicou numa caixa de dois volumes e da análise de 1994 que integra essa edição?⁴

Em dois tempos farei aqui dois recortes na sua obra, entre tantos possíveis: a edição crítica de Os Sertões e o livro que organizou e trouxe à lume entrevistas, textos e cartas de Gilda de Mello e Souza. O norte desses recortes é o juízo crítico de Antonio Candido sobre a autora que ele prefaciou em 1998.

I

A edição crítica de *Os Sertões* traz a versão restaurada do livro de 1902, reproduzindo a terceira edição e incluindo as emendas autógrafas de Euclides da Cunha, trasladadas por Fernando Nery em exemplar da Academia Brasileira de Letras. Traz ainda esse primeiro volume uma fortuna crítica comentada do escritor e dezesseis fotos da campanha de Canudos, de autoria de Flávio de Barros, que pertencem aos acervos do Museu da República do Rio de Janeiro e do Instituto Histórico e Geográfico da Bahia, além de fotos da *Caderneta de Campo de Euclides*. No segundo volume, "Variantes e Comentários", tem-se o resultado de um exame comparativo minucioso de cada uma das edições do livro e das modificações introduzidas pelo próprio autor.

Os procedimentos dão a ver, no conjunto, "exibição de riqueza léxica" na substituição de palavras; intenção retórica na "paragrafação exagerada"; tendência a uma "prosódia mais brasileira" na posição ou na eliminação de pronomes; preocupação com o efeito da leitura e da persuasão do narrador no dinamismo das imagens e na "metamorfose de elementos inanimados em sujeitos", traço importante da narrativa euclidiana; busca de precisão do sentido, no uso de sinônimos, muitas vezes de caráter excessivo, como aponta Walnice Nogueira Galvão. Como ela mesma indica, "todos os textos foram minuciosamente emendados sem que exista nenhuma modificação de grande porte"⁵.

---

3. A livre-docência defendida dois anos depois do doutorado foi uma exaustiva pesquisa das reportagens sobre a Guerra de Canudos nos jornais de 1897, publicada em 1974, dois anos depois do livro sobre *Grande Sertão: Veredas* (cf. Walnice Nogueira Galvão, *No Calor da Hora. A Guerra de Canudos nos Jornais – 4ª Expedição*, São Paulo, Ática, 1974).
4. Cf. Walnice Nogueira Galvão, *Os Sertões (Edição Crítica e Organização)*, São Paulo, Ubu Editora, Edições Sesc São Paulo, 2016.
5. Cf. Walnice Nogueira Galvão, *Variantes e Comentários*, segundo volume de *Os Sertões*, p. 9.

Os procedimentos euclidianos levam a conclusões críticas. A barbárie tratada em estilo elevado, a despeito da tendência de abrasileiramento da linguagem, é formulada segundo a concepção de uma sociedade dividida entre neurastênicos e fanáticos, brancos e mestiços, litoral e sertão, entre Norte, Sul e região da Amazônia. Num texto reconhecidamente retórico e imagético, no andamento narrativo ganham sentidos novos tanto a obsessão estilística, isto é, o pendor esteticista de puro artefato, própria do tempo, quanto os critérios de análise então disponíveis ao escritor, no caso, as ideologias e os preconceitos das teorias naturalistas e deterministas, postos em tensão com sua própria matéria, a saber, a barbárie mesclada ao progresso nacional e ao projeto republicano.

Como se dá a exposição dessa tensão entre procedimentos e critérios do tempo, repostos nos seus próprios termos e sua transfiguração narrativa? No texto "Uma ausência", de 1983, Walnice tinha assinalado que o discurso euclidiano, "contaminado de imagens" e com "opulência retórica", acolhe a "sombria personagem coletiva, os pobres" de modo particular e diverso de escritores oitocentistas (Victor Hugo, Sue, Dickens, Dostoiévski ou Zola, eles mesmos diversos entre si): como folclore pitoresco e virtude ou como austeridade de costumes e heroísmo, que resvala numa visão paradisíaca (havendo paz) ou numa exaltação da fortaleza do sertanejo (havendo guerra)[6].

No estudo de 1994 que integra a edição crítica, ao qual voltarei, na originalidade analítica talvez se possa perceber (se não for ver demais) um diálogo implícito com uma conferência de Antonio Candido, "Euclides da Cunha, Sociólogo" (1947), publicada no jornal *O Estado de S. Paulo* em 1952. Ali, Antonio Candido chama a atenção para o "panorama quase onírico de psicopatologia social" armado por generalidades, simplificações, e atravessado por um "sentimento trágico", contrapeso entre fator racial e fatores econômicos e políticos, capaz de driblar o determinismo mecanicista de um Ratzel ou de um Buckle. "Por isso há nele uma visão por assim dizer trágica dos movimentos sociais e da relação da personalidade com o meio – físico e social." Euclides entende a sociedade sertaneja como multidão homogênea, "bloco

---

6. Cf. Walnice Nogueira Galvão, "Uma Ausência", em Roberto Schwarz (orgs.), *Os Pobres na Literatura Brasileira*, São Paulo, Brasiliense, 1983, pp. 51-53. No capítulo das ausências, vale lembrar ainda a do escravo.

automático à maneira de um monstruoso indivíduo", "uma anormalidade coletiva" que, de resto, se estende "para além do sertão", mas justamente "com tudo isso, porém, e talvez por causa disso, a sua interpretação não é menos genial"[7].

Vale lembrar ainda que em "Literatura e Cultura de 1900 a 1945", texto de 1950, Antonio Candido observa que as intuições de Euclides, na contramão do pitoresco da literatura sertaneja entre 1900 e 1930 armam, antes, uma "visão", conferindo a seu viés sociológico o caráter de um "ponto de vista" (mais do que "pesquisa objetiva da realidade presente"). Um "típico exemplo de fusão bem brasileira de ciência mal digerida, ênfase oratória e intuições fulgurantes". E em "Uma palavra instável", de 1984, observa que a partir do nacionalismo pessimista de Euclides da Cunha "deveria ter ficado pelo menos constrangedor o ângulo eufórico, que recobria a incompetência e o egoísmo das classes dirigentes"[8].

Volto ao texto de 1994 de Walnice Nogueira Galvão, onde ela trata do "olhar visionário" que costura a armação da narrativa euclidiana, "desde a primeira palavra", por meio do caráter "*virtualmente* polifônico" de Os Sertões: "polifonia exasperada", dialogismo "in absentia", sem totalidade, conduzidos por um plural majestático que encena, de vários modos, as mais contraditórias vozes científicas e históricas do seu tempo, postas lado a lado, configurando o "gesticular patético do orador, afastado e elevado, querendo convencer". Um dos aspectos analisado é que, sob o ostensivo esquema determinista de "A Terra", "O Homem", "A Luta", uma "mimese do grande sintagma narrativo da Bíblia é ciosamente dissimulada numa operação "'maligna" de dupla inversão da narrativa bíblica:

A primeira parte do Apocalipse é narrada com as imagens invertidas da segunda parte. Ou seja: a parte do horror é narrada com as imagens da parte paradisíaca virada ao contrário. Também esses arquétipos invertidos pertencem à tradição, e não foi o autor quem os inventou. Assim, a inversão demoníaca dos arquétipos é duplicada. E por isso tudo está virado pelo avesso nesse Apocalipse, que não é paradisíaco, porém demoníaco,

---

7. Cf. Antonio Candido, "Euclides da Cunha, Sociólogo" em Vinicius Dantas (orgs.), *Textos de Intervenção*, seleção, organização e notas de Vinicius Dantas, São Paulo, Livraria Duas Cidades/Editora 34, 2002, pp. 181-182.
8. Cf. "Literatura e cultura de 1900 a 1945", *Literatura e Sociedade,* Rio de Janeiro, Ouro sobre azul, 11ª edição, 2010, pp. 137, 140; cf. "Uma Palavra Instável", *Vários Escritos,* 3. ed., São Paulo, Duas Cidades, 1995, p. 295.

do inferno dos mundos ínferos, do que é rejeitado pela razão, do que confunde o entendimento humano.

O Gênesis, por sua vez, é construído entre "imagens de morte", num Caos perpetuado como processo inacabado, e de onde brota a Terra e o próprio sertanejo, "espécie étnica ainda em formação", que vai sendo massacrada "antes mesmo que acabe de formar; e esta é a grande tragédia" que contradiz "as teorias raciais do mestiço que Euclides longamente expõe e endossa". A visão do horror acolhe a natureza, os elementos simbólicos (aqui a cabra, não o Cordeiro) e a vida social em luta de morte violenta. A dualidade entre civilização e barbárie – o Exército como "herói civilizador" e um doido cercado por seus fanáticos – parece entrar em combustão naquela natureza não domada, nem submetida – ela mesma um sujeito de energia negativa (a despeito de elogiada pela capacidade de "resistência moral").

A modernidade de Os Sertões, a tantos títulos nada moderno, nasce de seu ângulo distorcido. Temos aí um épico que também é trágico, um livro cientificista que se realiza como obra de arte literária, um esquema determinista que mimetiza a Bíblia, um Apocalipse com Gênesis, porém sem redenção, uma demanda em que o herói é o autor, um diálogo escrito pelo simposiarca de convivas ausentes, um canto de bode entoado pelo verdugo. Toda essa ironia dificilmente terá sido deliberada. Ela nasce da conjugação infeliz de elementos que se repelem e é disso que tira sua melhor força.

E ainda: "Quem padeceria como vítima do processo de modernização seria a plebe do Rio de Janeiro e aquela do sertão, expulsas ou pela polícia de Pereira Passos ou pelo Exército ilustrado"[9]. O ensaio de Walnice Nogueira Galvão mostra que o horror gestado em violência e morte, mediado na narrativa de Os Sertões por uma exasperação polifônica, que se dispõe a integrar um objeto dissociado por modelos deterministas, repõe e faz pensar a respeito da regra e da rotina da nossa modernização predatória, no sertão e na cidade – "um

---

9. Cf. Walnice Nogueira Galvão, em *Os Sertões, edição crítica*, pp. 625-632. Nas anotações de Euclides na *Caderneta de Campo*, sobre um interrogatório de prisioneiros, ele lhes dá voz própria e os nomeia um a um. Ao reproduzir o trecho editado por Olímpio de Souza Andrade, em 1975, Walnice observa que o relato do episódio "não é aproveitado nem nas reportagens nem em *Os Sertões*" (Walnice Nogueira Galvão, *Euclides da Cunha*, São Paulo, Editora Ática, 1984, p. 36).

"progresso às recuadas" por todo o território brasileiro, que vai construindo desertos, como afirma o próprio Euclides[10].

II

Num segundo recorte, vou ao volume organizado por Walnice em 2014, onde saber e intuição conduzem o encontro de duas mulheres notáveis e corajosas frente a seu próprio tempo. O sugestivo título do volume é *A Palavra Afiada*[11]. Trata-se da recolha, com prefácio e notas, de textos de Gilda de Mello e Souza do acervo do Instituto de Estudos Brasileiros da usp (IEB), "em sua maioria inéditos em livro". O prefácio de três páginas apresenta ao leitor a formação de Gilda, faz um balanço de sua obra e, de certo modo, prepara o que virá nas quase 250 páginas seguintes, quando a palavra será a da própria Gilda.

O leitor fica sabendo que, aos doze anos, ela vem do interior para estudar na capital e vai morar na casa de uma tia avó, cujo filho é Mário de Andrade, que ali também vivia. Os textos de Gilda recolhidos no volume, adianta o prefácio, trarão "vislumbres preciosos de um olhar interno sobre o cotidiano do escritor" que, acrescente-se, constitui material sobre o qual caberá ao leitor se debruçar para refletir. O leitor fica sabendo ainda que ela foi das poucas mulheres estudantes na recente Faculdade de Filosofia, Ciências e Letras Humanas da USP, onde conviveu com os professores estrangeiros dos primeiros tempos da faculdade. E que, em 1941, participou da fundação da revista *Clima* com um grupo de amigos: Antonio Candido, Decio de Almeida Prado, Paulo Emílio Salles Gomes, Ruy Coelho, Lourival Gomes Machado, entre outros. Quando precisou ocupar o cargo de chefe de Departamento entre 1969 e 1972, durante o período de cassações de professores pela ditadura militar, enfrentou com firmeza os problemas colocados pela direção da Universidade, naquela situação, e fundou a importante (até hoje) revista *Discurso*.

Quanto às obras, Walnice destaca o pioneirismo de sua tese de doutorado, de 1950 (publicada apenas em 1987, com o título *O Espírito das Roupas*)[12]: a

---

10. A esse respeito, cf. Nicolau Sevcenko, *Literatura como Missão*, São Paulo, Brasiliense, 1983.
11. Cf. Walnice Nogueira Galvão (orgs.), *A Palavra Afiada. Gilda de Mello e Souza*, Rio de Janeiro, Ouro sobre Azul, 2014. Sobre Gilda foi sua aula magna de abertura da FFLCH-USP em 2005, publicada depois ("Um Percurso Intelectual") no livro homenagem de Sergio Miceli e Franklin de Mattos (orgs.), *Gilda, a Paixão pela Forma*, Rio de Janeiro, Fapesp/Ouro sobre Azul, 2007.
12. Cf. Gilda de Mello e Souza, *O Espírito das Roupas*, São Paulo, Companhia das Letras, 1987

partir de uma análise comparativa de roupas femininas e masculinas o trabalho apanhava, na dinâmica histórica das formas exposta pela pintura e literatura (não apenas brasileiras), as "funções sociais e psicológicas" que atravessam as classes sociais, a moral e a sexualidade. Sobre *Macunaíma*, de Mário de Andrade, escreveu *O Tupi e o Alaúde*[13], título que conjuga matéria local e instrumento europeu, mostrando de que modo nesse romance-rapsódia de um escritor musicólogo, pesquisador dos cantos e danças da tradição brasileira, a matéria popular é constitutiva da sua própria configuração formal moderna.

De *Exercícios de Leitura*[14] Walnice destaca dois estudos: um deles sobre a pintura de Almeida Júnior, Eliseu Visconti, Belmiro de Almeida, Artur Timóteo da Costa, onde a crítica analisa "como já despontam em suas telas traços propriamente brasileiros dentro de uma maneira ainda acadêmica, traços que não se restringiam à temática, mas eram sobretudo atinentes a uma dinâmica corporal"[15]. O outro é um estudo sobre a divisa nacionalista dos pintores modernistas, que "lhes deu sustentação ideológica ao mesmo tempo que tolhia seus vôos". Nos ensaios de *A Ideia e o Figurado*[16], o fino faro crítico trata, por "ângulos inusitados", do cinema de Antonioni e da dança de Fred Astaire, além de pintura e literatura.

É possível dizer que o viés crítico formal e esteticamente avançado da obra de Gilda de Mello e Souza está figurado nos inéditos recolhidos em *A Palavra Afiada*, notadamente nas entrevistas. De que modo? É que, neles, as vivências pessoais não se reduzem a um mergulho no individual, resgatadas para um âmbito de uma experiência mais geral por um procedimento reflexivo que lhes injeta alcance distanciado e inusitado. O "cunho autobiográfico" é, portanto, caminho de uma reflexão sobre a "condição de mulher e de mulher intelectual", engatando num percurso de enfrentamento das circunstâncias postas pela própria autonomia conquistada, que levou Gilda a romper com a tradição das mulheres da sua família. O conjunto das dez cartas que escreveu a Mário de Andrade entre 1938 e 1942, quando ele trabalhava no Rio de Janeiro e ela

---

13. Cf. Gilda de Mello e Souza, *O Tupi e o Alaúde. Uma Interpretação de Macunaíma*, São Paulo, Livraria Duas Cidades, 1979.
14. Cf. Gilda de Mello e Souza, *Exercícios de Leitura*, São Paulo, Editora 34, 1980.
15. Cf. Gilda de Mello e Souza, *A Palavra Afiada*, p. 10
16. Cf. Gilda de Mello e Souza, *A Ideia e o Figurado*, São Paulo, Duas Cidades, Editora 34, 2005.

passava férias no interior, gira justamente em torno das decisões que a jovem deveria tomar diante da sua inequívoca vocação intelectual.

"Como Gilda escrevia?", pergunta Walnice, comentando a reescrita obsessiva dos seus textos, o perfeccionismo, as dúvidas e insatisfações que a levavam sempre a "cortar e emendar e afinar seu pensamento". Quanto às entrevistas de Gilda de Mello e Souza recolhidas no volume, Walnice vê nelas o caráter de um gênero literário. "Em sua voz, a entrevista torna-se um gênero literário, tal a perfeição de suas formulações. [...] Era adepta da nobre arte de conversar e conversava sempre; assim expunha suas ideias e ia desdobrando as investigações em andamento"[17].

De fato, também pelo empenho da entrevistada em resgatar um processo de formação, talvez seja possível ver, nessas entrevistas, algo já próximo de um ensaísmo capaz de ligar o pormenor da experiência às linhas mais gerais da sociedade do tempo e à própria forma da exposição. Nessa direção, e nas pegadas do prefácio, vale lembrar que Gilda de Mello e Souza também escreveu ficção. Alguns contos foram publicados na revista Clima e, quem sabe, alguns outros ainda estejam guardados na gaveta.

Referências Bibliográficas

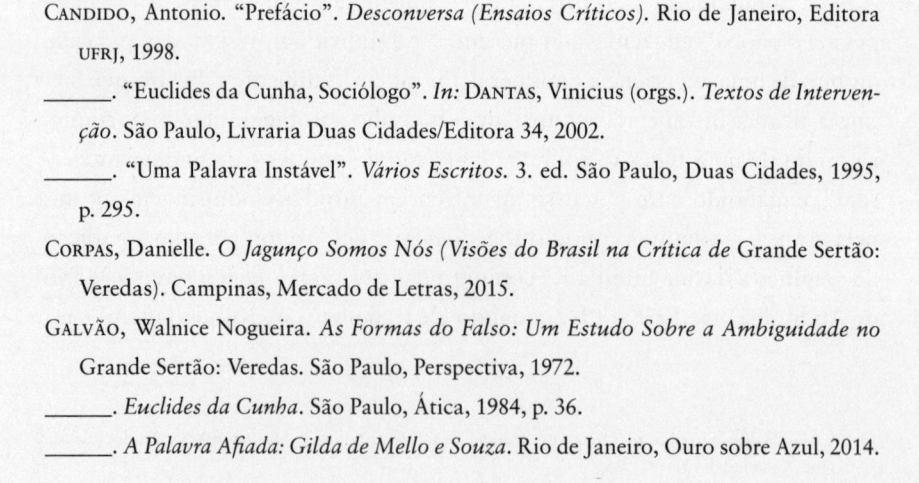

CANDIDO, Antonio. "Prefácio". *Desconversa (Ensaios Críticos)*. Rio de Janeiro, Editora UFRJ, 1998.

_____. "Euclides da Cunha, Sociólogo". *In:* DANTAS, Vinicius (orgs.). *Textos de Intervenção*. São Paulo, Livraria Duas Cidades/Editora 34, 2002.

_____. "Uma Palavra Instável". *Vários Escritos*. 3. ed. São Paulo, Duas Cidades, 1995, p. 295.

CORPAS, Danielle. *O Jagunço Somos Nós (Visões do Brasil na Crítica de* Grande Sertão: Veredas*)*. Campinas, Mercado de Letras, 2015.

GALVÃO, Walnice Nogueira. *As Formas do Falso: Um Estudo Sobre a Ambiguidade no* Grande Sertão: Veredas. São Paulo, Perspectiva, 1972.

_____. *Euclides da Cunha*. São Paulo, Ática, 1984, p. 36.

_____. *A Palavra Afiada: Gilda de Mello e Souza*. Rio de Janeiro, Ouro sobre Azul, 2014.

---

17. Cf. Gilda de Mello e Souza, *A Palavra Afiada*, p. 11

_____. *No Calor da Hora: A Guerra de Canudos nos Jornais – 4ª Expedição*. São Paulo, Ática, 1974.

_____. "O Impossível Retorno". *Mitológica Rosiana*. São Paulo, Ática, 1978.

_____. *Os Sertões (Edição Crítica e Organização)*. São Paulo, Ubu/Edições Sesc São Paulo, 2016.

_____. *In: Os Sertões, Edição Crítica*, pp. 625-632.

_____. "Variantes e Comentários". In: *Segundo volume de* Os Sertões.

_____. "Uma Ausência". In: SCHWARZ, Roberto (orgs.). *Os Pobres na Literatura Brasileira*, São Paulo, Brasiliense, 1983.

MICELI, Sergio & MATTOS, Franklin de (orgs.). *Gilda, a Paixão Pela Forma*. Rio de Janeiro, Fapesp/Ouro sobre Azul, 2007.

MELLO E SOUZA, Gilda de. *Exercícios de Leitura*. São Paulo, Editora 34, 1980.

_____. *O Espírito das Roupas*. São Paulo, Companhia das Letras, 1987

_____. *O Tupi e o Alaúde: Uma Interpretação de* Macunaíma. São Paulo, Livraria Duas Cidades, 1979.

"Literatura e Cultura de 1900 a 1945". *Literatura e Sociedade,* 11. ed. Rio de Janeiro, Ouro sobre Azul, 2010, pp. 137, 140.

SEVCENKO, Nicolau. *Literatura como Missão*. São Paulo, Brasiliense, 1983.

III
OUTRAS LEITURAS

12

Gabriela:
Do Sertão à Guerra Fria

Antonio Dimas

GABRIELA, A CABOCLINHA com cheiro de cravo e cor de canela, pegou todo mundo de surpresa, nas várias vezes em que surgiu em cena neste país.

Primeiro, na Bahia, no ano exato de 1925. Bem depois, em 1958, quando Jorge Amado se encarregou de passar adiante sua estória. Em seguida, foi a vez da televisão, em 1960, 1975 e 2012. No cinema, em 1983.

Ninguém esperava por ela em Ilhéus, nem no Brasil. Sucesso sempre, principalmente junto ao público.

Quando arribou no sul da Bahia, em 1925, Gabriela vinha tangida pela seca, toda esmolambada, toda estropiada. "Parecia uma demente com aquele cabelo desmazelado, envolta em sujeira, os pés feridos, trapos rotos sobre o corpo"[1]. Era mais uma retirante fugindo da morte, seduzida pela miragem do cacau em espiral ascendente. Determinada a ficar na cidade, a serelepe Gabriela apartou-se do grupo de capiaus escorraçados pelo sol sertanejo e reconstruiu sua vida jovem em meio ao zum-zum daquele aglomerado urbano, recheado de gente com o olho pregado no próprio umbigo. Germe potencial de desequilíbrio, ela não se dá conta do alcance de seu perigo, nem quando bamboleia suas ancas pelas ruas coalhadas de olhares de cobiça ou de inveja. Sua presença desarranjou o estabelecido e desarrumou o acordado.

---

1. Jorge Amado, *Gabriela, Cravo e Canela*, São Paulo, Martins, 1958, p. 113.

Quando, bem mais tarde, sua estória foi recuperada, contada e publicada por Jorge Amado em 1958, o transtorno não foi menor. Desta vez, não foram os habitantes da pacata Ilhéus que ela surpreendeu. Gabriela apanhou de surpresa muitos leitores mais aparelhados e afeitos à literatura, moradores de cidade grande. Nem a militância partidária, sempre de olho no adversário, nem a crítica estabelecida, sempre de olho no livro novo, conseguiram encará-la e digeri-la. De novo, incomodava aquela mocinha de cabelos onde "não penetrava o pedaço de pente, tanto pó se acumulara, e que zanzava pra lá e pra cá, feito uma demente perdida nos caminhos"[2], pronta para desencaminhar seus leitores também. Não foi só Nacib que ficou em dúvida diante da moça, achando que "ia levar um trambolho para casa[3]. Não foi só Nacib que se atordoou com o "riso claro, cristalino [e] inesperado"[4] de Gabriela, não obstante as tantas agruras que a moça vinha atravessando. Na esteira dele, atordoaram-se muitos outros também.

* * *

Em 1958, Jorge Amado (1912-2001) completaria quinze anos de insuficiência narrativa e com baixa repercussão no circuito letrado. Seu último sucesso literário tinha sido *Terras do Sem Fim*, em 1943. Depois disso, seguiram-se anos de intensa militância partidária, da qual brotaram narrativas de menor monta. Em 1951, foi a vez de *O Mundo da Paz*, um desastroso panegírico em homenagem a Stálin, santo do seu altar e de muitos outros, naquele momento. Três anos depois, em 1954, veio juntar-se a esse destempero hagiolátrico o não menos desastroso *Subterrâneos da Liberdade*, uma trilogia didática destinada à formação das massas, mas já com jeito de adeus às armas.

Entre os três volumes deste tributo partidário e o surgimento de *Gabriela, Cravo e Canela*, em 1958, foram quatro anos de silêncio e de provável ruminação de rumos.

Naquele mesmo ano de 1954, Getúlio Vargas se suicidava e virava uma página da história deste país. Por sua vez, Jorge Amado, em plano muito diferente e bem menos amplo, encerrava sua carreira de ficcionista ideológico e

---

2. *Idem*, p. 112.
3. Jorge Amado, *Gabriela, Cravo e Canela*, p. 156
4. *Idem*, p.155.

se retrairia, por uns tempos, logo depois de alguns anos de contacto diário e direto com o bolchevismo, no exílio tcheco. Verdadeiro ajuste de contas com um político suicida, os três volumes dos *Subterrâneos da Liberdade* requerem mais que especulação plausível ou apenas avaliação de teor literário.

Pudéssemos contar com algum tipo de documentação periférica, além do texto ficcional em si, muito mais se poderia esclarecer sobre o rico percurso narrativo de Jorge Amado. Mesmo porque não será difícil demais verificar que o bom-mocismo narrativo desta trilogia representa recuo técnico evidente em relação àquilo que já vinha sendo tentado desde, digamos, *Jubiabá*, que é de 1935.

Em 1956, bem no meio desses quatro anos, portanto, um fato político de extrema importância eclodiu no mundo soviético e provocou reordenamento geral da geo-política, incluindo-se aí o campo intelectual: Kruschev denunciava Stálin, em fevereiro desse ano, durante o 20º Congresso do PCURSS, em Moscou. Não é descabido supor, então, que os *Subterrâneos,* em andamento desde 1951[5], fizessem parte de um realinhamento interno do autor baiano, já de sobreaviso com o que vinha vivendo desde sua mudança forçada da França para a Tchecoslováquia, em 1950. A hipótese é arriscada e carece de mais documentação. Mas não parece descabido supor que O *Mundo da Paz* (1951) e *Os Subterrâneos da Liberdade* (1954) liquidavam a fatura pessoal de Jorge Amado com o Partido Comunista Brasileiro, aposentavam a foice e o martelo, trocando-os pelo riso gaiato como ferramenta mais adequada para enfrentar nossa realidade imprevisível e incorrigível. Lembrança do romancista sobre O *Mundo da Paz*, inserida em suas memórias, recupera, mesmo que de modo sumário, o preço da crença:

> Tarefa política, de volta da União Soviética e dos países de democracia popular do leste europeu, escrevo livro de viagens, o elogio sem vacilações do que vi, tudo ou quase tudo parece-me positivo, stalinista incondicional silenciei o negativo como convinha. [...] Em verdade ainda não era o pesadelo em que se transformou, estava começando[6].

Gabriela, sua heroína da fase nova, prefere a galhofa em seu jeito encabulado e infantil. Logo que surge no romance, diante da incerteza de seus com-

---

5. Para a cronologia miúda de JA, necessária neste caso, vali-me daquela publicada pelo Instituto Moreira Salles, em seus *Cadernos de Literatura Brasileira/Jorge Amado*, n. 3, mar. 1997.
6. Jorge Amado, *Navegação de Cabotagem*, Rio de Janeiro, Record, 1992, p. 233.

panheiros, fugidos da seca como ela, essa tabaroa deixa clara sua posição: "Já te disse minha tenção. Vou ficar na cidade, não quero mais viver no mato. Vou me contratar de cozinheira, de lavadeira ou pra arrumar casa dos outros..."[7]

Essa "quase menina ainda"[8] era cheia de certezas pessoais, mas refratária às alheias. Mudou-se de um lugar para outro com o intuito de se recriar, de se refazer. De se reciclar ou se reinventar. Não para continuar igual. Gabriela mostrou-se mais assertiva que seu criador.

Sobre a mudança de perspectiva que ocorreu com Jorge, não se pode ir muito longe. Falta-nos ainda a documentação do escritor. Tamanha certeza e segurança ainda é difícil, porque – que se saiba – pouco deixou ele escrito a respeito da sua mudança de rumo narrativo. Nada que seja explícito e público, neste sentido estrito. Nenhum depoimento, nenhuma carta, uma que outra pista apenas, a maioria em *Navegação de Cabotagem*, seu basto livro de memórias, publicadas em 1992, pouco depois de arredondar seus 80. Ou, um ano antes, no longo depoimento que prestou a Alice Raillard, em 1991, no remanso da casa do Rio Vermelho. Mais que depoimento, um desabafo, aliás. Nele, bem provocado pela jornalista francesa, Jorge escancara-se, acerta-se consigo mesmo, lava sua alma e, em um dos seus momentos altos, contraria a crítica e declara, de uma vez por todas: "[...] minha obra é uma unidade, do primeiro ao último momento"[9]. Um pouco antes, admitira, no entanto, a mágoa que lhe restava da reação partidária à sua *Gabriela*:

> [...] eu decidira escrever uma história de amor, insistindo em que fosse uma história de amor, mas sem abandonar o contexto, a questão da realidade brasileira. Escrevi, pois, *Gabriela*. Aí, vários responsáveis do pc, alguns que até eram meus amigos, claro que sob instruções da direção, que permaneceu stalinista, aferrado ao poder que possuíam no Partido, atacaram-me violentamen-te. Trataram meu livro de lixo, inclusive amigos meus. Gente muito próxima a mim atacou-me de uma maneira .... Isto me afetou. Fizeram comigo como se fazia na URSS, no *Pravda*, com todos os escritores que não seguiam exatamente a linha oficial[10].

De fato, se a tomarmos de fio a pavio, sua temática pouco se altera, porque concentra-se ela em torno da tensão permanente entre os do centro e os

---

7. Jorge Amado, *Gabriela*, p. 113.
8. *Idem*, p. 115.
9. Alice Raillard, *Conversando com Jorge Amado*, Rio de Janeiro, Record, 1992, p. 267.
10. *Idem*, p. 265.

da periferia, entre os despossuídos e os abonados, independente da moldura social em que estejam instalados. Como gostava de proclamar, sempre que podia, "sou, mais do que qualquer outra coisa, o romancista dos vagabundos e das putas"[11].

Se, neste sentido, a alteração é irrisória, quase inexistente, onde é, então, que se detecta a mudança no seu curso narrativo? Como ela se dá? Qual o pulo exato entre os três volumes massudos dos *Subterrâneos*, em suas quase 900 páginas, e seu *Gabriela*, cujas estrepolias e confrontos são contadas em pouco mais de 400? Como se pode detalhar essa mudança? O que mudou, em quatro anos, entre um jeito e outro de narrar? Se a fome do outro, a devoração do próximo, no plano social ou sexual, permanece a mesma, o que mudou, enfim? A forma de encará-la e de narrá-la, talvez. O tom galhofeiro em vez da dicção professoral, quem sabe. A leveza do relativo no lugar do fardo do absoluto? A inquietação da dúvida contra a estreiteza do dogma, que não deixa brecha para ela? Retira-se, pois, da cena o pregador, sempre pretensioso e douto, pronto para apontar, de dedo em riste, o caminho da salvação, e, em seu lugar, entra o contador de causos, preocupado apenas em passar adiante uma estória, de modo malicioso, sempre que possível ou necessário.

Nessa mesma entrevista para Alice Raillard, o romancista ensaia uma explicação de seu ofício, que bem se ajusta às minúcias daquela Ilhéus de 1925. De acordo com seu depoimento,

> [...] o romance é feito de dezenas de pequenas coisas, de detalhes que formam a estrutura da narrativa, que criam um personagem, dando-lhe consistência, vida, alma e sangue; [que] fazem sua carne e seu esqueleto, que o põem de pé, dando-lhe voz própria. E arremata: É um trabalho composto por milhares e milhares de coisas que se colocam em seu devido lugar ao longo do livro[12].

Os quadros de *Os Subterrâneos* sucedem-se de modo marcial, um a um, em formação cerrada com jeito de "ordem unida"; os de *Gabriela*, em painel policromático, composto por fragmentos de extensão variada, infestados de ambigüidade e de meneios. Entre um e outro deu-se forte renúncia à pregação ideológica. Como o próprio Jorge Amado admite, aliás:

11. *Idem*, p. 270.
12. *Idem*, p. 278.

[...] quando escrevi *Os Subterrâneos da Liberdade* eu era um stalinista, realmente um stalinista. [...] Sua forma não me agrada em nada, é um romance que eu escrevia do jeito que me vinha, sem me preocupar muito com o estilo; o que mais me interessava era o que eu escrevia, o conteúdo muito mais do que a forma[13].

Essa oposição clássica entre *forma* e *conteúdo* pode não dar conta, de fato, do salto qualitativo que se verifica entre *Subterrâneos* e *Gabriela*. Mais do que esse contraste entre duas instâncias de avaliação, nada difícil de se comprovar, deve-se procurar essa diferença de qualidade, a nosso ver, no modelo de narrador escolhido. Um deles é o sabe-tudo, *rempli de soi même* e de seu conhecimento; o outro é o fanfarrão, que se sabe falível, mas não estúpido. Apenas vivido e, portanto, maneiroso.

De fato, a autoavaliação de Jorge Amado não estava muito distante da opinião da crítica, que o acompanhava de perto, desde seus primeiros romances, na década de 1930. Com *O País do Carnaval*, Jorge estreara em 1931. Desde então, até *Subterrâneos da Liberdade*, vinha uma fieira de livros com qualidade desencontrada, dois dos quais alcançaram certo prestígio junto aos leitores mais exigentes: *Jubiabá*, de 1935, e *Terras do Sem Fim*, de 1943.

Depois da trilogia de *Subterrâneos*, muita água haveria de rolar sob essa ponte nada metafórica e bem literal. Ponte que conectava dois modos, distintos entre si, de encarar a mesma realidade brasileira. O narrador pressuroso e onisciente ou o narrador retraído e parcimonioso?

Com *Gabriela, Cravo e Canela*, com esta "crônica de uma cidade do interior", construída com bastante folga e cheio de "largas pinceladas, com riscos [sic] e lágrimas, alegria e bom humor, ironia, mordacidade, tristezas, todas as facetas do real", segundo opinião de Fernando Pedreira[14], Jorge Amado manteria a técnica do painel social, só que encarada de modo faceto e nem por isso menos agudo. Daí em diante, seu narrador deixaria de ser regulatório e ansioso para se tornar lúdico. Mas não gratuito.

* * *

13. *Idem*, p. 136.
14. *Jorge Amado: 30 Anos de Literatura*, São Paulo, Martins, 1961, p. 240. Este livro de homenagem aos trinta anos de atividade literária do autor não conta com autoria explícita.

Duas questões, então, impuseram-se na tentativa de melhor entender como se dá a transformação *narrativa* de Jorge Amado.

A primeira volta-se para a recepção de seus romances anteriores a *Subterrâneos da Liberdade*. A segunda é sobre sua recepção a partir de *Gabriela, Cravo e Canela*, quando o escritor se permite seu *estouro* e *libertação*, expressão feliz de Antonio Candido para se deter nos impasses de Oswald de Andrade (1890-1954), um dos contemporâneos do autor baiano.

Como, enfim, se pronunciou a crítica brasileira antes e depois de 1958, marco decisivo na carreira literária de Jorge Amado, seu ponto de virada? Como se comportou essa crítica antes e depois de Gabriela entrar pela porta dos fundos de Ilhéus, em plena festa religiosa de São Jorge, santo guerreiro famoso por sua combatividade? Como foi que essa cabocla de aparência ingênua alterou os rumos daquela cidade acanhada e mexeu, à distância, com os estudiosos que se ocupavam de nossa literatura?

Para alcançar esse objetivo, de forma segura, era preciso montar um quadro de referências críticas capaz de melhor situar a mudança narrativa de Jorge Amado entre 1954 e 1958. Para tanto valemo-nos da combinação de dois dispositivos metodológicos, na expectativa de armar um sistema razoável, mas incompleto e ainda sujeito a modificações, acréscimos e subtrações. Primeiro, acionamos um dispositivo tradicional: o da crítica reunida em volume único. Em seguida, valemo-nos da "Hemeroteca Digital" da Biblioteca Nacional do Rio de Janeiro.

Tarefa bem menos árdua foi a de percorrer, primeiro, a coletânea crítica, que José de Barros Martins, editor de Jorge Amado por longos anos, reuniu para festejar os 30 anos de carreira de seu amigo baiano. Com *Jorge Amado: 30 Anos de Literatura*, publicado em 1961, o editor paulista homenageou seu principal escritor e nos legou um repertório crítico de bom tamanho. Por meio deste livro precioso, hoje raro, montou-se extenso mostruário da recepção crítica desde 1931, ano de *O País do Carnaval*, até 1961, ano de *Os Velhos Marinheiros*. Valioso como acervo crítico e iconográfico, ainda que em preto & branco, essa homenagem editorial, gesto incomum entre nós, põe à nossa disposição cerca de 300 artigos, 80 dos quais sobre *Gabriela, Cravo e Canela*.

Cumprida essa etapa, ampliamos o quadro e fomos aos jornais e revistas dessa época, hoje digitalizados pela Biblioteca Nacional do Rio de Janeiro.

Através da BN Digital[15], mecanismo útil, mas ainda um pouco moroso, acessamos uma quantidade significativa do periodismo nacional, publicado entre agosto de 1958 e fins de 1959. Dentro deste prazo, que reputamos satisfatório para se medir a temperatura da reação imediata, fosse mais crítica e analítica, fosse apenas noticiosa ou laudatória, demos preferência, por enquanto, a periódicos publicados em seis capitais brasileiras: Belo Horizonte, Porto Alegre, Recife, Rio de Janeiro, Salvador e São Paulo.

Vamos começar, então, por essa espécie de compêndio crítico que junta material significativo desde o começo da carreira do escritor, em 1931, até 1961. Porque, neste ano, os pândegos Quincas Berro D'Água e Vasco Moscoso de Aragão irromperam em cena para esculhambar, de vez, com a rabugice ideológica e ratificar a veia jocosa que se instalara depois da chegada da caboclinha erótica em Ilhéus, poucos anos antes.

* * *

Em 1961, ao completar trinta anos de carreira e vinte como autor da Martins, o grapiúna quase cinquentão ganhou significativa homenagem de José de Barros Martins. Com *Jorge Amado: 30 Anos de Literatura*, o editor paulista honrava, de forma profissional e pública, seu campeão de vendas. Através deste volume precioso, mas pouco valorizado pela crítica acadêmica, pode-se bem medir a reação controversa e desigual aos romances ou à notoriedade pública do escritor. Apesar de sua estrutura interna não ser de apreensão rápida e fácil, *Jorge Amado: 30 Anos de Literatura* reúne o julgamento de críticos canônicos ou efêmeros a respeito de uma produção que ainda se estenderia por mais outros trinta anos.

Justificando sua iniciativa, o editor paulista salientava que sua decisão não se devia tão somente ao sucesso do romancista, como também à experiência e à combatividade que Jorge Amado demonstrara fosse como escritor, fosse como deputado federal, que, em seu mandato logo cassado, propusera receberem as editoras brasileiras tratamento igual ao dos jornais quanto à importação do papel. Em resumo, além do escritor de prestígio nacional e internacional, homenageava-se também o profissional de extensa familiaridade

---

15. Acessível através de: bndigital.bn.gov.br.

com o mundo editorial, no qual vinha atuando, há anos, como revisor, consultor, organizador, tradutor, divulgador, articulador etc. De forma explícita, a editora de José de Barros Martins valia-se da oportunidade para alargar as qualificações de seu editado e nele reconhecer sua "posição excepcional na formulação da delicada equação editor-autor"[16].

Essa homenagem bibliográfica retoma o princípio precoce do escritor em 1931, ainda inquilino das pensões baratas do Pelourinho, passa pela fase da sua indignação social e termina em 1961, quando duas impagáveis biografias imaginárias suas, escritas com pouca diferença no tempo, saíram em datas separadas, mas logo reunidas em edição conjunta. Uma delas, a mais longa, recebeu o título sumário de *Os Velhos Marinheiros* e conta "a completa verdade sobre as discutidas aventuras do Comandante Vasco Moscoso de Aragão, capitão de longo curso" e homem de "antiga intimidade com o oceano"[17]. A segunda, uma novela, conta a vida de Joaquim Soares da Cunha, cidadão "de boa família, exemplar funcionário da Mesa de Rendas Estadual, de passo medido, barba escanhoada, paletó negro de alpaca, pasta sob o braço, ouvido com respeito pelos vizinhos"[18]. Mais conhecido em outras praças como *Quincas Berro D'Água*, pinguço emérito.

Na sequência imediata de *Gabriela, Cravo e Canela*, estas duas novelas consolidam e ratificam a veia brincalhona de Jorge Amado. Constatado esse encadeamento, reforçado pelas narrativas que viriam em seguida, não é de se desprezar a hipótese de que o romancista decidira abandonar, de vez, seu modelo reivindicatório. Mudando de estratégia, trocou o protesto pelo deboche, sem jamais alcançar, no entanto, o nível impecável dos nossos políticos.

Fechado este parêntese, voltemos ao cerne do livro da Martins, que condensa opiniões sobre o escritor na iminência de se tornar cinquentão. São mais de 350 páginas que recolhem uma fortuna crítica produzida no calor da hora. Páginas que viriam se tornar um legado extraordinário para aqueles que, mais tarde, quisessem estudá-lo. Um trabalho pioneiro, que entrega, de bandeja, um repertório documental que faria a delícia dos adeptos da crítica da recepção, modalidade que se ocupa do acolhimento alcançado "por uma

---

16. *30 Anos de Literatura*, p. 9.
17. Jorge Amado, *Os Velhos Marinheiros*, Rio de Janeiro, Record, 1986, p. 20.
18. Jorge Amado, *A Morte e a Morte de Quincas Berro D'Água*, Posfácio de Affonso Romano de Sant'Anna, São Paulo, Companhia das Letras, 2008, p. 18.

obra à época de seu aparecimento e ao longo da história" e que se torna pista para avaliação da "sua capacidade de manter-se em diálogo com o público"[19]. Pode ser esta tentativa uma compreensão modesta da teoria da recepção, mas foi deliberada e funcional.

Dentro do arco temporal que essas reações cobrem deparamos com nomes canonizados por nossa historiografia crítica e com outros de alcance imediato e circunstancial apenas, absorvidos pelo anonimato. Tanto numa categoria como noutra, estão incluídas manifestações vindas de professores, jornalistas, escritores, cineastas, políticos, poetas, historiado-res, sociólogos etc.

Entre os canonizados, bastaria a lembrança de alguns para termos a temperatura dessa recepção entusiástica a *Jubiabá* (1935) e a *Terras do Sem Fim* (1943), dois dos romances mais consistentes e de sucesso imediato, o que viria a se repetir somente com *Gabriela, Cravo e Canela*, anos depois. O traço que atravessa tais comentários, sobretudo os relativos a *Terras do Sem Fim*, é o do entusiasmo crítico inegável. Alguns artigos salientam a poesia viva que se materializa; outros chamam nossa atenção para a adesão imediata que se dá entre o leitor e a trama narrativa. Sem contar que, em alguns momentos, entusiasma-se o comentarista com a supremacia poética que o romance demonstra e que ofusca a veleidade documental, apanágio dos anteriores, exceto *Jubiabá*.

Sobre este romance, por exemplo, Lúcia Miguel Pereira, através do *Boletim de Ariel*, não hesitou: "é um grande romance, grande pela beleza, grande pela emoção que desperta"[20]. Na *Folha de Minas*, Oscar Mendes afirmava que Lindinalva, a heroína do romance, lembrava figuras de Dostoiévski ou de Poe[21]. Em artigo extenso para *O Jornal* do Rio de Janeiro, Otávio Tarquínio de Sousa garantia-nos que "*Jubiabá* é um dos melhores livros publicados ultimamente e sem dúvida alguma o melhor dentre os quatro que já nos deu"[22]. Edgard Cavalheiro, depois de reclamar do silêncio da crítica, exaltava-se: "Jorge Amado escreveu o maior romance do ano, um dos maiores da nossa literatura!"[23]... Rubem Braga, que nunca se pôs de crítico, mas nem por isso era menos atilado, arriscava metáfora jardineira, como era de seu gosto, e desfolhava-se:

---

19. Regina Zilberman, *Estética de Recepção e História da Literatura*, São Paulo, Ática, 1989, p. 114.
20. *30 Anos de Literatura*, p. 95.
21. *Idem*, p. 96.
22. *Idem*, p. 102.
23. *Idem*, p. 103.

"Acabando de ler o livro tive a impressão de uma árvore grossa, folhuda, com flores, com frutas, com passarinhos, com muitas raízes fazendo um bolo no fundo da terra fertilíssima"[24].

Generoso e sensato como sempre, Érico Veríssimo relembrava, com humor, o ramerrão dos romances brasileiros de então e anotava que *Jubiabá* afastava-se da trilha tradicional e rejeitava "a monotonia, [a] tranquilidade, [e a] mesmice"[25]. Para o escritor gaúcho, *Jubiabá* batia de frente contra filão brasileiro recente, que apostava suas fichas na

> [...] história de uma família pacata, em que o pai é funcionário público e fuma charutos aos sábados; a mãe, uma senhora muito boa, que faz doces; o filho, um malandro, que joga football; a filha, uma rapariga mais ou menos sapeca, que tem um namorado também malandro, com o qual conversa nos bailes ou na praia. [...] Nenhum crime. Nenhuma angústia. [...]. Duas vezes por semana, cinema[26].

Roberto Alvim Corrêa foi ao ponto: "Antonio Balduíno é viril com elegância e nele existe uma certa mola que [...] não para de funcionar: a necessidade da justiça"[27]. Em *Jubiabá* a figura dominante é a do parrudo Baldo, "negão sarado que já entra no romance", na véspera da Segunda Guerra, "dando porrada e destruindo um alemão com nome de deus germânico"[28].

Em *Terras do Sem Fim*, por outro lado, é o coletivo, e não mais o individual, que se encarrega do protagonismo. Neste segundo romance vitorioso de Jorge Amado, os coronéis que *prendem e arrebentam* ocupam o centro com sua luta fratricida, salpicada de lambanças políticas e de crimes passionais, itens que passariam a ser constantes na carreira do romancista, quase sua marca registrada.

A reação imediata a *Terras do Sem Fim* não se fez esperar.

O desfile de nomes, mais uma vez, é imponente: Álvaro Lins, Anne Seghers, Antonio Candido, Gilberto Freyre, Haroldo Bruno, Moacyr Werneck de Castro, Oswald de Andrade, Plínio Barreto, Wilson Martins, Roger Bastide, Rol-

---

24. *30 Anos de Literatura*, p. 107.
25. *Idem*, p. 110.
26. *Idem, ibidem*.
27. *Idem*, p. 122.
28. Antonio Dimas, "Da Praça ao Palanque", posfácio a *Jubiabá*, São Paulo, Companhia das Letras, 2008, p. 325.

mes Barbosa, por exemplo. Alguns deles, no entanto, sobressaem-se. Seja por causa da extensão de seus comentários, seja pela qualidade ensaística de suas apreciações, a que se junta ainda, no caso de alguns deles, o balanço provisório que se fez em torno de uma carreira com mais de vinte anos. De forma geral, convergem todos os articulistas para um ponto: *Terras do Sem Fim* é o melhor romance de Jorge Amado, até então.

Como *Jorge Amado: 30 Anos de Literatura* é livro construído a partir de recortes de artigos, manda a prudência que tais recortes fossem confrontados com o texto original, sempre que possível e desejável. Não só para especular sobre os critérios de seleção, de corte e de exclusão, como também para se medir a extensão do descarte. Porque, depois de certo tempo de convivência com a obra do escritor e com a crítica que rodeou seus livros, tanto a de procedência bibliográfica, quanto a de conversas informais por corredores acadêmicos, convinha redobrar os cuidados para não referendar o juízo ordinário.

Em *Jorge Amado: 30 Anos de Literatura*, ficam salientes os rebordos da montagem crítica. Constatados os recortes, seria o caso, portanto, de se perguntar sobre as inclusões e as exclusões, se quiséssemos alcançar uma perspectiva mais ampla e mais justa, sem margem exagerada para o acolhimento impensado ou para a restrição casmurra.

Diante das marcas evidentes dessa costura para cerzir o painel de homenagem, não nos restou senão o dever metodológico de confrontar o fragmento inserido no livro com a matéria original, publicada por jornais e revistas. O primeiro a ser cotejado foi o artigo de Álvaro Lins (1912-1970[29]), porque já o conhecíamos bem mais extenso, de leituras anteriores.

Confiando nessa estratégia do confronto entre a matéria estampada pelo jornal e a que foi transposta para o livro, a surpresa ofereceu-se logo na saída, com o fragmento crítico de Álvaro Lins sobre *Terras do Sem Fim* (1943). Sua curta extensão provocou-nos estranheza, já que se trata de crítico sabidamente pródigo, cujas opiniões claras e duras ocuparam sempre porção substancial de rodapé no *Correio da Manhã* carioca. Além de sua pouca extensão, chamou-nos a atenção também o tom ameno do fragmento, uma vez que – sabem

---

29. Os rodapés de Álvaro Lins, publicados no *Correio da Manhã* do Rio de Janeiro, nos anos 1940 e 1950, foram republicados em sete volumes de seu *Jornal de Crítica,* Rio de Janeiro, José Olympio, 1941-1963) e em *Literatura e Vida Literária*, Rio de Janeiro, Civilização Brasileira, 1963. Neste mesmo ano, saíram, mais uma vez, em *Os Mortos de Sobrecasaca,* pela mesma Civilização Brasileira.

muito bem disso seus leitores – pouca simpatia lhe despertava o romance de tendência social. Em momento de disputa acesa entre o *romance social e o romance psicológico*, por exemplo, Álvaro Lins nunca disfarçou sua preferência por este último, ainda que se mostrasse concessivo em uma de suas notas críticas, de nítido recorte pedagógico: "[...]o romance é um gênero propício aos fins de períodos e épocas, ele traz no seu espírito um caráter de inventário, uma capacidade de reter e guardar o quadro social que esteja em vésperas de transformação ou desaparecimento"[30].

Ora, se pensarmos que um dos componentes fortes de *Gabriela, Cravo e Canela* é exatamente o (suposto) declínio do coronelismo rural e da truculência machista, a advertência acima cabe como luva. Na severa visão crítica de Álvaro Lins, rente ao dogmático, o romance social corria o risco de "erro" ficcional. Não é senão isto que se depreende de outra afirmação sua, estampada na mesma edição do jornal, logo em seguida: "Preocupar-se mais com certas situações sociais do que com a estrutura íntima dos personagens – isto constitui um erro na arte de ficção"[31]. Em resumo, a crítica normativa do intelectual pernambucano conferia valor estético apenas ao romance de cunho psicológico. Diante do romance social, empinavam-se-lhe as sobrancelhas.

Se no fragmento publicado pelo livro da Martins essa prevenção contra o *romance social* meio que se desmancha, nos três artigos, que publicou no *Correio da Manhã*, Álvaro Lins não titubeia. Nesses três rodapés, Jorge Amado foi enquadrado, de forma literal, pelo crítico[32].

Como resultado dessa penosa comparação tem-se que o editor do livro de homenagem operou recorte estratégico nos fartos rodapés, com o intuito evidente de poupar seu homenageado de qualquer constrangimento público, uma vez que se tratava de comemoração festiva, de promoção comercial apropriada e não de execução pública.

Não se cogita aqui de confrontar as várias versões desses artigos. É tarefa improcedente. Mas valeria a pena a lembrança do cotejo rigoroso em algum

---

30. Álvaro Lins, *Literatura e Vida Literária*, p. 181.
31. *Idem*, p. 182.
32. Pelo *Correio da Manhã*, saíram "Romance do Interior" (3 dez. 1943) e "Problemas de um Romancista" (5 e 12 out. 1945). "Romance do Interior" saiu no *Jornal de Crítica*, vol. 4, em 1946. "Problemas de um Romancista" saiu no *Jornal de Crítica*, vol. 5, em 1947. Em formato único, Álvaro Lins republicou-os todos em *Os Mortos de Sobrecasaca*, pela José Olympio, em 1963, pp. 230-246. O trecho da crítica de Álvaro Lins, publicado em *Jorge Amado: 30 Anos de Literatura*, está na p. 180.

momento. No mínimo para desfazer a falsa impressão de boa aceitação de Jorge Amado por parte do crítico, sabidamente duro. Se nos limitarmos tão somente à versão publicada pelo livro de homenagem, sai-se bem Jorge Amado, entre um tênue elogio e uma reprimenda pedagógica, vinda de um crítico que julgava nosso romance a partir de padrões franceses e produzidos, portanto, em outro contexto cultural. Ferrabrás da crítica, Álvaro Lins desqualifica a produção do romancista, em vaivém argumentativo, no qual predomina a rejeição. Não é custoso pinçar, em sua apreciação, afirmações que mais revelam o crítico que o romancista; que mais expõem o crítico, que o ficcionista, não obstante sua pregação sistemática contra o dogmatismo. Ao longo das páginas dedicadas aos romances publicados até *Terras do Sem Fim* (1944), não é difícil extrair delas a aversão crítica de quem leu Jorge Amado sonhando com Marcel Proust. Se não quisermos atravessar todos os três artigos, bastaria uma frase isolada no meio deles. Por meio dela, Álvaro Lins equipara, de maneira insidiosa, autor com conteúdo ficcional, em moldura desfavorável, cujo preconceito subjacente não se elimina com facilidade: "O Sr. Jorge Amado, um instintivo, dá-se bem na tarefa de exprimir uma realidade bárbara e primitiva"[33].

Para o crítico de Pernambuco, os personagens da *saga da Bahia* são dotados de *sentimentos primários* e se mostram *seres instintivos e simples*; seus *melhores tipos são os homens sem complexidade, enquanto que as mulheres são sombras ou criaturas convencionais; seu narrador parece ter conhecimento muito limitado das almas femininas e dos seus sentimentos amorosos*; o autor carece de *certos recursos de cultura, de ideias gerais e de técnica literária*; trata-se de romancista, que *não hesita em simplificar os assuntos e os problemas para adaptá-los aos seus recursos de criação ainda primários e insuficientes; o inorgânico dos seus livros revela miséria estilística*; seus leitores são *ingênuos ou corrompidos*. Este quadro desfavorável começa a mudar, de modo leve, no entanto, com *Jubiabá* (1935), ainda que o crítico considere *banais ou falsos o enredo e os episódios do romance*[34].

A súmula do ponto de vista defendido por Álvaro Lins a respeito do autor baiano era a de que tanto ele como seus leitores estavam na contramão da inteligência e da sensibilidade. Assentado isso, cabia, pois, ao crítico o papel

---

33. Álvaro Lins, *Os Mortos de Sobrecasaca*, pp. 230-246
34. *Idem, ibidem*.

civilizatório e messiânico de alertar, de forma pontual, sobre esse desencontro de gostos e, se possível, de corrigir o desvio autoral.

Curioso é que, na composição do livro de homenagem, esse fragmento de teor magisterial venha um pouco depois de outro artigo, que tenta também um balanço da obra de Jorge Amado até *Terras do Sem Fim*, sem, no entanto, sugerir, nem de leve, reencaminhamento ficcional.

Depois de considerar a emergência, nos anos 1930, de um *romance brasileiro*, que soube apreender a *dualidade cultural* deste país, composta por um Brasil litorâneo e por um outro mais interiorizado, Antonio Candido (1918-2017[35]) anota que pode estar nessa constatação o indício de uma "tomada de consciência da massa através da simpatia criadora dos artistas que se dirigiram a ela". E, neste processo, inclua-se, de forma concreta e auspiciosa, a presença negra, que deixou de ser objeto de reportagem para alcançar existência estética. Ao repassar de ponta à ponta a produção do romancista baiano, o crítico da *Folha da Manhã* sentia-se à vontade para concluir que Jorge Amado encarnava a "expressão definitiva de todo um pensamento e toda uma atitude literária que têm fecundado nossas letras há mais de dez anos". Para chegar a esse ponto, sugere o crítico, tinha sido necessário vencer as dificuldades iniciais da *falta de composição* de que se ressentiam seus romances anteriores. Deslize como esse, lembra Antonio Candido, "reside sobretudo na capacidade ordenadora do escritor; no seu senso de proporção, de equilíbrio, de distribuição dos valores expressivos", traços a serem alcançados com a maturidade. Por enquanto, lê-se em outro trecho, "o sr. Jorge Amado tem o estofo de um inspirado". E, como tal, age "sob a influência de um choque emocional, o seu impulso lírico solta o voo e arrasta a realidade concreta do detalhe documentário [...] para um clima de exaltação poética[...]" No final do artigo, vinha a afirmação de que *Terras do Sem Fim* era "um grande romance, cujo significado na nossa literatura não pode no momento ser bem aquilatado".

---

35. A crítica de Antonio Candido está entre as páginas 168 e 179 de *Jorge Amado: 30 anos de Literatura*. Depois de publicada na *Folha da Manhã* (SP) de 03, 10 e 17 out. 1943, saiu ela em *Brigada ligeira*, São Paulo, Martins, 1945. Na impossibilidade de acessar, de modo remoto, o jornal paulista, cotejamos a versão do livro de homenagem com a de *Brigada Ligeira*.

Plínio Barreto (1882-1958[36]), por sua vez, afastou-se da dimensão literária e preferiu salientar o teor documental de *Terras do Sem Fim*, cujo conteúdo, segundo ele, se demora nas *torpezas forenses*, na ausência flagrante do Estado e na empáfia do mandonismo político, encarnado na súcia de coronelões toscos, arrodeados por capangas de *crueldade integral*. Na sua opinião, expressa em ensaio de escrita impecável, em boa hora recolhido com outros em *Páginas Avulsas*, são esses os componentes que resumem a condição social do Brasil e que atestam estarmos ainda "longe do grau mínimo de civilização a que julgávamos ter atingido". Se, como obra de arte, argumenta o jornalista, Jorge Amado alcançou de modo pleno seu objetivo, acrescente-se a isso uma outra dimensão inestimável do romance: o de ter alcançado também a esfera social. Graças a uma narrativa como essa, de forte teor social, insiste Plíno Barreto, fica evidente que o "Estado precisa entrar nesses lugares para proteger os fracos e não para facilitar a satisfação dos apetites que os poderososo alimentam".

Como visão externa, apetrechada de conhecimento sociológico e de fundamentação estética, Roger Bastide (1898-1974[37]) anota, de saída, a herança naturalista do romance do nosso Nordeste: "No Brasil, o romance do Nordeste é, por muitos lados, herança do naturalismo". Em seguida, Bastide observa que Jorge Amado transforma a sensação, território naturalista, em imagem mística. E que o caráter épico do romance decorre da junção de dois planos reversíveis: "Tudo se desenrola em dois planos, um cósmico e o outro sociológico, e o autor narra num plano o que na realidade se passa ou vai se passar no outro".

A tamanho entusiasmo crítico, nessa seqüência cronológica montada para comemorar o ofício do escritor, seguem-se outros comentários que enfatizam o lado social ou político da produção posterior a *Terras do Sem Fim*. Na sua

---

36. O artigo de Plínio Barreto está entre as pp. 181-186 do livro *Jorge Amado: 30 Anos de Literatura*. Esta versão foi comparada com a que aparece em coletânea de ensaios de Plínio Barreto, intitulada *Páginas Avulsas*, Rio de Janeiro, José Olympio, 1958. Prefácio de Antonio Candido.
37. Sob o título "Jorge Amado e o Romance Poético", o artigo de Roger Bastide está entre as pp. 193-196 do livro da Martins. Com esse mesmo título, o artigo já havia sido publicado pelo *Diário de S. Paulo*, em 5 nov. 1943, cf. coletânea substanciosa e mais que oportuna de Glória Carneiro do Amaral, que recolheu os artigos de Bastide pela imprensa brasileira, em sua *Navette Literária França-Brasil*, São Paulo, Edusp, 2010, vol. 2, pp. 271-274. "Jorge Amado e o Romance Poético" foi também publicado por *O Jornal* (RJ), em 8 fev. 1944. Foram cotejadas as três publicações.

grande maioria, no entanto, passam ao largo dos artifícios da construção literária específica.

O silêncio pontual sobre a artesania literária ganha corpo quando chegamos no *Os Subterrâneos da Liberdade* (1954). Nos artigos dedicados a essa trilogia, dois traços comuns aproximam-nos e elevam-nos a uma categoria à parte do ponto de vista do labor literário. De um lado, a *fixação do real*, como anota Pedro Mota Lima; de outro, a inevitável luta de classes, segundo a clássica idealização do confronto entre a burguesia viciosa e o povo sofrido, mas virtuoso. Dos oito artigos que fazem parte desta seção, dois merecem destaque: o de Pedro Mota Lima, figura alta na direção do pcb de então, e o de Fernando Pedreira, que abandonaria o Partido em 1956, por discordar da invasão da Hungria.

Pedro Motta Lima (1898-1966), "comunista imemorial e bolchevique comprovado"[38], segundo a lembrança do romancista, começa por dizer que a trilogia representa um "salto qualitativo" no percurso literário de Jorge Amado, porque, "ao invés de criações subjetivas", o romancista sai em "busca do verídico e da fixação do real", o que lhe permite alcançar "expressão categorizada do realismo socialista", cumprindo assim, com correção, o "papel do escritor a serviço da classe operária e do povo", virtude que sobeja em "homens educados na escola staliniana"[39].

Numa perspectiva bem menos sectária e, portanto, mais ampla, Fernando Pedreira (1926-2020) identifica a estrutura de painel como princípio de construção dos três volumes de *Subterrâneos da Liberdade*. Nesse painel, acrescenta o articulista, estão contidas inúmeras ocorrências díspares, que têm a virtude de alinhar, lado a lado, "a fachada suntuosa e 'nacionalista' do Estado Novo" com a "realidade escondida de terror e negociatas". Para o jornalista, a trilogia – ainda conhecida, naquele então, como *O Muro de Pedras* – funciona como uma generosa súmula, como um verdadeiro "capítulo da vida nacional". E, por esse motivo, trata-se de obra que merece ser estudada "com redobrada

---

38. Jorge Amado, *Navegação de Cabotagem*, Rio de Janeiro, Record, 1992, p. 286. Pedro Motta Lima está entre as pp. 235-238 do livro da Martins.
39. O artigo de Pedro Motta Lima saiu, primeiro, na *Imprensa Popular* (RJ), em 4 jul. 1954, sob o título de "Um Grande Romance". No livro de homenagem da Martins, o artigo está entre as pp. 235-238, na sua forma integral.

atenção"⁴⁰. Esta nota curta em jornal paulista de circulação modesta tem a virtude de se mostrar mais aguda, exatamente por ser mais abrangente e menos partidária. Em linguagem menos direcionista e menos sujeita às determinações do Partido, Fernado Pedreira avalia a mistura social e política do último romance ferozmente empenhado de Jorge Amado e lhe augura "influência prolongada e duradoura" na nossa literatura.

Vencidas estas páginas que até hoje homenageiam o escritor que se tornou o carro-chefe da Martins, passamos a um segundo recurso: o do acesso aos periódicos em boa hora digitalizados pela *Hemeroteca Digital* da Biblioteca Nacional do Rio de Janeiro.

* * *

Gabriela, Cravo e Canela talvez seja um dos poucos romances brasileiros que disponha de certidão de nascimento oficial e pública, devidamente declarada e assinada pelo seu criador.

Em carta de 19 dez. de 1963 para Alfred Knopf, o editor norte-americano de tantos brasileiros no século passado, Jorge Amado informa a data precisa de nascimento do seu romance: *Gabriela* foi publicada no Brasil no 10 de agosto de 1958"⁴¹. Além dessa carta, o colofão da primeira edição do romance con-

---

40. De acordo com informação do livro de homenagem da Martins, o artigo de Fernando Pedreira foi publicado por jornal paulista, aparentemente inexpressivo ou efêmero, denominado *Notícias de Hoje*. Na indicação da fonte, ocorre data errada: 1945. Ora, *Subterrâneos da Liberdade*, foco do artigo, saiu em 1954. Não encontrei, ainda, maiores informações sobre esse periódico, que também não está digitalizado pela BN-Hemeroteca Digital.
41. Essa carta de Jorge Amado está nos acervos do "Harry Ransom Center" da University of Texas-Austin, onde está depositada a correspondência pessoal e comercial de Alfred & Blanche Knopf, grandes divulgadores da literatura brasileira nos Estados Unidos. A rigor, a carta, um pouco mais extensa, trata do registro dos direitos autorais do romance junto à Biblioteca Nacional do Rio de Janeiro. Nela Jorge Amado informava: "[...]the copyright was registered in the Biblioteca Nacional on the 8th. of April 1963, and the exact entry number of the copyright registration at the Biblioteca Nacional, [sic] is the 14.063. /.../ For your knowledge, I tell you in advance that the first edition of *Gabriela* was published in Brazil on the 10th of August 1958"(Caixa 400.14). Esta pesquisa nos arquivos de Alfred & Blanche Knopf do Harry Ransom Center (HRC) da University of Texas-Austin começou em 2007, quando lá estivemos como "Losano Long Visiting Professor", junto ao LLILAS, no outono de 2007. Depois dessa oportunidade, voltamos mais algumas vezes: em 2014, como bolsista do próprio HRC; em 2017, em caráter pessoal; em 2018, como bolsista da Fapesp, Processo 2018/02139-0. A viagem seguinte foi impedida pela pandemia.
Sobre as relações de Alfred & Blanche Knopf com o Brasil, ver ainda: Elizabeth Cancelli, *O Diário de um Norte-americano na Ditadura*, São Paulo, Intermeios, 2020. Marly D. B. Tooge, *Traduzindo o Brasil: O País Mestiço de Jorge Amado*, São Paulo, FFLCH/USP, 2009, Tese de Mestrado.

firma o ano: "Este livro foi composto e impresso [...] para a Livraria Martins Editora, em 1958".

Foi com base nessa carta e no colofão, que delimitamos uma temporalidade exata como balisa cronológica para este artigo: agosto de 1958 e fins de 1959. Dentro dela, nos movimentamos para aferir a repercussão imediata do romance através da imprensa, nossa ambição maior.

Nosso ponto de partida para a escolha dos periódicos foi, mais uma vez, o livro de homenagem da Martins, apesar de serem parciais e insatisfatórias suas indicações topográficas. Por esse motivo, elaboramos nova lista, tendo claro que nos limitaríamos tão somente aos jornais e revistas já digitalizados pela Biblioteca Nacional do Rio de Janeiro.

Com esse conjunto construímos um elenco expressivo, embora não definitivo, de artigos e de notícias em torno de *Gabriela, Cravo e Canela*, romance que, na opinião de muitos, absorveu e movimentou demais o cenário editorial brasileiro em 1958. Do que não escapou nem mesmo a primeira edição de um clássico da nossa historiografia literária: a *Formação da Literatura Brasileira* de Antonio Candido. É seu autor deste clássico o depoimento a Gilberto Figueiredo Martins, que o entrevistou sobre sua temporada na Faculdade de Letras de Assis, entre 1958-1960:

> Eu fui vítima de *Gabriela, Cravo e Canela*, porque ele [o editor Martins] recebeu, junto com meus originais, *Gabriela, Cravo e Canela*, que foi um estouro! Todo papel que ele tinha, botava na *Gabriela, Cravo e Canela*. Naquele tempo, foi um best-seller fantástico, sessenta mil, setenta mil exemplares![42]

Quanto a este repertório rico e diversificado, em que entra desde a nota mais ligeira até o artigo mais denso, foi igual nosssa atenção. Como tarefa, escolhemos, então, periódicos de porte, mas somente os incluídos na Hemeroteca Digital: *Correio da Manhã* (RJ), *Correio Paulistano* (SP), *Diário Carioca* (RJ), *Diário da Noite* (SP), *Diário de Notícias* (RJ), *Diário de Pernambuco* (PE), *Jornal de Letras* (RJ), *Jornal do Brasil* (RJ), *Jornal do Comércio* (RJ), *Leitura* (RJ), *Manchete* (RJ), *Nossa Voz* (SP), *Novos Rumos* (RJ), *O Cruzeiro* (RJ), *Suplemento Literário* de *O Estado de S. Paulo*, *Tribuna da Imprensa* (RJ), *Última*

---

42. *Miscelânea*, Assis, vol. 27, pp. 95-106, jan.-jun. 2020, issn 1984-2899, p. 8. Agradecemos ao colega Álvaro S. Simões Jr., da Unesp-Assis, esta indicação providencial.

Hora (PR/RJ/SP) e *Voz Operária* (RJ), por enquanto. Quanto às duas matérias publicadas por *O Estado de S. Paulo* e que não constam da Hemeroteca Digital, consegui-las foi favor de Bete Ribas, do Arquivo do IEB/USP, a quem agradecemos.

Desta busca resultaram notícias ligeiras ou artigos assinados por nomes que vieram a se tornar referência em nossa crítica literária. Nomes que se manifestaram através do periodismo cultural ou da universidade, às vezes de ambos. Nesta etapa da garimpagem remota, foi surpresa agradável ler matérias de qualidade, algumas soterradas pelo tempo, ainda que assinadas por nomes que vieram a se tornar referência em nossa historiografia literária. Alguns desses nomes já faziam parte do elenco do livro comemorativo da Martins[43].

Entram, nesta etapa, esses nomes, porque o espaço anterior ficou reservado para os pronunciamentos críticos *anteriores* ao surgimento de *Gabriela*. Entram aqui, agora, os pronunciamentos em torno de *Gabriela*, divisor de águas. Era preciso separar de forma nítida os comentários *antes* de *Gabriela* daqueles que vieram *com* ela e *depois* dela.

Por meio da Hemeroteca Digital, percorremos e relemos artigos já conhecidos, bem como levantamos outros, ligados ao tortuoso romance entre a sertaneja e o turco Nacib. Buscamos a matéria original dos jornais e das revistas não só por uma questão de fidelidade textual. Mas também para dissipar lacunas de algumas das transcrições do livro da Martins, sobretudo as que que se limitavam a excertos. Um terceiro motivo técnico também se impôs: o livro de homenagem da Martins não traz datas precisas, item importante quando se trata de garimpar jornais e revistas. Traz, quando muito, o nome do periódico e o ano da publicação, sem mês, nem dia. Não custa lembrar, como acréscimo, que nem sempre a apreciação original tornou-se parte definitiva da bibliografia do crítico. Por mil motivos, pode ela ter-se perdido ao longo da carreira de quem a escreveu. Não se deve menosprezar, por outro lado, a hipótese de que o próprio autor possa tê-la descartado, fosse como material efêmero a ser abandonado, fosse como rejeição a uma reflexão tida como superada.

---

43. No caso específico da recepção isolada de *Gabriela, Cravo e Canela*, cabe lembrar coletânea de ensaios organizada por Ívia I. Alves (UFBA) e publicada em 2004 pela Fundação Casa de Jorge Amado: *Em torno de Gabriela e Dona Flor*. Nesse livro, a organizadora publicou "As Mudanças de Posição da Crítica e a Produção de Jorge Amado".

Com esta perspectiva em mente, foi-nos possível recuperar vários nomes através da pesquisa remota. Nomes que ainda se mantêm à tona ou que foram engolidos pela voragem do tempo. Nomes como Afrânio Coutinho, Alceu de Amoroso Lima, Aluísio Napoleão, Antonio Rangel Bandeira, Astrojildo Pereira, Bráulio Pedroso, Dias da Costa, Eduardo Portella, Esdras do Nascimento, Fausto Cunha, Gilberto Freyre, Hildon Rocha, Jacob Gorender, Jacó Guinsburg, João Gaspar Simões, José Cândido de Carvalho, Luiz Israel Febrot, M. Cavalcanti Proença, Oliveiros Litrento, Paulo Hecker Filho, Sérgio Milliet e muitos outros.

Nesta fase, trunfos foram conquistados, porque a motivação inicial era a de localizar com pontualidade dois artigos, de natureza e qualidade bem diversa entre si, mas que tinham como ponto comum o desprazer e o desconforto diante da obra de Jorge Amado. Dois textos que destoavam completamente da louvação geral, deflagrada por *Gabriela*, a serem tratados mais adiante. Um deles assinado por José Carlos Oliveira, do *Jornal do Brasil*; um outro assinado por Jacob Gorender, publicado em *Novos Rumos*.

Com certa tranquilidade pode-se dizer, no entanto, que a maioria dos pronunciamentos críticos acolheu bem o novo romance, ambientado na Ilhéus de 1925.

Independente do alcance do periódico, se nacional ou regional, e independente também da preferência ideológica, se mais fervorosa ou não, o que nos interessa é, mais do que nada, registrar as primeiras reações no tempo curto de doze meses, antes mesmo que o romance fosse apropriado pelas instâncias universitárias. Pode até parecer uma acepção grosseira da recepção, manejo tosco das teorias alemãs que surgiram alguns anos depois, na década de 1970, mas é atitude deliberada, porque visa, sobretudo, avaliar o fosso entre o Jorge Amado de *Subterrâneos* e o Jorge Amado de *Gabriela*.

O que há no interior desse fosso? Que preciosidades esconde? De quê tipo? Qual a natureza delas?

Dentro do elenco substancioso disponibilizado pela bn Digital, alinham-se quase cinquenta títulos. Desde jornais e revistas de envergadura até revistas setorizadas, de simples entretenimento, como a *Revista do Rádio* (rj), por exemplo, ou *Cinelândia* (rj), outro exemplo.

Os pronunciamentos foram escolhidos pela qualidade argumentativa e dispostos em seqüência cronológica, a partir de agosto de 1958, mês do lançamento do romance, em várias capitais brasileiras. Marcam-nos muito mais o lastro intelectual e a sensibilidade pessoal do crítico, do que o recurso a eventuais teorias em voga, sempre passageiras. Demos preferência, também, àqueles que, embora de qualidade, não conseguiram atravessar o tempo, porque nenhum livro os conservou para a posteridade e ficaram, assim, enterrados nas páginas dos jornais, ainda hoje deitados na prateleiras das bibliotecas, repousando. Não desprezamos, por outro lado, nem as notícias curtas, onde, vez ou outra, frases de aparência despretensiosa lançam pistas e hipóteses para avaliação futura.

Em listagem extensa e de difícil escolha, alguns artigos se impuseram, não apenas pela receptividade, mas – e sobretudo – porque alinhavaram meia dúzia de argumentos capazes de localizar o romance na série histórica do autor baiano, prestes a completar trinta anos de carreira. Na iminência do lançamento do livro, algum noticiário surge, em jornais de prestígio do eixo Rio/ São Paulo, pronto a antecipar a novidade, com base em dados internos do romance. Em entrevista para Mauritônio Meira, por exemplo, Jorge Amado avança que deslocara o cenário da *terra* para a *cidade*, dessa vez. Segundo o romancista, *Gabriela* afastava-se do *sentido épico*, que marcava seus romances anteriores e adotava a ternura e a ironia como procedimento narrativo: "[...] [Gabriela] não tem sentido épico, como aqueles [anteriores]. É um livro terno e, em parte, irônico. Enquanto aqueles eram de terra, este é de cidade, com apenas duas cenas no campo"[44].

Em outra nota curta de *O Estado de S.Paulo,* assinada por S. M., seu autor adverte que o romancista passava a cuidar mais da psicologia dos personagens e abandonava "arcabouços doutrinários aborrecidos e convencionais em benefício de uma mais profunda realidade"[45].

No *Correio da Manhã* uma outra nota anônima assinalava que, em *Gabriela,* o romancista derrubava "o mito da província, pura e cheia de virtudes, em contraposição à metrópole corrupta"[46].

---

44. *Correio da Manhã*, 29 jun. 1958.
45. *O Estado de S. Paulo*, 3 ago. 1958.
46. *Correio da Manhã*, 16 ago. 1958.

Autor de um clássico de nossa historiografia literária *A Vida Literária no Brasil – 1900* (1956), Brito Broca (1903-1961) escrevia para *Visão*, revista de perfil econômico. Depois de anotar que a cidade de Ilhéus ocupa o centro dessa narrativa despida de *pregação* e de *panfleto*, o crítico desfere curto golpe ácido contra o entusiasmo pelo *nouveau roman,* coqueluche do momento. Segundo ele, o romance novo de Jorge Amado vinha "mostrar a possibilidade de realizar-se ainda algo de novo nos moldes realistas, sem essas pesquisas formais, em que se perdem tantos romancistas modernos, no esforço de se tornarem originais a todo custo"[47].

Pelas páginas da *Folha de Minas*, Fritz Teixeira de Sales (1915-1981) contrastava o comportamento de dois coronéis em confronto, mostrando que um mirava o futuro e o outro preferia regredir a um passado mítico e indefensável, em *magistral diálogo*, capaz de *captar o grotesco das situações*[48].

Na *Última Hora* de São Paulo, Jacó Guinsburg (1921-2018) observava que o romancista baiano não abandonara "as paixões fortes, o romantismo derramado, nem a sensualidade violenta". Mas que vinha isso tudo agora envolto em "humor como nota principal, sob benevolente e refinada compreensão humana"[49].

Uma das primeiras vozes a se pronunciar sobre o romance em tom crítico e não noticioso foi Nelson Werneck Sodré (1911-1999). Voz abalizada e carregada de ironia, uma vez que se tratava de combinação rara de militar de alta patente com marxista de peso, intelectual e partidário. Pelas páginas da *Última Hora* (RJ, 16 ago. 1958), o autor de *O Que se Deve Ler para Conhecer o Brasil* faz uma revisão curta e severa dos romancistas que surgiram no Brasil depois de 1930. Sobre eles, em geral, faz duas restrições: 1. a dificuldade de ultrapassarem o nível documental; 2. a dificuldade inegável de alguns com o manejo do idioma. Para o crítico, em *Gabriela*, Jorge Amado demonstra ter superado tais problemas, graças à sua *capacidade lírica* e à sua *força narrativa*. O que impressiona, no entanto, neste artigo, não é tanto a argumentação genérica a favor do romancista. O que impressiona é o modo hábil como o crítico passa ao largo de duas questões nevrálgicas daquele momento delicado. Concen-

---

47. *30 Anos de Literatura*, p. 278. Quando a Hemeroteca Digital da BN não traz o periódico digitalizado, ativemo-nos, é claro, ao recorte do livro de homenagem.
48. *Idem*, p. 298.
49. *Idem*, p. 267.

trando-se tão somente na carreira do romancista, Werneck Sodré isola-o do racha que acometera o PCB, um pouco antes. De outro lado, faz vista grossa para o salto que o romancista dera, em tão pouco tempo, entre uma trilogia escandalosamente partidária e um romance na qual o apetite político compete, na mesma raia, com o apetite sexual, com a mesma violência e o mesmo despudor. Habilidoso, o articulista esgueira-se da sua circunstância de momento e, de quebra, ainda nos brinda com o percurso enxuto do romancista.

Logo depois de Nelson Werneck Sodré, é a vez de Hildon Rocha (1922-????). Pelas páginas do *Correio da Manhã* (30 ago. 1958), artigo seu, de nome "Gabriela, um Novo Caminho", faz longa consideração sobre um romance *tocado* pelo *contagiante sentimento de conciliação e compreensão*.

No mesmo tom de que se vale para salientar as *cores mais suaves* do novo romance, Hildon Rocha anotou que desse reencontro do autor com a *inesquecida paisagem de sua meninice*, não desapareceram os conflitos sociais nem os pessoais, apenas envoltos, agora, *por sentimentos de conciliação um tanto lírica e afetiva*. Ao longo da crítica de Hildon Rocha, uma das mais acolhedoras e mais serenas deste conjunto inicial, limitado a 1958/1959, acentua-se o abandono da contundência ideológica que se sobrepunha aos fatos em si. Nas entrelinhas do seu artigo, o que se louva é a moderação do narrador, que se tornara menos impositivo, menos invasivo e mais permeável às necessidades de seus personagens. De *Gabriela* desapareceu o narrador de dedo em riste, que compete com o conflito e que a ele tenta impor uma saída ideológica. Em *Gabriela*, Jorge Amado trabalha c*om uma nova realidade imposta pela dialética da vida*, sem medir forças com as contingências sociais e psicológicas que a contornam e a constrangem.

Nesse mesmo dia de agosto de 1958, Luís Martins (1907-1981) comparecia no *Suplemento Literário* de *O Estado de S.Paulo* para confessar-se surpreso com a alforria doutrinária de Jorge Amado, com a densidade humana dos personagens de seu novo romance e com o protagonismo desenvolto de uma cidade, que desbanca, de vez, *a política do trabuco, o mandonismo dos coronéis [...] o autoritarismo implacável do patriarca [e] a covardia do macho*. Para Luís Martins, o centro da narrativa não é mais a singularidade deste ou daquele cidadão, mas a pluralidade do conjunto urbano, espaço para conflitos de múltipla procedência. Em suma: o que importa é o todo, em detrimento da parte. O que favorece a criação de um *extraordinário mosaico de vidas, de paixões, de perfis humanos [e] de episódios dramáticos.*

José Roberto Teixeira Leite (1930-????), em artigo de página inteira para a *Revista da Semana* do Rio de Janeiro (6 set. 1958), é mais um dos que insistem sobre a prevalência do espaço no romance. Para o crítico, o personagem principal de *"Gabriela* é a própria região do cacau [...], e suas cercanias. *Gabriela* é a dimensão humana, Ilhéus a estrutura sobre a qual repousa".

Em 30 de setembro 1958, o jornal *Nossa Voz* de São Paulo, publicou um artigo com título interrogativo: "*Gabriela, Cravo e Canela* (de Jorge Amado) – A Vida Encarada com Doçura ou Pausa Política?" Nele, Luiz Israel Febrot (1926-2014), seu autor, duvida, logo de saída, da mudança de registro e de perspectiva do romance. Para o articulista, o cenário não mudava muito. O que mudava era o modo de encará-lo e de enquadrá-lo. Ao abandonar a moldura trágica da conquista da terra, pasto para a mais desvairada jagunçagem, o novo narrador preferia o risco do humor ao assombro épico. Incluía-se nessa escolha, sugere Febrot de leve, a contradição dos personagens e das situações como ingredientes móveis bem mais atraentes e mais densos que a simples amostragem dos desníveis brutos. Se coletivos ou individuais, isso pouco importava. Para Febrot, mais do que progresso social, o que está em causa, nesse romance, agora, é o progresso mental de um agrupamento humano. Sustenta-se esse raciocínio crítico quando o articulista nos assegura que, apesar de todo seu esforço e seu empenho, Gabriela ainda é menor que Ilhéus. "*Gabriela*, ao meu ver, não consegue se impor como heroína do romance", afirma Febrot. "O personagem central é mesmo Ilhéus..."

Outro que aponta a cidade como suporte maior da narrativa é Oliveiros Litrento (1923-2006), no *Jornal de Letras* do Rio de Janeiro, em dezembro de 1958. "Quem domina o romance, realmente, é a cidade em crescimento", garante-nos o crítico. No entanto, a má qualidade gráfica do jornal, hoje sem contraste entre o papel e a tinta, impediu-nos de explorar mais esse artigo, que nos pareceu de boa qualidade, até onde pudemos verificar.

Pouco antes de se encerrar 1958, Eduardo Portella (1932-2017) pronuncia-se sobre o romance, no *Jornal de Commercio* do Rio de Janeiro, em 14 dez[50].

---

50. Este artigo de Eduardo Portella foi recolhido pelo autor, mais tarde, em seu *Dimensões-II*, Rio de Janeiro, Agir, 1959.

Com discurso restritivo, o crítico baiano faz uma série de reservas ao romance e ao romancista – *tipo tradicional / esquema naturalista / falta de densidade / ineficácia romanesca de certas situações/ contador de histórias* – mas admite que se trata do *"mural mais amplo sobre o qual se movimenta a novelística amadiana"*. E que o progresso *"é a principal palavra-tema desse novo romance de Jorge Amado"*.

Três anos depois, em 1961, quando prefacia o livro da Martins em homenagem ao romancista baiano, o tom do crítico torna-se mais ameno, busca suporte teórico em Ortega y Gasset, Lukács, Américo Castro, Guerra da Cal e se mostra mais de acordo com o papel de apresentador oficial. No extenso prefácio, a que dá o nome de "A fábula em cinco tempos", Eduardo Portella sugere uma divisão da produção ficcional de Jorge Amado em cinco fases:

1. o tempo da elaboração motivadora: *O País do Carnaval;*
2. o da motivação baiana: *Jubiabá, Mar Morto* e *Capitães de Areia;*
3. o da motivação telúrica: *Cacau / Terras do Sem Fim / São Jorge dos Ilhéus / Seara Vermelha;*
4. o da motivação política: *Os Subterrâneos da Liberdade / A B C de Castro Alves / O Cavaleiro da Esperança / Mundo da Paz / Amor do Soldado;*
5. o da motivação pluridimensional, a partir de *Gabriela*.

Mais importante que essa tabela classificatória extensa, mas menos funcional do que parece ou quer ser, é a constatação de que, ao longo de seu trajeto, o romancista foi-se esmerando no sentido de dotar suas estórias de forte *oralidade* e seus personagens de uma aura de anti-herói, quando não de *atitude picaresca*. Portella vê bem ao sugerir que os personagens de seu conterrâneo começavam a baixar a guarda, a se tornarem menos épicos e caminhavam, sem grande constangimento, para o "universo dos pícaros e dos vagabundos", o que, efetivamente, se deu.

O ano de 1959 começa de modo mais que auspicioso para a moça Gabriela. Nos primeiros quinze dias do ano, dois críticos de peso voltaram seus olhos para ela, o que deve ter incomodado Nacib, ciumento que era. Em ordem cronológica, de novo, apresentaram-se: Astrojildo Pereira e M. Cavalcanti Proença. Dos dois, o mais feliz do ponto de vista argumentativo foi M. Cavalcanti Proença.

No caso de Astrojildo Pereira (1890-1965), na parte inicial de sua breve nota publicada na *Voz Operária* (RJ, 10 jan. 1959), é palpável seu contorcionismo para não melindrar as hostes partidárias, nem as literárias. Equilibrando-se entre *Os Subterrrâneos da Liberdade e Gabriela*, Astrojildo Pereira, cortês, rejeita o primeiro, e, com elegância sinuosa, acolhe o segundo. Seu argumento é de que o fracasso de *Subterrâneos* se deve "a uma esquemática e [,] portanto, incorreta aplicação do realismo socialista". O que não ocorreu no caso de *Gabriela*, continua o crítico. Porque, nesse romance, deu-se a "correta maneira brasileira de praticar o método do realismo socialista, com base na observação de uma realidade social em desenvolvimento". E antes de ressaltar que Jorge Amado voltou à "boa maneira" dos seus romances anteriores, Astrojildo Pereira lembra que "louvar o livro não significa louvar o autor".

Se no ano anterior, os dois artigos mais significativos tinham sido assinados por Hildon Rocha e por Luiz Israel Febrot, o melhor deste ano de 1959 vinha assinado por M. Cavalcanti Proença, companheiro de Nelson Werneck Sodré no Exército e na crítica.

Nesse momento, M. Cavalcanti Proença (1905-1966) já era voz acatada na crítica literária. Seu *Roteiro de Macunaíma*, indispensável até hoje, tinha ganho o primeiro prêmio em concurso literário promovido pelo Departamento de Cultura da Prefeitura Municipal de São Paulo, em 1952. A segunda edição desse ensaio meticuloso saiu em 1969 pela Civilização Brasileira. Em 1971, Antonio Houaiss recolheu e prefaciou uma série de ensaios dispersos desse crítico, deu ao volume o nome de *Estudos Literários* e incluiu-o na honrosa Coleção Documentos Brasileiros. Nesse prefácio, Antonio Houaiss chama a nossa atenção para a diversidade e qualidade microscópica do ensaísta Cavalcânti Proença. O artigo sobre *Gabriela*, originalmente publicado no *Jornal do Brasil*, em 11 jan. 1959, está recolhido em seus *Estudos Literários*.

Depois de ressaltar o ritmo das frases, o efeito musical de algumas delas e a eficácia descritiva de algumas cenas, Cavalcânti Proença aponta para outros itens narrativos que constroem a qualidade do romance. Por exemplo: a apresentação progressiva dos personagens; a "aparente desimportância" de um fato inicial que cresce e se desdobra; a técnica do *retardamento* que dilata a ação; a presença da cidade, *personagem importantíssima* do romance; o cuidado para mostrá-la aos pedaços, em mosaicos e não de forma compacta e abrupta; o tom irônico que, aqui e ali, recupera formas linguísticas arcaizantes, adequadas para sugerir a estagnação de certos comportamentos. É naquela "cidadezinha sonhando progressos", mas ao mesmo tempo, assustada e com medo deles, que Gabriela e Nacib se des/entendem, tendo como pano de fundo as incongruências do coletivo. Como saldo final, assegura-nos Cavalcânti Proença, é no contraste com esse cenário que Gabriela conquista "lugar permanente entre as personagens mais autênticas do romance brasileiro"[51].

Nesta sequência a mais cronológica possível, é irônico demais constatar que a qualidade crítica de um Cavalcanti Proença fosse atropelada, poucos meses depois e no mesmo jornal, por um texto longo e desastroso de José Carlos Oliveira (1934-1986) sobre as peripécias de *Gabriela*. Com o título de "Um Romance que Não É", o *Jornal do Brasil* (26 abr. 1959) abria espaço para seu cronista social, subitamente arvorado a crítico literário.

De modo desconcertante e pretensioso, o que alimentava bem sua fama de *enfant gaté* da orla carioca e lhe dava prestígio, o cronista costurava umas tantas frases fortemente negativas e, apelando para o critério da *verossimilhança*, com elas construía um raciocínio supostamente técnico, sem conectar uma alegação com outra. Para o crítico improvisado, Jorge Amado era "um escritor definitivamente banal; que não [lia] os livros que escrev[ia]; não passava de escritor de quinta categoria; não acredita[va] que os pés do povo t[ivessem] nascido para usar sapatos" etc. Antes disso, no entanto, em rompante idiossincrático, o jornalista se confessava horrorizado diante do que julgava antagônico, contraditório e vulgar.

Informado de que Jorge Amado estivera encerrado no Hotel Quitandinha de Petrópolis, para finalizar seu romance, incomodava-se o cronista social, que incidia em esnobismo nada original, ainda copiado de alhures:

> Nada tenho contra escrever num cenário luxuoso [...] mas me irrita imaginar que um ser humano possa subir a Petrópolis, instalar-se confortavelmente para escrever, e escrever [sic] coisas como "parou ante Clóvis Costa, apertou-lhe a mão.

Para J. C. Oliveira, o que mais o incomodou no romance é exatamente aquilo que lhe confere força: o tom jocoso que recobre inúmeras ações tidas

---

51. M. Cavalcânti Proença, *Estudos Literários,* Rio de Janeiro, José Olympio, 1971. Prefácio de Antonio Houaiss, n. 147, pp. 500-503, Col. Documentos Brasileiros.

como nobres, prontamente dissolvidas pelo narrador irônico, que jamais abre mão da galhofa para repassá-las ao leitor. Ao se misturarem a certeza prepotente de alguns mandatários de Ilhéus com as aspirações simplórias de alguns outros personagens bem mais humildes, cria-se tensa massa urbana única, encurralada entre a mudança e a permanência.

A opinião preconceituosa do cronista do *Jornal do Brasil* confunde visão narrativa com visão pessoal; subestima a inteligência do autor; determina normas estruturais, em flagrante desrespeito àquilo que vinha pregando; taxa de linear a rebeldia da heroína, mas, de modo contraditório, reconhece que Gabriela "detesta o mundo pequeno-burguês em que se viu metida depois de casar-se – um mundo limpo, confortável..."

A dissonância crítica, colocada com urbanidade e de modo comedido, veio de Jacob Gorender (1923-2013), um pouco depois dos limites cronológicos impostos para este artigo. E veio com o título de "As Novas Tendências na Obra de Jorge Amado" através das páginas de *Novos Rumos*[52], semanário carioca do PCB. Em artigo sobre *Os Velhos Marinheiros* (1961) e não mais *Gabriela*.

No seu artigo polido, embora equivocado, Jacob Gorender, cumprindo as tarefas partidárias tão bem descritas por Osvaldo Peralva em *O Retrato*, aponta indícios que deixavam clara a mudança de rumos do romancista baiano, a partir de *Gabriela, Cravo e Canela*. Para Gorender, as novelas sobre Quincas Berro Dágua e Vasco Moscoso de Aragão, os dois pilantras de *Os Velhos Marinheiros*, demonstravam: 1. "abandono da inspiração revolucionária"; 2. uma "visão amoralística e carnavalesca das coisas humanas"; 3. "queda do nível artístico".

Não se nega que os dois primeiros motivos tenham realmente ocorrido e de propósito. O problema é a conclusão automática, que precisa se submeter a uma visão política *a priori* e que, para isso, prefere encarar essa mudança como dado negativo, que leva o escritor a um *naufrágio artístico*, necessariamente. No conjunto, ao argumentar contra o *caricato comandante* Vasco Moscoso de Aragão, "herdeiro de rico comerciante e precursor provinciano [...] do *playboy* do nosso tempo", o secretário geral do PCB rechaçava-lhe a vida de dissipação e condenava o narrador por não condená-la. No fundo, o que há de mais la-

---

52. Jacob Gorender, "As Novas Tendências na Obra de Jorge Amado", *Novos Rumos*, n. 125, 28 jul.-03 ago. de 1961.

mentável nessa novela, continuava o articulista, é um certo amoralismo, que faz vista grossa para o ócio do comandante. Essa indiferença, sugeria Jacob Gorender, apequenava a estória do falso marinheiro, tipo truão e bem menor que a do "portentoso negro Balduíno", herói de *Jubiabá*. Com uma trajetória de vida em arco glorioso, o negro Baldo, de origem muito humilde, "puro como um animal e [que] tinha por única lei os instintos"[53], acabou por se tornar liderança de greve portuária, um pouco antes da Revolução de 30. Isso, sim! – lê-se nas entrelinhas de Gorender – era herói digno do nome.

A tais vozes dissonantes – como a do cortês Jacob Gorender, que cobrava fidelidade partidária e ideológica, ou como a do inábil cronista social do *Jornal do Brasil*, que não se inibia em sugerir, nas entrelinhas, que o agrupamento humano de Ilhéus fosse menos rastaquera e menos de *opereta* – contrapuseram-se outras, maiores em número e melhores em qualidade argumentativa. Vozes mais significativas da crítica literária brasileira daquele momento, tarimbadas pela redação ou pelas salas de aula.

Reforçava essas vozes, além disso, o sucesso editorial do livro, verdadeiro rastilho de pólvora. Em ambiente marcado pela modéstia de tiragem, *Gabriela* ultrapassou os limites desse território também e provocou pasmo. É bem verdade que ainda carecemos, até hoje, de fontes numéricas seguras e públicas que atestem a vendagem das edições. Por meio delas seria mais confiável construir-se a "fortuna editorial" desta ou daquela edição, não importa qual a área de inserção do produto. No caso específico de *Gabriela*, no entanto, uma nota entusiástica do *Jornal do Brasil* (2 dez. 1959) garantia que já haviam sido publicadas doze edições, com cerca de 102.500 exemplares, ano e meio depois do lançamento da sua primeira edição, portanto.

Pode ser que esse clima numérico efusivo tenha provocado resposta eufórica de Afrânio Coutinho (1911-2000), através de sua coluna "Correntes cruzadas" no *Diário de Notícias* do Rio de Janeiro, em 3 de maio de 1959.

Seu artigo otimista começava por comemorar os setenta mil exemplares que o romance já alcançara, em apenas nove meses, feito realmente notável neste país, sobretudo naquele momento. A partir dessa afirmação, Afrânio Coutinho especulava sobre o significado desse número, para concluir, de forma temerária, que o "país está literariamente maduro" e que já há "uma conso-

---

53. Jorge Amado, *Jubiabá*, Rio de Janeiro, Record, 2001, p. 10.

nância, um ajustamento entre escritor e leitor". Em seguida, juntava o crítico outras conclusões: que um fala a língua do outro; que ambos se entendem bem; que o intelectual brasileiro não precisa mais do aval europeu; que "já existe autonomia em nossa literatura". Ademais, garantia Afrânio Coutinho, Jorge Amado demonstra total domínio da versão brasileira da língua portuguesa, distinguindo-a, no ritmo e na cadência, da versão lusitana. "Para dois povos, duas línguas, duas literaturas!" E mostrava-se nesse manejo da língua, estendia-se o crítico, o caminho para que romancista e leitor se identificassem, sobretudo quando essa língua carrega valores telúricos como "o açúcar de cana, o azeite de dendê, a salsugem das praias e a mestiçagem mais profunda de sangue e de cultura". Depreende-se do artigo que o acerto do romancista vinha do neo-romantismo que tomava o lugar da pregação ideológica, marca inegável de sua etapa anterior.

Depois de Afrânio Coutinho vem, na ordem escolhida, Alceu de Amoroso Lima (1893-1983) prestes a encerrar o elenco. Assinando seu artigo como Tristão de Ataíde no *Diário de Notícias* do Rio de Janeiro, em 23 ago. 1959, o decano dos críticos daquele momento não economizava elogios ao romance, que carrega dentro de si "uma personagem que de ora avante fará parte da galeria das nossas melhores criações estéticas"[54]. O crítico não vacila em atribuir ao romance o *pináculo da novelística do sr. Jorge Amado*. Para tanto, depois de insistir, como a maioria de seus colegas de ofício, sobre a centralidade narrativa de Gabriela e da cidade de Ilhéus e de apontar para o *paralelismo e a interação* de vida dessas duas entidades, o crítico faz breve reserva à prevenção religiosa do narrador, que achatara a figura do padre da cidade:

> Será possível que na cidade de Ilhéus, em 1925, só houvesse um padre de maus costumes e um padre idiota ou coisa parecida e nenhum resquício, em ninguém, de um sentimento autêntico de cristianismo?

Arrufos à parte e depois de acentuar também o desgarramento ideológico do romancista, Tristão de Ataíde é o único dos críticos dessa constelação que vira o jogo e encaixa essa virada narrativa de Jorge Amado num contexto

---

54. No livro de homenagem a Jorge Amado, o artigo de Alceu de Amoroso Lima está entre as pp. 244-247.

mais amplo e bem rendoso, do ponto de vista crítico e histórico: o da agitação geopolítica da Guerra Fria, em desenvoltura plena.

A rigor, o subentendido deste artigo não é mais o desdobramento do percurso narrativo do escritor baiano, *artista consumado e senhor de sua pena*, nas palavras do crítico. Ao contrário da grande maioria que insistia nessa tônica da mudança interna, Tristão de Ataíde insere o romance contra outro pano de fundo e prefere contrapor *Gabriela* à maré montante que vinha se avolumando, desde 1957, quando *Doutor Jivago*, romance de Boris Pasternak (1890-1960), saiu em tradução italiana, antes mesmo de ser publicado na URSS.

Tristão de Ataíde desloca o foco e joga *Gabriela* em fogueira mais ampla, que se alastrava, naquele exato momento. Ao contrastar a repercussão efervescente que *Gabriela* e *Doutor Jivago* provocaram, o crítico insinuava sua descrença na flexibilização política do sistema soviético, proposto por Kruschev em 1956. Muito longe de sua marotice intencional, Gabriela deixava de ser apenas sedutora e pitéu para coronéis, no juízo de Tristão de Ataíde. Mais que isso, tornava-se exemplo – involuntário, é claro – de resistência remota à inflexibilidade soviética e teste para o seu descongelamento interno. A rigor, lido e relido seu texto, o artigo de Tristão de Ataíde visa mais a conjuntura política internacional, em alta voltagem ideológica naquele momento, que o romance de Jorge Amado, quase um pretexto.

A ocasião não poderia ser mais propícia. *Gabriela* vinha a calhar. Do lado europeu e norte-americano, alvoroçava-se a imprensa internacional com o veto russo à publicação do *Dr. Jivago*, como se a proibição fosse prova irrefutável e definitiva de uma falsa desestalinização proposta por Kruschev pouco meses antes. Do nosso lado, nossa imprensa não fazia senão ecoar o mesmo noticiário, pouco se incomodando com elaborações próprias. Copiar agências noticiosas ocidentais era menos dispendioso e mais ajustado à Guerra Fria em curso ascendente.

Não cabe, aqui, estendermo-nos muito sobre esse impacto, mas alguns exemplos retirados de nosso periodismo servem para ilustrar nossa subserviência noticiosa, com raras exceções.

A *Última Hora* carioca anunciava, em 09 out. 1958, que "URSS vai decidir se Pasternak deve receber o Prêmio Nobel"; em 29 out. 1958, o jornal repetia que "O caso Pasternak foi um atentado à cultura"; em 1 nov. 1958, o jornal afirmava que "Pasternak aceitou uma esmola pelo inimigo". No *Correio da Manhã* (RJ), a edição de 26 out. 1958 informava sobre "Campanha do governo russo contra o Prêmio Nobel a Pasternak". Dias depois, em página cheia e através de diagramação sintomática e estratégica, o jornal noticiava que "Pasternak "rejeitou" o Prêmio Nobel" (30 out. 1958). De forma sutil e visual, esta notícia encaixava-se numa outra bem mais ampla, que a cercava, e que tratava da eleição de João XXIII, que se dera dois dias antes, em 28 out. 1958. A hostilidade declarada entre Pasternak e o governo russo vinha, no *Correio da Manhã* desse 30 out. 1958, abraçada e circundada por título bem maior, que dizia: "Preocupa-se o Papa com os povos que vivem sem liberdade". Sem muito disfarce, a diagramação mostrava o Vaticano cercando o Kremlin. A eleição de novo papa, que viria a encabeçar movimento de renovação litúrgica e de engajamento social da Igreja, em confronto direto com o pontificado conservador de Pio XII, servia como ingrediente novo e inesperado dentro das tensões da Guerra Fria. Em geral, o tom era de beligerância, o que bem se alinhava com a geopolítica em andamento.

Deu-se escasso espaço, nos jornais brasileiros, para uma contextualização mais concentrada e, ao mesmo tempo, mais abrangente, que focasse a trajetória de Pasternak no contexto literário russo ou que se detivesse na qualidade do seu texto. Artigos que fossem, por conseguinte, menos aderentes à turbulência política, que dela escapassem ou que a ela dessem menos relevância, mesmo que numa perspectiva conservadora. A candência da disputa não permitia. Nosso jornalismo preferia ecoar em vez de informar. Mas houve exceções, é claro. Por meio delas, expressaram-se alguns intelectuais brasileiros de modo individual, assinando artigos, dando declarações ou até mesmo omitindo-se, quando questionados. Dividiam-se as águas por aqui também.

Em coluna da *Última Hora* do Rio de Janeiro, em 03 nov. 1958, por exemplo, Adalgisa Nery detinha-se sobre "O Caso Pasternak". Nela, a cronista lamentava o ofuscamento da religião pela tecnologia, bem como as formas contemporâneas de coerção política do pensamento, tanto do lado soviético, quanto do lado americano. No *Jornal do Brasil* (RJ), um artigo carinhoso de Alberto Moravia prestava conta da visita que o escritor italiano fizera ao russo, apresentado como um *adolescente de cabelos grisalhos* (28 set. 1958). O *Diário Carioca* dedicou um editorial à questão, em 25 out. 1958, e ainda trouxe a opinião de Álvaro Moreyra (29 out. 1958), de Saldanha Coelho (2 nov. 1958) e de Aquilino Ribeiro (21 nov. 1958). Foi ainda na *Última Hora* carioca, sempre mais inflamada, que se insinuou o efeito divisionista que o veto russo provocara entre nossos intelectuais e artistas. Em artigo sem assinatura e com título provocativo, o jornal alardeava: "Jorge Amado (Prêmio Stalin): 'Felicito Boris Pasternak!'" Antes de transcrever, no entanto, a opinião do escritor baiano, a matéria anunciava que, reticentes ou não, Aníbal Machado, Manuel Bandeira, Permínio Asfora, Guilherme Figueiredo e Di Cavalcanti opunham-se à censura que recaíra sobre Pasternak. Por outro lado, "procurados pela nossa reportagem", informa o jornal, Guimarães Rosa, Osório Borba, Carlos Drummond de Andrade e Orígenes Lessa, "não quiseram prestar declarações sobre o assunto". Não foi o caso, no entanto, de Jorge Amado, cujo nome reluzia no topo do artigo. Para o autor de *Gabriela, Cravo e Canela,* lançado meses antes do entrevero, a expulsão de Boris Pasternak da União de Escritores Soviéticos deixava claro que "os elementos esquemáticos, sectários e dogmáticos ainda dominam aquele organismo, tentando impedir a criação literária e impor uma escola única, como na era stalinista" (30 out. 1958).

No *Correio Paulistano* (29 out. 1958), João de Scatimburgo, voz conservadora, defendeu o direito de protestar. Nesse mesmo jornal, outras vozes conservadoras, como as de José Geraldo Vieira e Erwin Theodor Rosenthal, também se manifestaram, em 2 nov. 1958. Mas foi no *Suplemento Literário* de *O Estado de S.Paulo*, no entanto, que dois artigos de Boris Schnaiderman e um outro de Antonio B. Lefèvre detiveram-se com propriedade sobre o escritor russo apanhado no torvelinho da política.

Schnaiderman desmancha o clima festivo em torno de Pasternak; Lefèvre desmancha o personagem central.

No primeiro artigo, Boris Schnaiderman deixa claro que o tom lírico prevalece sobre o épico na obra de Pasternak, que preferiu exilar-se "em sua própria terra, para não fazer coro nos delírios coletivos, para não se deixar envolver no complexo de fenômenos psicológicos e sociais que o simplismo oficial haveria de batizar como culto à personalidade" (15 nov. 1958). No segundo artigo, mais taxativo, Schnaiderman não faz rodeio: "A posição de Pasternak é decididamente antimaterialista, antimarxista, contrária a quaisquer veleidades de compromisso com o espírito da época" (27 dez. 1958).

Antonio B. Lefèvre, por sua vez, detém-se em certas incongruências internas do romance, ao mesmo tempo em que demonstra o total descaso do jovem estudante de Medicina, personagem central, pela Revolução de 1917, ao seu redor. Em palavras duras, Lefèvre argumenta que, "no fundo a característica dominante do doutor Jivago é a sua incomum mediocridade. Incapaz de sentir o momento histórico em que viveu e de formar entre os que lutaram pela revolução ou contra ela. [...] pretendeu manter-se à margem" (24 jan. 1959).

Ao evocar o caso Pasternak, Tristão de Ataíde deslocava e alterava o patamar de discussão, fazendo-a escapar dos limites domésticos da nossa literatura para ser posta num contexto de maior porosidade político-cultural. Por causa disso, *Gabriela* veio a se tornar, pois, uma das peças daquele xadrez geocultural, desdobramento inevitável das tensões ideológicas daquele momento.

O trecho em que se joga com essa argumentação merece ser transcrito, mesmo que longo, sob pena de se perder esse nexo contextual:

> O que não se quer é que o autor seja renegado pelos seus pares, como foi um Pasternak, porque ousou refletir, em sua obra, a sua própria filosofia da vida, no seu caso, uma concepção intrinsecamente cristã.
>
> Que o sr. Jorge Amado seja marxista, e no seu livro deixe transparecer [...] essa sua concepção da vida, nada temos com isso. O essencial é que não seja *forçado* a ser marxista ou *a não ser* marxista, para escrever uma obra de beleza, de vida, de ação, de verdade, que vale por si, e não pela filosofia da vida do seu autor.
>
> Foi isso o que os perseguidores de Pasternak, ostensivamente apoiados pelas autoridades oficiais do Estado Soviético, não souberam compreender...[55]

* * *

Em outubro de 1958, a Academia Sueca, em gesto político audacioso (e, sem dúvida, calculado), conferiu a Boris Pasternak o Prêmio Nobel de Literatura, por seu *Dr. Jivago*. Depois de ter sido contrabandeado para o Ocidente pelo jornalista Sergio d'Angelo, correspondente italiano da Rádio Moscou, o romance foi traduzido, a toque de caixa, para o italiano, e publicado em

---

55. Alceu A. Lima, "Gabriela ou o Crepúsculo dos Deuses", *30 Anos de Literatura*, p. 245.

novembro de 1957 pela Feltrinelli de Milão. O que se seguiu depois dessa publicação foi um enorme bate-boca político, travestido de literário, no qual se meteram embaixadas, serviços secretos, agentes camuflados, com ameaças recíprocas e acusações candentes dos dois lados da Guerra Fria. Como a pugna era meramente verbal e não envolvia armamento nuclear pesado, seus protagonistas deram o melhor de si e capricharam no espetáculo, recuperado com detalhes por Peter Finn e Petra Couvée[56]. Em seu livro sobre o affair Jivago, ambos recuperaram bem esse clima de disputa, dentro do qual foi triturada a substanciosa carreira literária de Pasternak. Que, de intelectual de respeito, foi convertido, daí em diante, em simples joguete de agências governamentais, ávidas por hegemonia política.

Em plano temporal mais extenso, Burton Feldman, historiador norte-americano especializado em História Cultural, foi além e desmontou as entranhas da premiação do Nobel literário, desvelando-lhe o caráter político:

> No auge da Guerra Fria, entre 1950 e 1970 mais ou menos, o júri do Nobel se viu apurado pela política, como nunca. A mídia, tanto ocidental quanto oriental, andava ansiosa para transformar o prêmio num simulacro de hostilidade ou de "détente" dos grandes poderes. A Academia Sueca poderia ter tentado contornar isso escolhendo candidatos o mais longe possível da Guerra Fria. Mas, ao contrário disso, ela preferiu mergulhar nessa disputa e fez muito bem em resistir à censura externa. O que a levou, no entanto, a se tornar sensível a suas próprias questões internas[57].

De forma muito remota e involuntária, *Gabriela* acabou por fazer parte desse contexto, no qual se mediram forças mais políticas que literárias. Nessa disputa, que pouco tinha a ver com valor literário intrínseco, buscava-se mais a linha que a entrelinha; mais a bravata política, que a bravura literária; mais a prosápia que a prosa.

Por curiosa ironia, em dois pontos distantes entre si, criava-se turbulência literária, mesmo que seus desdobramentos fossem também diferentes entre si, de acordo com as índoles nacionais e políticas. Em Moscou, rugiam ameaças;

---

56. Peter Finn e Petra Couvée, *The Zhivago Affair. The Kremlin, the CIA and the Battle over a Forbidden Book,* New York, Vintage Books, 2015.
57. Burton Feldman, *The Nobel Prize. A History of Genius, Controversy, and Prestige,* New York, Arcade Publishing, 2000, p. 76. Trad. minha. Mas com a retaguarda da Profª Sandra Vasconcelos, colega e amiga a quem agradeço.

no Rio de Janeiro e adjacências, atiçava-se uma peleja em rinha menos ampla e menos ruidosa, mas o seu tanto inflamada. O transtornado médico russo e a trêfega caipirinha sertaneja, cada um a seu modo, apimentavam o cardápio literário e se tornavam, assim, pomos de discórdia. Em clara demonstração de que o sistema literário comporta muito mais que o texto em si, indo-lhe muito além, sem abalar-lhe, no entanto, seu protagonismo.

De acordo com Peter Finn e Petra Couvée, os autores de *The Zhivago Affair*, a tradução italiana apareceu nas livrarias em 23 de novembro de 1957 e se tornou sucesso imediato[58].

Na imprensa estrangeira da época — e na brasileira também — não se tratava de medir a qualidade do texto literário de Pasternak, já respeitado como poeta. Era muito mais que isso. No verdadeiro cabo de força que o Nobel de Literatura de 1958 construiu, as pontas não eram ocupadas por renovação ou conservadorismo literário. O que estava em jogo eram as disputas ideológicas entre democracia e comunismo, segundo vocabulário de época.

Levantamento rápido junto às páginas do jornal de alcance nacional, nesse momento, permite-nos a montagem preliminar do reflexo brasileiro dessa pendência que se criou com a consagração sueca do *Dr. Jivago*. Ao percorrermos as páginas do jornal, entre março de 1958 e dezembro de 1959, lá estão os estilhaços que nos chegaram e que ainda pedem estudo mais apurado quanto à recepção estrangeira ditada por motivações que não literárias apenas.

Ao longo de quase vinte meses, o jornalismo brasileiro refletiu e alimentou essa tensão, incidindo, de preferência, nas condicionantes políticas que levaram Pasternak a recusar o prêmio sueco, em alerta subliminar sobre o "perigo soviético".

Costurando retalhos do noticiário, nem sempre assinado, somos informados, pelo *Correio da Manhã* do Rio de Janeiro, que o "Proust Eslavo" (13 set. 1958) mostrara-se rebelde "às correções 'ideológicas' impostas pelo jdanovismo" (15 mar. 1958) e que seu romance, "obra cruel", podia ser considerado como "um grito de dor contra os governos de força" (15 jan. 1959), segundo discurso de um deputado na Câmara Federal. Sobre a qualidade em si ou sobre

---

58. *Doctor Zhivago* in translation in Italian was printed on November 15, 1957, followed by a second run of three thousand copies five days later. The novel appeared in book-stores on November 23 following its launch the previous evening at the Hotel Continental in Milan. The book was an immediate best-seller (Peter Finn & Petra Couvée, *The Zhivago Affair*, p. 111).

a trama intrincada e pletórica do romance, pouco ou nada se dizia. Quem ousaria? A pauta era outra. O importante era salientar a repercussão comercial de um livro considerado, de modo tímido por uma jornalista, como *confuso* e de enredo *obscuro* (1 fev. 1959), quando muito. As notícias excitadas abriam espaço para a tradução brasileira pela Itatiaia de Belo Horizonte, cuja tiragem inicial extraordinária era de quarenta mil exemplares (27 fev. 1959); ou para a absorção da edição francesa, já em torno de trezentos mil exemplares (24 mar. 1959); chamavam também nossa atenção para o suposto lucro do autor, no Ocidente, que beirava os US$ 700 000,00, segundo um editor de Londres (5 maio 1959); exaltavam as vendas em território norte-americano, em torno de oitocentos mil exemplares (5 abr. 1959). E já que a referência são os números e não as letras, traziam ainda à baila a existência de um câmbio negro do livro em São Paulo, onde o exemplar normal deixara de custar 250 cruzeiros para se tornar 600 cruzeiros, em janeiro de 1959 (4 jan. 1959).

Não fosse suficiente essa excitação numérica, armava-se outra, numérica também: Ênio Silveira, um dos donos da Civilização Brasileira, anunciava a tradução de *Lolita* (1955) de Vladimir Nabokov para meados de 1959. Ao amor angustiado do *Dr. Jivago,* dividido entre a admiração filial e a volúpia adulta, sobrepunha-se agora o amor escuso entre um professor senil e uma ninfeta voraz, em trama imaginada por um professor russo de entomologia, refugiado nos EUA, tempero adicional nessa sopa ideológica pastosa. Na sua coluna "Escritores e Livros", José Condé abria caminho publicitário e comercial para mais uma expectativa esquiva:

> Outra informação sobre *Lolita:* tendo em vista o estrondoso sucesso mundial do romance de Nabokov (só comparável ao de *O Doutor Jivago,* de Boris Pasternak), o editor Ênio Silveira espera bater com esse livro todos os recordes de venda, em 1959 (22 jul. 1959).

Gabriela, Lara e Lolita encarregavam-se de abastecer o imaginário depauperado de nossos leitores.

Por aqui, a sopa tornava-se bolo atraente com três cerejas rubras, cada uma com seu sotaque e em tons diferentes de vermelho. Do rubro mais vivo ao mais escuro.

* * *

Por esse *imbroglio* ideológico e literário não passou a maioria dos nossos críticos que se pronunciou sobre o romance entre Gabriela e Nacib. Pode-se até especular sobre esse silêncio específico. Fartaram-se eles de assinalar o humor daquela estória, seu tom coloquial, a prepotência dos coronéis, a inocência marota de Gabriela, a aflição de Nacib, a gula recíproca de ambos, a presença ostensiva do espaço turbulento, o contraste de comportamento entre os personagens daquela galeria generosa, o embate contínuo entre mudança e permanência, mas pouco disseram sobre o impasse mais amplo apontado por Tristão de Ataíde. Quem mais se aproximou do tópico, embora bem depois da repercussão imediata de *Gabriela, Cravo e Canela*, foi Jacob Gorender, um dos mais resolutos militantes do PCB, baiano como o romancista, quando reprovou os *Velhos Marinheiros,* em 1961.

Pela imprensa estrangeira mais próxima de nós, o nome de Jorge Amado circulava com assiduidade, fosse por motivos políticos, fosse por literários. Sem dúvida nenhuma, o escritor brasileiro mais pautado por ela, talvez porque correspondesse à imagem que mais agradasse e conviesse ao leitor fora de nossas fronteiras e munido de imaginário pronto sobre o Brasil. Resulta disso que, aos poucos, vêm emergindo, lá fora, trabalhos acadêmicos que cuidam do assunto e que não menosprezam a cobertura jornalística local.

No âmbito acadêmico brasileiro mais recente, não obstante uma certa resistência residual, a produção de Jorge Amado tem alcançado resultados eloquentes. Mas isto é assunto para outra ocasião.

Sobre a guinada formal que representou *Gabriela, Cravo e Canela* na trajetória de Jorge Amado ainda há muito ainda o que investigar ou especular e dizer. Porque essa mudança de rota envolve decisões de foro íntimo, de caráter político e de natureza literária. De preferência, entrelaçados. Decisões ainda à espera de fontes documentais, sob pena de ficarmos apenas na especulação, por mais fundamentada que seja. Num de seus poucos lampejos confessionais, a ser mais bem explorado, Jorge desventra-se:

> Deixei de militar, de ser um militante do Partido. Mas não me demiti, nem fui excluído dele. Tudo aconteceu muito rapidamente. Parei de trabalhar para o Partido em dezembro de 1955, exatamente no dia de Natal, o XX Congresso aconteceu em fevereiro...[59]

---

59. Alice Raillard, *Conversando com Jorge Amado*, p. 263.

Não bastassem os conflitos íntimos de natureza política que já se esboçavam desde a temporada tcheca de Jorge Amado, a partir de 1948, sobreveio a todos ainda a invasão húngara de novembro de 1956, mais tarde atualizada e reencenada pela Primavera de Praga, em 1968. Não bastasse ainda o tumulto *intra muros* provocado por *Gabriela*, a partir de agosto de 1958, dois meses depois de um outro acontecimento literário, desta vez vindo do estrangeiro, iria tumultuar nosso meio, levantando discussões e provocando posições. Se no hemisfério norte, abria-se enorme polêmica, farta de acusações recíprocas, de suspeitas bem fundamentadas, de avanços calculados e de recuos táticos, no sul não éramos indiferentes, fosse por solidariedade, fosse porque se tornara assunto do momento.

* * *

É evidente que não se pretende atrelar, de modo mecânico e meramente causal, a repercussão do romance brasileiro com o russo e muito menos com o de Nabokov. Mas não se pode, por outro lado, ignorar que todos eles traziam, de modo camuflado, um desejo de mudança, fosse no plano narrativo, fosse no plano de conduta social. Em pontos geográficos, mesmo que bem distantes entre si, manifestava-se um tipo de inconformismo diante da herança política e cultural, que a Segunda Grande Guerra deixara em seu rasto.

No final dos anos 1950, portanto, sentia-se acuado o Kremlin por causa da estória de amor de um médico dividido entre duas mulheres. Em terreno ideológico oposto, um professor de meia idade passava por cima do código amoroso dos protestantes, afrontava as expectativas etárias e apaixonava-se por uma meninota nada inocente. Na mesma época, um romancista brasileiro dividia-se entre a submissão partidária e a liberdade narrativa. Ganhou esta e, com ela, nós também.

Por causa dessa mudança formal nossa cena literária adquiria novos contornos. Se nas décadas anteriores nossa ruralidade servira como *locus* pouco *amenus* e obrigatório para exposição de nossa balbúrdia social, aos poucos isso deixava de ser necessário e esperado. A dimensão trágica dessa área começava a ser relativizada, posto que não era só naquele espaço que se exercia a injustiça a mais cruel, o desequilíbrio mais palpável. Nos pequenos e médios aglomerados urbanos isso ocorria também. A violência não era mais privilégio apenas do grotão. Jagunçagem deixava de ser termo sociológico criado para designar, em boa hora, um *modus vivendi*. Sob a capa convidativa de uma atração sexual irresistível, construída a partir de gula recíproca, Gabriela vinha para ilustrar, com ardor mais que literário, aquilo que, anos antes, fora exposto pela ciência de Vítor Nunes Leal em *Coronelismo, Enxada e Voto*, de 1949.

Ilhéus de Gabriela e de Malvina, dos coronéis enfatuados e donos da verdade, das mulheres espremidas e acantonadas, dos *outsiders* assustados e dos migrantes em busca de oportunidade estavam todos ali para exibir novas tensões e novos jogos de força. Retido por um porto desconjuntado e à espera de sua modernização material, o cacau ansiava por escapar daquela terra em busca de outras, menos repressivas e mais atraentes.

Gabriela fugira do sertão, arribara na cidade e não foi por acaso que Nacib encontrou aquela moça "vestida de trapos miseráveis", no pátio de uma ferrovia, no lusco-fusco de uma tarde, que encerrava uma jornada, mas prometia outra. Bem ali, naquele local de trânsito, onde se amotoavam "homens e mulheres, esgotados e famélicos", que "tinham conseguido vencer os caminhos, a caatinga, a fome e as cobras, as moléstias endêmicas, o cansaço". Gente para quem "os dias de miséria pareciam terminados"[60].

Nem Nacib, nem Gabriela pertenciam àquele lugar, nenhum dos dois tinha nascido ali. Nacib era um "brasileiro das Arábias"[61], que "nascera na Síria, desembarcara em Ilhéus com quatro anos, vindo num navio francês até à Bahia"[62]. Do local de nascimento de Gabriela sabe-se menos ainda. Nesse primeiro encontro com Nacib, no pátio da ferrovia, a moça oferece pista vaga de origem, mencionando que seu tio, retirante do mesmo grupo, entregara "sua alma antes de chegar a Jeremoabo"[63], cidade a quase setecentos quilômetros. de Ilhéus, próxima da fronteira de Sergipe.

Para garantir sua comida, Nacib precisava de uma cozinheira em sua casa e em seu restaurante. Para garantir sua sobrevivência, Gabriela precisava de pouso e de comida. Da necessidade premente desses dois, desabrocha um fogaréu incontrolável, equivalente às tensões que buliam com Ilhéus, onde a caça ao tesouro, fosse ele qual fosse, era atividade corriqueira e desenfreada.

---

60. Jorge Amado, *Gabriela...*, p. 152.
61. *Idem*, p. 21.
62. *Idem*, p. 56.
63. *Idem*, p. 155.

Daí que o pano de fundo e o caso amoroso se ajustem com perfeição, que um mereça o outro, e que o social e o individual se entrelacem e se enrosquem como se enroscavam o Turco e a caboclinha, na cama. Sem que um narrador, sabichão e politicamente experiente, ficasse orientando o desejo alheio, individual ou coletivo. Com essa fusão, nascia um romance capaz de responder às necessidades tanto da ficção, quanto dos leitores.

Graças a essa urgência pessoal que se sobrepõe à social, arma-se um cenário apto a ilustrá-la e não para explicá-la. O que houver de torto naquele agrupamento urbano – e há muito! – será eventualmente contemplado e orientado pelo afeto e não pela diretriz política vinda de cima. Afinal, já a primeira visão que Nacib tivera de Gabriela, descansada e em casa dele, favorecia a descontração, o relaxamento, o enleio e a chegança. Não se tratava de adversários crispados pela desconfiança. Era o envolvimento que se anunciava nos cabelos enrolados de Gabriela, prontos para enredar o turco Nacib:

> Entrou de mansinho e a viu dormindo numa cadeira, os cabelos longos espalhados nos ombros. Depois de lavados e penteados tinham-se transformado em cabeleira sôlta, negra, encaracolada. Vestia trapos mas limpos, certamente os da trouxa. Um rasgão da saia mostrava um pedaço de coxa cor de canela, os seios subiam e desciam levemente ao ritmo do sono, o rosto sorridente[64].

Será que esses enleios amorosos, combinados com os ideológicos, não bastam para explicar a tiragem assombrosa de *Gabriela, Cravo e Canela*, hoje com mais de quarenta edições? Sem contar as traduções, é claro[65].

REFERÊNCIAS BIBLIOGRÁFICAS

AMADO, Jorge. *Gabriela, Cravo e Canela*. 1. ed. São Paulo, Martins, 1958.

_____. *Os Velhos Marinheiros: Ou A Completa Verdade Sobre As Discutidas Aventuras Do Comandante Vasco Moscoso De Aragão, Capitão De Longo Curso*. Rio de Janeiro, Record, 1986.

---

64. Jorge Amado, *Gabriela...*, p. 167.
65. Agradeço, mais uma vez, à amiga e colega professora Teresa Barreto. Sua leitura escrupulosa e miúda deste texto voltou-me cheia de sugestões. Como sempre.

_____. *A Morte e a Morte de Quincas Berro Dágua*. São Paulo, Companhia das Letras, 2008.

_____. *Navegação de Cabotagem*. Rio de Janeiro, Record, 1992.

_____. *Jubiabá*. Rio de Janeiro, Record, 2001.

DARMAROS, Marina F. *Caso Jorge Amado: O Poder Soviético e a Publicação de* Gabriela, Cravo e Canela. São Paulo, FFLCH/USP, 2019. Tese de Doutorado

GORENDER, Jacob. "As Novas Tendências na Obra de Jorge Amado". *Novos Rumos*, n. 125, 28 jul.-3 ago. 1961.

CANCELLI, Elizabeth. *O Diário de um Norte-americano na Ditadura*. São Paulo, Intermeios, 2020.

FELDMAN, Burton. *The Nobel Prize. A History of Genius, Controversy, and Prestige*. New York, Arcade Publishing, 2000.

FINN, Peter & Couvée, Petra. *The Zhivago Affair. The Kremlin, The CIA and the Battle over a Forbidden Book*. New York, Vintage Books, 2015.

LINS, Álvaro. *Literatura e Vida Literária*. Rio de Janeiro, Civilização Brasileira, 1963.

_____. *Os Mortos de Sobrecasaca*. Rio de Janeiro, Civilização Brasileira, 1963

PROENÇA, M. Cavalcânti. *Estudos Literários*. Rio de Janeiro, José Olympio, 1971.

RAILLARD, Alice. *Conversando com Jorge Amado*. Rio de Janeiro, Record, 1992.

TOOGE, Marly D. B. *Traduzindo o Brazil: O País Mestiço de Jorge Amado*. São Paulo, FFLCH/USP, 2009. Dissertação de Mestrado.

TOTA, Antonio Pedro. *O Imperialismo Sedutor*. São Paulo, Companhia das Letras, 2000.

_____. *O Amigo Americano*. São Paulo, Companhia das Letras, 2014.

ZILBERMAN, Regina. *Estética de Recepção e História da Literatura*. São Paulo, Ática, 1989.

LINKS

Acessível através de: bndigital.bn.gov.br.

Acessível através de: https://bdtd.ibict.br/vufind/.

VÁRIOS AUTORES

JORGE AMADO. *30 Anos de Literatura*. São Paulo, Martins, 1961.

MISCELÂNEA. Assis (SP), vol. 27, pp. 95-106, jan.-jun. 2020, ISSN 1984-2899.

CADERNOS de Literatura Brasileira/Jorge Amado, Instituto Moreira Salles n. 3, mar. 1997.

13

Para Walnice Nogueira Galvão, uma Amiga:
Machado de Assis e Huysmans de Presente, Embalados em Rabos de Seus Gatos

Eugenia Zerbini

SE FOSSE POSSÍVEL ESCREVER com abraços, com abraços é que estaria sendo escrito este texto. Mas textos são escritos com palavras, e a elas devo cingir-me. Limitada às palavras, eu recorreria, então, à admiração expressa pelos pontos de exclamação porque apenas eles, em abundância, serviriam de marca para o sentimento que tenho pela amiga ora homenageada. Entretanto, depois dos poetas românticos, esse sinal de pontuação foi colocado sob suspeita. Os manuais ensinam que devemos evitá-lo.

Encaro o risco, destemida, equilibrando-me na economia das palavras, esquivando-me dos exclamativos. Não é sozinha, porém, que me arrisco, mas, sim, na companhia daqueles que me precederam. Dou continuidade à admiração que meus pais manifestaram sempre por Walnice Nogueira Galvão, Professora Emérita da Faculdade de Filosofia, Letras e Ciências Humanas da Universidade de São Paulo. Não afirmou Maiakóvski que os sinais de pontuação são marcas de nascença?

Recordo-me da noite em que papai e mamãe receberam em casa Walnice pela primeira vez, trazida pelas mãos do então jovem pós-graduando em Ciências Sociais, Celso Frederico. Walnice, na época, dedicava-se à sua livre docência sobre Euclides da Cunha e buscava uma troca de ideias sobre o ensino na Escola Militar ao tempo do Império, época em que o autor de *Os Sertões* lá estudou. Detalhe melhor: meu pai – Euryale Zerbini – era militar, um dos quatro generais da ativa a se opor contra o golpe de 1964. Preso no Forte de Copacabana, no Rio de Janeiro, nos primeiros dias daqueles idos de abril, foi reformado e teve seus direitos políticos cassados. Durante a ditadura civil-militar que então se abateu sobre o Brasil, papai, de volta à vida paisana, matriculou-se na pós-graduação de Filosofia na USP, incentivado por minha mãe. Décadas atrás, ele graduara-se como engenheiro geógrafo na Escola Politécnica, aproveitando a temporada em que foi mantido fora do Exército, no rescaldo da derrota paulista na Revolução de 1932.

A visita da jovem e ilustre professora e pesquisadora foi muito apreciada por minha mãe, que, um ou dois anos antes desse encontro, havia passado seis meses detida, como presa política, no presídio Tiradentes. No fundo dos olhos claros maternos havia a fagulha do brilho da donzela guerreira, tema sobre o qual, mais tarde, Walnice iria se debruçar.

Apesar dos tempos horríveis que vivíamos, naquele início da década de 1970 – *anni horribiles* – registrei esse encontro na memória com alegria. Ter sido apresentada a uma professora do gabarito de Walnice foi uma honra. Eu havia ingressado na Faculdade de Direito do Largo de São Francisco, mais por sugestão dos pais do que por gosto. Eu era encantada pelos livros e pela Literatura, antes mesmo de saber ler. Prezava as "Arcadas" mais por terem sido o berço do movimento romântico brasileiro (olhem aí os pontos de exclamação!) do que pelas aulas de Direito Civil e Comercial.

Tudo que chega a um, chega a dois. Houve uma pausa comprida entre esse primeiro e o segundo encontro. Não abracei a carreira das Letras e me dediquei, às vezes triste, a meus planos profissionais (que me levaram a viver no exterior mais de uma vez). Parafraseando o cancioneiro francês, a vida às vezes separa aqueles que se gostam, docemente, sem fazer ruído. À distância, lia nos jornais os artigos assinados por Walnice Nogueira Galvão, como aquele, publicado na década de 1990, em que ela prescrevia a inoculação de uma dose de Edgar Allan Poe a todos, logo na infância. As crianças, dessa maneira, nunca mais perderiam a chave daqueles deliciosos calafrios de terror que suas estórias despertavam. Logo eu, apaixonada pelo autor daqueles "contos do grotesco e do arabesco" desde o início da adolescência. Edgard Allan Poe, seguido pelos expoentes do "romantismo nas trevas", como classificados por Walnice, Lord Byron e Barbey d'Aurevilly.

Assisti a Walnice nas conferências que ela ministrou no ciclo sobre os grandes clássicos literários, que teve lugar na Biblioteca Mario de Andrade, por anos seguidos, no começo da década de 2000, se me recordo bem. Li, com interesse, *As Musas Sob Assédio*, livro sobre literatura e indústria cultural. Fui a diferentes noites de autógrafos, como aquela em que lançou o livro com os autos do processo da morte de Euclides da Cunha; ainda à outra, a do lançamento de O *Tapete Afegão*, compilação de ensaios diversos.

E assim foi, até o dia em que eu mesma tive a alegria de fazer chegar a suas mãos um exemplar do meu romance de estréia, *As Netas da Ema*[1], vencedor do Prêmio Sesc Literatura. Pois é, na qualidade de leitora aficionada, de tanto assistir a mágicas, resolvi testar meus próprios truques. Deixei o volume em seu endereço, evitando encará-la, receava que não gostasse. Sei de seus critérios exigentes e sua sinceridade: – "Não acho, acho tudo ao contrário" – todos conhecem essa sua frase, em meio a muitos debates. A partir desse momento, creio que mais pelo meu *panache* que por meus méritos, ascendi ao Olimpo: Walnice convidou-me para um de seus jantares. Conduzida pelo espírito, cultura e generosidade dos que me antecederam, retomei o fio da relação iniciada há décadas. Ganhei uma amiga dileta, que só me prestigia com sua amizade.

A esta altura, indago a mim mesma como poderia homenageá-la. Minha formação acadêmica é jurídica, mestrado e doutorado em Direito Internacional. Há pouco mais de dez anos declarei-me escritora, mas o prêmio conquistado por meu primeiro romance não me conferiu nem voz acadêmica, nem autoridade literária (aqui caberia outro belo ponto de exclamação!). Todavia, vamos lá. Por admiração à amiga, inspiro profundamente (assim como o ponto de exclamação, os advérbios não são recomendados nas oficinas de criação literária) e tomo coragem para gravar aqui uma curiosidade literária minha, já abordada junto a Walnice, de forma descompromissada, em caráter de conversa ligeira. Se não recebi seu assentimento, não escutei seu "não acho, acho tudo o contrário". Tomo seu silêncio, ao invés de aprovação, como um ponto de partida.

Tenho uma teoria (a certa altura da vida todos passam a ter pelo menos uma): os escritos do autor francês J. K. Huysmans teriam deixado sombra

---

1. Eugenia Zerbini, *As Netas da Ema*, São Paulo, Record, 2005.

sobre os escritos de autores brasileiros, de modo mais presente do que muitos pensam. Não, não me refiro à influência do autor de *À Rebours*[2] sobre Cruz e Sousa, se não direta, por meio das leituras de Villiers de l'Isle-Adam (contemporâneo de Huysmans, a quem o nosso "poeta do Desterro" lança mão para emprestar mais de uma vez epígrafes para seus versos).

Arrisco ir mais longe: identifico pegadas huysmanianas na obra de Machado de Assis, o gênio literário brasileiro, segundo a maioria. Leiam-me, por favor, até o final.

Ainda que não seja dona dos gigantescos predicados de Walnice Nogueira Galvão, escrevo com audácia parecida com que a amiga, nos anos 1970, arrasou com o livro *Teresa Batista Cansada de Guerra*, de Jorge Amado, então totem sagrado de crítica e público. Walnice demonstrou, por a+b, que Amado se curvara diante de uma sociedade consumista, oferecendo leitura fácil e pornográfica, ao público que a desejava.

Ao contrário de duas linhas paralelas, que se cruzam apenas no infinito, as obras de dois autores do século XIX – o brasileiro Machado de Assis (1839-1908) e o francês J. K. Huysmans (1845-1907) – podem ter convergido, ao menos uma vez, para o mesmo ponto. Contemporâneos, embora com personalidades e estilos distintos, ambos lançaram mão de idêntico artifício – o apelo à presença doméstica de seus felinos – para resolver a tensão dos delírios de seus textos. Machado, na conclusão de um dos capítulos de *Memórias Póstumas de Brás Cubas*, obra seminal na literatura brasileira. Huysmans, em *Croquis Parisiens*, volume de menor destaque no conjunto de sua obra, cuja peça central é o romance *Às Avessas*, a bíblia do decadentismo, livro que instiga até hoje.

Machado de Assis alcançou uma estatura nas letras brasileiras que ultrapassa os limites concedidos a Huysmans na literatura de sua terra. Haverá, contudo, espaço para uma crítica ferina, no sentido de que o brilho do escritor francês encontrou limite na maestria de melhores concorrentes (Gustave Flaubert, apenas como exemplo). Machado de Assis caiu no gosto do público quase que instantaneamente. O fundador da Academia Brasileira de Letras tem seus livros lidos nas escolas brasileiras até hoje, uma vez que constam das

---

2. J. K. Huysmans, *À Rebours*, "*Às Avessas*", na tradução de José Paulo Paes, São Paulo, Companhia das Letras, 2011.

leituras exigidas nos exames de acesso ao ensino superior. O autor de *Memórias Póstumas*, entretanto, só tardiamente teve seu talento reconhecido fora do Brasil. É Susan Sontag, discorrendo sobre *Epitaph of a Small Winner* (título da versão inglesa de *Memórias Póstumas*) quem afirma, em ensaio reunido no volume *Questão de Ênfase*[3], que "Machado seria mais conhecido se não fosse brasileiro e se não tivesse passado toda sua vida no Rio de Janeiro – se, digamos, fosse italiano ou russo, ou mesmo português".

Huysmans teve a sorte de ser francês, no tempo em que a França era o dínamo cultural do Ocidente. O livro que o imortalizou, *Às Avessas*, publicado em 1884, nas palavras do próprio autor, "caiu como um meteorito na quermesse literária". Logo fez sucesso no meio literário parisiense, além de projetar-se internacionalmente. Seis anos após sua publicação, Oscar Wilde, em *O Retrato de Dorian Gray*, refere-se à obra. Por detrás do livro amarelo que Lord Henry Wotton coloca nas mãos do protagonista está o *Against the Nature*, título que o romance recebeu na tradução inglesa. Mas o estilo adotado por Huysmans, apesar de pungente, caiu de moda entre os leitores após sua morte: períodos longos, subordinados e intercalados, em que palavras e inversões preciosas são empregadas, sempre correndo atrás de uma tensão quase barroca nas entrelinhas.

Todavia, se para o público em geral sua literatura caiu em desuso, Huysmans passou a ser um escritor lido por outros escritores. Faulkner afirmou uma vez que todo bom escritor lê a Bíblia. Além dela, tudo indica que muitos leram também Huysmans. Além de Wilde, Eça de Queirós deve ter considerado Des Esseintes, herói huysmaniano, na composição de Jacinto de Tormes, em *A Cidade e as Serras*. A angústia em *Às Avessas* é sinônimo do desencanto do século XIX com relação às promessas não cumpridas do Iluminismo e da Revolução Industrial. Em nada difere da náusea existencialista dos personagens de Jean Paul Sartre (a exemplo de Antoine Roquentin), muito próxima da falta de sentido que caracteriza o pós-moderno atual, conforme descrito no conceito de "liquidez", desenvolvido na obra de Zygmunt Bauman. Não paramos, aliás, por aí: o interesse pela obra de J. K. Huysmans foi ressuscitado com o lançamento do romance *Submissão*, em 2015, de autoria do polêmico autor francês Michel Houellebecq. Isso porque em uma França

---

3. Susan Sontag, *Questão de Ênfase*, São Paulo, Companhia das Letras, 2005.

ficcional, que elege como presidente do país o candidato da Fraternidade Muçulmana, o personagem central da obra, um professor de literatura, tem como especialidade J. K. Huysmans (não consigo me abster de um ponto de exclamação!).

Retornando, porém, ao foco – qual seja, o eco machadiano à escrita de J. K. Huysmans – repito que a intersecção das linhas representadas pelos dois escritores ocorrerá nas páginas de *Memórias Póstumas,* de autoria daquele primeiro, e de *Croquis Parisiens,* deste último. *Croquis Parisiens* é uma coletânea de textos curtos e híbridos, alguns com um pé no naturalismo, outros fora dessa objetividade. De um lado, encontram-se perfis de tipos parisienses (como a clássica passante, o vendedor de castanhas), descrições de locais de Paris (tais como a Rue de La Chine e o rio La Bièvre, hoje oculto em sua passagem pela cidade).

Por outro, na seção final intitulada "Fleurs de Narine" ("Flores de Narina"), foram incluídas duas peças de tom diverso, uma delas sob o título "Les Similitudes" ("As Semelhanças"). Fugindo da dicção naturalista das descrições e adiantando o estilo transbordante e precioso de *Às Avessas,* Huysmans compõe a cena com um turbilhão de sensações despertadas por perfumes, que se transmutam em mulheres, que, em seguida, evocam cores. Esse amálgama, inicialmente insinuante e delicado, muda de aparência, tornando-se terrível, cruel, com figuras femininas titânicas, extranaturais, até de outros planetas. É a orquestração de um portentoso delírio, que começa do nada e, como em uma peça musical, em ritmo sempre crescente, alcança o quase insuportável para, de modo brusco, ser interrompido por meio do despertar e do reencontro do cotidiano. Essa âncora para o prosaico é personificada em uma gata, Ícara, feminino pouco usual para Ícaro – aquele que pagou com a vida a audácia de desejar alcançar o céu. De modo sintético, faço a citação do início, dou uma amostra do meio e passo à conclusão deste texto:

> As cortinas ergueram-se e as estranhas beldades que se comprimiam atrás da janela avançaram em minha direção, umas em seguida às outras. Primeiro foram as mornidões vagas, vapores morrentes do heliotrópio e da íris, da verbena e do resedá, que me penetraram com esse charme tão bizarramente queixoso dos céus nebulosos do outono, as brancuras fosfóricas das luas em suas plenitudes, mulheres de aparências indecisas, contornos flutuantes, cabelos de um loiro acinzentado, pele rosa azulado das hortênsias, saias irisadas por

luares que se apagavam, todas elas avançaram e se fundiram nessas tonalidades dolentes das velhas sedas, nesses laivos apaziguados – e como que adormecidos – das velhas partículas de pó guardadas nas gavetas de cômodas, longe da luz do dia, durante longos anos. Então a visão se desfez e um fino odor de bergamota e de jasmim, de rosa e de Chipre, de bouquet da Marechala e de feno que saía daqui e dali, introduzindo um toque (como aqueles sensuais de Fragonard), uma piscadela de rosa nesse concerto de branduras requintadas, brotou, alegre, ele mesmo enamorado, cabelos cobertos de neve, olhos que distribuindo carinhos como os de um duende, grandes adereços azuis e da cor de flor de pessegueiro, para então apagar-se pouco a pouco e evaporar-se completamente.

Ao bouquet da Marechala, ao feno, ao heliotrópio, à íris, a toda essa palheta de nuances lascivos ou acalmados, sucederam tons mais vivos, de cores destemidas, de odores fortes: o sândalo, o havana, a magnólia, os perfumes dos mestiços, dos negros.

Depois vieram as aparições espectrais, os abortos de pesadelos, assombro das alucinações, destacando-se sobre fundos impetuosos, sobre fundos verde acinzentados e sulfurosos, nadando em brumas de pistache, em azuis de fósforo, belezas enlouquecidas e inspiradoras de infelicidades, mergulhando seus estranhos encantos físicos na surda tristeza dos violetas, no amargo brilhante dos alaranjados, mulheres de Edgard Allan Poe e de Baudelaire, de poses atormentadas, lábios cruelmente sangrentos, olhos marcados por ardentes nostalgias, aumentados por alegrias sobre-humanas, Górgonas e Titânides, mulheres extraterrestres, deixando desprender de suas saias cheias de fausto perfumes inomináveis, sopros de languidez e de furor que pressionam as frontes, desviam e derrotam a razão, melhores que o vapor do cânhamo, figuras do grande mestre moderno, Eugenio Delacroix.

E outros ... mais outros, nuances do lilás e do enxofre, do salmão e do marrom pálido, das lacas e dos cobaltos verdes, de outros ... mais outros, o bouquet, a flor de musselina, o nardo, brilhavam e esfumavam-se ao infinito, claros, escuros, sutis, pesados.

Eu acordo – mais nada. – Sozinha, aos pés de meu leito, Ícara, minha gata, havia erguido a coxa direita e lambia com sua língua rosa seu vestido de pelos ruivos[4].

Por ser um clássico da nossa língua, pensei em economizar na transcrição da parte final do capítulo VII, "O Delírio", do machadiano *Memórias Póstumas de Brás Cubas*. Por uma questão de comodidade do leitor (será que terei algum?) aqui vai ele:

Isto dizendo, arrebatou-me ao alto de uma montanha. Inclinei os olhos a uma das vertentes, e contemplei, durante um tempo largo, ao longe, através de um nevoeiro, uma coisa única. Imagina tu, leitor, uma redução dos séculos, e um desfilar de todos eles, as

---

4. J. K. Huysmans, *En Rade, Un Dilemme, Croquis Parisiens*, Paris, 10-18, 1976, pp. 439-443. Tradução minha.

raças todas, todas as paixões, o tumulto dos impérios, a guerra dos apetites e dos ódios, a destruição recíproca dos seres e das coisas. Tal era o espetáculo, acerbo e curioso espetáculo. A história do homem e da terra tinha assim uma intensidade que lhe não podiam dar nem a imaginação nem a ciência, porque a ciência é mais lenta e a imaginação mais vaga, enquanto que o que eu ali via era a condensação viva de todos os tempos. Para descrevê-la seria preciso fixar o relâmpago. Os séculos desfilavam num turbilhão, e, não obstante, porque os olhos do delírio são outros, eu via tudo o que passava diante de mim, – flagelos e delícias, – desde essa coisa que se chama glória até essa outra que se chama miséria, e via o amor multiplicando a miséria, e via a miséria agravando a debilidade. Aí vinham a cobiça que devora, a cólera que inflama, a inveja que baba, e a enxada e a pena, úmidas de suor, e a ambição, a fome, a vaidade, a melancolia, a riqueza, o amor, e todos agitavam o homem, como um chocalho, até destruí-lo, como um farrapo. Eram as formas várias de um mal, que ora mordia a víscera, ora mordia o pensamento, e passeava eternamente as suas vestes de arlequim, em derredor da espécie humana. A dor cedia alguma vez, mas cedia à indiferença, que era um sono sem sonhos, ou ao prazer, que era uma dor bastarda. Então o homem, flagelado e rebelde, corria diante da fatalidade das coisas, atrás de uma figura nebulosa e esquiva, feita de retalhos, um retalho de impalpável, outro de improvável, outro de invisível, cosidos todos a ponto precário, com a agulha da imaginação; e essa figura, – nada menos que a quimera da felicidade, – ou lhe fugia perpetuamente, ou deixava-se apanhar pela fralda, e o homem a cingia ao peito, e então ela ria, como um escárnio, e sumia-se, como uma ilusão.

Ao contemplar tanta calamidade, não pude reter um grito de angústia, que Natureza ou Pandora escutou sem protestar nem rir; e não sei por que lei de transtorno cerebral, fui eu que me pus a rir, – de um riso descompassado e idiota.

Tens razão, disse eu, a coisa é divertida e vale a pena, – talvez monótona – mas vale a pena. Quando Job amaldiçoava o dia em que fora concebido, é porque lhe davam ganas de ver cá de cima o espetáculo. Vamos lá, Pandora, abre o ventre, e digere-me; a coisa é divertida, mas digere-me.

A resposta foi compelir-me fortemente a olhar para baixo, e a ver os séculos que continuavam a passar, velozes e turbulentos, as gerações que se superpunham às gerações, umas tristes, como os Hebreus do cativeiro, outras alegres, como os devassos de Cômodo, e todas elas pontuais na sepultura. Quis fugir, mas uma força misteriosa me retinha os pés; então disse comigo: – "Bem, os séculos vão passando, chegará o meu, e passará também, até o último, que me dará a decifração da eternidade." E fixei os olhos, e continuei a ver as idades, que vinham chegando e passando, já então tranqüilo e resoluto, não sei até se alegre. Talvez alegre. Cada século trazia a sua porção de sombra e de luz, de apatia e de combate, de verdade e de erro, e o seu cortejo de sistemas, de idéias novas, de novas ilusões; em cada um deles rebentavam as verduras de uma primavera, e amareleciam depois, para remoçar mais tarde. Ao passo que a vida tinha assim uma regularidade de calendário, fazia-se a história e a civilização, e o homem, nu e desarmado, armava-se e vestia-se, construía o tugúrio e o palácio, a rude aldeia e Tebas de cem portas, criava a ciência, que perscruta, e a arte que enleva, fazia-se orador, mecânico, filósofo, corria a face do globo, descia ao ventre da terra, subia à esfera das nuvens, colaborando assim na obra misteriosa, com que entretinha a necessidade da vida e a melancolia do desamparo. Meu olhar, enfarado e distraído, viu enfim chegar o século presente, e atrás dele os futuros. Aquele vinha ágil, destro, vibrante, cheio de si, um pouco difuso, audaz, sabedor, mas ao cabo tão miserável como os primeiros, e assim passou e assim passaram os outros, com a mesma rapidez e igual monotonia. Redobrei de atenção; fitei a vista; ia enfim ver o último, – o último!; mas então já a rapidez da marcha era tal, que escapava a toda a compreensão; ao pé dela o relâmpago seria um século. Talvez por isso entraram os objetos a trocarem-se; uns cresceram, outros minguaram, outros perderam-se no ambiente; um nevoeiro cobriu tudo, – menos o hipopótamo que ali me trouxera, e que aliás começou a diminuir, a diminuir, a diminuir, até ficar do tamanho de um gato. Era efetivamente um gato. Encarei-o bem; era o meu gato Sultão, que brincava à porta da alcova, com uma bola de papel...[5]

De modo muito sintético: o personagem Brás Cubas viaja até as origens dos séculos, onde encontra Pandora. Cada vez mais aturdido pela espiral do desfile dos séculos, o protagonista vê sua montaria, um hipopótamo, encolher de repente "até ficar do tamanho de um gato", conclui o autor. A alucinação de Huysmans, nesse caso, é ligada aos sentidos, construída sobre a teoria das correspondências, tão cara aos poetas simbolistas. As semelhanças a que se refere são sensuais, ainda que de uma sensualidade trágica e dolorida. O delírio machadiano, focalizado na passagem do homem através da História, apesar de desvario, seria – diga-se – instrutivo, ao descrever as fragilidades da condição humana. Em ambos, porém, a presença do mesmo feminino terrível, Pandora, que se apresenta como mãe e inimiga.

Nessas duas grandes cenas fazem-se presentes os mesmos elementos estruturantes: paradoxos, idas e vindas, à maneira das variações musicais sobre o mesmo tema, com o aumento gradativo da pressão sobre o narrador que, acuado pelas visões, encontra uma válvula de escape inesperada, por meio de um elemento doméstico – Ícara, no caso de Huysmans; Sultão, no texto de Joaquim Machado de Assis.

---

5. Disponível em: <http://www.dominiopublico.gov.br/download/texto/ bn000167.pdf> Acesso em 24 de abril de 2019).

A esta altura, a única indagação pertinente recai sobre a possibilidade das datas. *Memórias Póstumas*, como é sabido, foi publicado em forma de livro em 1881. Mas, no formato de folhetim, foi objeto de publicação na *Revista Brasileira*, a partir de março do ano anterior. Seria possível que *Croquis Parisiens,* editado em fevereiro de 1880, tivesse desembarcado no Rio de Janeiro em um mês, a tempo de influenciar Machado? Ocorre que "Les Similitudes", com poucas alterações, fora publicado bem antes, em 6 de agosto de 1876, no semanário francês *La République des Lettres*, de larga circulação internacional. A próxima questão é se havia exemplar dessa revista na biblioteca de Machado. Se é fato que os livros de Machado de Assis passaram a integrar o acervo da Academia Brasileira de Letras, a instituição afirma que esse acervo não chegou completo. Por outro lado, a quem tem ciência do fluxo abundante das publicações estrangeiras no Rio de Janeiro, na segunda metade do século XIX, é permitido aceitar que *La République des Lettres* tenha circulado no meio culto carioca. À guisa de curiosidade: o "Arquivo do Estado de São Paulo" possui esse exemplar. Se na capital da então Província de São Paulo se tinha acesso a este material, é certo que ele estava também disponível na Corte no Segundo Reinado.

Doravante, será que aos textos que influenciaram o Bruxo do Cosme Velho e foram trazidos para o corpo de sua obra máxima, caberia fazer justiça à leitura de Huysmans, seu contemporâneo em Paris? Pode ser isso, embora eu não tenha certeza se é mesmo assim, concluo eu, parafraseando a colocação final de Antonio Candido na análise feita de um dos poemas de Rimbaud[6]. Walnice Nogueira Galvão, como todos sabem, foi aluna desse grande mestre. Dessa forma – do mesmo modo que nas antigas brincadeiras infantis de passa-anel – encerro as divagações com as quais ousei homenagear minha amiga, lançando mão do círculo traçado pelas relações entre professor e discípulo, com todo o numinoso que aí se encerra.

Já o "não, não acho" de Walnice, é outra história.

---

6. "Flores", da coletânea *Iluminações*, introd., trad. e notas Lêdo Ivo, Edições Francisco Alves, 3ª ed., 1985.

REFERÊNCIAS BIBLIOGRÁFICAS

HUYSMANS, J.K. *À Rebours. Às Avessas*. trad. José Paulo Paes. São Paulo, Companhia das Letras, 2011.

_____. *En Rade, un Dilemme, Croquis Parisiens*. Paris, 10-18, 1976.

SONTAG, Susan. *Questão de Ênfase*. São Paulo, Companhia das Letras, 2005.

ZERBINI, Eugenia. *As Netas da Ema*. São Paulo, Record, 2005.

RIMBAULD, Arthur. "FLORES". *Iluminações,* introd., trad. e notas Lêdo Ivo, Edições Francisco Alves, 3ª ed., 1985.

14

Teatro e Escravidão:
As Comédias de Martins Pena

João Roberto Faria

PREOCUPADO ANTES COM a reprodução dos costumes dos anos 1830 e 1840, envolvendo preferencialmente as camadas médias e populares do Rio de Janeiro e das cercanias da cidade, a roça, Martins Pena não apresenta em suas comédias um retrato da escravidão que nos dê uma ideia completa de sua real iniquidade. Para isso, teria que escrever dramas ou tragédias em que a violência em cena seria insuportável aos olhos dos espectadores. Mas como no período romântico uma das palavras de ordem era dar à literatura uma desejável "cor local", a escravidão proporciona algumas vezes um pano de fundo às comédias que não é nada desprezível, graças à capacidade de observação e crítica do autor. Se por um lado ele não a condenou vigorosamente, por outro fez denúncias pontuais de certos costumes de proprietários de escravos e da conivência das autoridades com o tráfico ilícito. Não é pouco, se pensarmos que a escravidão era então uma sólida instituição, aceita pacificamente pela grande maioria da população brasileira.

O Escravo na Roça

Os escravos são postos em cena já na comédia de estreia do autor, *O Juiz de Paz da Roça*, representada pela primeira vez no Rio de Janeiro em 1838. À margem do ralo enredo que nada tem a ver com a escravidão – dois jovens superam os obstáculos postos a sua união, ao mesmo tempo em que se mostra o funcionamento precário e cômico da justiça na roça –, o assunto é introduzido já na cena de abertura, quando Maria Rosa se queixa do excesso de trabalho do marido, que tem apenas um escravo, e diz à filha Aninha que "os meias-caras agora estão tão caros! Quando havia valongo eram mais baratos"[1].

"Meia-Cara" era o africano que devia ser livre, por ter sido introduzido por contrabando no Brasil, após a Lei de 7 de novembro de 1831, promulgada em função de um acordo com a Inglaterra e que impunha o fim do tráfico. Proibido o comércio de negros, a lei garantia liberdade aos que chegassem ao país, prevendo inclusive a repatriação, com despesas pagas pelo contrabandista.

Como típica "lei para inglês ver", as disposições não se cumpriram e o governo começou a fechar os olhos ao tráfico, desistindo da repatriação e destinando os negros dos navios eventualmente aprisionados ao trabalho compulsório, tanto em instituições públicas quanto em casas de particulares. Num "Aviso" datado de 29 de outubro de 1834, que sofreu alterações em 19 de novembro de 1835, o governo reconhecia que não tinha mais condições de arcar com as despesas do crescente número de africanos livres acomodados na Casa de Correção, no Rio de Janeiro, e regulamentou a chamada "arrematação" dos seus serviços. As pessoas podiam requisitar tais serviços, mediante contrato firmado com o governo. Entre as cláusulas desse contrato havia uma que dizia respeito ao "preço anual que oferecem pelos serviços"[2]. Outra cláusula previa que o dinheiro arrecadado seria utilizado "ou para ajudar as despesas da reexportação ou para benefício dos africanos"[3]. Na medida do necessário, o governo determinaria um prazo para a devolução dos africanos e haveria curadores para inspecionar o tratamento que recebiam dos contratantes. Sabe-se, no entanto, que a ideia da repatriação mais uma vez não vingou e que as medidas de proteção aos africanos livres, previstas em lei, foram burladas e a maioria desses homens e mulheres foi na verdade escravizada. Em uma de suas "Cartas do Solitário", datada de 5 de novembro de 1861, Tavares Bastos faz uma denúncia vigorosa dos crimes cometidos contra os africanos livres e, a certa altura, observa:

---

1. Martins Pena, *Comédias*, Edição crítica por Darcy Damasceno, com a colaboração de Maria Filgueiras, Rio de Janeiro, MEC/INL, 1956, p. 29. As demais citações das comédias de Martins Pena serão feitas a partir desta edição, razão pela qual não me parecem necessárias mais notas de rodapé.
2. Enidelce Bertin, *Os Meia-Cara, Africanos Livres em São Paulo no Século XIX*, Departamento de História da FFLCH/USP, 2006, p. 251, Dissertação de Mestrado.
3. *Idem*, p. 252.

O código criminal descreveu e puniu em seu art. 179 o crime de reduzir pessoas livres à escravidão. Mas como havia de ser eficaz esta providência da lei, quando se facilitava o cometimento do delito permitindo-se a um senhor de escravos misturar com estes os africanos cujos serviços arrematasse? Ninguém ignora que não são raros os casos em que o africano distribuído tenha deixado de voltar à liberdade[4].

A personagem de Martins Pena acha que os "meias-caras" estão caros e que a compra de escravos no Valongo era mais vantajosa. Ela se refere ao local em que se fazia o comércio de escravos no Rio de Janeiro: o cais do Valongo, que se estendia por uma rua com o mesmo nome. Ali chegavam os navios negreiros e nas redondezas havia lojas de venda de escravos e até mesmo locais em que eles eram colocados e alimentados para engordar após a sofrida travessia do Atlântico. A lei de 7 de novembro de 1831 e as negociações com a Inglaterra levaram o governo regencial a interromper o comércio de escravos na região central da cidade. Afinal, o tráfico estava proibido e o Cais do Valongo não podia mais receber navios negreiros. Claro que o contrabando continuou a trazer escravos para o Brasil, mas o desembarque era feito em locais não policiados ou sob a vista de autoridades coniventes com o tráfico.

No diálogo entre mãe e filha, apesar dos preços altos dos escravos, a mocinha revela que o pai lhe prometeu "comprar uma negrinha" quando recebesse o dinheiro da venda de um mandiocal. Comentando o diálogo entre mãe e filha, Barbara Heliodora observa que Martins Pena não está preocupado em se mostrar favorável ou contrário à escravidão. Ele "pura e simplesmente nos mostra até que ponto era rotineira a dependência do trabalho escravo"[5]. A escravidão, sugere o diálogo, era encarada com naturalidade até mesmo pelas pessoas mais simples. Mãe e filha fazem parte de um universo regido pela mentalidade escravista e estão apenas preocupadas com o pai, que trabalha demais. Para elas, seria bom, e natural, ter mais escravos. O autor registra com objetividade como pensam os personagens e quais são os seus valores. Aos poucos, a escravidão no campo vai ganhando contorno mais definido nos diálogos e rubricas que se seguem. A cena IV é assim indicada:

---

4. A. C. Tavares Bastos, *Cartas do Solitário*, 4 ed. São Paulo, Companhia Editora Nacional, 1975, p. 73.
5. Barbara Heliodora, *Martins Pena uma Introdução*, Rio de Janeiro, Academia Brasileira de Letras, 2000, p. 30.

Entra manuel joão com uma enxada no ombro, vestido de calças de ganga azul, com uma das pernas arregaçada, japona de baeta azul e descalço. Acompanha-o um negrocom um cesto na cabeça e uma enxada no ombro, vestido de camisa e calça de algodão.

ANINHA – Abença, meu pai.
MANUEL JOÃO – Adeus, rapariga. Aonde está tua mãe?
ANINHA – Está lá dentro preparando a jacuba.
MANUEL JOÃO – Vai dizer que traga, pois estou com muito calor. (*Aninha sai. M. João, para o negro:*) Olá, Agostinho, leva estas enxadas lá para dentro e vai botar este café no sol. (*O preto sai. Manuel João senta-se.*) Estou que não posso comigo; tenho trabalhado como um burro!

Pelas palavras da rubrica e pelas falas dos personagens podemos observar que Manuel João é um lavrador pobre, que trabalha ao lado do único escravo que possui. Na cena seguinte, em diálogo com a esposa, ele fala em casar a filha e revela que já há alguém interessado, que virá tratar do assunto "logo que puder abocar três ou quatro meias-caras destes que se dão".

Os espectadores da época sabiam bem do que Martins Pena estava falando. Não era fácil conseguir um "meia-cara". E não é difícil imaginar a corrente de favores e a corrupção na esfera de poder que determinava para quem iam os africanos livres. Daí a expressão "destes que se dão", na fala do personagem, apesar da remuneração prevista em contrato. Em outra comédia, *Os Dois ou o Inglês Maquinista*, Martins Pena deixa mais claro como funcionava o sistema. A personagem Clemência explica a Negreiro, o "negociante de escravos novos", como fez para ganhar um "meia-cara" da Casa da Correção: "Empenhei-me com minha comadre, minha comadre empenhou-se com a mulher do desembargador, a mulher do desembargador pediu ao marido, este pediu a um deputado, o deputado ao ministro e fui servida".

Em seu *Africanos Livres: A Abolição do Tráfico de Escravos no Brasil*, Beatriz G. Mamigonian anota que "a corrupção em torno das concessões de africanos livres foi tema de recorrentes críticas ao governo no Parlamento"[6]. A historiadora esclarece que entre 1834 e 1838 a grande maioria dos africanos apreendidos nos navios negreiros foi distribuída a particulares, não às instituições públicas, o que facilitava a prevaricação.

---

6. Beatriz G. Mamigonian, *Africanos Livres: A Abolição do Tráfico de Escravos no Brasil*, São Paulo, Companhia das Letras, 2017, p. 105.

Voltemos a O *Juiz de Paz da Roça*. Podemos imaginar que não seria fácil para o pretendente de Aninha conseguir os três meias-caras, condição para pedir a mão da mocinha em casamento. E, caso fosse bem-sucedido, o tratamento que dispensaria aos africanos livres seria o mesmo que era dispensado aos escravos, a despeito da ilegalidade e do desrespeito a uma lei instituída. Embora não haja nenhuma cena de violência física na comédia, há uma passagem em que a pobreza da casa fica evidente, prejudicando a alimentação do escravo Agostinho. A família se reúne para o jantar, que terá feijão, laranjas e a última porção de carne seca. Manuel João pergunta à filha: "Não há carne seca para o negro?" Diante da resposta negativa, acrescenta: "Pois coma laranjas com farinha, que não é melhor do que eu". Na sequência, vê-se que a carne "está dura como um couro" e que as laranjas estão azedas. Não é fácil a vida do pobre. Mas pior é a do escravo.

Além de lavrador sem posses, Manuel João é membro da Guarda Nacional. Quando requisitado, veste sua farda e cumpre os serviços que lhe são destinados. Como o juiz de paz o intima para levar um recruta à cidade, não só ele se queixa, mas também Maria Rosa, a esposa: "Manuel João está todos os dias vestindo a farda. Ora para levar presos, ora para dar nos quilombos... É um nunca acabar".

Observador dos costumes e dos fatos à sua volta, Martins Pena indica o que acontecia com alguma frequência: a fuga de escravos que formavam ou se refugiavam em quilombos já organizados. Cabia à polícia a repressão aos quilombos, mas não era incomum que a Guarda Nacional a auxiliasse nessa tarefa.

Depois de Agostinho, um segundo escravo entra em cena na comédia. O juiz de paz se prepara para a audiência e, enquanto arruma os papéis, "entra um preto com um cacho de bananas e uma carta". O juiz lê a carta em voz alta – há uma involuntária comicidade nos termos da carta assinada por Manuel André de Sapiruruca – e se dirige ao escravo: "Ó pai, leva estas bananas para dentro e entrega à senhora. Toma lá um vintém para teu tabaco (*Sai o negro*)".

Observe-se que os dois escravos que aparecem na comédia não têm voz e apenas um é chamado pelo nome, Agostinho. O segundo recebe o tratamento dado aos escravos mais velhos: pai, paizinho. Ambos ouvem as ordens e nem mesmo esboçam um monossílabo como resposta. Suas presenças, no entanto, são importantes para caracterizar o regime escravista do país. Em outra passagem, aliás, uma regra da escravidão é mencionada para dirimir uma dúvida quanto à propriedade de um potro, requisitada por dois homens. A fala do personagem é evidentemente cômica, com frases de duplo sentido, mas em seu substrato está um dispositivo cruel: os filhos das escravas são propriedade de seu senhor, que podem dispor deles como bem entender. Ei-la:

> ESCRIVÃO, *lendo* – Diz Francisco Antônio, natural de Portugal, porém brasileiro, que tendo ele casado com Rosa de Jesus, trouxe esta por dote uma égua. "Ora, acontecendo ter a égua de minha mulher um filho, o meu vizinho José da Silva diz que é dele, só porque o dito filho da égua de minha mulher saiu malhado como o seu cavalo. Ora, como os filhos pertencem às mães, e a prova disto é que a minha escrava Maria tem um filho que é meu, peço a v. Sa. mande o dito meu vizinho entregar-me o filho da égua que é de minha mulher."

Não é preciso dizer que o juiz dá ganho de causa a Francisco Antônio, pois o espírito da lei é claro. Mas a comicidade do texto não esconde o que talvez possamos considerar uma visão crítica de Martins Pena em relação à escravidão, quando faz um personagem basear o seu argumento numa equivalência entre o escravo e o animal.

Também à margem do enredo – centrado na esperteza de um jovem casal de namorados que engana os pais da mocinha para desfazer um casamento arranjado para ela – a segunda comédia de Martins Pena encenada no Rio de Janeiro, em 1840, *A Família e a Festa da Roça,* põe em cena a escravidão com rápidas pinceladas, suficientes para dar uma ideia de fatos corriqueiros envolvendo os escravos no seu dia a dia[7]. Se não chega a ser um quadro completo, percebe-se ao menos o funcionamento de uma fazenda dependente da mão de obra escrava. Há, como na comédia anterior, uma referência ao preço alto dos "meias-caras" logo na primeira cena. Mas Domingos João não é um simples lavrador. Tem mais terras, arrenda uma parte delas para foreiros, planta cana de açúcar e café, não anda descalço e não o vemos dividir o trabalho com os escravos. É um fazendeiro, como escreve o autor na lista de personagens da co-

---

7. É possível que depois de escrever *O Juiz de Paz da Roça*, Martins Pena tenha escrito *Um Sertanejo na Corte*. Mas essa comédia não foi impressa nem representada e dela só restaram algumas cenas iniciais, que podemos ler no volume de comédias do autor organizado por Darcy Damasceno. Um "mulato escravo" aparece na segunda cena, acompanhando do mineiro Tobias, ambos chegando de exaustiva viagem. A rubrica informa que o escravo conduzia dois burros e entrava em cena "vestido de camisa e ceroulas de algodão de Minas, muito sujo de barro vermelho, e chapéu branco de abas largas". Ele sai em seguida para levar os burros e nada mais sabemos dele.

média. Quando a ação se inicia, seu plano é casar a filha Quitéria com Antônio do Pau d'Alho, que tem "um sítio com seis escravos e é muito trabalhador". No mesmo diálogo com a mulher, ao ouvi-la reclamar que o "demoninho do moleque" quebrou os ovos de duas galinhas que pusera para chocar, ele retruca: "Pois dê-lhe uma surra, entende a senhora?". E ela responde "Isso eu já fiz". E vão conversando sem voltar ao assunto. Na cena seguinte, Domingos João quer saber se Quitéria está cumprindo suas obrigações e lhe pergunta: "A negra que está doente já tomou o purgante?". Entra o filho Inacinho para prestar contas da plantação de cana e da colheita de café, mas o que marcou a jornada foi que uma cobra picou a escrava Maria. Felizmente não era das mais venenosas, o rapaz esclarece, e ela está fora de perigo, descansando na senzala.

Nenhum escravo aparece em cena no início da comédia, mas já sabemos que estamos diante de um universo regido pela escravidão. Os escravos ficam nos bastidores e é de lá que ouvimos a voz de um deles, José, quando Inacinho "chega à porta e grita fortemente para dentro", mandando-o colocar dez burros na estrebaria. O escravo diz apenas "Senhor?" e "Sim, senhor". A surra no moleque – que tem de cinco a seis anos, saberemos mais à frente –, a negra doente, a escrava picada pela cobra, o modo de Inacinho se dirigir a José, tudo faz parte da paisagem que se quer pintar, com cores nada positivas acerca da ordem escravista, ainda que nenhuma fala de personagem explicite a crítica que se entrevê nesses fatos todos. Martins Pena não coloca personagens *raisonneurs* em cena para exprimir seus pontos de vista. Daí a necessidade de uma leitura atenta de suas comédias para se perceber como via a escravidão. Se não a condena com vigor, não deixa de pôr o dedo na ferida e passa para o espectador ou leitor a tarefa de ver mais longe, de compreender o que está adiante do que a comédia apenas aponta.

Dos escravos mencionados por Domingos João, sua esposa e Inacinho somente o moleque entra em cena, provavelmente para documentar o costume das famílias de manter dentro de casa as crianças escravas, como se vê em gravuras de Debret[8]. Os adultos estão conversando – Antônio do Pau-d'Alho relata as coisas incríveis que viu na corte – e o menino de cinco ou seis anos,

---

8. Dois exemplos: em uma gravura vê-se um casal sentado à mesa, comendo, e duas crianças negras nuas ganhando alguma comida; em outra, uma mulher e uma mocinha estão costurando, rodeadas por escravas e duas crianças sentadas no chão, uma delas nua.

"vestido com uma camisola de baeta azul, que lhe chega até os pés" se aproxima devagar e fica atrás deles ouvindo o que falam. Eis a sequência:

> DOMINGOS JOÃO *olha para trás, vê o moleque e grita* – Salta pra dentro, brejeiro! (O moleque sai correndo.) Estes moleques acostumam-se com os brancos e depois ficam desavergonhados! Ora diga-me Sr. Antônio, como vão os meias-caras?
> ANTÔNIO – Iiiiih! Iiiih! Que bulha, que bulha!
> DOMINGOS JOÃO – Então, por quê?
> ANTÔNIO – Hum!

Provavelmente Domingos João estava acostumado a gritar com o menino, cujo lugar devia ser o interior da casa, não a sala. Mas o que é interessante observar é que a presença do pequeno escravo o fez lembrar que pretendia "comprar" alguns "meias-caras", como revelou em seu monólogo na primeira cena, conforme já mencionado. Antônio é pego de surpresa com a pergunta que lhe é feita e não sabe o que responder. Suas interjeições e a palavra "bulha" sugerem que há grande confusão em relação aos "meias-caras" e que não vai ser uma empreitada fácil para Domingos João. A plateia de 1840, ciente do clientelismo que regia a "arrematação" dos serviços dos africanos livres, sabia como interpretar a reação de Antônio.

A encenação de *A Família e a Festa da Roça* mereceu um longo comentário no *Jornal do Commercio* de 5 de setembro de 1840. O folhetinista anônimo fez elogios e restrições à comédia, reservando um parágrafo para comentar a representação da escravidão em cena. Curiosamente, considerou que o quadro de costumes feito por Martins Pena seria mais verdadeiro se houvesse mais escravos nos momentos em que Quitéria finge estar doente para enganar os pais. Também estranhou que Domingos João tivesse expulso o moleque da sala, o que a seu ver contrariava um costume roceiro:

> Se foi jocosa a entrada do moleque, posto mal caracterizado por vir de calças, não deixou de ser estranhável a corrida que lhe deram, e o não aparecimento de imensa negraria, quando Quitéria teve seus faniquitos. Na cidade, sim, corre-se com as crias para não escutarem o que se diz; mas na roça! Não é possível. O moleque é um ente necessário, indispensável, que se acha em casa do fazendeiro em todos os cantos; é como o ar que se encontra em toda a parte, como o sol que tudo vê e tudo observa. O moleque, oh! como passar sem ele na roça? Não se pede um copo d'água, não se move uma cadeira, não se dá um espirro, que se não veja o moleque ao lado.

Perceba-se que o folhetinista, imerso na sociedade escravista, não viu na comédia nenhuma crítica à escravidão, considerando-a como parte legítima da vida brasileira de seu tempo, desejando até que fosse mais verdadeiramente retratada. Daí a ausência de comentários sobre os fatos narrados nas cenas iniciais: a surra no moleque, a doença de uma escrava e os riscos do trabalho no campo.

Ao mesmo tempo em que o pano de fundo da escravidão se constrói, o enredo cômico dá conta de mostrar como Juca e Vitória, jovens namorados, enganam os mais velhos e ficam comprometidos com o casamento. A comédia poderia terminar ao final do primeiro quadro. Mas há um segundo, que é o da festa na roça, a festa do Espírito Santo. Martins Pena arremata o retrato dos costumes, sem deixar de incluir escravos que acompanham as famílias que chegam. O carro de boi de Domingos João, por exemplo, é conduzido por "um negro em ceroulas e camisa de algodão". Juca desce do cavalo e o entrega a um moleque. O capitão-mor está preocupado: "Se o diabo do negro deixou fugir os cavalos do cercado..."

O *Juiz de Paz da Roça* e *A Família e a Festa da Roça* se completam como comédias curtas de espírito farsesco, mais preocupadas em provocar o riso no espectador do que em fazê-lo pensar sobre questões políticas e sociais. Mas o desejo de ligar os enredos à paisagem brasileira fez com que Martins Pena tocasse no grande problema da escravidão, trazendo à cena, ainda que indiretamente, por meio dos diálogos e alusões, o duro trabalho no campo.

O Escravo na Cidade

Em sua terceira comédia, *Os Dois ou o Inglês Maquinista*, representada em 1845, o autor intensifica as críticas à escravidão, embora, mais uma vez, o enredo cômico se sobreponha às questões políticas e sociais debatidas em cena. A ação se passa no Rio de Janeiro em 1842 e envolve um personagem que é negociante de escravos, Negreiro, e um inglês charlatão, Gainer, ambos disputando os favores – e o dote – de Mariquinha, que gosta do primo Felício.

A escravidão entra pela porta da frente logo na primeira cena. A menina Júlia ouve o "preto dos manuês" anunciar seu produto na rua e o chama. Enquanto ela compra os doces, escolhendo-os no tabuleiro que o provável "negro de ganho"[9] lhe apresenta, inicia-se um diálogo entre Clemência – mãe de Mariquinha e Júlia –, Felício e Negreiro, que introduz na comédia a questão do tráfico e dos africanos livres. Não devia ser incomum nos lares brasileiros da época a seguinte conversa entre eles:

FELÍCIO – Sr. Negreiro, a quem pertence o brigue *Veloz Espadarte*, aprisionado ontem junto quase da fortaleza de Santa Cruz pelo cruzeiro inglês, por ter a seu bordo trezentos africanos?

NEGREIRO – A um pobre diabo que está quase maluco... Mas é bem feito, para não ser tolo. Quem é que neste tempo manda entrar pela barra um navio com semelhante carregação? Só um pedaço de asno. Há por aí além uma costa tão longa e algumas autoridades tão condescendentes!...

FELÍCIO – Condescendentes porque se esquecem de seu dever!

NEGREIRO – Dever? Perdoe que lhe diga: ainda está muito moço... Ora, suponha que chega um navio carregado de africanos e deriva em uma dessas praias, e que o capitão vai dar disso parte ao juiz do lugar. O que há de este fazer, se for homem cordato e de juízo? Responder do modo seguinte: Sim senhor, senhor Capitão, pode contar com a minha proteção, contanto que v. Sa.... Não sei se me entende? Suponha agora que este juiz é um homem esturrado, destes que não sabem aonde têm a cara e vivem no mundo por ver os outros viverem, e que ouvindo o capitão, responda-lhe com quatro pedras na mão: Não senhor, não consinto! Isto é uma infame infração da lei e o senhor insulta-me fazendo semelhante proposta! – E que depois deste aranzel de asneiras pegue na pena e oficie ao Governo. O que lhe acontece? Responda.

FELÍCIO – Acontece o ficar na conta de íntegro juiz e homem de bem.

NEGREIRO – Engana-se; fica na conta de pobre, que é menos que pouca cousa. E, no entanto, vão os negrinhos para um depósito, a fim de serem ao depois distribuídos por aqueles de quem mais se depende, os que têm maiores empenhos.--

Lembremos que a ação da comédia se passa em 1842. A lei de 7 de novembro de 1831 está em pleno vigor e o tráfico é proibido. Mas, como se lê no diálogo, o tráfico continua, graças às praias longínquas e às autoridades

---

9   O negro de ganho era uma fonte de renda para os senhores de escravos, que os colocavam para fazer todo tipo de trabalho na esfera urbana. Podiam ser alugados como carregadores ou podiam ser vendedores ambulantes, como relata uma historiadora: "Uma das mais importantes operações dos ambulantes era a venda de todos os tipos de alimentos, frescos ou preparados. Frutas e verduras, aves e ovos, carne de gado e peixe, pastéis e doces eram carregados pelas ruas ou vendidos em pequenos mercados". Cf. Mary Karasch, *A Vida dos Escravos no Rio de Janeiro 1808-1850*, Trad. Pedro Maia Soares, São Paulo, Companhia das Letras, 2000, p. 285. Ver também Luiz Carlos Soares, "Os Escravos de Ganho no Rio de Janeiro do Século XIX", *Revista Brasileira de História*, vol. 8, n. 16, março de 1988/agosto de 1988, p. 107-142, São Paulo, ANPUH/Marco Zero.

condescendentes. Martins Pena registra o fato corriqueiro, porém é de se crer que nas palavras de Felício está também o seu ponto de vista sobre questão tão presente na vida brasileira. Negreiro, por sua vez, acaba confirmando o que já sabemos sobre os africanos livres: sua distribuição era feita com base em favores e corrupção. Barbara Heliodora, analisando o diálogo anteriormente transcrito, observa que é surpreendente que num país sem tradição dramática "Martins Pena saiba usar tão bem o recurso sutil de denunciar o tráfico de escravos por meio de sua apologia"[10].

O diálogo continua e Clemência diz a Negreiro que recebeu um "meia--cara" da Casa da Correção. É neste momento que revela, com palavras já transcritas alguns passos atrás, que seu pedido foi atendido porque chegou a um ministro, depois de ter passado por um deputado, um desembargador, a mulher do desembargador e sua comadre.

A visão crítica de Martins Pena vai além, quando escancara a mentalidade escravista da personagem Clemência e dos brasileiros dispostos a tudo para se beneficiar com a exploração dos africanos livres: Ao comentário de Negreiro que, rindo, chama de "transação" o modo como adquiriu o "meia-cara", ela responde:

CLEMÊNCIA – Seja lá o que for; agora que tenho em casa, ninguém mo arrancará. Morrendo algum outro escravo, digo que foi ele.

FELÍCIO – E minha tia precisava deste escravo, tendo já tantos?

CLEMÊNCIA – Tantos? Quanto mais, melhor. Ainda eu tomei um só. E os que tomam aos vinte e aos trinta? Deixa-te disso, rapaz.

O que Clemência esclarece não é apenas o assalto à Casa da Correção para se apropriar do maior número possível de africanos livres, mas uma das maneiras mais comuns de torná-los escravos. Martins Pena denuncia na fala da personagem uma prática – melhor seria dizer um crime – que se tornou corriqueira, como se lê no livro *A Escravidão no Brasil,* de Perdigão Malheiro, publicado em 1867. Ele mesmo foi Curador de africanos livres e testemunhou que os arrematantes não tinham pudor em comunicar ao governo a morte de um deles, quando na verdade era um escravo que tinha morrido. E pior: escravizado o africano livre, seu filho ficava na mesma condição. Perdigão

---

10. Barbara Heliodora, *Martins Pena, Uma Introdução*, p. 48.

Malheiro descreveu com dolorida verdade o destino reservado a essa "mísera gente", tanto no campo quanto na cidade:

> De raça negra como os outros, eram igualados em razão da cor; porém, não sendo escravos, eram menos bem tratados do que estes, ou quando muito do mesmo modo. Serviço e trabalho dia e noite; castigos; falta até do necessário, ou escassez de alimentação e vestuário; dormiam pelo chão, em lugares impróprios, expostos às enfermidades; a educação era letra morta. Os filhos eram lançados à roda dos enjeitados a fim de alugarem as mães para amas de leite[11].

Se esse era o quadro real, Martins Pena ao menos apontou as causas de sua origem: o tráfico ilegal, a escravização dos africanos livres e a mentalidade escravista de seus contemporâneos. Segundo Beatriz G. Mamigonian, apenas a partir de 1844 – lembremos que a ação da comédia se passa em 1842 – os administradores das instituições públicas começaram a seguir as regras definidas no Aviso de 25 de junho de 1839, segundo as quais, "os curadores, ao proceder ao exame dos cadáveres, deviam confrontá-los com a descrição física e as marcas contidas nas cartas de emancipação, e remetê-las à Secretaria de Justiça com registro da data da morte e tabelas mensais quantificando os africanos livres falecidos"[12]. Não é crível que as fraudes não tenham tido continuidade.

Clemência ainda protagoniza outra cena que reforça as características que lhe atribuiu o autor. Ela recebe a visita de uma família que não é nada diferente da sua, como sugere a rubrica: "Entram Eufrásia, Cecília, João do Amaral, um menino de dez anos, uma negra com uma criança no colo e um moleque vestido de calça e jaqueta e chapéu de oleado". Mariquinha e Clemência fazem festas ao pequeno escravo – "Psiu, psiu, negrinho! Como é galante" – numa cena movimentada com muitos personagens na sala da casa. Não falta o elemento cômico, quando Mariquinha pega a criança no colo e logo diz: "Mijou-me toda". Mas o mais importante vem na sequência. As mulheres estão conversando e vendo os vestidos novos que Clemência comprou e ouvem barulho que vem da cozinha. Ela havia dito a Eufrásia que não fazia todos os vestidos com as costureiras francesas, só os de seda. E continua:

---

11. Perdigão Malheiro, *A Escravidão no Brasil*, São Paulo, Edições Cultura, 1944, tomo ii, pp. 70-71.
12. Beatriz G. Mamigonian, *Africanos Livres*, p. 105.

Clemência – Não vale a pena mandar fazer vestidos de chita pelas francesas; pedem sempre tanto dinheiro! (Esta cena deve ser toda muito viva. Ouve-se dentro bulha como de louça que se quebra:) O que é isto lá dentro? (Voz, dentro: Não é nada, não senhora.) Nada? O que é que se quebrou lá dentro? Negras! (A voz, dentro: Foi o cachorro.) Estas minhas negras!... Com licença. (Clemência sai.)

EUFRÁSIA – É tão descuidada esta nossa gente!

JOÃO DO AMARAL – É preciso ter paciência. (*Ouve-se dentro bulha como de bofetadas e chicotadas.*) Aquela pagou caro...

EUFRÁSIA, *gritando* – Comadre, não se aflija.

JOÃO – Se assim não fizer, nada tem.

EUFRÁSIA – Basta, comadre, perdoe por esta. (*Cessam as chicotadas.*) Estes nossos escravos fazem-nos criar cabelos brancos. (*Entra Clemência arranjando o lenço do pescoço e muito esfoguedeada.*)

CLEMÊNCIA – Os senhores desculpem, mas não se pode... (*Assenta-se e toma respiração.*) Ora veja só! Foram aquelas desavergonhadas deixar mesmo na beira da mesa a salva com os copos pra o cachorro dar com tudo no chão! Mas pagou-me!

EUFRÁSIA – Lá por casa é a mesma cousa. Ainda ontem a pamonha da minha Joana quebrou duas xícaras.

CLEMÊNCIA – Fazem-me perder a paciência. Ao menos as suas não são tão mandrionas.

EUFRÁSIA – Não são? Xi! Se eu lhe contar não há de crer. Ontem, todo o santo dia a Mônica levou a ensaboar quatro camisas do João.

CLEMÊNCIA – É porque não as esfrega.

EUFRÁSIA – É o que a comadre pensa.

CLEMÊNCIA – Eu não gosto de dar pancadas. Porém, deixemo-nos disso agora. A comadre ainda não viu o meu africano?

E saem todos para ver o "meia-cara" de Clemência. O que dizer dessa cena? Ela mostra duas famílias de posses, que têm muitos escravos, como devia ser comum na época. Mas o quadro da escravidão só fica completo quando se vê o tratamento que era dado aos escravos. Ao ouvir o barulho de louça quebrada, o desprezo de Clemência pelas escravas da cozinha se exprime com uma única exclamação: "Negras!". Ela diz ao final do diálogo que não gosta de dar pancadas. O barulho das chicotadas a desmente, bem como o fato de voltar sem fôlego dos bastidores, de tanto que bateu nas escravas. Louve-se a ironia de Martins Pena dando-lhe o nome de Clemência. Os comentários de João do Amaral e Eufrásia mostram que têm o mesmo desprezo pelos escravos e ele chega a justificar a violência física, com o argumento de que o castigo evita que se repita o que aconteceu na cozinha de Clemência. Com essa cena, Martins Pena ratifica o que todos os seus espectadores já sabiam: a violência física contra o escravo era habitual e rotineira. Há aí claramente uma crítica à escravidão e não apenas um registro dos costumes da época.

Enquanto o enredo da comédia evolui – Felício consegue colocar Negreiro e Gainer um contra o outro na disputa por Mariquinha e seu dote – mais uma cena contribui para a representação da escravidão. Negreiro entra, "acompanhado de um preto de ganho com um cesto à cabeça", e dá-se o seguinte diálogo:

NEGREIRO – Boas noites.
CLEMÊNCIA – Oh, pois voltou? O que traz com este preto?
NEGREIRO – Um presente que lhe ofereço.
CLEMÊNCIA – Vejamos o que é.
NEGREIRO – Uma insignificância... Arreia, paí! (*Negreiro ajuda ao preto a botar o cesto no chão. Clemência, Mariquinha chegam-se para junto do cesto, de modo porém que este fica à vista dos espectadores.*)
CLEMÊNCIA – Descubra. (*Negreiro descobre o cesto e dele levanta-se um moleque de tanga e carapuça encarnada, o qual fica em pé dentro do cesto.*) Ó gentes!
MARIQUINHA, *ao mesmo tempo* – Oh!
FELÍCIO, *ao mesmo tempo* – Um meia-cara!

Negreiro, contrabandista experiente, esclarece que trouxe o menino num cesto coberto para driblar a fiscalização. Clemência apoia a contravenção e o leva para dentro depois de examiná-lo, ver que está gordinho e que tem bons dentes. Comporta-se, pois, como alguém que vê na escravidão apenas a oportunidade dos lucros, mesmo que sejam ilícitos. Em seguida, Negreiro paga o negro de ganho, que acha o pouco o que recebe. Diante da reclamação de que a carga era pesada, Negreiro o ameaça e o empurra para fora, sem demonstrar qualquer respeito pelo trabalho do escravo.

Em rápidas pinceladas Martins Pena desenha o cotidiano da sociedade escravista. A corrupção que garante o contrabando dos africanos livres é referida ainda uma vez, quando Negreiro, sabendo por Felício que Gainer ameaça denunciá-lo ao juiz de paz e ao comandante do brigue inglês *Wizart*, explode: "Quê? Denunciar-me, aquele patife? Velhaco-mor! Denunciar-me? Oh, não que eu me importe com a denúncia ao juiz de paz; com este eu cá me entendo; mas é patifaria, desaforo!"

É evidente que o conflito entre Negreiro e Gainer espelha o conflito entre Brasil e Inglaterra, em torno da questão do tráfico. As autoridades brasileiras, como se sabe, eram coniventes com o contrabando e podiam ser corrompidas, mas não os ingleses, empenhados em acabar com o tráfico desde o início do século XIX. Não esqueçamos que em 1845, dada a leniência do governo brasileiro, o parlamento britânico aprovou o Bill Aberdeen, autorizando a marinha inglesa a aprisionar navios brasileiros a serviço do tráfico em todo o Atlântico e até mesmo em nosso litoral. O Bill Aberdeen, além de ter sido uma afronta à soberania nacional, não impediu que o tráfico continuasse, até porque sua repressão não contou com a boa vontade das autoridades brasileiras, que não queriam parecer submissas a uma imposição estrangeira. Apenas em 1850, com a lei de 4 de setembro, elaborada a partir de um projeto de Eusébio de Queirós, a repressão ao tráfico se torna eficaz e o país se livra definitivamente desse comércio desumano[13].

Os Dois ou o Inglês Maquinista foi aprovada pelo Conservatório Dramático, mas os pareceres se perderam. As críticas ao tráfico incomodaram as autoridades, como se percebe pela reação do deputado Dias da Motta, que tentou, sem sucesso, adiar a renovação das loterias para o Teatro São Pedro de Alcântara, no qual a comédia de Martins Pena fora representada. Na sessão de 6 de agosto de 1845, da Câmara dos Deputados, ele argumentou que a diretoria do São Pedro, além de desprezar os artistas brasileiros, não cumpria o trato com o governo, de sustentar uma companhia dramática e uma de canto ou baile, preocupada apenas com os lucros e desinteressada de fazer avançar o teatro entre nós. Lamentava que o subsídio servisse para que fossem apresentadas "peças ridículas, como uma que ainda há poucos dias se representou no Teatro de São Pedro, e para maior lástima, perante a família imperial"[14]. Um mês depois, na sessão de 5 de setembro, o deputado França Leite, defendendo-se de um artigo publicado em O *Mercantil*, no qual é referido como crítico da administração do Teatro São Pedro, esclarece que a peça à qual se

---

13. Para informações detalhadas sobre o tráfico de escravos, recomendo a leitura de Leslie Bethell, *A Abolição do Tráfico de Escravos no Brasil*, Rio de Janeiro, Expressão e Cultura; São Paulo, Edusp, 1976.
14. *Jornal do Commercio*, 8 ago. 1845, p. 2.

referia Dias da Motta era "uma peça dramática em que aparece em cena um contrabandista de africanos trazendo um debaixo de um cesto"[15]. Ao contrário de Dias da Motta, não a considera ridícula, nem estranha que tenha sido representada, como outras do mesmo teor. O que é estranho, acrescenta, é que o povo vá vê-las no teatro e as aplauda, deixando com isso, "de acompanhar com este aplauso [o] ódio a tais contrabandistas que em tão difícil posição nos hão posto, que tanto mal fazem ao país, e que talvez por causa deles não corram muitos meses sem que o país se veja em duros e difíceis embaraços"[16].

As palavras de França Leite carregavam uma crítica velada ao presidente da diretoria do Teatro S. Pedro na ocasião: José Bernardino de Sá, "considerado o maior traficante negreiro do Rio de Janeiro no segundo quartel do século XIX"[17]. Martins Pena devia ter conhecimento disso, mas mesmo assim abordou a questão do tráfico com um detalhe notável. No diálogo entre Negreiro e Felício, transcrito alguns passos atrás, o segundo quer saber do primeiro "a quem pertence o brigue Veloz Espadarte", aprisionado pelos ingleses com trezentos africanos a bordo. Explica Luiz Costa-Lima Neto que havia, no Rio de Janeiro, "dois navios denominados *Espadarte e Veloz*. O primeiro era utilizado por ninguém menos que o português José Bernardino de Sá, o já mencionado presidente da diretoria do Teatro de São Pedro de Alcântara"[18]. Não foi por acaso, conclui o estudioso, que a temporada de *Os Dois ou o Inglês Maquinista* foi suspensa quando ainda atraía público ao teatro; afinal, criticava o tráfico de escravos do qual era beneficiário o traficante José Bernardino de Sá.

Nas comédias que escreveu em seguida – exceto em *Os Ciúmes de um Pedestre* e *O Cigano* –, Martins Pena faz menos referências à escravidão e quase não há escravos em cena. Em *O Judas em Sábado de Aleluia*, dois "moleques", juntos com quatro meninos brancos, ajudam a confeccionar o boneco do Judas na abertura da comédia. Mais à frente, quando chega a hora da malhação do Judas, entram de novo em cena para pegar o boneco. Em *O Diletante*, um "pajem pardo" entra em cena três vezes, apenas para entregar uma partitura e duas cartas ao protagonista. Em *Os Três Médicos*, há um pajem que entrega

---

15. *Jornal do Commercio*, 8 set. 1845, p. 2.
16. Idem, ibidem.
17. Luiz Costa-Lima Neto, *Entre o Lundu, a Ária e a Aleluia: Música, Teatro e História nas Comédias de Luiz Carlos Martins Penna (1833-1846)*, Rio de Janeiro, Folha Seca, 2018.
18. Idem, p. 51.

uma carta e dois negros que ficam em cena, mudos, carregando dois barris de água e obedecendo às ordens do Dr. Aquoso. Na cena V de *O Namorador ou a Noite de S. João*, o feitor Manuel dirige-se a quatro negros que entram carregando lenha, cana e um cesto: "Paizinhos, vão acabar de fazer a fogueira". Mais à frente: "Anda paizinhos, acabem essa fogueira e vão arrumar o capim na carroça para ir para cidade". Os escravos nada falam em cena. E Manuel se queixa deles com a esposa: "Todo o dia com a enxada na mão, e ainda em cima ter olhos nos paizinhos, que são piores que o diabo". Nenhuma atitude dos escravos na comédia justifica tais palavras. Eles apenas obedecem às ordens, no papel de figurantes que não participam da trama. Em *O Noviço* não há como saber com certeza se o criado José é escravo ou não de Florência; sua participação é mínima. O mesmo se pode dizer do criado de *As Casadas Solteiras*, que entra apenas para entregar uma carta e trazer uma bandeja com dois copos.

Vale destacar nesse conjunto, que divertiu a plateia fluminense em 1844 e 1845, a comédia *As Desgraças de uma Criança*, encenada em 1846, na qual há uma nota mais interessante. A personagem Rita tem uma mucama, que não aparece em cena. Mas seu filhinho é amamentado por uma ama branca. O racismo aparece sugerido nas palavras de Abel, pai de Rita, para Madalena: "Minha filha alugou-te para criares o seu filho, porque sempre embirrou com amas negras, mas aqui te conservarás enquanto eu quiser". Interessado em Madalena, Abel avança sobre ela, que coloca o berço entre ambos para se defender. Nesse momento Rita entra e o que se segue revela, ainda que pelo ângulo da comicidade, uma forma de tratamento carinhoso dos bebês brancos, que se tornam "negrinhos", "mulequinhos":

RITA, *entrando* – Estou pronta.
MADALENA, *para Abel* – Não lhe disse?
ABEL – Oh, diabo! (*Para disfarçar, principia a fazer festa à criança que está no berço.*) Psiu, psiu, negrinho! Olha vovô, cachorrinho! Psiu, psiu, galantinho! Bi, bi. Bi! Ni, ni, ni! (*Madalena ri-se à parte*)
RITA, *encaminhando-se para o berço* – Lulu está acordado?
ABEL, *no mesmo* – Olha vovô, mulequinho! Olha, bonito! Bi, bi,bi!

Rita repreende o pai, que faz festas para o bebê que está dormindo, enquanto Madalena ri do velho namorador ridículo.

Também de 1846 é a comédia O *Jogo de Prendas*, que não foi nem representada nem publicada, e da qual só conhecemos quatro cenas. Em uma delas, Pulquéria trata mal a escrava Maria, fazendo-nos lembrar, com suas palavras, da personagem Clemência, de *Os Dois ou o Inglês Maquinista*. Estão arrumando a sala e Pulquéria reclama do pó em cima da mesa: "Andá cá, desazada, apanha este meu lenço. Tu não viste esta mesa coberta de pó? Peste... Vai para dentro aprontar a bandeja do chá; e vê lá se as xícaras e colheres vêm fedendo a barata, que caro te sairá. (*Maria sai.*) Não se pode lidar com essa gente, é um inferno". A mentalidade escravista se manifesta claramente na ameaça de castigo físico que fica implícita na fala de Pulquéria. Em outra cena, vemos um moleque entrar e, depois de entregar uma carta ao jovem Eduardo, atazaná-lo para que lhe dê um vintém. Tudo indica que nessa comédia Martins Pena tenha dado o mesmo tratamento à escravidão, ou seja, colocando-a em segundo plano.

Ao contrário das comédias citadas, em que a presença da escravidão tem pouca importância, em *O Cigano*, representada em 1845, Martins Pena faz a denúncia de dois problemas que envolviam escravos como vítimas da desonestidade e ganância dos brancos: o envolvimento dos negros de ganho nos furtos dos produtos que carregavam pelas ruas da cidade e o sequestro de escravos que eram enganados com promessas de liberdade e vendidos para fora do Rio de Janeiro.

A comédia *O Cigano* tem o enredo cômico calcado nas confusões provocadas pelas três filhas de Simão, o cigano do título, que numa mesma noite recebem ocultamente seus namorados, sem que cada casal saiba dos outros dois. Cenas no escuro garantem os quiproquós entre esses personagens, que se escondem onde conseguem, pois ao mesmo tempo, no mesmo espaço, atuam os três vilões da comédia. O que nos interessa é o que dizem e fazem esses vilões. Assim, já na quarta cena entra Tomé, o dono de uma venda, acompanhado de um escravo que traz uma grande caixa na cabeça. Dá-se então o seguinte diálogo:

CIGANO – O que contém?
TOMÉ – Roupa de uso. (*Abrindo a caixa e mostrando:*) Casaca, calças, colete, etc. O dono disto tudo ia passar a festa na Ilha do Governador; chamou um negro de ganho para

conduzir a sua carga. Este furtou-lhe ao voltar [uma esquina] e trouxe-me tudo à venda. Dei-lhe um copo de cachaça.

CIGANO – É preciso cuidado. Esses negros podem um dia denunciar-nos.

TOMÉ – Qual, não penses nisto; a cachaça fecha-lhes a boca. Tenho cá a minha companhia muito bem organizada. Todos os dias pela manhã vão lá à minha venda doze negros de ganho e eu dou a cada um deles um copinho da branca e lhes digo: "Meus filhos, quando te chamarem para carregar alguma carga, logra a pessoa que te acompanhar ao voltar alguma esquina e traze tudo à venda, que te darei outro copinho e alguns cobres em cima". Se bem o digo, melhor o fazem eles. Os diabos dos negros têm uma inteligência para o roubo que é coisa nunca vista! Hoje é o terceiro que recebo. Excelente negócio!

A venda de Tomé é uma fachada para o seu verdadeiro negócio, que é ludibriar os escravos com promessas de algum dinheiro, dando-lhes pinga como pagamento, em troca de mercadorias furtadas. Martins Pena documenta nessa cena uma prática dos larápios de seu tempo em tom sério, mas sem deixar de recorrer à ironia quando faz Tomé afirmar que os negros, não ele, é que são inteligentes para roubar. Na sequência, o personagem diz ainda ao Cigano que lhe conta tudo isso porque são sócios: um recebe as cargas desencaminhadas pelos negros de ganho ou objetos furtados pelos escravos a seus senhores e o outro se incumbe de vender as mercadorias. O Cigano tem ainda um segundo negócio, em parceria com o malsim Gregório, cuja especialidade é seduzir escravos, descontentes ou não com os seus proprietários, prometendo-lhes liberdade longe do Rio de Janeiro. Na cena XVI, Gregório chega à casa do Cigano com um escravo, que será enganado à vista do espectador, no seguinte diálogo:

> GREGÓRIO – [...] Vem cá, filho.
> NEGRO – Sim sinhô.
> GREGÓRIO – Teu senhor é muito mau?
> NEGRO – Não é muito, não sinhô.
> GREGÓRIO – Deixa-te disso; é muito. Um rapaz como tu deve ser bem tratado.
> NEGRO – Sinhô?
> GREGÓRIO – Boa roupa... Esta que trazes é uma vergonha! Boa comida... Estás magro!
> CIGANO – E nada de chicote!
> NEGRO – Sinhô às vezes dá chicote.
> GREGÓRIO – Está! Não te digo eu que ele é mau?
> CIGANO – Um rapaz como tu, apanhar?
> GREGÓRIO – Queres viver sem apanhar?
> NEGRO – Quero, sim sinhô.

GREGÓRIO – Sempre bem vestido, boa roupa...
NEGRO – Quero, sim sinhô.
GREGÓRIO – Boa papança, aguardente à farta...
NEGRO – Quero, quero sim sinhô, meu branco.
GREGÓRIO – Queres ficar forro?
NEGRO, *com exaltação* – Forro, meu branco? Quero ficar forro! Antônio faz tudo...
GREGÓRIO – Pois bem, escuta. Tu vais para Minas com um homem; chegando lá trabalhas só oito dias, depois ficas forro.
NEGRO – Oh! *(Para Gregório:)* É verdade, meu branco?
CIGANO – Mais que verdade.
GREGÓRIO – Em Minas os pretos forros não precisam trabalhar para viver. Há muito dinheiro pelo chão... Então, queres ir?
NEGRO – Sim sinhô; já!
GREGÓRIO, *(para o cigano)* – Está resolvido. *(Para o negro:)* Está bem, irás. Tenho pena de ti.
CIGANO, *(para o negro)* – Vem cá, ficarás neste quarto até que possas partir. (Leva o negro para o segundo quarto à direita.)
GREGÓRIO, só – Forte tolo! Muito burros são estes negros; vão-se deixando enganar com uma facilidade que admira. Meia dúzia de promessas, e ei-los prontos para tudo... Este podemos vender por seiscentos e oitocentos mil para serra acima, e depois que lá se avenha com o senhor e com a alforria... Ah! ah! ah! Alforria! Que logro que levam!

Registre-se, antes de tudo, que em nenhuma outra comédia de Martins Pena um escravo tem tantas falas e fica tanto tempo em cena. O Cigano diz ainda a Gregório que vendeu por quinhentos mil-réis a "negrinha" que ele havia enganado no Campo de Santana, uma fala que reforça a denúncia de um tipo de crime que o comediógrafo via no cotidiano da sociedade escravista. Mas como o enredo cômico deve prevalecer sobre o aspecto documental, logo saberemos que o escravo Antônio, ludibriado e sequestrado pelos dois contraventores, pertence ao terceiro vilão, Tomé. A trama caminha para uma grande pancadaria típica da farsa, envolvendo os três namorados e os três malfeitores, que se atracam e rolam pelo chão, enquanto, diz a rubrica, "o negro salta de contente, batendo palmas". Curiosamente, após essa cena, nas três últimas o escravo não é mais mencionado. No desfecho, com a chegada da polícia, o Cigano, Tomé e Gregório são presos e os namorados fogem, deixando as três moças que, concluíram, lhes trariam mais problemas que felicidade. Numa eventual montagem dessa comédia, o diretor terá que dar um destino ao escravo esquecido em cena pelo autor.

Resta comentar a comédia *Os Ciúmes de um Pedestre ou o Terrível Capitão do Mato*, encenada em 1846, depois de muito empenho de Martins Pena junto ao Conservatório Dramático Brasileiro, que inicialmente a proibiu de ser representada. Para o primeiro censor, Luís Honório Vieira Souto, haveria em algumas cenas uma paródia ofensiva ao grande ator João Caetano, algo a seu ver inadmissível. Além disso, havia na comédia palavras que deviam ser suprimidas – porque um tanto obscenas – e uma alusão direta à aventura do português Manuel Machado Caires, que tinha entrado numa casa pelo telhado para falar à moça por quem estava apaixonado, fato que motivou sua deportação, depois de um processo tornado público pelos jornais. Para o censor a alusão não devia ser tolerada, porque ofendia uma família respeitável. O segundo censor, André Pereira de Lima, não mencionou a paródia em seu parecer negativo, mas reiterou que a cena do telhado era inaceitável, assim como a cena em que o protagonista, acreditando ter assassinado o suposto amante de sua mulher, coloca-o num saco para jogá-lo ao mar. Essa passagem do parecer é interessante, pois reforça a percepção de como Martins Pena se alimentava dos acontecimentos da vida urbana em suas peças. Afirma o censor que "discute-se este ano perante os tribunais uma ação criminal contra um homem que tinha escondido em um saco certo escravo morto, ou matado, para ser posto ao mar"[19.] A cena criada pelo comediógrafo incomodava porque lembrava à plateia um fato terrível ocorrido havia pouco tempo, típico da nossa sociedade escravocrata.

Diante de tantas objeções à representação de sua comédia, Martins Pena escreveu uma carta ao secretário do Conservatório Dramático, José Rufino Rodrigues de Vasconcelos, explicando que a paródia era à peça *Otelo*, de Ducis, não ao ator João Caetano. Fez então algumas modificações sugeridas pelos censores, alterou para *O Terrível Capitão do Mato* o título da comédia, que na primeira versão era *Os Ciúmes de um Pedestre,* e conseguiu a licença para colocá-la em cena.

---

19. R. Magalhães Júnior, *Martins Pena e Sua Época*, 2ª ed., São Paulo, Lisa, 1972, p. 166. O autor transcreve os pareceres do Conservatório Dramático e historia os fatos relativos à censura feita a *Os Ciúmes de um Pedestre*.

A alteração do título explicita dentro da comédia o tipo de trabalho que exercia o protagonista: o de caçador de escravos fugidos. Os jornais da época traziam diariamente não poucos anúncios oferecendo recompensas para quem os capturasse e devolvesse a seus donos. Para dar um exemplo concreto, eis um anúncio publicado no *Jornal do Commercio* de 6 de dezembro de 1841, com a linguagem peculiar da época:

> No dia 3 do corrente fugiu uma parda de nome Paulina, acaboclada, de altura menos de ordinária, feia de cara, com a fala muito mansa, e parece mais idosa do que é; tem um defeito na parte inferior de uma das orelhas, e um sinal no beiço de cima; levou vestido branco de morim com bico no corpinho e mangas de jaqueta, chalés de lã, e foi descalça. Qualquer Sr. capitão do mato que a apanhar e levar à rua do Sabão da Cidade Nova n. 6, será suficientemente recompensado.

Ninguém melhor que Machado de Assis escreveu sobre esse triste ofício no conto "Pai contra mãe" – história pungente de dois pobres diabos querendo fugir, ele à miséria e ela à escravidão. Nas páginas iniciais o narrador descreve os instrumentos com que os escravos eram castigados, um deles reservado para os "escravos fujões". Isso não os impedia de tentar buscar a liberdade: "os escravos fugiam com frequência", diz o narrador. E continua: "Quem perdia um escravo por fuga dava algum dinheiro a quem lho levasse. Punha anúncios nas folhas públicas, com os sinais do fugido, o nome, a roupa, o defeito físico, se o tinha, o bairro por onde andava e a quantia de gratificação"[20]. Machado publicou esse conto em 1906, no volume *Relíquias de Casa Velha*. Daí o narrador se referir a costumes de cinquenta anos antes.

Martins Pena não aborda o ofício do protagonista André João seriamente, até porque não há nenhum escravo na comédia. Esse é o dado curioso: a escravidão está nos bastidores, assustadora, mas em cena um dos seus principais pilares será ridicularizado. O capitão do mato, de terrível, não tem nada. Em seu excesso de ciúme, tal qual um Otelo imbecilizado, é risível, e quando exerce o ofício é enganado por um rapaz, namorado de sua filha, que se deixa apanhar, disfarçado de escravo. Embora o enredo cômico esteja centrado em confusões causadas por um vizinho que entra na casa de André João pelo telhado para namorar-lhe a mulher e pelo namorado da filha, em cenas que

---

20. Machado de Assis, *Relíquias de Casa Velha*, Rio de Janeiro, Civilização Brasileira/MEC, 1977, p. 49-50.

se dão no escuro, repletas de quiproquós, há que se lembrar o seguinte: o espectador do século XIX, ao ver o capitão do mato entrar com um "negro" preso, o palco mal iluminado por uma vela, pensa inicialmente estar diante de um quadro da escravidão. Em toda a cena IV, Alexandre, o namorado, dialoga com o capitão do mato utilizando um linguajar típico dos escravos. Como o espectador não pode ser enganado, já na cena seguinte Alexandre, a sós, com seu falar natural, revela sua identidade: "Estou só... Tomei este disfarce, o único de que me podia servir para introduzir-me nesta casa, a fim de falar à minha querida Balbina...". Ou seja, a burla que nos diverte é possibilitada pelo ofício de André João. Não fosse ele um caçador de escravos fugidos, não teria sido ludibriado como foi.

Os Ciúmes de um Pedestre ou o Terrível Capitão do Mato é uma das melhores comédias de Martins Pena, com personagens e enredo divertidíssimos. Como não vem ao caso entrar em detalhes quanto à eficácia e características dos recursos cômicos utilizados, sublinho a validade e pertinência do registro histórico feito pelo autor, que trouxe para a cena uma figura típica da sociedade escravista brasileira, expondo-a ao ridículo.

Comicidade e Registro Histórico

Embora rarefeita, nunca como assunto central, a escravidão nas comédias de Martins Pena chamou a atenção de seu primeiro crítico importante, Sílvio Romero, que valorizou sobremaneira o aspecto documental presente na obra do comediógrafo. A seu ver, "uma das máculas nacionais que mais vivamente aparecem nas comédias do nosso compatriota é, sem dúvida, a escravidão". E mais: "Não há nenhuma de suas obras conhecidas em que direta ou indiretamente ela não apareça; não há nenhuma em que não exista alguma referência à nefanda instituição por palavras que seja. Os termos *preto, negro, escravo, moleque, mucama, meia-cara*, lá estarão, ao menos para dar testemunho do fato"[21]. Sílvio Romero considera *Os Dois ou o Inglês Maquinista* um verdadeiro documento de época. O tráfico ilegal de escravos aparece na comédia como dado verdadeiro e Negreiro, para o crítico, é um "descarado" de uma laia que enriqueceu com o contrabando. Seu presente para Clemência – o menino

---

21. Sílvio Romero, *Martins Pena*, Porto, Livraria Chardron, 1901, p. 115.

dentro do cesto – é referido como "um dos mais ridículos traços de nossos costumes, ainda nos primeiros anos do Segundo Reinado"[22]. Para finalizar, afirmou ainda que "o contrabando e a escravidão eram coisas normais que não escandalizavam as melhores famílias"[23].

Ainda que, como se sabe, as comédias de Martins Pena tivessem como objetivo principal provocar o riso no espectador, a crítica aos costumes acaba por atingir a sociedade escravista. Digamos que a escravidão fornece ao comediógrafo o pano de fundo sobre o qual ele projeta os enredos cômicos; mas reconheçamos que por vezes é possível entrever por algumas frestas a sua ignomínia. Quero crer que nas comédias comentadas há uma visão crítica do autor ao escravismo e aos brasileiros que dele se beneficiaram. Os escravos, como afirma Vilma Arêas, "desvestidos de características humanas, sem voz e sem razão, são vistos a trabalhar o tempo todo, chicoteados, empurrados, enganados, enquanto, um palmo acima, a trama desenrola-se e os demais personagens giram segundo o vivíssimo ritmo desse teatro"[24].

Comicidade e registro histórico se combinam na obra de Martins Pena, esse grande observador dos nossos costumes, que divertiu os seus contemporâneos com tipos impagáveis e enredos hilariantes, legando-nos, por outro lado, um testemunho contundente dos vícios de uma sociedade tacanha e violentamente escravista.

Referências Bibliográficas

Arêas, Vilma Sant'Anna. *Na Tapera de Santa Cruz: Uma Leitura de Martins Pena*. São Paulo, Martins Fontes, 1987.

Assis, Machado de. *Relíquias de Casa Velha*. Rio de Janeiro, Civilização Brasileira/mec, 1977.

Bastos, A. C. Tavares. *Cartas do Solitário*. 4 ed. São Paulo, Companhia Editora Nacional, 1975, p. 73.

---

22. *Idem*, pp. 117-118.
23. *Idem*, p. 119.
24. Vilma Sant'Anna Arêas, *Na Tapera de Santa Cruz: Uma Leitura de Martins Pena*, São Paulo, Martins Fontes, 1987, p. 26.

BERTIN, Enidelce. *Os Meia-Cara, Africanos Livres em São Paulo no Século XIX*. Departamento de História da FFLCH/USP, 2006. Dissertação de Mestrado.

BETHELL, Leslie. *A Abolição do Tráfico de Escravos no Brasil*. Trad. Vera Nunes Pedroso. Rio de Janeiro/São Paulo, Expressão e Cultura/Edusp, 1976.

HELIODORA, Barbara. *Martins Pena uma Introdução*. Rio de Janeiro, Academia Brasileira de Letras, 2000.

KARASCH, Mary. *A Vida dos Escravos no Rio de Janeiro 1808-1850*. Trad. Pedro Maia Soares, São Paulo, Companhia das Letras, 2000.

MAGALHÃES JÚNIOR, R. *Martins Pena e Sua Época*. 2ª ed. São Paulo, Lisa, 1972.

MALHEIRO, Perdigão. *A Escravidão no Brasil*. São Paulo, Edições Cultura, 1944, tomo II.

MAMIGONIAN, Beatriz G. *Africanos Livres: A Abolição do Tráfico de Escravos no Brasil*. São Paulo, Companhia das Letras, 2017.

COSTA-LIMA NETO, Luiz. *Entre o Lundu, a Ária e a Aleluia: Música, Teatro e História nas Comédias de Luiz Carlos Martins Penna (1833-1846)*. Rio de Janeiro, Folha Seca, 2018.

PENA, Martins. *Comédias*. Edição crítica por Darcy Damasceno, com a colaboração de Maria Filgueiras. Rio de Janeiro, MEC/INL, 1956.

ROMERO, Sílvio. *Martins Pena*. Porto, Livraria Chardron, 1901.

SOARES, Luiz Carlos. "Os Escravos de Ganho no Rio de Janeiro do Século XIX". *Revista Brasileira de História*, São Paulo, ANPUH/Marco Zero, vol. 8, n. 16, março de 1988/agosto de 1988.

Jornal do Commercio, p. 2, 8 ago. 1845.

Jornal do Commercio, p. 2, 8 set. 1845.

15

O Eco no Oco:
O Não na Poesia Concreta

K. David Jackson

> *Aparência é o que aparece,*
> *O que parece*
> *E perece.*
> Ana Hatherly, *As Aparências*

> *o contrário sempre surge do seu contrário*
> Walnice Nogueira Galvão, *Formas do Falso...*

O primeiro "não" na poesia concreta se evidencia na sua composição não convencional, regida por uma dimensão verbivocovisual, onde o arranjo gráfico, a estrutura, o design, o som e a linguagem interagem. Na recusa de poesia discursiva existe uma diferença fundamental na constituição, comunicação e recepção do significado, por dois motivos principais: primeiro, o método criativo é aliado às outras artes e, segundo, reflete a influência de uma seleção universal sincrônica de textos inovadores, eles mesmos contrários à tradição recebida. Assim, a leitura do poema concreto faz com que o leitor repense a informação estética e reconfigure a natureza do conhecimento pelo "não". A aparência gráfica reconfigura a questão de como se constitui um significado na poesia. As dimensões não verbais da composição – espaço, silêncio, ausência, vazio e recusa – figuram entre outros recursos do "não", a recusa de editora comercial e a diferença no significado efetuada pela estrutura isomórfica. A prática do "não" gera o que William Frank[1] chama de "registros de significação", que por sua vez estruturam o significado do poema, desafiando as normas comuns da escrita e do discurso, se opondo a elas.

Uma das técnicas de composição escolhida pelos poetas concretos inverte as normas discursivas, guiada pela dimensão negativa. A negação funciona

---

1. William Frank, "Involved Knowing: On the Poetic Epistemology of the Humanities", *The European Legacy*, 16 abr. 2011.

neste caso como estratégia criativa, seja pela rejeição de estilos literários tradicionais, lição aprendida em outros textos de invenção, seja pela produção de significados alternativos. O "não" da poesia concreta é um procedimento de inclusão pela exclusão, um negativo positivo que apoia a inovação, definido pelos princípios da estética concreta. Da mesma maneira, alguns livros de crítica literária desafiam a norma pela posição negativa, por exemplo, *Against Interpretation* de Susan Sontag, ou *Against Literature*, de John Beverly. Adam Shellhorse amplia o termo "anti-literatura" para incluir uma reavaliação do conceito fundamental do que a literatura poderá significar, "a rethinking of what is meant today by literature"[2].

A presença do "não" na poesia concreta brasileira se evidencia tanto no âmbito da história literária, quanto no conceito e na operação do texto. O campo do "não" pode ser visto como contribuição à criação de um significado positivo pelo mecanismo de negação controlada, comparável às correntes amplas de demolição praticadas pelas vanguardas históricas. Gonzalo Aguilar, na sua história do movimento, fala de uma "anti-tradição" dentro dos movimentos de vanguarda[3], cuja ideia central lembra o "anti" vazio do movimento Dada, assim como a chamada futurista para destruir o passado. O "anti" dos poetas concretos, escreve Aguilar, se destinava a liberá-los das limitações do tempo presente, informados por uma tradição de inovação; nesse sentido Marjorie Perloff enfatiza a recapitulação e recolocação na poesia concreta de princípios pouco entendidos e pouco divulgados das vanguardas históricas, tardiamente incorporadas à poesia concreta[4]. No ensaio "Para uma Poesia Sincrônica", Haroldo de Campos cita Pound, no ABC *of Reading*[5], pelo método seletivo que extrai o que julga ser a melhor poesia de uma longa história diacrônica, "a drastic separation of the best from a great mass of works [...] that weigh over all others"[6]. Haroldo por sua vez recomenda uma seleção sincrônica de textos inovadores, formada pela rejeição ou exclusão de modelos tradicionais a favor daqueles considerados inovadores. Pensando numa renovação de formas,

---

2. Adam Shellhorse, Anti-Literature: *The Politics and Limits of Representation in Modern Brazil and Argentina*, Pittsburgh, University Pittsburgh Press, 2017, p. 3.
3. Gonzalo Aguilar, *Poesia Concreta Brasileira: As Vanguardas na Encruzilhada Modernista*, São Paulo, Edusp, 2005, p. 38.
4. Marjorie Perloff, "Writing as Re-Writing: Concrete Poetry as Arrière-Garde", *Ciberletras* 17, 2007.
5. Ezra Pound, ABC *of Reading*, Berkshire, Faber and Faber, 1934.
6. Haroldo de Campos, *A Arte no Horizonte do Provável*, São Paulo, Perspectiva, 1969, p. 208.

Haroldo propõe uma antologia sincrônica de poesia brasileira de invenção. Da mesma maneira, o conceito de constrição no poeta Dom Sylvester Houédard exclui "the necessary negative anti-past ... in a kind of cleansing or purging"[7]; esse ato é comparável à operação sincrética de Haroldo. Assim a negação e a inovação se tornam complementares, pois a negação, inerente à seleção de textos, faz parte de uma corrente alternada.

Para Augusto de Campos, o "não" poético abrange um programa social e poético, incluindo "poesia da recusa", "anti-poesia" e a escrita "à margem da margem." É o "não" colocado no cerne da consciência poética e social da poesia concreta, a sua vivavaia, o seu luxo-lixo. Augusto explica:

> Do outro lado do outro lado à margem da margem [...] vêm vozes singulares capazes de perturbar a toada e o coro monótonos. [...] Se estes são inevitáveis e dão o tom geral da era, de algumas vozes dissonantes minoritárias, pode provir, subitamente, uma luminosidade inadvertida que desbanalize o som, varre o marasmo e sacuda o tediário cotidiano [...][8].

Os poetas incluídos na sua antologia de traduções (Poesia da Recusa) recusam e inovam ao mesmo tempo, na condição de "díspares, diversos, dispersos"; combinando integridade ética e estética, são poemas que "[...] efetivamente continuam poemas depois de traduzidos[9]", unidos pela "bandeira da recusa", não importa se por misticismo rebelde, atrevimento vanguardista, imaginação atemporal ou sátira blasfema. Nesse ponto é que recusa e inovação interagem, formando um par, "de modo a causar alterações na função da imagem de acordo com as questões culturais de cada época"[10].

Para os poetas concretos brasileiros, o uso consciente e programático de materiais poéticos resulta de um "não" primário, uma recusa purgante da tradição, ingrediente do método crítico praticado pelas vanguardas de todos os tempos. Como elucida Haroldo:

---

7. Greg Thomas, "Cool Nothing: Dom Sylvester Houédard's Coexistentialist Concrete Poetics", *Interdisciplinary Science Reviews* 42, n. 1-2, p. 47, 2017.
8. Augusto Campos, *À Margem da Margem*, São Paulo, Companhia das Letras, 1989, p. 9.
9. *Idem*, p. 17.
10. Ana Luísa Cavalcante, Vanessa Barros, Paula Rocha, Francisco Pereira, Richard Perassi e Carlos Remor, "Epistemologia da Imagem: O Concreto, O Abstrato e a Metáfora das Imagens da Organização", *Projética: Revista Científica de Design*, 3.1, jul. 2012, p. 191, Londrina.

Neste ponto cabe uma distinção fundamental entre o poema concreto e o poema surrealista. O surrealismo, defrontando-se com a barreira da lógica tradicional, não procurou desenvolver uma linguagem que a superasse [...] O poema concreto repele a lógica tradicional [...][11].

Perloff distingue entre os dois movimentos:

The point here is that, whereas the Surrealists were concerned with "new" artistic content – dreamwork, fantasy, the unconscious, political revolution – the Concrete movement always emphasized the transformation of materiality itself[12].

O propósito do Haroldo é de definir um problema exterior à forma, levantar questões que vão além do texto para se integrarem na "cosmovisão do homem de hoje" como valor[13].

John Picchione sugere uma comparação entre a epistemologia barroca de paradoxo, deslocação e decepção e uma comparável tensão negativa na poesia concreta. É Haroldo quem fala da obra de arte aberta como "não-barroca" ou, citando Pierre Boulez "um barroco moderno"[14]. O *Não* de Augusto e o "nenhunzinho de nemnada nunca" de Haroldo exprimem uma tensão negativa, e neobarroca, entre uma visão construtivista universal e cosmopolita e a confrontação com a tradição, com a escrita como reescrita, num momento quando "tudo está dito", frase feita incorporada num poema de Augusto[15]. O "não" concreto é comunicado muitas vezes por um contraponto barroco com o seu contrário: uma suspensão das regras, uma oscilação entre o concreto e o abstrato, o racional e o irracional, o mecânico e o fluido, o aleatório e o construído, som e silêncio, espaço e letra, o inconsciente e o premeditado, o livre e o constrangido. Um estudo recente da imagem encontra uma fronteira tênue entre concreto e abstrato, opostos que agem em contraponto: de um lado

---

11. Haroldo de Campos, "Poesia Concreta – Linguagem – Comunicação", *Teoria da Poesia Concreta*, São Paulo, Duas Cidades, 1975, pp. 77-78.
12. Marjorie Perloff, "Writing as Re-Writing: Concrete Poetry as Arrière-Garde", *Ciberletras* 17, 2007.
13. Haroldo de Campos, "Poesia Concreta – Linguagem – Comunicação", p. 80.
14. Haroldo de Campos, "A Obra de Arte Aberta", *Teoria da Poesia Concreta,* São Paulo, Duas Cidades, 1975, p. 33.
15. Gonzalo Aguilar, *Poesia Concreta Brasileira: As Vanguardas na Encruzilhada Modernista*, São Paulo, Edusp, 2005, p. 222.

o abstrato se torna concreto, do outro o concreto desvanece no ar[16]. Campos reconhece a interdependência de contrários: "Saber ver e ouvir estruturas será pois a chave para a compreensão de um poema concreto"[17]. A leitura da poesia concreta exige também a compreensão da negação, como e por quê se nega.

O Anti-livro, o Não de Augusto de Campos

Medindo 5 x 5 cm, 14 páginas finas grampeadas duas vezes no lado esquerdo, o antilivro *Não* de Augusto de Campos[18] é uma recusa artesanal a colaborar com a indústria editorial, é um não-livro de poesia, fabricado de simples

Edição particular, 1990.

16. Ana Luísa Cavalcante, Vanessa Barros, Paula Rocha, Francisco Pereira, Richard Perassi e Carlos Remor, "Epistemologia da Imagem: O Concreto, O Abstrato e a Metáfora das Imagens da Organização", *Projética: Revista Científica de Design*, Londrina, 3.1, jul. 2012, p. 191.
17. Haroldo de Campos, "Poesia Concreta – Linguagem – Comunicação", p. 80.
18. Augusto Campos, *Não*, Edição Particular, 1990.

papel cortado em quadrados. Ao mesmo tempo, é uma lição no modo negativo sobre versos que ainda não chegaram ao verdadeiro estado de poesia. A seguir a capa e página de rosto, encontra-se a primeira das doze páginas restantes, sendo nove de poesia, em forma de retângulo de cinco linhas, datilografadas, dez caracteres por linha, numa sequência aparentemente caótica de letras, sem leitura. Cada página sucessiva tem menos um caráter na linha horizontal, até chegar à última página com uma só coluna de caracteres e uma leitura única, de cima para baixo. Os caracteres têm um arranjo e as linhas uma separação para que não apareça nenhuma palavra por inteiro ou reconhecível. Embora os blocos de letras tenham uma aparência caótica, há uma razão sinuosa que esconde a leitura, exemplo da natureza hermética da poesia. Eis a chave da leitura ziguezague:

1. meu amor dor não é poesia amar viver morrer ainda não é poesia
2. escrever pouco ou muito calar falar ainda não é poesia
3. humano autêntico o sincero mas ainda não é poesia
4. transpira todo o dia mas ainda não é poesia
5. ali onde há poesia ainda não é poesia
6. desafia mas ainda não é poesia
7. é quase poesia mas
8. ainda não é p
9. oesia

Existe a poesia entre as linhas, no meio das linhas, como núcleo oculto de um estado mais perfeito, um insight, o inesperado: "oesia" em lugar de "poesia."

Do Negativo ao Regenerativo em "Nascemorre" (1958)

O poema "Nascemorre" de Haroldo de Campos finge seguir o percurso da vida humana, não em termos de uma vida particular mas da regeneração da espécie, que repete o ciclo de nascimento e morte, através do tempo e espaço. O poema segue a forma musical de um moteto para vozes (SATB). Analisando a estrutura do poema, o compositor Gilberto Mendes identifica 256 elementos fonéticos, que ele divide na sua composição *Nascemorre* entre oito cantores solistas, 32 para cada voz. Descreve a técnica serial da composição, à base das contradições permanentes do poema:

É uma música para vozes, percussão e fita gravada (optativa), feita dos fonemas do poema, desenvolvendo-se por contradições, em permanente transformação [...] Há uma primeira elaboração, primeira leitura do poema, o programa [...] para, em circuitos de comunicação inversa, combinar aleatoriamente todos os sinais possíveis de informação, pelo amontoamento, deformação, trituração, etc; e finalmente, reelaborar dialeticamente nova leitura, isto é, novos sinais de direção [...][19].

Há na forma do poema quatro triângulos, em dois hemisférios, criando uma dialética no espaço galáctico de mundos em colisão, que representam etapas etárias da vida humana: no primeiro hemisfério há crescimento, a seguir a lógica da sobrevivência ou reencarnação da espécie, comunicado na sequência: "se nasce morre renasce remorre." Logo no segundo hemisfério, conectado pelo motivo da repetição "re", há declínio e dispersão, numa inversão do processo afirmativo. Desta vez, a própria cronologia de uma vida sofre uma inversão negativa, como se no outro lado do espelho, ou um salto no buraco do coelho no país das maravilhas. Esse hemisfério é regido pela preposição "des", ou seja a inversão de uma consciência cronológica. Aqui são os processos inconscientes que dominam. Negam a sequência do crescimento do mesmo ("re") pela função inesperada e estranha de um prefixo desconstrutivo, demolidor ("des"), para, na última sílaba, oferecer uma ponte para um recomeço afirmativo, pois em toda morte há a possibilidade de novo nascimento, aleatório, dependendo sempre do acaso ("se"), como elemento estrutural fônico embutido, porém vital de sobrevivência.

```
se
nasce
morre nasce
morre nasce morre
                  renasce remorre renasce
                    remorre renasce
                      remorre
                      re
                      re
                  desnasce
            desmorre desnasce
desmorre desnasce   desmorre
                      nascemorrenasce
                      morrenasce
                      morre se
```

19. Gilberto Mendes, *Uma Odisseia Musical: Dos Mares do Sul à Elegância Pop Art Déco*, São Paulo, Editora Giordano/Edusp, 1994, p. 78.

Alternativas Ausentes em "Silêncio" (1954)

No ensaio "A Obra de Arte Aberta"[20], Haroldo de Campos alega que o resultado do ritmo da matéria poética na sua relação com as palavras é o silêncio. Cita Boulez sobre a música, que não consiste apenas de sons, mas "se define melhor por um contraponto do som e do silêncio"[21]. O poema de Eugene Gomringer, "Silencio", se baseia em semelhante contraponto, feito de três colunas de cinco palavras cada, sempre a mesma palavra, silêncio, com o terceiro espaço da coluna do meio vazio. Esse espaço e o branco do vazio afirmam a presença de um puro silêncio que vai além das palavras impressas ao redor, palavras que implicam uma leitura oral, uma fonética, que opondo-se ao significado o trai. Ao contrário do que pareça, o espaço vira lugar inesperado de significação, uma afirmativa negativa: não há nenhum silêncio escrito lá, porém o branco vazio, cercado de palavras, se torna *locus* de significação intensa, a não-palavra ou anti-palavra que comunica a mais completa expressão poética do conceito e da presença material de silêncio. Literalmente, é a ausência da palavra onipresente que é o estado físico de silêncio; não obstante, precisa da presença das palavras repetidas ao seu redor para produzir o efeito e o impacto do seu significado inesperado.

```
silencio   silencio   silencio
silencio   silencio   silencio
silencio              silencio
silencio   silencio   silencio
silencio   silencio   silencio
```

20   Haroldo de Campos, "A Obra de Arte Aberta", pp. 30-33.
21   *Idem*, p. 30.

"zen" de Pedro Xisto e a Qualidade "Wu"

Num ensaio sobre Dom Sylvester Houédard, Greg Thomas percebe um anseio por transcendência em obras de "construção e constrição", dirigidas a um registro além da significação. "zen"[22] é poema de imanência, que recapitula o "sentimento de paz-zen que emana da aceitação das coisas pela sua condição de vazio, de oco, ou "wu", conceito taoísta de não possuir ("Eyear"[23]). O poema abre na forma de um retângulo "vazio", ou seja nos termos de Houédard,

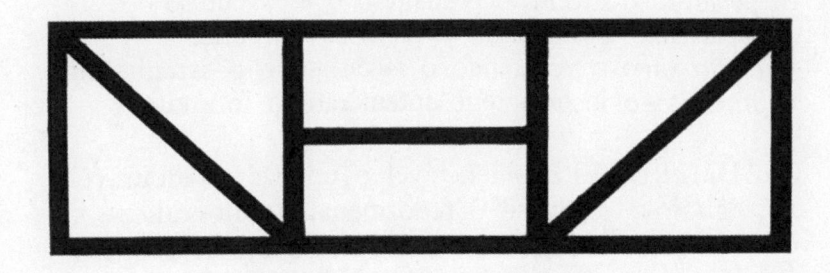

uma composição apofática na qual a linguagem é absorvida por um motivo abstrato visual. O poema existe no seu estado mais abstrato quando forma pura, sem linguagem, ou uma negação da linguagem que talvez represente o vazio taoísta, para além da linguagem, símbolo do vazio de não ter ou não dizer. Thomas encontra em Houédard um certo descanso silencioso, acético e caprichoso [...] enraizado na percepção de uma alternativa ausente [...] uma qualidade ou função essencial [...] comunicada por uma linguagem ou sistema de signos que de alguma maneira manifestava aquela mesma verdade[24].

---

22. Pedro Xisto, "Zen", *Logogramas,* 1966.
23. Dom Sylvester Houédard,, 'Eyear' [lecture transcript]. Edwin Morgan Papers, Glasgow University Library. MS Morgan L/5 Box 2. 1964a.
24. Greg Thomas, "Cool Nothing: Dom Sylvester Houédard's Coexistentialist Concrete Poetics", *Interdisciplinary Science Reviews* 42, n. 1-2, pp. 95-96, 2017.

"Álea I *- Variações Semânticas" (1964)*

ALEA I — VARIAÇÕES SEMÂNTICAS
(uma epicomédia de bôlso)

Haroldo de Campos
1962/63

O ADMIRÁVEL o louvável o notável o adorável
o *grandioso* o *fabuloso* o *fenomenal* o *colossal*
o *formidável* o *assombroso* o *miraculoso* o *maravilhoso*
o *generoso* o *excelso* o *portentoso* o *espaventoso*
o *espetacular* o *suntuário* o *feerífico* o *feérico*
o *meritíssimo* o *venerando* o *sacratíssimo* o *sereníssimo*
o *impoluto* o *incorrupto* o *intemerato* o *intimorato*

O ADMERDÁVEL o loucrável o nojável o adourável
o ganglioso o flatuloso o fedormenal o culossádico
o fornicaldo o ascumbroso o iragulosso o matravisgoso
o degeneroso o incéstuo o pusdentoso o espasmventroso
o espertacular o supurário o feezífero o pestifério
o merdentíssimo o venalando o cacratíssimo o sifelíssimo
o empaluto o encorrupto o entumurado o intumorato

Para Haroldo de Campos a obra de arte aberta produz variações estruturais, ou diferenças nas quais as estruturas de base não sofrem alteração ("A Obra de Arte Aberta"[25]. No poema "Variações Semânticas" as estruturas morfológicas sobrevivem à mudança de aspecto do afirmativo ao negativo, assim demonstrando a reflexividade do processo e a interdependência ou proximidade dos termos supostamente antagônicos:

---

25. Haroldo de Campos, "A Obra de Arte Aberta", pp. 30-33.

Circularidade nas Galáxias

Desde o primeiro fragmento de poesia na prosa das *Galáxias* de Haroldo de Campos, a estória circular sem fim ecoa uma narrativa primária, talvez perdida, ou oca – *O Eco no Oco* – o compêndio de uma dimensão negativa desconhecida. A estória invoca a falsidade inevitável da ficção, o "não" que meandra até o nada para voltar ao ponto de origem, aos fins, zeros, o vazio, vácuo, fim da estrada, fim do livro, da linguagem, do contar novamente, da própria estória. No ensaio "Writing as Re-Writing: Concrete Poetry as Arrière-Garde", Perloff fixa a poesia concreta na história como uma vanguarda que coexiste com o seu inverso; completa a missão de um movimento original perdido ou rejeitado. Augusto fala de "recuperar os grandes movimentos de vanguarda" porque, como continua Perloff, "the original avant-gardes had never really been absorbed into the artistic and literary mainstream [...]"[26]. *Galáxias* é texto que recupera, faz parte de uma arrière-garde, a inevitabilidade da escrita como reescrita, o recitar de uma anti-épica que é um não-contar de uma não-estória original. Ecoa a ausência de um original perdido, que está sendo reimaginado numa extensão contemporânea sincrética, bem consciente da presença e do peso das vanguardas históricas. Haroldo não descartou a linguagem de Joyce, a reescreveu. *Seu Eco no Oco* é a sua volta sonora, no registro de um contar inverso. Os negativos da "não-história" acabam voltando ao começo, sempre reinventando a escrita:

> e começo aqui e meço aqui este começo e recomeço e remeço e arremesso [...] por isso não conto por isso não canto por isso a nãoestória me desconta ou me descanta o avesso da estória que pode ser escória que pode ser cárie que pode ser estória tudo depende da hora tudo depende da glória tudo depende de embora e nada e néris e reles e nemnada de nada e nures de néris de reles de ralo de raro e nacos de necas e nanjas de nullus e nures de nenhures e nesgas de nulla res e nenhumzinho de nemnada nunca pode ser tudo pode ser todo pode ser total tudossomado todo somassuma de tudo suma somatória do assomo do assombro e aqui me meço e começo e me projeto eco do começo eco do eco de um começo em eco no soco de um começo em eco no oco de um soco no osso e aqui ou além ou aquém ou láacolá ou em toda parte ou em nenhuma parte ou mais além ou menos aquém ou mais adiante ou menos atrás ou avante ou paravante ou à ré ou a raso ou a rés começo re começo rés começo raso começo [...]

---

26. Marjorie Perloff, "Writing as Re-Writing: Concrete Poetry as Arrière-Garde", *Ciberletras*, n. 17, 2007.

onde a viagem é maravilha de tornaviagem é tornassol viagem de maravilha onde a migalha a maravilha a apara é maravilha é vanilla é vigília é cintila de centelha é favilha de fábula é *lumínula de nada* e descanto a fábula e desconto as fadas e conto as favas pois começo a fala

Conclusão: O Eco no Oco

A descoberta de significados no interior da obra poética, em dimensões inesperadas – espaço, silêncio, ausência, vazio (Haroldo: "nenhumzinho de nemnada nunca pode ser tudo pode ser todo pode ser total") é uma função da recusa, de uma dimensão negativa-positiva da poesia concreta, um contraponto regido pelo viés negativo, vazio ou ausente. É tanto uma reiteração da plataforma das vanguardas históricas, repensada a meio século e colocada num contexto universal, quanto uma nova diacronia, novo arranjo da literatura mundial. Através da recusa e da afirmação implícita nela, a dimensão negativa leva a poesia concreta à condição de um contra-saber, que sabe e ensina, surpreendentemente, pelo seu "não."

Referências Bibliográficas

AGUILAR, Gonzalo. *Poesia Concreta Brasileira: As Vanguardas na Encruzilhada Modernista*. São Paulo, Edusp, 2005.

BEVERLY, John. *Against Literature*. Minneapolis, University Minnesota Press, 1993.

CAMPOS, Augusto. *À Margem da Margem*. São Paulo, Companhia das Letras, 1989.

_____. *Não. Edição Particular*, 1990;

_____. *Não Poemas*. São Paulo, Perspectiva, 2003.

_____. *Poesia da Recusa*. São Paulo, Perspectiva, 2006.

CAMPOS, Haroldo de. *A Arte no Horizonte do Provável*. São Paulo, Perspectiva, 1969.

_____. "A Temperatura Informacional do Texto." *Teoria da Poesia Concreta*. São Paulo, Duas Cidades, 1975, pp. 136-148. Publicado na *Revista do Livro* 18.5 (jun. 1960).

_____. "A Obra de Arte Aberta". *Teoria da Poesia Concreta*. São Paulo, Duas Cidades, 1975, pp. 30-33. Publicado no *Diário de S. Paulo*, em 7 mar. 1955.

_____. "Poesia Concreta – Linguagem - Comunicação". *Teoria da Poesia Concreta*. São Paulo, Duas Cidades, 1975, pp. 70-85. Publicado no *Jornal do Brasil*, Suplemento Dominical (28 abr. 1957; 5 maio 1957).

CAVALCANTE, Ana Luísa; Barros, Vanessa; Rocha, Paula; Pereira, Francisco; Perassi, Richard & Remor, Carlos. "Epistemologia da Imagem: O Concreto, o Abstrato e a Metáfora das Imagens da Organização". *Projética: Revista Científica de Design,* Londrina, 3.1 (jul. 2012), pp. 183-192.

FRANKE, William. "Involved Knowing: On the Poetic Epistemology of the Humanities". *The European Legacy* 16.4 (2011). Publicado online em 22 jun 2011.

GUERRA, Anselmo. "Uma Visão sobre Nascemorre de Gilberto Mendes". *PPG Música*, Universidade Federal de Goiás. Disponível em: Musimid.musica.br

HOUÉDARD, Dom Sylvester. *'Eyear' [lecture transcript].* Edwin Morgan Papers, Glasgow University Library. MS Morgan L/5 Box 2. 1964.

HOUÉDARD. Nicola Simpson. London, Occasional Papers, 2012.

MENDES, Gilberto. *Uma Odisseia Musical: Dos Mares do Sul à Elegância Pop Art Déco.* São Paulo, Editora Giordano/Edusp, 1994.

PERLOFF, Marjory. "Writing as Re-Writing: Concrete Poetry as Arrière-Garde". *Ciberletras* 17, 2007.

PICCHIONE, John. "Baroque Poetry in Italy: Deception, Illusion, and Epistemological Shifts." In: Boldt-Irons, Leslie & Federici, Corrado, Virgulti, Ernesto (eds). *Disguise, Deception, Trompe-l'oeil.* New York, Peter Lang, 2009, pp. 61-70.

POUND, Ezra. *ABC of Reading.* Berkshire, Faber and Faber, 1934.

SHELLHOUSE, Adam. *Anti-Literature: The Politics and Limits of Representation in Modern Brazil and Argentina.* Pittsburgh, University Pittsburgh Press, 2017.

SONTAG, Susan. *Against Interpretation.* London, Vintage, 1994.

THOMAS, Greg. "Cool Nothing: Dom Sylvester Houédard's Coexistentialist Concrete Poetics". *Interdisciplinary Science Reviews* 42, n. 1-2, pp. 93-108, 2017.

TOOP, David. "On Meeting a Beatnik from the Middle Ages". *Notes from the Cosmic Typewriter: The Life and Work of Dom Sylvester.* London, Occasional Papers, 2012

XISTO, Pedro. "Zen". Logogramas. 1966.

16

O *Fausto*, de Goethe, em Perspectiva Ético-Estética*

Marcus V. Mazzari

"O *Fausto* de Goethe é de uma atualidade quase que inimaginável. De todos os dramas escritos até hoje ele é o mais moderno": com estas palavras o renomado economista suíço Hans Christoph Binswanger (1929-2018) abre seu estudo *Dinheiro e Magia*, cuja segunda edição, revista e ampliada, veio a lume em 2009. Essa atualidade é devida, na argumentação de Binswanger, a um tema que, mais do que qualquer outro, domina o mundo contemporâneo: a economia. Tendo vivenciado os inícios da Revolução Industrial e se familiarizado com questões financeiras na condição de ministro de Estado, Goethe teria dispensado no *Fausto* um tratamento *sui generis* à economia, apresentando-a como espécie de processo alquímico, de busca obsessiva por ouro artificial: "Quem não entende a alquimia da economia", seria esta a principal mensagem da tragédia goethiana, "não consegue captar a colossal dimensão da economia moderna"[1].

---

* Este texto retoma alguma considerações que procurei apresentar, de maneira mais aprofundada, no livro *A Dupla Noite das Tílias. História e Natureza no Fausto de Goethe*, São Paulo, Editora 34, 2019.

1 Hans Christoph Binswanger, *Geld und Magie. Eine Ökonomische Deutung von Goethes Faust*, Hamburgo, Murmann Verlag, 2009. Traduzido no Brasil por Maria Luiza de Borges (versos de Goethe por M. V. Mazzari), a partir da edição americana de 1994 (*Money and Magic: Critique of the Modern Economy in the Light of Goethe's "Faust"*, Chicago, University of Chicago, 1994); *Dinheiro e Magia. Uma Crítica da Economia Moderna à Luz do Fausto de Goethe*. Rio de Janeiro, Zahar, 2011. Acompanham esta edição dois textos de Gustavo H. B. Franco, À Guisa de Prefácio ("Uma Introdução à Economia do *Fausto* de Goethe") e Posfácio ("Fausto e a Tragédia do Desenvolvimento Brasileiro").

Para o autor de *Dinheiro e Magia*, o substrato econômico do *Fausto* II começa a articular-se nas cenas do primeiro ato em que Mefistófeles, atuando como bufão da corte, elucubra um plano econômico com o objetivo de sanar a grave crise financeira – também política, jurídica e moral – em que o país está mergulhado. E o ponto culminante da "colossal" dimensão econômica da tragédia constitui-se no quinto ato, uma vez que o gigantesco projeto colonizador que se desdobra nessas cenas estaria sendo financiado pelo plano monetário (esteado na criação do papel-moeda) do primeiro ato e assim, ainda segundo a leitura de Binswanger, por uma espécie de poderosa instituição bancária que poderia chamar-se "Fausto & Mefistófeles S. A".

Trata-se de uma exegese tão arrojada quanto (em virtude dos profundos conhecimentos do autor sobre economia e alquimia) bem fundamentada, mas que não deixa de ser discutível, pois os vínculos entre a criação mefistofélica da nova moeda virtual (que o antigo bobo da corte irá chamar mais tarde de "papéis mágicos": *Zauberblätter*) e a expansão do império fáustico no quinto e último ato de modo algum estão manifestos no texto goethiano. No entanto, ao proceder a essa exegese do *Fausto* à luz da economia moderna, Binswanger não faz senão corresponder à expectativa goethiana de que futuros leitores pudessem encontrar no texto muito mais coisas do que o próprio autor fora capaz de oferecer, conforme expresso, por exemplo, numa carta de 8 de setembro de 1831 ao seu jovem amigo Johann Sulpiz Boisserée (1783 - 1854), anunciando a conclusão da segunda parte do *Fausto,* após um esforço de seis décadas:

> Aqui está ele então, tal como me foi possível realizá-lo. E se ele ainda contém suficientes problemas, se de modo algum proporciona toda elucidação necessária, mesmo assim irá alegrar o leitor que sabe entender-se com gestos, acenos e leves alusões. Esse leitor encontrará até mesmo mais coisas do que eu pude oferecer.

Também Heinz Schlaffer, em sua imponente interpretação marxista da segunda parte do Fausto enquanto "alegoria do século XIX", parece ter colhido no texto muito mais coisas do que o dramaturgo pôde colocar de maneira consciente. Pois para Schlaffer as alegorias goethianas, cujas estruturas corresponderiam às determinações abstratas, artificiais e virtuais da moderna sociedade burguesa, estabelecem um diálogo *avant la lettre* com conceitos da economia política elaborados por Marx no *Capital*, que por seu turno poderia ser visto como espécie de "direção cênica" para certos momentos do drama, em especial o entrudo carnavalesco da cena "Sala vasta", interpretado como "sonho que uma época que chega ao fim [feudalismo] tem da época vindoura [capitalismo]". A rigor, porém, dificilmente se poderá sustentar que esse profético "sonho" histórico-social esteja objetivamente presente na obra, assim como não constitui obviedade afirmar que as alegorias de Goethe tematizam as bases econômicas dos papéis cênicos (*Rollenspiele*) que atuam na cena carnavalesca, conforme formula Schlaffer no capítulo em que se debruça sobre as "máscaras de personagem" (*Charaktermasken*) e prosopopeias de que o filósofo lança mão em sua crítica da economia política: "Se Marx ilustra a relação entre economia e sujeito com expressões e imagens alegóricas, e se as alegorias de Goethe tematizam por seu turno as condições econômicas dos papéis cênicos – então o *Capital* e o *Fausto* II passam a comentar-se mutuamente"[2].

Meio século antes de Schlaffer e Binswanger enveredarem pela esfera econômica para extraírem surpreendentes ilações dos "gestos, acenos e leves alusões" esboçados por Goethe em seu *opus magnum*, um leitor da envergadura de Albert Schweitzer (1875-1965), ao proferir em Frankfurt, no ano de 1932, um discurso comemorativo do primeiro centenário da morte do poeta, atualizava as imagens da chamada "tragédia da colonização" do quinto ato à luz dos acontecimentos contemporâneos, poucos meses antes de Adolf Hitler chegar ao poder:

> E, de modo geral, que outra coisa é isso que está acontecendo nestes tempos tenebrosos senão uma repetição gigantesca do drama de Fausto sobre o palco do mundo? Em mil chamas está ardendo a cabana de Filemon e Baucis! Em violências multiplicadas mil vezes, em milhares de assassínios uma mentalidade desumanizada põe em prática os seus negócios criminosos! Em mil caretas Mefistófeles nos dirige seu sorriso cínico!

Mefistófeles não apenas mostra sua cínica carantonha, mas também assobia estridentemente para seus três "valentões" (*die drei Gewaltigen*), tal como indicado por Goethe numa rubrica da cena "Palácio" (v. 11.282), no famoso poema "Todesfuge" ("Fuga Sobre a Morte", concluído no início de 1945 e

---

2. Heinz Schlaffer, "Faust Zweiter Teil – Die Allegorie des 19". *Jahrhunderts*. Stuttgart, Metzler Verlag, 1981, p. 54.

publicado três anos depois), em que Paul Celan (1920-1970) recorre à obra magna da literatura alemã para tentar falar sobre a Shoah:

> ele surge diante da casa e cintilam as estrelas
> ele assobia para seus mastins
> assobia para seus judeus manda cavar um túmulo na terra
> [...]
> um homem mora na casa teu cabelo dourado Margarida
> ele atiça seus mastins sobre nós ele nos dá um túmulo nos ares
> brinca com as serpentes e sonha a morte é um mestre da Alemanha.

Também Mefisto, pode-se dizer, deu um "túmulo nos ares" a Filemon e Baucis, assim como ao Peregrino hospedado em sua cabana, após ter atiçado sobre os anciãos seus três violentos "mastins" (Pega-Já / *Habebald;* Mata--Sete / *Raufebold*; Tem-Quem-Tem / *Haltefest*), aos quais o pintor e artista gráfico alemão Max Beckmann (1884 - 1950), num dos 143 desenhos a bico de pena com que ilustrou o *Fausto* II durante seu exílio, a partir de 1937, em Amsterdam, conferiu os traços fisionômicos de Adolf Hitler, Hermann Göring e Heinrich Himmler[3]. E vale lembrar ainda, a fim de destacar a leitura atualizadora do drama feita por Beckmann (que também encontrou no texto mais coisas do que Goethe foi capaz de colocar conscientemente), duas outras ilustrações. Na que abre o quinto ato, Filemon e Baucis, postados ao lado do Peregrino diante de uma região aberta, assemelham-se pelos traços fisionômicos e vestes a um casal de velhos judeus, enquanto o hóspede lembra a figura de um cigano, em alusão às perseguições e extermínios praticados durante o nacional-socialismo. Mais adiante, no desenho referente ao massacre dos idosos e à destruição de seu entorno (cabana, capela, tílias), o casal jaz ao lado de uma árvore semicarbonizada, na frente de um prédio residencial de cujas janelas saem labaredas e volutas de fumaça – inequívoca cena de um bombardeio aéreo, como vivenciado várias vezes pelo artista na cidade de seu exílio.

Semelhantes leituras atualizadoras do *Fausto* – como essas feitas por Schweitzer, Celan e Beckmann – têm de fato seu ponto de partida nos "gestos, acenos e leves alusões" semeados pelo dramaturgo no texto. Mas elas também

---

3. A edição brasileira bilíngue e comentada da segunda parte do *Fausto*, em tradução de Jenny Klabin Segall, traz o conjunto dessas ilustrações de M. Beckmann, 5ª ed. rev. e amp, São Paulo, Editora 34, 2017.

podem encontrar respaldo numa outra concepção elaborada por Goethe em sua velhice, a qual assoma, por exemplo, numa carta de 3 de novembro de 1826, igualmente dirigida ao mencionado Boisserée. Como que se desculpando perante o amigo pela sua tendência de enveredar sempre por considerações genéricas (ou universais), Goethe busca antecipar-se à reação provavelmente cética do destinatário 34 anos mais jovem:

> Não vou censurar se o senhor sorrir pelo fato de eu entrar novamente no geral; como matemático ético-estético tenho de avançar sempre, em meus anos provectos, até àquelas últimas fórmulas, mediante as quais o mundo ainda se torna apreensível e suportável para mim.

Nas "observações preliminares" e, de forma reiterada, nas notas redigidas para sua edição comentada do *Fausto*, Albrecht Schöne fundamenta solidamente a hipótese de que também na segunda parte da tragédia o velho "matemático ético-estético" procurou avançar "até àquelas últimas fórmulas, mediante as quais o mundo ainda se torna apreensível e suportável para mim". Por isso Schöne deixa de lado os termos – muito importantes, aliás, para o Goethe classicista – "símbolo" e "alegoria", os quais o crítico considera demasiado desbotados e sobrecarregados, e enxerga na expressão "fórmula ético-estética" um acesso privilegiado para os procedimentos dramatúrgicos acionados nesse *Magnum opus* da literatura alemã. E o efeito que Goethe, na citada passagem epistolar, constatava em relação a si mesmo (tornar a marcha do mundo mais apreensível e suportável), seria extensível também à posterior recepção do leitor, que vislumbraria a prefiguração de suas próprias experiências históricas nas "fórmulas ético-estéticas" elaboradas no drama, ressaltando-se que "suportável" de forma alguma significa uma estetização atenuante dos acontecimentos e processos sociais dramatizados. Se, desse modo, o leitor apreende as palavras de ódio que Fausto, na cena "Palácio" (v. 11, 161), dirige ao pequeno mundo de Filemon e Baucis, em especial à sineta que badala a todo entardecer (Fausto fala literalmente em "espinho" para os olhos e para a planta do pé; na tradução de Jenny K. Segall: "Aflige a mente, aflige o olhar"[4]),

---

4. Este verso alude à passagem do Antigo Testamento (Números, 33: 50 - 56) em que Iahweh ordena aos israelitas tomar a terra de Canaã, expulsar os habitantes e destruir suas imagens de culto; se não fizerem isso, os cananeus remanescentes se converterão em "espinhos para os vossos olhos e aguilhões

como fórmula ético-estética para uma remota – e ainda funestamente atual – história de desapropriações violentas e expurgos étnicos; ou ainda, entre outros exemplos arrolados por Schöne, se o leitor "entende o projeto do ancião Fausto de conquistar novos espaços ao mar como fórmula ético-estética para a tentativa humana de submeter a terra e dominar a natureza – ele não está sendo de maneira alguma confrontado com transfigurações poéticas". Pelo contrário: na medida em que a marcha do mundo, em seu movimento "circular e espiralado" – formulação (*kreis- und spiralartig*) tomada a uma carta sobre o ciclo de poemas *Divã Ocidental-Oriental* que o poeta enviou em 11 de maio de 1820 a Carl Friedrich Zelter (1758-1832) – apresenta-se de modo mais apreensível ao leitor, essa marcha também pode se lhe tornar mais suportável5.

Embora ressalvando que as "fórmulas" goethianas não possuem o grau de abstração das puramente matemáticas e, ao mesmo tempo, ponderando que nos encontramos aqui no âmbito de imagens e figurações poéticas (e não no terreno de uma ciência exata), Schöne observa ainda, com a ênfase de sua argumentação incidindo sobre o par de adjetivos "ético" e "estético", que

> Goethe pôde reivindicar para si a precisão e validade universal de componentes matemáticos. Suas fórmulas assemelham-se às genuinamente matemáticas na medida em que se mostram válidas também para aqueles fenômenos concretos desconhecidos do próprio matemático, ou podem ser aplicadas àquelas ocorrências empíricas às quais ele não teve acesso.

Nessa perspectiva elaborada por Albrecht Schöne em sua edição comentada do *Fausto*, mas já descortinada pelo próprio dramaturgo nas passagens epistolares citadas, torna-se possível afirmar que Paul Celan, Albert Schweitzer, Max Beckmann, também Hans Christoph Binswanger ou Heinz Schlaffer, entre tantos outros nomes, não fizeram senão atualizar as "fórmulas éticoestéticas" trabalhadas por Goethe na segunda parte da tragédia (a única das obras goethianas que traz essa designação de gênero) à luz de suas experiências históricas e, igualmente, de seus respectivos "horizontes de compreensão" (*Verständnishorizonte*), para lançar mão aqui desse conceito da Estética da Recepção.

---

nas vossas ilhargas" (na tradução da Bíblia de Jerusalém). Pode-se inferir do contexto que também essa passagem bíblica cai sob a crítica do dramaturgo.
5. *Faust. Kommentare*, 8ª ed. rev. e amp, Berlin, Deutscher Klassiker Verlag, 2017 – essas considerações se encontram nas páginas 61 e 62.

Portanto, também sob o prisma da escola literária que se originou na Universidade de Constança (com Hans Robert Jauß, Wolfgang Iser, Wolfgang Preisendaz e outros) não se poderá negar legitimidade a tais atualizações das fórmulas ético-estéticas articuladas no quinto ato do *Fausto* II. Quanto ao próprio Goethe, se por um lado ele recua explicitamente, no episódio do aniquilamento do *piccolo mondo* de Filemon e Baucis, até dois episódios bíblicos de expurgo étnico-religioso (Números, 33: 50-56) e de desapropriação pela violência (Primeiro Reis, 21)[6], é possível sustentar que, pelo outro lado, ele também tinha em mente uma tendência comum a processos colonizadores em todos os continentes, a qual se manifestou na subjugação e no extermínio das populações indígenas na América do Sul e no México pelos espanhóis, na violenta dizimação dos autóctones norte-americanos pelos colonos ingleses ou ainda, apenas mais um exemplo entre tantos outros possíveis, o extermínio perpetrado em terras brasileiras, do qual afirma Antônio Vieira, em carta datada de 20 de abril de 1657 ao rei de Portugal Afonso VI, ter atingido no período de quatro décadas, e tão somente no Maranhão e na região amazônica, cifra superior a dois milhões:

> As injustiças e tiranias que se têm executado nos naturais destas terras excedem muito às que se fizeram na África: em espaço de quarenta anos se mataram e se destruíram por esta costa e sertões mais de dois milhões de índios, e mais de quinhentas povoações, como grandes cidades, e disto nunca se viu castigo[7].

Um dos fundamentos para a afirmação de que Goethe tinha em mente a dinâmica dos processos colonizadores ao elaborar a "tragédia da colonização" pode ser encontrado na lista de obras históricas e de economia política que comprovadamente leu em suas últimas décadas de vida, como um "Tratado da Circulação do Dinheiro" (*Abhandlung von dem Geldumlauf*), em que o

---

6. A rubrica *1 Regum xxi* aparece explicitamente no fecho da cena "Palácio", com a referência de Mefisto à história da disputa territorial entre o rei Acab e Naboth, que leva ao assassínio deste e à anexação de sua vinha aos domínios reais: "Já se deu o que aqui se dá, / De Naboth houve a vinha já".
7. No excelente manual sobre o *Fausto* (*Goethes Faust*. Muni, C. H. Beck, 2001), Jochen Schmidt faz a seguinte observação no segmento "O caráter violento da civilização moderna no quarto e quinto atos" (pp. 270-273): "Goethe terá se lembrado do extermínio, ligado à colonização da América do Sul pelos espanhóis, da população indígena autóctone assim como da expulsão e aniquilamento da população indígena da América do Norte pelos colonizadores ingleses". Schmidt omite o extermínio cometido no Brasil, como a cifra apontada por Vieira e na qual Darcy Ribeiro, em seu *O Povo Brasileiro*, 2ª ed, São Paulo, Companhia das Letras, 2004, p. 318), não vê nenhum exagero.

autor Johann Georg Büsch (1728-1800) associa o verbo *kolonisieren*, escandido cinicamente por Mefistófeles ("Que cerimônia, ora! e até quando? / Pois não estás colonizando?", vv. 11, 273-74), também à exploração, respaldada pela violência, do ouro e outros metais preciosos nas possessões ultramarinas das potências europeias. No contexto da tragédia é possível, portanto, que o verbo "colonizar" esteja incorporando, ao lado do significado imediato de eliminar fisicamente os anciãos improdutivos no âmbito da nova ordem econômica, uma alusão às fontes das riquezas transportadas ao florescente império fáustico pela máquina mercante sob o comando de Mefisto e seus subalternos (ver o relato de Linceu nos versos 11 163-166), os quais poderiam ser associados desse modo, como fez Max Beckmann em relação a proeminentes nacional-socialistas, ao elenco dos conquistadores dos séculos XVI e XVII, Francisco Pizarro, Hernán Cortez, Pedro de Alvarado.

Na linha desse potencial interpretativo inscrito pelo velho "matemático ético-estético" em sua tragédia, seria interessante lembrar que o filósofo norte-americano, de formação hegeliana, Denton J. Snider (1841-1925), numa leitura apologética das ações empreendidas por Fausto no quinto ato, vislumbrou na figura do colonizador uma espécie de "propagandista do mito americano", que eliminou ou aculturou as primitivas populações autóctones e transformou um continente selvagem num espaço civilizado e desenvolvido: "He becomes the American, transforming a wild continent into the habitable abode of rational men"[8].

Ao atualizar nessa chave a fórmula ético-estética em que Goethe revestiu o massacre dos anciãos e do Peregrino, o filósofo norte-americano parece passar muito ao largo da intenção crítica, do caráter de advertência dessas cenas "magnificamente poetizadas" e impregnadas da "ironia mais amarga", como formulado por Thomas Mann numa alocução feita em 1949, por ocasião dos 200 anos do nascimento de Goethe (*Ansprache im Goethejahr 1949*). De qualquer modo, a visão de Snider oferece-nos o ensejo para perguntar de

---

8. Denton Jacques Snider (1841-1925) publicou seus comentários ao *Fausto* no volume *A Commentary on the Literary Bibles of the Occident*. Boston, Ticknor & Co. 1886. Principal nome do chamado *Saint Louis Movement*, Snider colocou Goethe, em virtude do complexo da colonização, no mesmo patamar de Homero, Dante e Shakespeare: "Never since has any great work of genius taken such a deep and persistent possession of the city's *mind*" (Jamais antes qualquer outra grande obra de gênio apoderou-se [como o *Fausto*] com tal profundidade e persistência da mente da cidade).

quantas outras atualizações, igualmente afirmativas e apologéticas ou em perspectiva oposta (como a articulada por Albert Schweitzer), seria ainda passível a fórmula ético-estética em questão? Seria cabível estendê-la, por exemplo, à campanha de Canudos, que termina em setembro de 1897 – nas palavras eufemísticas que Mefisto dirige ao colonizador: "Perdão! não correu de maneira amistosa" (v. 11, 351) – com a execução sumária, via de regra pela degola, dos derradeiros sertanejos conselheiristas?

Nem faltaria, na reconstituição do massacre feita por Euclides da Cunha, um traço que lembra o ódio despertado no colonizador pelo badalar do sino de Filemon e Baucis: o destaque que sua narrativa confere ao bombardeio que três canhões Krupp executam sobre a "igreja velha, de madeiramento já todo exposto [...] e em cujo campanário não se compreendia que ainda subisse à tarde o impávido sineiro, tangendo as notas consagradas da Ave-Maria". E, na sequência, a intensificação dos ataques – "Tens força, tens, pois, o direito" (v. 11.184), lembrando a divisa também escandida por Mefisto – com o "monstruoso canhão" *Withworth 32*:

> A grande peça detonou: viu-se arrebentar, com estrondo, o enorme shrapnel entre as paredes da igreja, esfarelando-lhe o teto, derrubando os restos do campanário e fazendo saltar pelos ares, revoluteando, estridulamente badalando, como se ainda vibrasse um alarma, o velho sino que chamava ao descer das tardes os combatentes para as rezas...[9]

"Como livrar-me desse fardo! / Toca a sineta, e em cólera ardo", brada o centenário Fausto (vv. 11, 257-258) pouco antes de expedir a ordem de eliminar os anciãos que badalam o sino no "descer das tardes". Se no quinto ato de seu drama Goethe – ao colocar no palco a figura de um colonizador que se concebe inequivocamente como portador do progresso e da liberdade, conforme aflora com máxima força em seu monólogo final – apreendeu de modo paradigmático, na chave de uma "fórmula ético-estética", o impacto destrutivo da modernidade sobre tradições arcaicas assim como sobre pessoas e comunidades socialmente mais fragilizadas, então é possível sustentar que essa "fórmula" se atualizou cerca de sessenta anos após a morte do poeta no massacre de Belo Monte. Para essa direção parece apontar também Walnice Nogueira Galvão,

---

9. *Os Sertões*, edição crítica organizada por Walnice Nogueira Galvão, São Paulo, Ubu Editora [4ª ed.], 2016, p. 459 (capítulo "Quarta Expedição").

num texto intitulado "Euclides da Cunha, Precursor", ao sugerir que *Os Sertões*, ultrapassando em muito a crença de seu autor no progresso e na ciência, lograram exprimir, alcançando uma perspectiva "universal", os sofrimentos que a modernização inflige no mundo todo a populações pobres e marginalizadas – às quais, podemos acrescentar com base na argumentação em curso, Goethe deu configuração prototípica com as personagens de Filemon e Baucis:

> Nunca lhe tinha ocorrido que a modernização é causa de dores e perdas para os pobres, aos quais chacina sem piedade quando os encontra em seu caminho, seja para abrir uma estrada de ferro, para escavar uma barragem, ou mesmo para substituir uma monarquia por uma república. São todos, em diferentes instâncias, fenômenos de modernização[10].

Ao encontrarem Filemon e Baucis em seu caminho, Fausto e seu capataz Mefistófeles não fazem outra coisa senão chaciná-los, conforme formula a estudiosa da obra euclidiana. Parece, portanto, não ser improcedente relacionar o massacre retratado por Euclides nos Sertões ao episódio plasmado por Goethe no complexo da "tragédia da colonização" ou, como prefere Marshall Berman, "tragédia do desenvolvimento" (*tragedy of development*)[11]. E quanto a outros massacres perpetrados no século XX, desde o genocídio armênio durante a Primeira Guerra Mundial até os acontecimentos no Camboja de Pol Pot, também em Ruanda, Burundi, Srebenica, na antiga Iugoslávia, e outros palcos "para as loucuras e os crimes das nacionalidades", nas palavras que fecham *Os Sertões* – também esses massacres estariam prefigurados no destino que Goethe deu a Filemon, Baucis e ao Peregrino, à semelhança da ilação que Paul Celan, Max Beckmann e outros fizeram no tocante à Shoa?

Em seu notável ensaio "O Fausto Cego", Eberhard Lämmert (1924-2015) esboça uma resposta positiva a essa questão ao reconhecer às sucessivas gerações de leitores, nas diversas partes do mundo, o direito de concretizar as imagens do *Fausto* a partir de seus respectivos horizontes históricos. São os leitores que, afinal, insuflam vida aos grandes textos do passado ao impregnar os complexos imagéticos que se desenrolam perante seus olhos com as

---

10. "Euclides da Cunha, Precursor", *Revista usp*, n. 82, jun.-ago. 2009, pp. 46–53.
11. *Goethe's Faust: The Tragedy of Development* intitulou Berman o primeiro capítulo de seu livro *All That is Solid Melts Into Air: The Experience of Modernity*, New York, Simon & Schuster, 1982. A edição brasileira saiu em 1986: *Tudo o que É Sólido Desmancha no Ar*. trad. Carlos F. Moisés e Ana Maria Ioriatti, São Paulo, Companhia das Letras.

próprias experiências e lembranças, as quais ganham por seu turno ampla validade humana por meio do confronto com os textos. Ficamos, assim, "alarmados" ao ler as cenas do quinto ato da tragédia goethiana, propõe Lämmert, porque o que acontece aqui a Filemon e Baucis aconteceu no século XX, em grande escala, no Congo, na Polônia, em Amselfeld e outros lugares – inclusive, podemos acrescentar, em Canudos/Belo Monte, no final do século XIX[12].

Mas evidentemente há também limites para semelhantes atualizações e um valioso procedimento heurístico para evitar abusos interpretativos seria não perder de vista a descomunal assimetria que Goethe cria, no *Fausto*, entre o poderio mefistofélico, que já no ato anterior saíra vitorioso da guerra civil, e o frágil mundo de Filemon e Baucis, defendido apenas pelo Peregrino: "Mais cerimônia, então, não fiz, / Deles livramos-te num triz. [...] / Um forasteiro, lá pousado, / E que lutar quis, foi prostrado", no relato de Mefisto (vv. 11, 360 e ss.). Uma tal desproporção pode ser efetivamente constatada na Campanha de Canudos, sobretudo no âmbito de sua quarta e última expedição, municiada, em face das primitivas armas dos conselheiristas, com canhões *Krupp* e o "monstruoso" *Withworth 32*, e subjaz também ao processo colonizador brasileiro, desde o primeiro contato entre o cristão europeu e o autóctone praticante de cultos animistas: "As flechas do sagrado cruzaram-se", na sugestiva expressão tomada ao ensaio de Alfredo Bosi sobre José de Anchieta:

> Infelizmente para os povos nativos, a religião dos descobridores vinha municiada de cavalos e soldados, arcabuzes e canhões. O recontro não se travou apenas entre duas teodiceias, mas entre duas tecnologias portadoras de instrumentos tragicamente desiguais. O resultado foi o massacre puro e simples[13].

Inteiramente desigual é o "recontro" que Goethe nos apresenta no quinto ato de sua tragédia, e essa desproporção vem novamente à tona na impressio-

---

12. "*Der Blinde Faust*", publicado num volume (*Cognição Afirmativa*) em homenagem a T. J. Reed por ocasião de sua aposentadoria: *Bejahende Erkenntnis – Festschrift für Terence J. Reed zu seiner Emeritierung am 30. September 2004*, org. Kevin F. Hilliard, 2004 (pp. 75–90). Amselfeld (literalmente, campo dos melros) é a designação alemã para uma região do Kosovo (*kos*: melro em servo-croata).
13. "Anchieta ou as Flechas Opostas do Sagrado", *Dialética da Colonização*, São Paulo, Companhia das Letras, 1994, p. 72.

nante fala coral com que Mefistófeles e seus esbirros sintetizam o episódio da liquidação dos idosos recalcitrantes, ao mesmo tempo que formulam uma lei universal da história: "O velho brado repercuta: / Rende obediência à força bruta! / E se lhe obstares a investida, / Arrisca o teto, os bens e a vida" (vv. 11, 374-377).

"Rende obediência à força bruta!" (*Gehorche willig der Gewalt!*, no original): poucos anos após a morte de Goethe, Marx iria atribuir um papel revolucionário à "força bruta" ou "violência" (*Gewalt*) caracterizando-a, nas considerações sobre a "acumulação primitiva" (24º capítulo do *Capital*: "A chamada acumulação primitiva"), como a "potência econômica" que no curso da história sempre desempenhou o papel de "parteira" a toda sociedade incapaz de suportar em seu ventre as novas forças produtivas. Desse modo, não surpreende que muitos intérpretes marxistas, na linha de frente Georg Lukács em seus "Estudos sobre o *Fausto*", tenham feito, à semelhança do mencionado filósofo norte-americano D. J. Snider (e, como este, não reconhecendo a 'ironia amarga' ressaltada por Thomas Mann), uma leitura apologética das ações do implacável colonizador, as quais teriam avançado na direção do socialismo até o ponto em que as condições históricas de seu tempo permitiram ao velho Goethe: "apenas aos socialistas utópicos, como Fourier, foi possível um posicionamento mais avançado em relação às contradições da era pré-socialista, em particular quanto às contradições do capitalismo"[14.] E nove anos após a conclusão desses "Estudos sobre o *Fausto*", num discurso proferido por ocasião do segundo centenário do nascimento de Goethe, Lukács via na pratica socialista da União Soviética, com (supostos) trabalhadores livres vivendo em terras livres, a concretização de uma realidade "a que Fausto chega apenas em suas visões futuras, após longos, difíceis, trágicos equívocos". Continuando: "Pois o libertar-se da magia, dos grilhões mágicos do capitalismo – um problema insolúvel para Fausto – consumou-se aqui. O Grande Outubro varreu Mefistófeles, com todas suas forças mágicas, do cenário histórico"[15]. Lukács

---

14. "Faust-Studien" ("Estudos sobre o Fausto"), em *Goethe und Seine Zeit* (*Goethe e Seu Tempo*). Berlin, Aufbau-Verlag, 1953, p. 191. A perspectiva lukácsiana foi encampada por não poucos intérpretes marxistas posteriores, entre os quais Gerhart Pickerodt, em cujos comentários à edição Goldmann Klassiker do *Fausto*, publicada em 1978, Haroldo de Campos encontrou um apoio central para seu estudo *Deus e o Diabo no Fausto de Goethe*, São Paulo, Perspectiva, 1981.

15. "Unser Goethe" (Nosso Goethe), em *Goethe und Seine Zeit* (cf. nota anterior), citação à p. 38. Como se percebe, à exegese perfectibilista que Lukács nos apresenta do *Fausto* subjaz não só a tese da inexo-

dá a entender ainda que, se também o pequeno círculo de Filemon e Baucis é "varrido do mapa", se é sacrificado nesse processo de modernização socialista, trata-se tão somente de uma "tragédia individual", lamentavelmente inevitável no progresso do gênero humano, cuja marcha – lançando mão aqui de uma formulação do *Manifesto Comunista* – tem de passar por cima do "idiotismo da vida rural"[16].

Contudo, é precisamente na avaliação do papel histórico da força e da violência (a que já Pascal conferira o status de "rainha do mundo": *La force est la reine du monde*) que se pode mensurar a distância que separa Goethe das concepções marxistas, as quais se explicitam também, para citar exemplo dos mais conhecidos, no fecho do Manifesto, em que os comunistas "declaram abertamente que os seus objetivos só podem ser alcançados pela derrubada violenta (*gewaltsam*) de toda a ordem social vigente até o presente". Goethe, ao contrário, jamais reconheceu à violência o papel de parteira de uma nova sociedade, mesmo quando esta se apresenta mais justa, racional e humana, como propuseram, nos primeiros tempos do Classicismo de Weimar, os protagonistas da Revolução Francesa – ou o próprio Manifesto, apenas 16 anos após a publicação do *Fausto II*. Por conseguinte, ao arrasamento do mundo arcaico, "idiótico" e economicamente improdutivo de Filemon e Baucis, a dramaturgia faz seguir incontinenti a entrada em cena da Apreensão, que se evola das espirais de fumaça junto com as três outras "mulheres grisalhas", designadas como Penúria, Insolvência e Privação.

Ingressamos então, aparentemente sob o signo da alegoria, na penúltima etapa da trajetória terrena de Fausto, uma vez que as quatro figuras femininas que irrompem no enredo dramático personificam conceitos abstratos, à semelhança do que se dava nos mistérios medievais, nos autos ibéricos ou no gran teatro de Calderón de la Barca, tão admirado por Goethe, e também nos dramas barrocos (*Trauerspiele*) alemães[17]. A transição para essa cena intitu-

---

rabilidade da vitória do socialismo, como explicitada no *Manifesto* de Marx e Engels ("A sua derrocada [da burguesia] e a vitória do proletariado são igualmente inevitáveis"), mas também sua consumação histórica na realidade soviética.

16. *Idiotismus*, no original. Ver as considerações filológicas (p. 298) sobre esse termo que Eric Hobsbawn faz em sua "Introdução ao Manifesto Comunista", *Sobre História*, trad. Cid Knipel Moreira, São Paulo, Companhia das Letras, 1998.

17. Conforme procurei discutir no 10º capítulo ("Fórmulas Ético-Estéticas: Pintar o Veludo *in abstracto*, Apenas Como Ideia do Veludo") do livro *A Dupla Noite das Tílias* (nota 1), mesmo privilegiando a

lada "Meia-Noite" se articula por meio dos versos pronunciados por Fausto logo após o elogio coral da "força bruta": "O velho brado repercuta: / Rende obediência à força bruta!" Do balcão de seu palácio, Fausto vê as estrelas ocultarem "olhar e brilho", numa prefiguração do obscurecimento prestes a envolver o colonizador; as chamas enfraquecem, mas antes de se extinguirem por completo ainda emanam em sua direção, num último crepitar, fumo e vapor em que ele acredita divisar a aproximação de algo ominoso. Na bela tradução de Jenny Klabin Segall: "Somem-se os astros na neblina, / Do fogo baixo o ardor declina; / Um ventozinho úmido o abana, / Fumo e vapor traz que lhe emana. / Mal ordenado, feito o mal! Que vem voando em voo espectral? (vv. 11, 378-383)". Das chamas, portanto, que consumiram os corpos de Filemon, Baucis e do Peregrino depreendem-se os vultos que irão apresentar-se a Fausto na cena subsequente, amarrada à que acaba de chegar ao fim também pela rima – na tradução, o "mal", referido ao massacre recém-perpetrado, e "espectral", remetendo aos espectros femininos que ocupam a cena que se abre agora.

Se levarmos, porém, em consideração que essas quatro mulheres grisalhas – Penúria, Insolvência, Privação e, sobretudo, a poderosa figura da Apreensão – evolaram-se do incêndio que carbonizou não apenas os corpos das três pessoas abrigadas na cabana, mas também as duas tílias significativamente mencionadas pelo Peregrino logo no primeiro verso do quinto ato ("São as velhas tílias, sim, / No esplendor da anciã ramagem. / Torno a achá-las, pois, no fim / De anos de peregrinagem!"), então podemos nos perguntar por que Goethe amalgamou a agressão à natureza ("Mas que das tílias só subsista / Tronco semicarbonizado", vv. 11, 342-334) e a agressão à vida humana ("Na curta ação da luta brava, / Carvão, que à roda se espalhava, / Palha incendiou. Ardendo vês, / Lá, a fogueira desses três", vv. 11, 366-369) num mesmo crime inextricável.

A resposta a essa questão deve ser buscada não apenas no âmbito da "tragédia da colonização", desdobrada nas cinco primeiras cenas do quinto ato, mas também no conjunto do drama que se estende por 12 111 versos. Assim,

nova ideia de "fórmulas ético-estéticas" para a abordagem do *Fausto ii* é plenamente possível continuar operando em certos contextos da tragédia com os procedimentos tradicionais, teorizados pelo próprio Goethe em suas *Máximas e Reflexões*, de alegoria e símbolo.

o aprofundamento hermenêutico no episódio da destruição das árvores impregnadas de um significado que remonta ao Livro VIII das *Metamorfoses* de Ovídio (com os anciãos Filemon e Baucis transformando-se em carvalho e tília) poderá nos descortinar a possibilidade de divisar, ao lado da fórmula ético-estética para massacres e expurgos étnicos, concretizada por Albert Schweitzer, Paul Celan, Max Beckmann e outros nomes já citados, também uma fórmula ético-estética para a destruição da natureza. Essa constatação teria o respaldo, por exemplo, do renomado politólogo Iring Fetscher (1922-2014), cuja leitura da obra magna da literatura alemã, sintetizada no *Postscript* à edição americana de *Money and Magic* de H. C. Binswanger (v. nota 2), mostra-se prismatizada pela "crise ecológica contemporânea": "Only today perhaps can we appreciate, thorough the ecological crisis of the industrial society, the full extent and realism of Goethe's perspicacity" ("Talvez somente hoje, por intermédio da crise ecológica da sociedade industrial, possamos avaliar todo o realismo e extensão da perspicácia de Goethe").

A destruição pelo fogo das ancestrais árvores insere-se, em implacável lógica, no remodelamento radical a que o colonizador Fausto, com a racionalidade de um moderno engenheiro desenvolvimentista ("Criei plano após plano então na mente, / Por conquistar o gozo soberano / De dominar, eu, o orgulhoso oceano", vv. 10, 227-229), submete toda a "região aberta" que nos fora descortinada na primeira cena do quinto ato, com suas florestas, dunas e praias agora incessantemente engolidas pela gigantesca obra de aterramento marítimo, conduzida a ferro e fogo pelo capataz Mefistófeles. O custo humano dessa modernização pode ser aferido do depoimento de Baucis, que nas madrugadas costumava observar "mil luzinhas" (figuração cifrada da máquina a vapor) enxameando nas praias e ouvindo ao mesmo tempo os gemidos dos operários: "Carne humana ao luar sangrava, / De ais ecoava a dor mortal, / Fluía ao mar um mar de lava / De manhã era um canal" (vv. 11, 129-130).

Como no episódio do assassinato do casal de anciãos e do Peregrino, cometido concomitantemente à carbonização das tílias, também no ingente projeto de conquistar ao mar vastas extensões de terra para erigir um novo modelo de sociedade (e aqui não se configura, de maneira paradigmática, o "fenômeno de modernização" que W. N. Galvão apontou na chacina de Canudos?),

Goethe fundiu inextricavelmente a portentosa intervenção tecnológica sobre a natureza, o que significa a eliminação da natureza por assim dizer "primordial", com o aniquilamento, pela exploração extrema da força de trabalho, de incontáveis vidas. Nesse contexto de exploração brutal do "material humano" deve-se entender a exortação do colonizador ao capataz Mefisto no sentido de arregimentar novas massas de trabalhadores (*Arbeiter schaffe Meng' auf Menge*, v. 11, 553).

A esse mesmo contexto, ao consumo e renovação incessantes de "exércitos" operários, vincula-se possivelmente o aparecimento dos Lêmures na cena "Grande átrio do palácio", convocados por Mefisto nos derradeiros instantes do colonizador. Pois essas figuras fantasmagóricas e estropiadas – "seminaturezas remendadas" (*geflickte Halbnaturen*) na expressão do diabólico capataz – surgem sobraçando as mesmas ferramentas usadas pelos operários que alimentam com as próprias vidas a ingente maquinaria que domina as extensões litorâneas que o Imperador cede a Fausto após a guerra civil do quarto ato. E assim como os "servos" sob a férula de Mefisto são obrigados a obedecer cegamente às determinações concebidas apenas por um "espírito" ("A fim de aviar-se a obra mais vasta, / Um gênio (no original, *Geist*: espírito) para mil mãos basta", nas palavras grandiloquentes do colonizador: vv. 11, 509-510), os Lêmures estão igualmente atrelados a um trabalho que pode ser chamado de "alienado", uma vez que declaram desconhecer a finalidade para a qual o executam (vv. 11, 522-523). Também aqui, nesse jogo de espelhamento, refração e contraste entre as figuras espectrais dos Lêmures, que cavam agora o túmulo em que o ancião será enterrado, e os operários que Baucis via "sangrar" na escavação dos diques, canais e fossos para o colossal projeto de modernização fáustica, Goethe terá se empenhado em "revelar o sentido mais profundo ao leitor atento por meio de configurações que se contrapõem umas às outras e ao mesmo tempo se espelham umas nas outras", para citar à guisa de conclusão mais esse importante princípio estético mobilizado em seu drama de uma "atualidade quase que inimaginável"[18].

---

18. Goethe explicitou esse procedimento de sua oficina literária numa carta dirigida em 27 de setembro de 1827 a Carl J. L. Iken (1789-1841): "Como muita coisa em nossa experiência não pode ser pronunciada de forma acabada e nem comunicada diretamente, há muito tempo elegi o procedimento de revelar o sentido mais profundo ao leitor atento por meio de configurações que se contrapõem umas às outras e ao mesmo tempo se espelham umas nas outras". Valeria lembrar, sob o ensejo dessa passagem epis-

Conforme exposto, na carta que enviou ao seu jovem amigo Johann Sulpiz Boisserée em 3 de novembro de 1826, Goethe se apresentou como um "matemático ético-estético" empenhado em avançar "até àquelas últimas fórmulas, mediante as quais o mundo ainda se torna apreensível e suportável para mim". E em 8 de setembro de 1831, cerca de meio ano antes de sua morte, o poeta comunicava ao mesmo Boisserée a conclusão da obra em que trabalhou ao longo de seis décadas, a qual legava àqueles leitores que soubessem "entender-se com gestos, acenos e leves alusões", pois estes encontrariam nela "até mesmo mais coisas do que eu pude oferecer". Não poucos leitores atentos a tais "gestos, acenos e leves alusões", como o assobio com que Mefisto convoca seus violentos capangas para eliminar os idosos que resistiam em ceder sua pequena propriedade, vislumbraram no *Fausto*, como se procurou destacar neste ensaio, uma fórmula ético-estética para expurgos e massacres perpetrados no século xx. E hoje, "por intermédio da crise ecológica da sociedade industrial" (I. Fetscher), compreendendo melhor "todo o realismo e extensão da perspicácia" do velho poeta, podemos extrair da tragédia goethiana, das cenas "magnificamente poetizadas" (Thomas Mann) em torno das tílias "no esplendor da anciã ramagem", uma fórmula ético-estética para a destruição da natureza. Uma vez, porém, que o dramaturgo entrelaçou a agressão à natureza e a agressão à vida humana num mesmo crime inextricável, também essas duas fórmulas ético-estéticas se amalgamam estreitamente no complexo dramático em que culmina a trajetória terrena da personagem que acompanhou Goethe por tão longo tempo. Se no emblemático poema "Aos que Vão Nascer", Bertolt Brecht se horroriza com os tempos sombrios em que uma conversa sobre árvores seria "quase um crime / Porque implica calar-se sobre tantas infâmias", não podemos nos perguntar se Goethe, cem anos antes, já não teria superado essa terrível dicotomia ao elaborar a "tragédia da colonização" no último ato de seu Fausto?

tolar, a seguinte observação de Eberhard Lämmert no mencionado ensaio "O Fausto Cego": "Goethe foi um mestre nessa técnica de espelhamento e seu *Fausto* é possivelmente a mais grandiosa e multifacetada sala de espelhos [*Spiegelsaal*] das relações humanas, mesmo naqueles desvãos textuais que não necessariamente parecem, desde o início, ser significativos" (p. 80).

Referências Bibliográficas

BECK, C. H. *Goethes Faust*. Munich, 2001.

BERMAN, Marshall. *All That is Solid Melts Into Air: The Experience of Modernity*. New York, Simon & Schuster, 1982.

_____. *Tudo o Que É Sólido Desmancha no Ar*. Trad. Carlos F. Moisés & Ana Maria Ioriatti. São Paulo, Companhia das Letras, 1986.

BINSWANGER, Hans Christoph. *Geld und Magie. Eine Ökonomische Deutung von Goethes Faust*. Trad. Maria Luiza de Borges (versos de Goethe por M. V. Mazzari). Hamburgo, Murmann Verlag, 2009.

_____. *Money and Magic: Critique of the Modern Economy in the Light of Goethe's "Faust"*. Chicago, University of Chicago, 1994.

_____. *Dinheiro e Magia. Uma Crítica da Economia Moderna à Luz do Fausto de Goethe*. Rio de Janeiro, Zahar, 2011.

BOSI, Alfredo. "Anchieta ou as Flechas Opostas do Sagrado". *Dialética da Colonização*. São Paulo, Companhia das Letras, 1994.

CAMPOS, Haroldo de. *Deus e o Diabo no Fausto de Goethe*. São Paulo, Perspectiva, 1981.

GALVÃO, Walnice Nogueira (org.). "Quarta Expedição". *In: Os Sertões*. 4. ed. São Paulo, Ubu Editora, 2016, p. 459.

_____. "Euclides da Cunha, Precursor". *Revista USP*, n. 82, jun.-ago. 2009, pp. 46-53.

GOETHE, Johann Wolfgang Von. *Fausto*. Trad. Jenny Klabin Segall. Ilustrações de M. Beckmann. 5. ed. rev. e amp. São Paulo, Editora 34, 2017.

HILLIARD, Kevin F. (org.). *Bejahende Erkenntnis – Festschrift für Terence J. Reed zu Seiner Emeritierung am 30*. September 2004, 2004, pp. 75-90.

HOBSBAWN, Eric. "Introdução ao Manifesto Comunista". *Sobre História*. Trad. Cid Knipel Moreira. São Paulo, Companhia das Letras, 1998.

LUKÁCS, Georg. "Faust-Studien". In: *Goethe und Seine Zeit*. Berlim, Aufbau--Verlag, 1953.

MAZZARI, Marcus V. *A Dupla Noite das Tílias. História e Natureza no* Fausto *de Goethe*. São Paulo, Editora 34, 2019.

RIBEIRO, Darcy. *O Povo Brasileiro*. 2. ed. São Paulo, Companhia das Letras, 2004.

SCHLAFFER, Heinz. "Faust Zweiter Teil – Die Allegorie des 19". *Jahrhunderts.* Stuttgart, Metzler Verlag, 1981.

SCHÖNE, Albrecht. Faust. *Kommentare.* 8ª ed. rev. e amp. Berlin, Deutscher Klassiker Verlag, 2017.

SNIDER, Denton Jacques. *A Commentary on the Literary Bibles of the Occident.* Boston, Ticknor & Co.,1886.

17

"Contos de Amigo", de Lima Barreto, ou o Poder do Rosto

Šárka Grauová

> *Admito a piedade em mim, para os outros; mas não admito a piedade dos outros para mim.*
> Lima Barreto, "Porque não se Matava"

Pela sua compaixão com pobres e remediados, Lima Barreto pode ser considerado um dos predecessores diretos da prosa urbana dos anos de 1930. O autor, que tinha certo pudor para usar palavras consideradas nobres na sua ficção, formulou os ideais de sua obra num texto-manifesto, intitulado *Amplius!*, publicado pela primeira vez na revista *A Época*, em setembro de 1916. Nessa exposição, a meta da literatura de autores "sinceros e honestos" é caracterizada como "a comunhão dos homens de todas as raças e classes, fazendo que todos se compreendam, na infinita dor de serem homens, e se entendam sob o açoite da vida, para maior glória e perfeição da humanidade"[1].

Nesse mesmo texto, Lima Barreto, cuja escrita foi muitas vezes taxada de "irregular", rejeita "toda a disciplina exterior dos gêneros". Na verdade, muitos de seus contos e até os romances, especialmente *A Vida e Morte de J. M. Gonzaga de Sá*, estão marchetados de reflexões, anedotas, ensaios embrionários, crônicas ou quadros de costumes – incursões na vida cotidiana que deixam patente a simpatia dos respectivos narradores pelos ofendidos e humilhados. Como mostram vários estudiosos, muitas dessas digressões foram nutridas por vivências pessoais do próprio Lima Barreto.

---

1. Lima Barreto, "Amplius!", *Histórias e Sonhos*, edição de Antônio Arnoni Prado, São Paulo, Martins, 2008, pp. 10-11.

Outro artigo na feira dos gêneros literários *fin-de-siècle*, disponível para um escritor que queira "aproveitar o que puder", é o conto fantástico ou insólito. Gênero raro na obra barretiana, sub-repticiamente liga o autor com alguns escritores decadentes e simbolistas seus contemporâneos, como Gonzaga Duque, João do Rio ou mesmo Cruz e Sousa.

Entre os contos de Lima Barreto, a designação "fantástico" costuma ser empregada no caso de "Sua Excelência", uma inquietante e antológica narrativa curta sobre o duplo. Contudo, parece-me que vale a pena refletir também sobre um discreto conjunto de "contos de amigo", escritos provavelmente na segunda década do século XX. A maior parte desses textos, caracterizados pela presença de solitários amigos de sensibilidade aguçada, com os quais os respectivos narradores travaram conhecimento nos anos de sua juventude, ficou fora do cânone barretiano, possivelmente considerada marginal até pelo próprio autor.

Dos quatro contos, apenas "Um Músico Extraordinário" foi incluído na coletânea *Histórias e Sonhos* (1920), único livro de narrativas curtas publicado em vida pelo autor. Sob a aparente justificativa de ponderar o percurso de um amigo da infância – cuja altivez e inconstância impediram qualquer concretização de seus sonhos juvenis –, esse conto é, além da sátira sobre um descompasso entre a imagem e a contra-imagem, tão frequente na obra do autor, também uma lúcida reflexão sobre a inquietação do homem moderno e sua incapacidade de se decidir entre uma multiplicidade de opções e impulsos. Este amigo pertence a um tipo de "homem supérfluo" que, embora idealizado já no romantismo, ressurgiu com novo vigor na literatura europeia da época, desde os protagonistas russos, de Turguêniev e Dostoiévski, ao Jacinto de Tormes, de Eça de Queirós, na outra extremidade do continente. No contexto barretiano, outro interesse do conto pode residir na circunstância de o narrador se chamar Mascarenhas. Lima Barreto residia, desde o ano de 1913, na rua Major Mascarenhas e, como é sabido, esse nome pertence também ao narrador alter ego de *O Cemitério dos Vivos*.

Outros dois contos do conjunto são curiosos por sua interligação: "Um que Vendeu a Sua Alma", publicado em *A Primavera* em julho de 1913[2], e "Por

---

2. Lima Barreto, *Contos Completos*, Lilia Moritz Schwarcz (org.), São Paulo, Companhia das Letras, 2014, p. 695, nota 330.

Que Não se Matava", de datação – que eu saiba – ainda não identificada[3]. No primeiro desses contos, um amigo conta ao narrador uma história sobre seu comércio com o Diabo, enquanto, o segundo, mais trabalhado, destitui-se de qualquer elemento insólito. Mas é notável que, se em "O Músico Extraordinário", o narrador pode ser considerado o alter ego do autor, agora são os amigos do narrador que ficam mais parecidos com seu autor, "dado ao maravilhoso, ao fantástico, ao hipersensível"[4]. O recurso ficcional à instância do amigo permite a Lima Barreto escrever com uma profundidade cada vez maior sobre os marginais da *Belle Époque* brasileira enquanto "sujeitos do processo simbólico"[5]. Os dois personagens compartilham uma sensação de tédio, da falta do sentido da vida, do desejo de abandonar esse mundo de outra forma que não seja por meio do suicídio.

Aos olhos europeus, essa situação não é desinteressante. Parece que em nenhum dos dois casos trata-se daquele *ennui*, a qual já no início do século XIX, Schopenhauer identificou como "enfermidade corrosiva da nova era"[6], quando as esperanças radicais no progresso rápido e iminente desaguaram no lento século da burguesia. A frustração dos amigos de Lima Barreto, assim como do próprio autor, aparenta antes vir da atmosfera de estagnação das primeiras décadas do século XX, quando o novo regime, com sua modernidade seletiva, decepcionou as esperanças dos que creram que a República traria novos ventos que derrubassem a velha ordem latifundiária. Na impossibilidade de mudar o estado das coisas num mundo em que o artista não é considerado herói, a vida de homens sensíveis parece ter a "inutilidade de trapo[7]".

Combinando reflexão com diálogo, "Um que Vendeu a Sua Alma" é como tantos outros textos barretianos um conto "híbrido". Depois de uma breve meditação sobre a relatividade das certezas científicas, o narrador propõe-se a reproduzir uma anedota que lhe contou um amigo a que os desgostos de

---

3. A conversa regada por chope ocorre no Adolfo, uma casa frequentada por literatos e artistas que passou a ter esse nome em 1915. Portanto o conto deve ser posterior a essa data.
4. Lima Barreto, "Diário do Hospício", *Diário do Hospício e O Cemitério dos Vivos*, edição por Augusto Massi e Murilo Marcondes de Moura, São Paulo, Cosac & Naify, 2010, p. 64.
5. Alfredo Bosi, "A Escrita e os Excluídos", *Literatura e Resistência*, São Paulo, Companhia das Letras, 2002, p. 259.
6. George Steiner, *No Castelo do Barba-Azul. Algumas Notas para a Redefinição da Cultura*, trad. Tomás Rosa Bueno, São Paulo, Companhia das Letras, 1991, p. 27.
7. Lima Barreto, *Contos Completos*, org. Lilia Moritz Schwarcz, São Paulo, Companhia das Letras, 2014, p. 287.

sua vida levaram "a um estado de desespero, de aborrecimento, de tédio" sem cura. Esse "homem cético e ultramoderno" chega à conclusão digna do homem pós-moderno, em permanente fuga de si mesmo: possivelmente uma viagem que lhe propiciasse "experimentar as belezas que o tempo e o sofrimento dos homens acumularam sobre a terra" despertaria nele "a emoção necessária para a existência[8]". Sem saber como angariar dinheiro para a deslocação terapêutica, o amigo resolve apelar ao Diabo e vender-lhe a alma. O conto, retomando o velho tema do comércio da alma, apresenta uma distópica inversão do mito faústico, uma indicação do esgotamento do afã modernizador. Enquanto Fausto, de Goethe, chega a salvar-se porque todos os sucessos de sua vida são apenas momentos de passagem para um futuro sempre convidativo, o amigo do narrador barretiano é um homem que precisa de um ímpeto exterior para uma hipotética cura da abulia interior. Mas o drama de regateio financeiro e metafísico não ocorre: nem o ato mais sacrílego possível pode dar "frisson" à vida corroída pelo tédio. No mundo da virada do século, com todas as certezas postas em causa, o valor metafísico das almas perdeu preço, como as ações sem lastro durante o período do Encilhamento. O Diabo, por pura simpatia, oferece ao amigo parcos vinte mil réis. O resultado da transação é irônico: o amigo vende sua alma desinteressante, mas não ganha dinheiro suficiente para concretizar o desejado "sabor de viver". Para um sujeito moderno dilacerado, não há mais um Deus que aposte em seu valor, nem o próprio Diabo pode tirá-lo do *spleen*, um lugar de alma que podem contemplar apenas os "que ainda têm a força de querer e o desejo de viajar ou fazer fortuna"[9].

"Por Que Não se Matava" desenvolve o mesmo tema, apenas aprofundando a mundividência de um *raté* da *Belle Époque* brasileira. Esse protagonista-amigo do narrador compartilha com os anteriores de certa inércia a que já o "músico extraordinário" chamava "budista", criando uma aproximação nobre, mas falsa, entre apatia e nirvana. Só que agora as palavras do protagonista do "Por Que Não se Matava" lembram as confissões do próprio Lima Barreto – ou, pode-se pensar, aquelas de um Isaías Caminha que não tivesse renegado seus ideais juvenis. Lamentando sua incapacidade de dar uma ex-

---

8. *Idem*, p. 493.
9. Charles Baudelaire, "O Porto", *Pequenos Poemas em Prosa [Spleen de Paris]*, trad. Dorothée de Bruchard, São Paulo, Hedra, 2009. Disponível em: https://pt.scribd.com/document/313540249/Pequenos--Poemas-em-Prosa-Charles-Baudelaire-pdf. Acesso em: 15 fev. 2019.

pressão literária adequada a sua frustração perante as promessas malogradas da modernidade, que declarou o fim da dor e do sofrimento, ele diz:

> Eu queria mostrar a todos que fui traído; que me prometeram muito e nada me deram; que tudo isso é vão e sem sentido, estando no fundo dessas coisas pomposas, arte, ciência, religião, a impotência de todos nós diante de augusto mistério do mundo. Nada disso nos dá o sentido do nosso destino; nada disto nos dá uma regra exata de conduta, não nos leva à felicidade, nem tira as coisas hediondas da sociedade[10].

Antecipando as considerações de Camus sobre a vã procura do sentido, da unidade e da claridade diante do mundo opaco e incompreensível, já que destituído de verdades e valores eternos, esse amigo próximo do narrador descobre o caráter trágico da experiência da modernidade e percebe o suicídio como "o único ato lógico e alto" da sua vida[11]. O que lhe proíbe dar esse passo é o medo de que seu "ato de suprema justiça" seja interpretado como uma fraqueza, um resultado de dificuldades financeiras ou fracassos amorosos. A única solução encontrada para garantir que "nenhuma consideração subalterna lhe diminua a elevação" é "afogar-se em cerveja", um modo de se matar suavemente, à barretiana. Desta forma, o alcoolismo virou um ostensivo gesto de recusa da sociedade hostil. O diálogo entre o narrador e seu amigo passou a ser um recurso literário para exteriorizar um silencioso intercurso de um ser lacerado consigo mesmo.

Diferente dos dois amigos anteriores, o terceiro é um homem interiormente desintegrado que apresenta um caráter dividido entre oposições de ordem vária: "taciturno e expansivo, egoísta e generoso, bravo e covarde, trabalhador e vadio"[12]. No caráter do protagonista de "Dentes Negros e Cabelos Azuis", publicado em *A Época* de 31 de agosto de 1918, Lima Barreto avançou mais um passo no caminho da ficcionalização de si próprio como representante de uma exclusão dupla: por ser literato "sincero" numa época de fachadas e pela raça considerada inferior. Comparado com o amigo que procurava uma maneira altiva de dizer não à vida, um suicídio cujas razões não poderiam ser postas em causa, a cisão em Gabriel é mais radical por ser nitidamente bipolar.

---

10. Lima Barreto, *Contos Completos*, p. 288.
11. *Idem*, p. 287.
12. *Idem*, p. 285.

Às vezes ele é um espírito superior, pairando acima das preocupações mesquinhas de cada dia. Outras vezes passa a ser um homem voltado ao mundo material e a suas tentações. Assim como Bernardo Soares, o semi-heterônimo de Fernando Pessoa no *Livro do Desassossego*, o herói de Lima Barreto poderia perguntar: "O que é este intervalo que há entre mim e mim?"[13]. Também Gabriel tem duas partes, entre as quais há "um vazio, uma falha a preencher", sendo um outro caso exemplar da dissolução da unidade do "eu" moderno. Se o companheiro do chope era um homem "mais enigmático" que o narrador conhecia, Gabriel é um ser híbrido, um centauro que sofre por não conseguir harmonizar as "contradições ostensivas". Essas contradições referem-se não apenas à sua natureza, mas também àquelas do sujeito moderno, resultado de um "incessante trabalho de separação do pensamento do mundo da vida" na tradição ocidental[14].

As relações do narrador com Gabriel, ainda em contraste com os amigos precedentes, além de serem de longa data, progressivamente se estreitam. Nessa convivência íntima, o narrador observa a transformação lenta do amigo, antigamente por fora jovial, sob a máscara da polidez de "uma tristeza coesa", mas no presente um "filósofo, pessimista, irônico", à maneira de Schopenhauer, que debicava "a mentira por ter conhecimento da verdade". Os termos utilizados para caracterizar o personagem indicam que Gabriel não é simplesmente outro caráter bizarro da obra barretiana. Vivendo isolado da sociedade "como um estranho anacoreta que fizesse, do agitado das cidades, ermo para seu recolhimento", ele é o único dos amigos que fica honrado com nome. A exemplo de tantos outros na obra barretiana, trata-se de um nome falante. Assim como o anjo mensageiro de Deus que anunciou o nascimento de João Batista e de Jesus, Gabriel é um ser eleito, destinado a comunicar altas mensagens a homens comuns.

Seu perfil corresponde muito bem à noção da literatura como sacerdócio, que Lima Barreto encontrou nos ensaios *Os Heróis e o Culto dos Heróis* de Thomas Carlyle, lidos em 1908[15]. Se o literato tem uma missão única a serviço

---

13. Fernando Pessoa, *Livro do Desassossego: Composto por Bernardo Soares, Ajudante de Guarda-Livros na Cidade de Lisboa*, org., introd. e notas de Richard Zenith, São Paulo, Companhia das Letras, 1999, pp. 217-218.
14. Nelson Mauro Maldonato, *Raízes Errantes*, 2. ed., São Paulo, Edições Sesc São Paulo, 2014, p. 144.
15. R. J. Oakley, *Lima Barreto e o Destino da Literatura*, São Paulo, Editora Unesp, 2011, pp. 9-10.

da humanidade, essa tarefa pode ser cumprida apenas por meio da literatura autêntica, obra do homem inteiro. Além disso, a procura da verdade sempre se resgata com a dor, já que o destino do verdadeiro literato é entrar em conflito com o mundo, com cujos valores não compartilha. É como Dante levado para "a morte e a crucificação"[16], sua obra é escrita "pelo sangue do seu coração"[17].

Um dia o narrador visita a casinha que Gabriel compartilhava com "um africano velho, seu amigo, seu oráculo e seu cozinheiro", e com "um poetastro das ruas, semilouco e vagabundo". Esses pormenores da vida de Gabriel não parecem motivados pela necessidade de mostrar o contexto vital em que ele se movimenta. Antes os dois companheiros podem muito bem representar as duas faces do seu ser cindido entre a realidade e o ideal, entre a lama a que é condenado um homem de raça negra, no mundo regido por teorias racistas, e os sonhos sobre o alto destino da humanidade: embora na palavra "poetastro" o "astro" seja um sufixo depreciativo, o contexto permite lê-la como um composto de "poeta" e "astro", o que liga, assim, a poesia e a literatura em geral às esferas siderais, "povoadas de miragens e sombras, só observáveis por videntes"[18]. Posto que o conto inclui duas citações da "Elevação" de Charles Baudelaire, não é um despropósito pensar aqui na célebre tensão baudelairiana entre a sopa de cada dia e as nuvens, "maravilhosas construções do impalpável"[19].

Ao chegar à casa de Gabriel, o narrador encontra o amigo radiante de alegria. A partir desse momento, o texto é sumamente ambíguo, posto que o olhar brilhante de Gabriel se relaciona com um conto fantástico que passa a ler ao narrador. Mas qual a razão dessa euforia? A iluminação interior de Gabriel, repentinamente visível, deve-se ao fato de ele ter se deparado com alguém a quem finalmente pode contar sua "grande mágoa fatal?" Ou porque acabou de encontrar no gênero fantástico uma solução literária que dê forma adequada à "coisa muito obscura", mesmo no interior de sua própria estrutura mental, sem que seu próprio segredo fosse logo espalhado aos quatro ventos?

16. Thomas Carlyle, *Heroes and Hero Worship*, Philadelphia, H. Altemus, 1889, p. 119. Disponível em: https://archive.org/details/heroesheroworshi99carl/page/n9. Acesso em: 25 fev. 2019.
17. *Idem*, p. 122.
18. "Astral", em *Dicionário Houaiss da Língua Portuguesa*. Disponível em: https://www.dicio.com.br/astral/. Acesso em: 28 fev. 2019.
19. Charles Baudelaire, "A Sopa e as Nuvens", *Pequenos Poemas em Prosa, [Spleen de Paris]*, trad. Dorothée de Bruchard, São Paulo, Hedra, 2009.

O leitor se depara com duas possibilidades e sua hesitação funda a ambivalência que é, segundo Tzvetan Todorov, imprescindível para a existência do gênero fantástico. Por um lado, Gabriel pode ter lido ao narrador um relato de sua experiência real – o que significaria que ele se transforma, à maneira de lobisomem, em um monstro de dentes negros e cabelos azuis e a realidade tem mais mistérios que o homem moderno pensa. Por outro, Gabriel pode ser personagem-escritor que lê ao amigo um conto literário – e sua alegria se deve à descoberta de uma expressão literária à sua dor de um homem miscigenado, de sensibilidade fina em uma sociedade racista e utilitarista. O caráter fantástico do conto de Gabriel teria outros pontos de apoio: o ambiente do subúrbio pelas altas horas da noite quando as casas fechadas parecem "sepulcros com portas negras", a luz escassa que transfigura os objetos, o vento, as emoções exacerbadas, assim como o tema do monstro de cabelos azuis e dentes pretos, tudo isso prende o texto ao conto fantástico e ao horror, tão caro às poéticas do século XIX.

A estrutura narrativa é complexa. Além da existência do primeiro narrador que introduz o Gabriel-personagem, o Gabriel-personagem-escritor cria um narrador secundário que pode ser seu duplo ou alter ego – sendo este ao mesmo tempo um alter ego do próprio autor. De acordo com Beatriz Resende, assim nasce "o jogo de ambiguidades, em que não se sabe bem quem conta a história de quem"[20]. Lima Barreto criou para si um escudo narrativo em que a sua subjetividade ficou duas vezes protegida da "piedade dos outros": o portador de sua grande mágoa é um personagem ficcional que, na qualidade de escritor, dá expressão à mesma mágoa num conto fantástico sobre o encontro com alguém a quem finalmente essa dor pode ser contada. Ao mesmo tempo, esse artifício permite que a voz lacerada de um marginalizado seja exposta sem que este se torne puro "objeto da escrita"[21].

A ação do conto escrito por Gabriel é simples. Na verdade, serve apenas como um arcabouço ficcional que sustenta a confissão da dupla dor do personagem: de ser poeta numa sociedade do puro cálculo, na qual, como diz o ladrão pedindo desculpas por seu ato de violência, "a vida é um combate"[22],

---

20. Beatriz Resende, *Lima Barreto e o Rio de Janeiro em Fragmentos*, São Paulo, E-Galaxia, 2017. E-book.
21. Alfredo Bosi, "A Escrita e os Excluídos", *Literatura e Resistência*, São Paulo, Companhia das Letras, 2002, p. 257.
22. Lima Barreto, *Contos Completos*, p. 325.

e de pertencer a uma raça considerada degenerada e inferior por senhores de cartola.

Voltando do centro da cidade, seu protagonista é assaltado por um ladrão. Entrega-lhe o pouco dinheiro que traz nos bolsos, mas, nesse meio tempo, graças a uma chama da iluminação pública que de repente se tornou mais forte, o assaltante percebe que sua vítima tem cabelos azuis e dentes negros. Pensando que encontrou o diabo ou um fantasma, assustado e sem conseguir se mexer, o ladrão percebe afinal na face do outro uma expressão angustiada, próxima do choro. Tomado de compaixão por um homem disforme e "sem esperança", o larápio devolve-lhe o dinheiro, certo de que seu próprio futuro seria radiante, logo que um "trabalho" de maior vulto lhe assegurasse o respeito da sociedade.

Visto da perspectiva do protagonista que há tempos procura um ser humano a quem contar seu segredo, o episódio permite-lhe de repente perceber que, no homem tosco com quem se deparou, acaba de encontrar um interlocutor. Sem o risco de transmitir-lhe o contágio da angústia ou a sensação de se encontrar na berlinda, pode comunicar-lhe a sua mágoa: a dor da sua diferença dos outros homens, o sofrimento de exclusão social e da condenação à inferioridade irreparável, em conjunto com sua sensibilidade melindrosa. Apesar de a comunicação do segredo ter-lhe trazido algum alívio, resta-lhe a dor da sincera piedade de um pária, mais aceitável pela sociedade que um poeta de cores estigmatizadoras.

O papel central nesse encontro casual cabe à visão e, portanto, à dicotomia entre luz e treva. As metáforas da luz aparecem já na descrição de Gabriel, criando um contraponto entre interior e exterior: sua fisionomia irradiou no dia da leitura do seu conto, a iluminação interior de repente tornou-se visível, seu olhar ganhou faíscas novas. Também o ambiente em que se passa sua vida mostra o duplo estatuto do personagem: seu espírito é atraído "pela luz da cidade", ou seja, pelas luzes da razão e da sociabilidade modernas, enquanto sua vida íntima transcorre numa rua mal iluminada, numa zona de escuridão nas bordas da civilização onde o vento agita "as amareladas luzernas de gás como espectros aterradores".

O assalto acontece por volta das duas horas da manhã, numa rua cujas trevas foram "iluminadas frouxamente". Submerso na escuridão, ocorre aí um encontro impessoal e violento, cuja finalidade é trazer o dinheiro para quem se aproveita das trevas do submundo. É apenas graças a uma onda de luz da chama de gás que o ladrão percebe os cabelos azuis de sua vítima. Sua primeira reação é irônica: chega a compará-la a um índio com penas coloridas, vendo em Gabriel apenas a sua alteridade. Martirizado, com toda razão, pela contínua incompreensão dos outros, o protagonista identifica o ladrão com a sociedade e seus juízos de valor hierárquico.

A repentina troca de olhar entre eles acarreta uma verdadeira reviravolta na relação entre um e outro. O poeta olha o homem interrogativamente e assiste a seu "ar mudado", enquanto este fica com "o olhar esgazeado, fixo, cravado no [seu] rosto". Olhava-o como se visse "um duende, um fantasma" – uma figura grotescamente deformada. O efeito do olhar mútuo é a inspeção dos rostos: "o rosto [do ladrão] dilatava-se, as pupilas estendiam-se ... até que percebeu que a expressão do meu rosto era de choro".

Resulta desse encontro o que o filósofo lituano-francês Emmanuel Levinas, judeu exilado durante a Segunda Guerra Mundial, chamaria "epifania do rosto": transidos de medo e dor, os dois rostos se descobrem mutuamente vulneráveis. A nudez do rosto de um pobre diabo encontrado na rua para ser roubado reflete a nudez do rosto daquele que decide roubá-lo. Um se sente ameaçado por um ente insólito, que parece vindo do mundo sobrenatural, o outro por qualquer pessoa que compartilha as considerações ideológicas da época. Quando o assaltante resume essa transformação do impessoal no pessoal, recorrendo à sabedoria popular do provérbio "Quem não sabe é como quem não vê", ele diz mais do que pensa dizer: ver o rosto do Outro significa não adequá-lo mais a qualquer sistema racional, não lhe atribuir um lugar numa taxonomia externa, já que o Outro acaba se revelando um indivíduo singular que não se pode equiparar a uma ideia ou a um número.

A alteridade que leva à exclusão – um dos problemas-chave da cultura e da literatura brasileiras – encontra uma das possíveis soluções no surgimento da inter-relação da nudez de ambos os rostos. O Outro não pode ser convertido ao Mesmo, a violência de qualquer tipo, individual ou coletiva, não possui mais justificativa.

> Entrando no segredo das vidas e das cousas, a Literatura reforça o nosso natural sentimento de solidariedade com os nossos semelhantes, explicando-lhes os defeitos, realçando-lhes as qualidades e zombando dos fúteis motivos que nos separam uns dos outros. Ela

tende a obrigar a todos nós a nos tolerarmos e a nos compreendermos; e, por aí, nós nos chegaremos a amar mais perfeitamente na superfície do planeta que rola pelos espaços sem fim[23].

Assim, escreveu Lima Barreto em "O Destino da Literatura", seu testamento de escritor sincero e honesto. É sintomático do mundo ficcional barretiano que um daqueles que entendem essa mensagem seja um bom ladrão[24].

Referências Bibliográficas

"Astral", em *Dicionário Houaiss da Língua Portuguesa*. Disponível em: https://www.dicio.com.br/astral/. Acesso em: 28 fev. 2019.

Barreto, Lima. *"Amplius!"*. *Histórias e Sonhos*. Edição por Antônio Arnoni Prado. São Paulo, Martins, 2008, pp. 10-11.

_____. *Contos Completos*. Org. Lilia Moritz Schwarcz. São Paulo, Companhia das Letras, 2014.

_____. "Diário do Hospício". *Diário do Hospício e O Cemitério dos Vivos*. Edição por Augusto Massi e Murilo Marcondes de Moura. São Paulo, Cosac & Naify, 2010, p. 64.

_____. "O Destino da Literatura". In: Resende, Beatriz (org.). *Impressões de Leitura e Outros Textos Críticos*. São Paulo, Companhia das Letras, 2017, p. 280.

Baudelaire, Charles. "O Porto". *Pequenos Poemas em Prosa [Spleen de Paris]*. Trad. Dorothée de Bruchard. São Paulo, Hedra, 2009. Disponível em: https://pt.scribd.com/document/313540249/Pequenos-Poemas-em-Prosa-Charles-Baudelaire-pdf. Acesso em: 15 fev. 2019.

_____. "A Sopa e as Nuvens". *Pequenos Poemas em Prosa, [Spleen de Paris]*. Trad. Dorothée de Bruchard. São Paulo: Hedra, 2009.

Bosi, Alfredo. "A Escrita e os Excluídos". *Literatura e Resistência*. São Paulo, Companhia das Letras, 2002.

Carlyle, Thomas. *Heroes and Hero Worship*. Philadelphia, H. Altemus, 1889, p. 119. Disponível em: https://archive.org/details/heroesheroworshi99carl/page/n9. Acesso em: 25 fev. 2019.

---

23. Lima Barreto, "O Destino da Literatura", em Beatriz Resende (org.), *Impressões de Leitura e Outros Textos Críticos*, São Paulo, Companhia das Letras, 2017, p. 280.
24. Agradeço Cilaine Alves Cunha pela tradução do artigo em português de Praga para o português de São Paulo.

MALDONATO, Nelson Mauro. *Raízes Errantes*. 2. ed. São Paulo, Edições Sesc São Paulo, 2014.

OAKLEY, R. J. *Lima Barreto e o Destino da Literatura*. São Paulo, Editora Unesp, 2011.

PESSOA, Fernando. *Livro do Desassossego: Composto por Bernardo Soares, Ajudante de Guarda-Livros na Cidade de Lisboa*. Org. Intr. e notas de Richard Zenith. São Paulo, Companhia das Letras, 1999.

RESENDE, Beatriz. *Lima Barreto e o Rio de Janeiro em Fragmentos*. São Paulo, E-Galaxia, 2017. E-book.

STEINER, George. *No Castelo do Barba-Azul. Algumas Notas para a Redefinição da Cultura*. Trad. Tomás Rosa Bueno. São Paulo, Companhia das Letras, 1991.

18

Uma Categoria Geográfica que Alexander von Humboldt Não Citou

Willi Bolle

Este artigo é composto de duas partes: I) o relato de uma travessia da caatinga, realizada em 2018, seguindo os passos dos viajantes Spix [1781-1826] e Martius [1794-1868] e de Euclides da Cunha [1866-1909]; II) uma releitura crítica do capítulo inicial ("A Terra") do livro *Os Sertões* (1902), em forma de um comentário que foi motivado pela experiência da travessia[1].

1. Travessia da Caatinga

A caminhada coletiva pela caatinga no norte do estado da Bahia, de Uauá a Canudos Velho, chamada "Caminhada dos Umbuzeiros", foi criada em 2015 por um grupo de artistas da cidade de Uauá e, desde então, é realizada anualmente no mês de março. Três foram os meus motivos para participar dessa caminhada: *1.* Conhecer, no caminho para Uauá, a cidade de Monte Santo e o local da queda, em 1784, do meteorito de Bendegó – lugares visitados, 200 anos atrás, pelos viajantes naturalistas alemães Spix e Martius. *2.* Conhecer os cenários da guerra de Canudos (1896-1897), que começou com a derrota da Primeira Expedição militar em Uauá, em novembro de 1896, e terminou com a destruição total do arraial de Canudos pela Quarta Expedição militar, em outubro de 1897. *3.* Conhecer *in loco* o bioma da Caatinga e as condições

---

1. Este texto é uma versão revista e atualizada do artigo que foi publicada em 2019, na revista "Cerrados", Universidade de Brasília, vol. 28, n. 49, pp. 72-98.

atuais de vida dos sertanejos. Nesta viagem fui acompanhado por Eckhard Kupfer, então diretor do Instituto Martius-Staden (São Paulo), com quem refiz, entre 2017 e 2019, os principais trechos do percurso de Spix e Martius, por ocasião do bicentenário da expedição de ambos pelo Brasil.

Monte Santo e o Riacho de Bendegó

O relato *Viagem pelo Brasil, 1817-1820*, de Spix e Martius, é o livro mais importante em língua alemã sobre o Brasil. Sua primeira publicação na Alemanha, em três volumes, ocorreu entre 1823 e 1831. Spix e Martius foram os primeiros cientistas viajantes a realizar uma travessia integral dos sertões, isto é, do cerrado e da caatinga, ao longo de quase um ano inteiro, entre 4 de julho de 1818 e 3 de junho de 1819. Dessa expedição – durante a qual eles atravessaram o norte de Minas Gerais até a fronteira com Goiás, a província da Bahia, uma parte de Pernambuco, os sertões do Piauí e do Maranhão, até a cidade de Caxias, seguindo de lá por via fluvial, até São Luís –, vamos focalizar o trecho de sua "Viagem, através do Sertão da Bahia, até Juazeiro, às margens do São Francisco"[2].

Os dois naturalistas saíram da cidade de Salvador em 18 de fevereiro de 1819 e, viajando a cavalo pela Estrada Real do Gado, por onde costumavam ser tocadas as boiadas vindas do Piauí, chegaram em Juazeiro no dia 30 de março. O interesse especial do seu relato consiste numa detalhada descrição do bioma da Caatinga, da vila de Monte Santo e do meteorito de Bendegó, que eles foram examinar no local onde tinha caído em 1784.

Partindo igualmente da cidade de Salvador, E. Kupfer e eu refizemos de carro um trecho da expedição de Spix e Martius. Passamos pelas pequenas cidades de Serrinha, Queimadas e Cansanção, até chegar em Monte Santo. Esse trajeto de cerca de 400 km nos proporcionou uma iniciação à paisagem da caatinga, em cuja vegetação predominam os cactos. Pudemos confirmar a descrição dessa região como sendo pouco apropriada para a agricultura e aproveitada sobretudo para a criação de algum gado. A falta de chuvas, a seca prolongada e seus efeitos foram especialmente fortes no ano em que Spix e Martius realizaram a sua travessia. Eles passaram por arraiais abandonados por quase todos os habitantes, por causa da falta de água. No meio da caa-

---

2. Cf. F. Johann Baptist von Spix e Carl Friedrich Philipp von Martius, *Viagem pelo Brasil (1817-1820)*, trad. Lúcia Furquim Lahmeyer, Brasília, Edições do Senado Federal, 2017, vol. II, pp. 277-309.

tinga, encontraram, reunidas em torno de uma fonte, mais de trinta pessoas e presenciaram uma disputa pela água. Alguns homens armados com fuzis dirigiam-se aos viajantes com estas palavras: "– A água aqui é só para nós, e não para ingleses vagabundos!"[3].

Depois de terem presenciado, ao longo do caminho, muita pobreza e miséria da população sertaneja, Spix e Martius chegaram, em meados de março, ao arraial de Monte Santo. Como eles relatam, esse povoado deveu o seu desenvolvimento sobretudo ao capuchino italiano Frei Apolônio de Todi[4], que organizou ali, a partir de 1775, na encosta do monte, a construção de uma Via Sacra, que termina no ponto mais alto com a Capela de Santa Cruz. Com isso, o antigo arraial transformou-se num importante lugar de romaria. Desde aquela época, Monte Santo é visitado todos os anos, por ocasião das principais festas religiosas, por um grande número de peregrinos, vindos de todas as partes do Brasil. Assim como Spix e Martius, subimos pela Via Sacra com suas diversas capelinhas, desfrutando depois de um amplo panorama, do alto do Monte Santo. Avistamos o vale do riacho de Bendegó e as diversas serras em direção a Canudos. Retornaremos mais tarde a este ponto panorâmico, quando formos falar da guerra de 1896/97.

Depois de termos visitado o Museu de Monte Santo, com suas várias referências à figura de Antônio Conselheiro e também ao meteorito de Bendegó, contratamos um guia para nos levar até o riacho, a uns trinta quilômetros ao norte de Monte Santo, onde foi encontrado, em 1784, o meteorito que era, naquela época, o segundo maior do mundo. Ele mede 2,15 metros de comprimento e pesa 5.360 quilogramas, contém 92% de ferro e 6% de níquel. Em 1888, foi transportado para o Museu Nacional, no Rio de Janeiro. O meteorito resistiu ao incêndio que destruiu o museu, em 02 de setembro de 2018.

Uma Caminhada Coletiva, de Uauá a Canudos Velho

Do vale do Bendegó seguimos até a cidade de Uauá, onde encontramos, no Espaço Cultural Toque de Zabumba, o grupo de artistas que organiza anual-

---

3. *Idem*, p. 285.
4. A figura do Frei Apolônio tornou-se o personagem-título do romance homônimo escrito por Martius em 1831, mas que foi publicado somente 161 anos depois, em 1992. Nessa obra de ficção, o autor tomou a liberdade de deslocar os lugares do enredo para a Amazônia.

mente a Caminhada dos Umbuzeiros. Fomos conhecer a Cooperativa de Uauá, onde são processadas as frutas da região, especialmente o umbu, que é um importante produto comercial. O umbuzeiro já foi descrito detalhadamente por Martius desta forma: "Suas raízes, horizontalmente espalhadas, quase à flor da terra, intumescem-se em tubérculos nodosos do tamanho de um punho ou até de uma cabeça de criança e, ocos no interior, estão cheios de água"[5].

Depois dos preparativos iniciamos, no final do dia, a nossa caminhada em direção a Canudos. O nosso guia foi o poeta Basílio Gomes, conhecido como BGG da Mata Virgem, empunhando um bastão e vestido à maneira do Antônio Conselheiro, em cuja memória costuma ser realizada a caminhada. Os organizadores colocaram à disposição do nosso grupo de cinquenta caminhantes um perfeito serviço de infraestrutura: transporte da bagagem numa caminhonete, abastecimento com água e comida, e atendimento de saúde. Por causa de uma chuva que caiu durante a tarde do primeiro dia, a nossa caminhada começou apenas no entardecer. Logo depois de sair de Uauá – o nome dessa cidade é indígena e significa "Vagalume" – já entramos na caatinga, com sua vegetação de cactos, dentre os quais destacam-se os xique-xiques. Por volta das oito horas e meia da noite, após uma caminhada de uns 10 km, chegamos à nossa primeira parada, a casa do sertanejo seu Roque, em torno da qual armamos as nossas barracas. Depois do jantar, trocamos informações sobre a caatinga.

O bioma Caatinga abrange quase 10% do território do Brasil, ocupando uma área de 800.000 km^2, sendo constituída principalmente por savana estépica. Tem longos períodos de seca, que duram em média oito meses. A caatinga estende-se pela maior parte dos estados do Nordeste, desde a Bahia, passando por Sergipe, Alagoas, Pernambuco, Paraíba, Rio Grande do Norte e Ceará, até o Piauí e o Maranhão.

O bioma vizinho, o Cerrado, abrange uma área de 2 milhões de km^2, correspondendo a 24% do território nacional e é constituído principalmente por savanas com árvores baixas e retorcidas. É o mais antigo bioma brasileiro e o grande reservatório de água do Brasil. 70% de sua biomassa está dentro da terra, e por isso se diz que é uma floresta de cabeça para baixo. A partir da década de 1950, o Cerrado sofreu grande devastação por causa da demanda de

---

5. F. Johann Baptist Von Spix e Carl Friedrich Philipp Von Martius, *Viagem pelo Brasil (1817-1820)*, 2017, vol. II, p. 282.

carvão vegetal – e, a partir dos anos 1970 –, por causa do avanço da fronteira agrícola (gado, soja e milho). Com isso, quase 50% de sua vegetação natural já foi destruída. Isso afeta seriamente a biodiversidade e representa um grave problema para o abastecimento hídrico do país[6].

No segundo dia, caminhamos da casa de seu Roque, durante uns 23 km, até o rio Vaza-Barris, cujo leito estava seco e em cuja margem armamos no fim da tarde as nossas barracas. Conhecemos, então, mais detalhadamente as principais plantas da caatinga: favela, cansanção, catingueira, macambira, mandacaru, cabeça-de-frade e xique-xique – e também os umbuzeiros, com suas frutas refrescantes. Passamos por várias casas simples, que são abastecidas com água e, desde recentemente, graças ao programa Luz para Todos, dispõem também de energia elétrica. Nesses locais, tivemos algumas breves conversas com os moradores. A sua mais importante fonte de renda é a criação de caprinos e bovinos. Junto a algumas casas cultivam-se os cactos-da-Índia como alimento do gado.

No terceiro dia, prosseguimos a caminhada, durante mais 29 km, até a vila de Canudos Velho. Durante a manhã, beiramos, pela margem norte, o rio Vaza-Barris, cujo leito estava seco; depois de cruzar um afluente, o rio Priumã, igualmente seco, passamos para a margem sul do Vaza-Barris. Perto da sombra de árvores e de poças de água, vimos pastar alguns grupos de cabras e bois. A nossa travessia entre os flancos da Serra do Caipã deu-nos uma ideia da sensação que devem ter experimento os soldados da 2ª Expedição contra Canudos, quando sofreram emboscadas por parte dos guerreiros de Antônio Conselheiro. Depois dessa travessia, já avistamos no horizonte os morros e as serras ao lado da cidade histórica de Canudos. Atingimos a BR-116, que cruzamos, para chegar ao povoado de Canudos Velho.

Quanto a Canudos, é preciso distinguir três localidades com esse nome: 1. A Canudos histórica, um arraial que já existia antes da chegada de Antônio Conselheiro, em 1893, e que foi ampliado então em grande escala e se tornou o alvo dos ataques do Exército brasileiro durante a campanha de 1896/97. Depois de sua total destruição, em 1897, a Canudos histórica foi inteiramente submersa pelo açude de Cocorobó, criado durante os anos 1960 com o re-

---

6. Cf. Marcelo Leite, "INPE Lança Sistema Público para Vigiar Destruição do Cerrado em Tempo Real", *Folha de S. Paulo*, p. B5, 28 set. 2018.

presamento do rio Vaza-Barris. 2. A segunda Canudos, chamada de Canudos Velho, que foi construída a partir de 1910 pelos sertanejos que tinham se retirado para o interior da região, antes do ataque final do Exército à Canudos histórica. Uma parte de Canudos Velho foi igualmente inundada pelo açude. 3. A Nova Canudos, que foi construída perto da barragem, a partir do final dos anos 1960.

Depois da nossa chegada ao arraial de Canudos Velho, descemos mais um quilômetro, até a beira do açude, de onde emergem das águas as ruínas da Igreja de Santo Antônio. Nesse local, o historiador Roberto Dantas, que também participou da caminhada, apresentou um resumo da Guerra de Canudos. Do outro lado do açude, avista-se o Alto da Favela, que foi o principal ponto estratégico na fase final da guerra.

Um Retrospecto sobre a Guerra de Canudos (1896/97)

No dia depois da caminhada, fomos até o lado oposto da represa para visitar o Parque Estadual de Canudos, onde se encontram alguns dos principais lugares da luta entre os conselheiristas e os soldados do governo, especialmente o Alto da Favela. Com base no livro *Os Sertões* (1902), de Euclides de Cunha, e em trabalhos de estudiosos como Walnice Nogueira Galvão[7] e Roberto Dantas[8], será apresentado agora um breve resumo da Campanha de Canudos[9].

Com a chegada, em 1893, do líder religioso Antônio Conselheiro a Canudos, o arraial às margens do rio Vaza-Barris passou a crescer enormemente. Com suas prédicas e obras em prol dos sertanejos pobres, ele atraiu milhares de seguidores que, através do trabalho comunitário, conseguiram uma significativa melhoria de suas condições de vida. Rebatizado de Belo Monte, Canudos teve a sua população aumentada para 25.000 habitantes, tornando-se a segunda maior aglomeração do estado da Bahia.

Quais foram as causas da guerra do Exército brasileiro contra os seguidores de Antônio Conselheiro? A crescente migração de mão-de-obra para Canudos deixou ressentidos os grandes proprietários. E o clero sentiu-se eclipsado em

---

7. Walnice Nogueira Galvão, *O Império do Belo Monte*, 2001.
8. Roberto Dantas, *Canudos: Novas Trilhas*, 2011.
9. Foi consultada também a cartilha *Canudos: Uma História de Luta e Resistência*, organizada pelo Instituto Popular – Memorial de Canudos, em 1993.

comparação com aquele pregador carismático, que se dedicou integralmente à causa dos pobres. Por isso, a oligarquia e a Igreja se juntaram e exigiram do governo da recém-instaurada República medidas contra o Conselheiro e seus seguidores. Estes recusaram a cobrança de impostos, que foi efetuada de forma violenta pelo novo governo. Na imprensa construiu-se a imagem do Conselheiro atuando a serviço de potências estrangeiras, querendo restaurar a monarquia no Brasil.

A primeira expedição militar contra Canudos aconteceu no final de 1896. O Conselheiro havia encomendado e pago em Juazeiro uma remessa de madeira, destinada à construção da igreja nova em Canudos; porém, essa encomenda não foi entregue. Com base em boatos de que os conselheiristas viriam buscar a madeira à força, o governo da Bahia enviou em novembro de 1896 um batalhão de infantaria, com três oficiais e 104 soldados, sob o comando do tenente Pires Ferreira, em direção a Canudos. Em Uauá, essa tropa foi surpreendida pelos conselheiristas, que vinham num misto de procissão religiosa e força de combate. O confronto armado terminou com 150 mortos entre os canudenses e apenas dez mortos entre os soldados. Apesar dessa vantagem, o comandante Pires Ferreira notou entre seus homens uma falta de força e de coragem para atacar Canudos, Ele decidiu, então, retornar com o seu batalhão para Juazeiro. Com isso, a vitória numérica da tropa transformou-se em derrota.

Retornando ao alto do Monte Santo e consultando ao mesmo tempo o mapa que Euclides da Cunha traçou do cenário da guerra, pudemos ter uma visão mais concreta dos rumos das três expedições seguintes. Olhando em direção ao noroeste, avistam-se o vale do riacho do Bendegó e a Serra do Cambaio. Por uma estrada nessa direção avançou, em janeiro de 1897, a segunda expedição, sob o comando do major Febrônio de Brito. Os soldados continuaram o seu caminho pela Serra do Caipã – da qual, nós, caminhantes de 2018, conhecemos uma amostra. Em consequência das emboscadas e das graves perdas que a tropa sofreu naquela serra e nos territórios adjacentes, o comandante resolveu dar ordem para a retirada. Com isso, configurou-se a segunda derrota da Exército.

Olhando agora do alto do Monte Santo em direção ao nordeste, avistamos no horizonte as serras do Arati e do Cocorobó. Contornando a Serra do Arati pelo lado leste e passando pelas caatingas adjacentes, avançou, em março de

1897, a terceira expedição, comandada pelo coronel Moreira César. Passando em seguida pelo local do Rosário, os soldados chegaram até Canudos e resolveram atacar o arraial. Nessa investida, como relata detalhadamente Euclides da Cunha, os soldados fracassaram no labirinto daquela *"urbs* monstruosa". Com esse insucesso e a morte do seu comandante, estava selada a terceira derrota do Exército.

Em abril de 1897, o ministro da Guerra, marechal Bittencourt, preparou a 4ª expedição, que devia ser definitiva e tinha uma novidade estratégica: o avanço foi feito por meio de duas colunas, vindo de direções diferentes. A primeira coluna, comandada pelo general Arthur Oscar, com 3.000 soldados e um canhão Whitworth 32 ("a Matadeira", como foi chamado pelos habitantes de Canudos), avançou, em junho de 1897, pela mesma estrada do Rosário, via Caldeirão e Juetê. Ela chegou muito perto de Canudos, mas essa tropa foi aprisionada num dos vales pelos conselheiristas. Ela foi salva, contudo, pela estratégia de realizar o ataque por meio de duas colunas. A segunda coluna, sob as ordens do general Savaget, partiu de Aracaju com 2.350 soldados e avançou via Jeremoabo. Na passagem pela Serra de Cocorobó, os soldados sofreram um ataque de emboscada por parte dos conselheiristas, como já tinha acontecido em vários episódios anteriores da guerra. Desta vez, porém, houve uma mudança de tática por parte do Exército. O comandante Savaget mandou os seus soldados avançarem frontalmente contra o inimigo, e assim o Exército conseguiu romper o bloqueio. Em seguida, a segunda coluna avançou até o Alto da Favela e conseguiu liberar a primeira coluna.

Com essa concentração dos soldados no ponto estratégico a partir de onde se controla Canudos, só faltava resolver o problema logístico do abastecimento dessa tropa numerosa. Em agosto, o Marechal Bittencourt organizou o envio de comboios regulares de abastecimento, que partiram de Monte Santo até o Alto da Favela, via a estrada do Calumbi. Com isso, o Exército conseguiu fechar em setembro o seu cerco ao redor de Canudos; no mesmo mês faleceu Antônio Conselheiro. A cidade foi atacada então com artilharia pesada, bombas de dinamite e a investida dos soldados. Em 5 de outubro de 1897 foram mortos os últimos quatro defensores. Canudos, que já tinha sido incendiada em vários pontos, acabou sendo completamente destruída. Os prisioneiros – homens, mulheres e crianças – foram degolados pelos soldados. No seu retrospecto sobre a guerra, Euclides da Cunha faz este balanço: "Aquela campanha [...] foi, na significação integral da palavra, um crime"[10].

O Que Significa Canudos Hoje?

Com a palavra "favela", nome de uma planta local espinhosa, com que foi designado o Alto da Favela, a história de Canudos projetou-se em âmbito global. Quando os soldados, depois da campanha de 1897, retornaram ao Rio de Janeiro, eles não tinham outra opção de moradia a não ser instalar-se em barracos que construíram no morro da Providência, que passaram a chamar de Morro da Favela. Como as autoridades públicas nunca se empenharam em melhorar as condições de vida dos moradores desse e de outros bairros precários, as chamadas favelas cresceram em grande escala. Em função do comércio de drogas, que procurou novos caminhos de distribuição via Brasil, construiu-se a partir dos anos 1980 uma sociedade criminosa paralela. Com a criação de Unidades de Polícia Pacificadora (UPP), foram realizadas temporariamente algumas melhorias; mas com o projeto mais recente de intervenção militar, o Estado não tem conseguido controlar a situação. No Brasil, cerca de 12 milhões de pessoas moram atualmente em favelas. O geógrafo e historiador Mike Davis descreve a nossa Terra como *Planet of Slums / Planeta Favela* (2006). Como ele informa, o aumento atual da população nas favelas do mundo inteiro é da ordem de 25 milhões de pessoas por ano.

Comentários de algumas passagens de Os Sertões, de Euclides da Cunha

Esta releitura de Os Sertões (edição crítica organizada por Walnice Nogueira Galvão, 2016), concentra-se na parte inicial da obra, "A Terra"[11] (p. 15-69), na qual o autor introduz os seus leitores na paisagem do sertão do Nordeste. O objetivo desta análise é comentar a maneira como Euclides apresenta as contribuições de três pesquisadores viajantes alemães – Martius (que

---

10. Euclides da Cunha, *Os Sertões*, edição crítica organizada por Walnice Nogueira Galvão, São Paulo, Ubu Editora/Edições Sesc, 2016, p. 11.
11. Euclides da Cunha, "A Terra", *Os Sertões*, edição crítica organizada por Walnice Nogueira Galvão, São Paulo, Ubu Editora/Edições Sesc, 2016, pp. 15-69.

foi acompanhado por Spix) e Alexander von Humboldt [1769-1859] – para o conhecimento do sertão.

Quais Foram os Pioneiros da Ciência que Pesquisaram o Sertão?

"Nenhum pioneiro da ciência suportou ainda as agruras daquele rincão sertanejo [isto é: a caatinga entre Monte Santo e Canudos], em prazo suficiente para o definir", afirma Euclides da Cunha[12]. E ele complementa: "[S]empre evitado, aquele sertão, até hoje desconhecido ainda o será por muito tempo". Parece que o autor de *Os Sertões* quer atribuir o papel de pioneiro a si mesmo. Esse papel, contudo, não lhe cabe, uma vez que, no mapa "Esboço geográfico [do sertão da Bahia]"[13] que acompanha o seu texto, ele próprio cita nada menos do que dezesseis cientistas que o precederam, a saber: Th. Sampaio, Spix e Martius, Hartt, Derby, Gardner, Burton, Halfeld, Rathbun, Allen, Ayres do Casal, Príncipe de Neuwied, Wells, Bulhões, Bailys e Lopes Mendes.

Euclides da Cunha, como mostra o seu *Diário de uma Expedição*[14] (cf. a edição de 2000), ficou no sertão cerca de um mês, trabalhando ali como repórter do jornal *O Estado de S. Paulo* e como adido ao estado-maior do ministro da Guerra. Partindo de Salvador, ele chegou em Monte Santo no dia 06 de setembro de 1897, e em Canudos, no dia 16 de setembro; regressando de lá a 03 de outubro e estando de volta em Salvador no dia 13.

Quanto a Spix e Martius, eles pesquisaram os biomas do Cerrado e da Caatinga durante quase um ano inteiro. Como já foi relembrado, eles entraram para o sertão em 4 de julho de 1818, a partir do distrito das Minas Novas, no norte de Diamantina; e começaram a sair do sertão do Maranhão, em Caxias, em 3 de junho de 1819[15]. Descontando o tempo intermediário de sua estadia em Salvador e de sua viagem pelo litoral até Ilhéus, os dois viajantes naturalistas viveram as agruras dos sertões durante oito meses, registrando essa experiência num relato de cerca de 200 páginas. A parte mais sofrida foi a travessia do agreste do Piauí, durante a qual Martius teve "um violento

---

12. *Idem*, p. 37.
13. *Idem*, p. 16.
14. Cf. a edição de 2000.
15. Cf. F. Johann Baptist Von Spix e Carl Friedrich Philipp Von Martius, *Viagem pelo Brasil (1817-1820)*, 2017, vol. II, pp. 94, 98 e 369.

acesso de febre" e sentiu "uma fraqueza quase mortal"; o seu companheiro Spix "parecia que estava morrendo"; e o criado deles, atingido por "convulsões e delírios", faleceu[16]. Um exemplo da dedicação de Martius à pesquisa é a passagem na qual ele descreve "as condições físicas e o clima" do extenso território do *agreste*[17].

Com isso, já pode ser considerada como respondida a pergunta: quem foi pioneiro na pesquisa dos sertões do Brasil?

O Meteorito de Bendegó

Em alguns momentos do seu texto, o autor de Os Sertões refere-se diretamente a Martius, como nesta passagem: "Martius por lá passou" – isto é, pelo "rincão sertanejo" perto de Monte Santo – "com a mira essencial de observar o aerólito que tombara à margem do Bendegó e era já, desde 1810, conhecido nas academias europeias, graças a F. Mornay e Wollaston"[18].

De fato, Martius, no caminho de Salvador a Juazeiro, manifestou mais de uma vez o seu plano de ver o meteorito perto do riacho de Bendegó[19]. Como relata Euclides, esse local já tinha sido visitado antes – em janeiro de 1811 (esta é a data correta) – pelo mineralogista inglês A. F. Mornay (contratado pelo governo da Bahia para investigar fontes de água mineral). Mornay conseguiu retirar alguns fragmentos do meteorito, que foram enviados à Royal Society de Londres, para serem investigados pelo químico William Wollaston. Ambos publicaram em 1816, no periódico científico Philosophical Transactions, um artigo sobre a pedra, chegando à conclusão que, de fato, se tratou de um meteorito[20].

Martius refere-se a A. F. Mornay como o seu "antecessor", esclarecendo que, em 1819, quando foi até o riacho de Bendegó, ainda não tivera conhecimento do estudo publicado em 1816 e "feito com objetividade" por Mornay e

---

16. Idem, pp. 353-355.
17. Idem, p. 326. Ver também, no *Atlas* de imagens que acompanha o relato, a gravura 19, *Paisagem no Piauí*.
18. Euclides da Cunha, *Os Sertões*, p. 37.
19. F. Johann Baptist Von Spix e Carl Friedrich Philipp Von Martius, *Viagem pelo Brasil (1817-1820)*, pp. 283 e 292.
20. Cf. "An account of the discovery of a mass of native iron, by A. F. Mornay, with experiments and observations By W. H. Wollaston", *Philosophical Transactions*, Londres, 1816. Uma versão em língua alemã está disponível em https://books.google.com.br/books?id=CocMAQAAIAAJ (Acesso em 19 fev. 2019).

Wollaston[21]. Martius descreve o tamanho, a forma e a composição do meteorito, e também o esforço para retirar alguns fragmentos, que foram enviados para o Museu de Munique (p. 299-301). Na edição alemã da *Reise in Brasilien*[22], encontra-se ainda uma detalhada discussão sobre as substâncias que constituem o meteorito, comparando os resultados da análise química feita por Wollaston, com os de uma análise posteriormente realizada por Friedrich Fickentscher. A edição brasileira, por sua vez, informa que a história do meteorito de Bendegó está descrita no n. 3 de 1945 da *Revista do Museu Nacional*[23].

Monte Santo

A serra de Monte Santo é descrita por Euclides "com um perfil de todo oposto aos redondos contornos que lhe desenhou o ilustre Martius": Ela "empina-se, a pique, na frente, em possante dique de quartzito branco

> [...] Dominante sobre a várzea que se estende para sudeste, com a linha de cumeadas quase retilínea, o seu enorme paredão [...] afigura-se cortina de muralha monumental. Termina em crista altíssima [...]. Atenuados para o sul e leste, os acidentes predominantes da terra progridem avassalando os quadrantes do norte"[24].

Esta passagem é assim comentada por Berthold Zilly, o tradutor alemão de *Os Sertões*:

> No seu relato de viagem, Martius mostra-se muito menos entusiasmado com Monte Santo que E. da Cunha, o qual ficou visivelmente aborrecido. Martius não desenhou a serra de Monte Santo com contornos redondos, mas não fez dela desenho nenhum. Ele apenas reproduziu a vista que se tem do alto, descrevendo-a como monótona[25].

Para entender melhor a divergência entre a visão da serra de Monte Santo por parte de Euclides e por parte de Martius, é também preciso levar em conta que as motivações de cada um deles para visitar o local, e as respectivas

---

21. Cf. F. Johann Baptist Von Spix e Carl Friedrich Philipp Von Martius, *Viagem pelo Brasil (1817-1820)*, 2 vol. II, p. 299.
22. *Reise in Brasilien*, vol. II, pp. 748-751.
23. F. Johann Baptist Von Spix e Carl Friedrich Philipp Von Martius, *Viagem pelo Brasil (1817-1820)*, vol. II, p. 299, nota 8.
24. Euclides da Cunha, *Os Sertões*, pp. 26 e 27.
25. *Krieg im Sertão*, p. 697, nota 15.

circunstâncias históricas, eram muito diferentes. Para o viajante alemão, a passagem por Monte Santo foi apenas um desvio de sua rota principal – de Vila Nova da Rainha (Jacobina Nova), no caminho de Salvador até Juazeiro – em direção ao riacho de Bendegó, onde ele queria ver o meteorito.

No seu relato, Martius escreve: "Eleva-se isolado o Monte Santo, sem ramificações na planície acidentada, e estende-se por uma légua de s. a N. A altitude [...] acima do arraial deve ser de 1.000 pés". A paisagem vista do cume da montanha é descrita por ele como "uma extensa planície de secas e monótonas matas de caatingas [...], e fechada para os lados N., E. e O. por diversas e compridas serras". Os contornos dessas montanhas, oito das quais ele cita nominalmente, são caracterizados como "uniformes, arredondados"[26]. Esse texto é complementado por uma série de três gravuras, intitulada "Panorama das serras, vistas do Monte Santo"[27]. Essas imagens são bem mais exatas que a descrição verbal e mais corretas. Nos desenhos, observa-se uma alternância entre montanhas arredondadas e picos – confirmando, *grosso modo*, a visão panorâmica que E. Kupfer e eu tivemos, em 2018, a partir do mesmo local.

Euclides da Cunha tem razão em criticar o excesso de arredondamentos na descrição verbal de Martius, e é compreensível que ele tenha se implicado com a referência deste à monotonia da paisagem. É que a visita do autor de *Os Sertões* a Monte Santo se deu num momento histórico-político em que esse lugar, depois de o Exército ter instalado ali o seu quartel general, tinha se tornado o centro estratégico da campanha contra Canudos. Do alto do Monte Santo, o escritor descreve, então, um cenário de guerra[28], complementando-o com um detalhado mapa, o "*Esboço geográfico do sertão de Canudos*[29]". Nessa descrição, no entanto – com a formulação "os píncaros torrentes [da serra] do Caipã"[30], – há uma dramaticidade e um excesso de estilização literária que distorcem a realidade topográfica, como pudemos verificar in loco, ao atravessar a pé a referida serra.

26. F. Johann Baptist Von Spix e Carl Friedrich Philipp Von Martius, *Viagem pelo Brasil (1817-1820)*, vol. II, pp. 295-296.
27. Cf. no Atlas, as estampas 14 b, c, d.
28. Euclides da Cunha, *Os Sertões*, pp. 33-35.
29. *Idem*, "Esboço Geográfico do Sertão de Canudos", pp. 40-41.
30. *Idem*, p. 33.

A Silva Horrida

Referindo-se mais uma vez a Martius, escreve Euclides: "Rompendo [...] a região selvagem, *desertus australis* [= deserto do hemisfério Sul] como a batizou, mal atentou para a terra recamada de uma flora extravagante, silva horrida [= selva horrível] no seu latim alarmado"[31]. Diante dessa ponta de ironia, vem ao caso relembrar que o viajante estrangeiro passou nos desconfortáveis sertões do Brasil – os quais, nas piores secas, costumam ser abandonados por um grande número de moradores – um tempo muito maior que o autor de *Os Sertões*. Este, mais adiante, para caracterizar a "vegetação agonizante, doente e informe, exausta, num espasmo doloroso", utiliza o termo indígena caatanduva (= mato doente) e volta a citar formulações em latim do seu antecessor: "É a *silva aestu aphylla* [= selva desfolhada pelo calor], a silva horrida, de Martius, abrindo no seio iluminado da natureza tropical um vácuo de deserto"[32]. Quanto ao uso do latim, por parte de Martius, esse era um costume bastante frequente entre os pesquisadores do século xix, na divulgação de suas publicações científicas. Assim, a sua obra mais importante, a *Flora Brasiliensis*, foi editada em latim, que é também a língua usada nas legendas das gravuras que acompanham o seu texto. Uma das gravuras mais expressivas tem a legenda "*Silva Aestu Aphylla. Quam Dicunt Caa-Tinga*", ou seja, "A floresta quente e sem folhas que chamam de caa-tinga, no deserto ao sul da Província da Bahia"[33] (in: Flora Brasiliensis, vol. I, parte I).

O Autor da Flora brasiliensis
"Mal Atentou Para A Flora"... Será?

Um detalhe da citação acima precisa ser retomado: a estranha afirmação de Euclides de que Martius "mal atentou para a terra recamada de uma flora extravagante"[34]. Fazer esse tipo de crítica ao autor da *Flora Brasiliensis* é um absurdo. Pois essa publicação de Martius, na avaliação do eminente botânico brasileiro Frederico Carlos Hoehne, é "a maior obra até os nossos dias que foi redigida sobre a flora de um país", e ela continua sendo uma referência científica

---

31. Euclides da Cunha, *Os Sertões*, p. 37.
32. *Idem*, p. 54.
33. *Flora Brasiliensis*, vol. I, parte I.
34. Euclides da Cunha, *Os Sertões*, p. 37.

fundamental. Iniciada por Martius em 1838, a *Flora Brasiliensis* foi continuada depois por Ignatz Urban e concluída em 1904 por August Wilhelm Eichler. A obra é composta de 15 volumes, com a descrição de mais de 22.000 espécies.

O primeiro volume, publicado em 1840, contém 59 gravuras, acompanhadas de textos, apresentando os diversos aspectos da vegetação e dos ecossistemas brasileiros. Desse volume existe também uma bela edição brasileira: *A viagem de von Martius: Flora Brasiliensis – vol.* I (1996), traduzida diretamente do latim. A flora dos sertões e o seu ambiente são retratados ali nas seguintes gravuras e textos: "Matas de Minas Gerais: capões"[35]; "Tabuleiros de Minas Gerais"[36]; "Campos gerais"[37]; "Cerrado ou carrasco"[38]; e no já citado quadro "A floresta quente e sem folhas que chamam de *Caa-tinga*"[39] . É preciso, contudo, avisar que essa obra, pelo fato de citar a grande maioria dos nomes das plantas em latim, dificulta a compreensão para o leitor não-especialista. Essa ressalva pode ser feita em parte também em relação ao relato de viagem de Martius, no qual há igualmente um excesso de nomenclatura científica.

Euclides da Cunha, por sua vez – apesar de não citar as contribuições do botânico Martius – tem o mérito de apresentar a vegetação da caatinga de uma forma bem comunicativa. Antes, para introduzir o leitor viajante ao ecossistema, ele faz questão de avisá-lo que "a caatinga o afoga; abrevia-lhe o olhar; agride-o e [...] repulsa-o com as folhas urticantes, com o espinho, com os gravetos estalados em lanças [...]; árvores sem folhas, de galhos estorcidos e secos, revoltos, entrecruzados" – em suma: é "uma flora agonizante". No entanto, as plantas têm uma "capacidade de resistência", que "se impõe, tenaz e inflexível"[40]. Aqui vai uma seleção das principais espécies, apresentadas pelo autor de *Os Sertões*.

A *Macambira*:

As águas [...] ficam retidas, longo tempo, nas espatas das bromélias, aviventando-as. No pino dos verões, um pé de macambira é para o matuto sequioso um copo d'água cristalina e pura"[41].

35. *Idem*, pp. 26-27.
36. *Idem*, p. 28-29.
37. *Idem*, pp. 32-33 e 40-41.
38. *Idem*, p. 88-89.
39. *Idem*, pp. 50-55.
40. *Idem*, pp. 48-49.
41. *Idem*, p. 51.

Os Cactos

As nopáleas e cactos, nativas em toda a parte, entram na categoria das fontes vegetais, de Saint-Hilaire. Tipos clássicos da flora desértica, mais resistentes que os demais, [...] afeiçoaram-se aos regimes bárbaros; [...] o ambiente em fogo dos desertos parece estimular melhor a circulação da seiva entre seus cladódios túmidos[42].

As Favelas

As *favelas* [...] têm, nas folhas de células alongadas em vilosidades, notáveis aprestos de condensação, absorção e defesa. Por um lado, a sua epiderme ao resfriar-se, à noite, muito abaixo da temperatura do ar, provoca, a despeito da secura deste, breves precipitações de orvalho; por outro, a mão que a toca, toca uma chapa incandescente de ardência inaturável[43].

As Catingueiras

Quando as espécies não se mostram tão bem armadas para a reação vitoriosa, observam-se dispositivos [...] interessantes; unem-se, intimamente abraçadas, transmudando-se em plantas sociais. Não podendo revidar isoladas, disciplinam-se, congregam-se, arregimentam-se. São deste número [...] as catingueiras, constituindo, nos trechos em que aparecem, sessenta por cento das caatingas[44].

Os Mandacarus

Os *mandacarus (cereus jaramacaru)*, atingindo notável altura [...], assomando isolados acima da vegetação caótica, são novidade atraente, a princípio. [...] Aprumam-se tesos, triunfalmente, enquanto por toda a banda a flora se deprime. [...] No fim de algum tempo, porém, são uma obsessão acabrunhadora. Gravam em tudo monotonia inaturável[45].

Os Xiquexiques

Os *xiquexiques (cactus peruvianus)* são uma variante de proporções inferiores, fracionando-se em ramos fervilhantes de espinhos, recurvos e rasteiros, recamados de flores alvíssimas. Procuram os lugares ásperos e ardentes. São os vegetais clássicos dos areais queimosos. Aprazem-se no leito abrasante das lajens graníticas feridas pelos sóis[46].

42. *Idem, ibidem.*
43. *Idem,* pp. 51-52.
44. *Idem,* p. 52.
45. *Idem, ibidem*
46. *Idem, ibidem*

Os Cabeças-de-frade

[Os xiquexiques] têm como sócios inseparáveis neste habitat [...] os cabeças-de-frade, deselegantes e monstruosos melocactos de forma elipsoidal, acanalada, de gomos espinescentes, convergindo-lhes no vértice superior formado por uma flor única, intensamente rubra. Aparecem, de modo inexplicável, sobre a pedra nua, dando [...] no tamanho, na conformação, no modo por que se espalham, a imagem singular de cabeças decepadas e sanguinolentas jogados por ali, a esmo[47].

Para encerrar esta apresentação das plantas da caatinga, nenhuma delas é mais adequada que o umbuzeiro, "a árvore sagrada do sertão":

É a sócia fiel das rápidas horas felizes e longos dias amargos dos vaqueiros. Representa o mais frisante exemplo de adaptação da flora sertaneja. [...]. Desafiando as secas duradouras, sustentando-se nas quadras miseráveis mercê da energia vital que economiza nas estações benéficas, das reservas guardadas em grande cópia nas raízes. E reparte-as com o homem. Se não existisse o umbuzeiro, aquele trato de sertão [...] estaria despovoado. O umbu [...] alimenta o matuto e mitiga-lhe a sede. Abre-lhe o seio acariciador e amigo, onde os ramos recurvos e entrelaçados parecem de propósito feitos para a armação das redes bamboantes. E ao chegarem os tempos felizes dá-lhe os frutos de sabor esquisito para o preparo da umbuzada[48].

O Que Falta "No Quadro das Plantas Sociais Brasileiras, de Humboldt"

Depois de ter apresentado três espécies de "plantas sociais" – as catingueiras, os *alecrins-dos-tabuleiros* e os *canudos-de-pito* –, Euclides observa que elas "não estão no quadro das plantas sociais brasileiras, de Humboldt"[49]. Essa crítica faz pouco sentido, uma vez que o pesquisador alemão, quando chegou, em 1800, à fronteira da Venezuela com o Brasil, foi proibido de entrar neste país. Portanto, não pôde estudar a vegetação brasileira em seu ambiente. Nos dois estudos nos quais Humboldt apresenta um quadro global das principais formas vegetais, inclusive os cactos – "Essai sur la géographie des plantes"

---

47. *Idem, ibidem*.
48. *Idem*, p. 56-57. Dos umbuzeiros existem também boas descrições no relato de Martius. Uma delas (F. Johann Baptist Von Spix e Carl Friedrich Philipp Von Martius, *Viagem pelo Brasil (1817-1820)*, vol. II, p. 282) foi citada acima.
49. Euclides da Cunha, *Os Sertões*, p. 52.

(1807)[50]; e "Ideen zu einer Physiognomik der Gewächse" (1849; Ideias sobre uma fisionomia das plantas) –, não há nenhuma referência a plantas brasileiras. Quem realizou um trabalho científico exemplar sobre a flora brasileira, foi Martius, mas Euclides não lhe atribui valor algum.

"Uma Categoria Geográfica que Hegel não Citou"

Depois de ter feito esse anúncio, na página introdutória da parte "A Terra", suscitando, com isso, a curiosidade do leitor, Euclides explica, no capítulo v, de que se trata:

> Hegel delineou três categorias geográficas como elementos fundamentais colaborando com outros no reagir sobre o homem, criando diferenciações étnicas: As estepes de vegetação tolhiça, ou vastas planícies áridas; os vales férteis, profusamente irrigados; os litorais e as ilhas[51].

Essas categorias foram apresentadas por Hegel nas suas Lições sobre a filosofia da história (*Vorlesungen über die Philosophie der Geschichte*, 1837), no capítulo "Geographische Grundlage der Weltgeschichte"[52] (ed. 1986, p. 116; Fundamento geográfico da história universal). Como exemplos da primeira categoria, o filósofo menciona as estepes da Eurásia, os desertos da África e, na América do Sul, os desertos em torno do rio Orinoco e no Paraguai.

Euclides, que toma como exemplos os *llanos* da Venezuela e o deserto do Atacama, no Chile, observa que essas paisagens "não fixam o homem à terra"; "não atraem"; "têm a força centrífuga do deserto; repelem; desunem; dispersam". Ele lhes opõe "os sertões do Norte" (isto é: do Nordeste), "que à primeira vista se lhes equiparam" – criticando o fato de que aos sertões "falta um lugar no quadro do pensador germânico". Os sertões, como esclarece Euclides, pertencem tanto à categoria das estepes e dos desertos quanto à dos vales férteis, porque, no tempo das secas, são "barbaramente estéreis",

---

50. Da edição francesa consta também o espetacular tableau "Géographie des plantes équinoxiales". Esse quadro (90 x 60 cm, no tamanho original) mostra, no dizer de Euclides (Euclides da Cunha, *Os Sertões*, p. 61), como "uma montanha única sintetiza, do sopé às cumeadas, todos os climas do mundo". Isto é, como as plantas das diversas zonas climáticas da Terra se concentram perto de certos cumes dos Andes, especialmente do Chimborazo, cf. Humboldt, 1990, *apud* p. 22.
51. Euclides da Cunha, *Os Sertões*, p. 59.
52. "Geographische Grundlage der Weltgeschichte" (ed. 1986, p. 116, Fundamento geográfico da história universal).

mas, com a chegada das chuvas, tornam-se "maravilhosamente exuberantes"[53]. Trata-se de um "jogo de antíteses" da natureza, que impõe, segundo Euclides, "uma divisão especial" no quadro de Hegel[54].

Vem ao caso lembrar que a dupla face do clima e da fitofisionomia do Nordeste brasileiro já tinha sido descrita antes, em 1819, por Martius, em sua travessia do sertão do Piauí: "De janeiro a abril, tudo verdeja e floresce com exuberância; porém, durante os meses de agosto até dezembro, a terra se torna uma planície estorricada, morta". Os sertanejos, como ele informa, chamam esse ambiente ora de *mimoso*, ora de *agreste*[55]. Esta observação de Martius, como também várias outras de Alexander von Humboldt, ilustra também a diferença de qualidade existente entre os conhecimentos geográficos de estudiosos de *gabinete*, mais limitados, como Hegel, e estudiosos viajantes que decidiram sair do continente europeu para realizar *pesquisas de campo* em meio à natureza de países tropicais.

A "Hipótese Brilhante" do "Maior dos Naturalistas"

Passando a considerar o papel da natureza, e especialmente o do sertão, na economia da terra, Euclides começa pela tentativa de explicar a criação dos desertos, focalizando o tipo clássico do Saara. Ele apoia-se, então, na "hipótese brilhante" de Alexander von Humboldt, "o maior dos naturalistas", que "lobrigou a gênese [daquele deserto] na ação tumultuária de um cataclismo, uma irrupção do Atlântico, precipitando-se [...] sobre o norte da África e desnudando-a furiosamente"[56]. A importância das pesquisas de Humboldt para a apresentação do sertão, por parte de Euclides, foi sintetizada por Oliver Lubrich, um dos principais estudiosos da obra do naturalista, nestes termos:

> A especificidade da natureza cambiante e ambígua do Sertão deixa-se apreender somente [...] com a tese de Alexander von Humboldt sobre uma inundação em eras anteriores, com sua teoria da migração geográfica das plantas, sua concepção das linhas isotérmicas curvas, seu modelo da divisão por camadas das zonas climáticas, seu interesse pelo desenvolvimento da Terra ao longo do tempo e sua preocupação com a influência do homem

---

53. Euclides da Cunha, *Os Sertões*, pp. 59-60.
54. *Idem*, p. 60.
55. Cf. F. Johann Baptist Von Spix e Carl Friedrich Philipp Von Martius, *Viagem pelo Brasil (1817-1820)*, vol. II, p. 326.
56. Euclides da Cunha, *Os Sertões*, p. 61.

[...] – ou seja, com sua concepção da natureza enquanto correlação dinâmica de forças, na qual acontecimentos geognósticos ou marinho-biológicos devem ser pensados em ligação atuante com a história das civilizações.

Ele chega à conclusão de que o "significado superior" da explicação de Humboldt, a que Euclides se refere[57], "consiste no fato de que, com esse pensamento, uma complexidade antes inapreensível, a singularidade do Sertão e, metonimicamente, a identidade do Brasil, deixa-se compreender"[58].

Os Fazedores de Desertos

O autor de *Os Sertões* termina a sua apresentação da parte "A terra" com o enfoque de "um agente geológico notável – o homem". Esse agente, como ele demonstra em seguida, "assumiu, em todo o decorrer da História, o papel de um terrível fazedor de desertos"[59]. A destruição do ambiente natural começou com a praxe dos indígenas de usarem na agricultura como instrumento fundamental o fogo. Os colonizadores, que vieram depois, copiaram esse procedimento até o século XIX adentro – e, podemos acrescentar, em vários pontos do Brasil, até os dias atuais. O resultado dessas queimadas, desses constantes ataques à natureza, foi a "*caapuera* – o mato extinto"[60].

Antes de Euclides, a criação de desertos pelo homem já tinha sido registrada por Alexander von Humboldt e por Martius. Na sua travessia do interior da Venezuela, a caminho dos *llanos*, Humboldt verificou, no Lago de Valencia, uma drástica diminuição do nível das águas, em comparação com épocas anteriores. Como causa principal, ele identificou o hábito dos moradores de "queimar os pastos, para fazer nascer uma grama mais fresca e mais fina". A isso acrescenta-se a destruição das florestas, "que os colonos europeus praticam em toda a América"; "com isso, as fontes secam ou tornam-se mais escassas"[61]. No seu ensaio sobre a "Fisionomia das plantas" (1849), o naturalista focaliza também o Mediterrâneo: Ao se olhar os litorais desse mar, que deu origem

---

57. Idem, ibidem.
58. Oliver Lubrich, "A Viagem de Alexander Von Humboldt pela América e sua Reverberação na Literatura – de Goethe a García Márquez", em Helmut Galle e Marcus V. Mazzari (orgs.), *Fausto e a América Latina*, São Paulo, Humanitas, 2010, p. 154.
59. Euclides da Cunha, *Os Sertões*, p. 62.
60. Idem, p. 63.
61. Cf. Relation Historique, vol. II, pp. 67, 81 e 72.

à maioria das civilizações, "costuma ser esquecido o fato de os povoadores pioneiros terem removido dali as florestas primitivas"⁶².

Quanto a Spix e Martius, em sua travessia do sertão no extremo oeste de Minas Gerais, na Chapada do Paranã (perto da atual Chapada Gaúcha), eles observaram "queimadas que haviam se propagado numa extensão enorme". Isto, porque "os arbustos espessos em parte sem folhas durante a seca, quase todos os anos são vítimas do fogo, posto pelos sertanejos"⁶³. Essa mutilação da natureza pelos fazedores de desertos é documentada também na gravura "Um campo queimado", que integra o livro *A Viagem de Von Martius: Flora Brasiliensis*⁶⁴.

Contudo, se o homem fez o deserto, Euclides da Cunha pondera que ele também pode ainda extingui-lo. Nesse sentido, ele se refere, nas páginas finais da parte "A Terra", a cisternas, poços artesianos e, sobretudo, à criação de "numerosos e pequenos açudes uniformemente distribuídos" pela caatinga⁶⁵. Com isso, pudemos verificar que os três autores aqui comentados – Euclides, Humboldt e Martius – estão unânimes em defender a preservação do meio ambiente, em âmbito global.

Existe, na Obra de Humboldt, uma Referência ao Sertão?

No final deste comentário, eu gostaria ainda de levantar uma pergunta, que foi suscitada pelo fato de o autor de Os Sertões ter realçado e elogiado o papel de Alexander von Humboldt (que nunca visitou o Brasil), enquanto ele diminuiu a contribuição de Martius, que, juntamente com Spix, foi um pioneiro na pesquisa dos sertões: Onde existe, na obra de Humboldt, uma referência explícita ao Sertão? Lembramos que, em 1826, foi publicado o volume II da *Reise in Brasilien*, 1817-1820, no qual Spix e Martius relatam a sua travessia dos sertões. Pelo que eu pude observar, consultando escritos de Humboldt publicados após essa data – sobretudo a reedição, revista e ampliada, em 1849, do seu ensaio "Über die Steppen und Wüsten" (Sobre as estepes e os

---

62. Cf. Alexander von Humboldt, "Ideen zu einer Physiognomik der Gewächse", [3. ed., 1849], em *Ansichten der Natur*, ed. org. por Hanno Beck, Darmstadt: Wissenschaftliche Buchgesellschaft, 1987, p. 180.
63. F. Johann Baptist Von Spix e Carl Friedrich Philipp Von Martius, *Viagem pelo Brasil (1817-1820)*, 2017, vol. II, p. 145.
64. Carl Friedrich Philipp Von Martius, *A Viagem de Von Martius: Flora Brasiliensis*, 1996, pp. 84-85.
65. Euclides da Cunha, *Os Sertões*, pp. 65 e 69.

desertos), seus vários escritos sobre a geografia das plantas, e sua obra-prima, o *Kosmos: Versuch einer physischen Weltbeschreibung* (Cosmos: Ensaio de uma descrição física do mundo) –, em nenhum desses textos é mencionado o Sertão. Sobre essa ausência, aliás, eu já tinha chamado a atenção no meu estudo sobre o romance *Grande Sertão: Veredas*[66]. Corroborando essa afirmação, dois eminentes especialistas em pesquisas sobre o famoso naturalista – que consultei em 2019 – também não conhecem nenhuma referência ao Sertão na obra de Humboldt.

Referências Bibliográficas

BOLLE, Willi. *Grandesertão.br – O Romance de Formação do Brasil*. São Paulo, Duas Cidades/Editora 34, 2004.

CANUDOS: *Uma História de Luta e Resistência*. 2. ed. Org. Instituto Popular – Memorial de Canudos. Paulo Afonso-BA, Ed. Fonte Viva, 1993.

CUNHA, Euclides da. *Os Sertões*. Edição crítica organizada por Walnice Nogueira Galvão. São Paulo, Ubu Editora/Edições Sesc, 2016.

_____. *Diário de uma Expedição*. Edição organizada por Walnice Nogueira Galvão. São Paulo, Companhia das Letras, 2000.

_____. *Krieg im Sertão*. Trad. Berthold Zilly. Frankfurt am Main, Suhrkamp, 1994.

DANTAS, Roberto Nunes. *Canudos: Novas Trilhas*. Salvador, Editora e Gráfica Santa Bárbara, 2011.

DAVIS, Mike. *Planeta Favela*. Trad. Beatriz Medina. São Paulo, Boitempo, 2006.

GALVÃO, Walnice Nogueira. *O Império do Belo Monte: Vida e Morte em Canudos*. São Paulo, Editora Fundação Perseu Abramo, 2001.

HEGEL, Georg Wilhelm Friedrich. *Vorlesungen Über die Philosophie der Geschichte [1837]. Werke 12*. Frankfurt am Main, Suhrkamp, 1986.

HUMBOLDT, Alexander von. *Relation historique du Voyage aux Régions Équinoxiales du Nouveau Continent*. Ed. org. por Hanno Beck. Stuttgart, Brockhaus, 1980 [Reimpressão da edição original de 1814-1825], 3 vols.

_____. "Essai sur la Géographie des Plantes [1807]". *Essai sur la Géographie des Plantes*. Ed. org. por Charles Minguet. Nanterre, Eds. Erasme, 1990, pp. 13-35.

---

66. Cf. Willi Bolle, *Grandesertão.br – O Romance de Formação do Brasil*, São Paulo, Duas Cidades/Editora 34, 2004, p. 47.

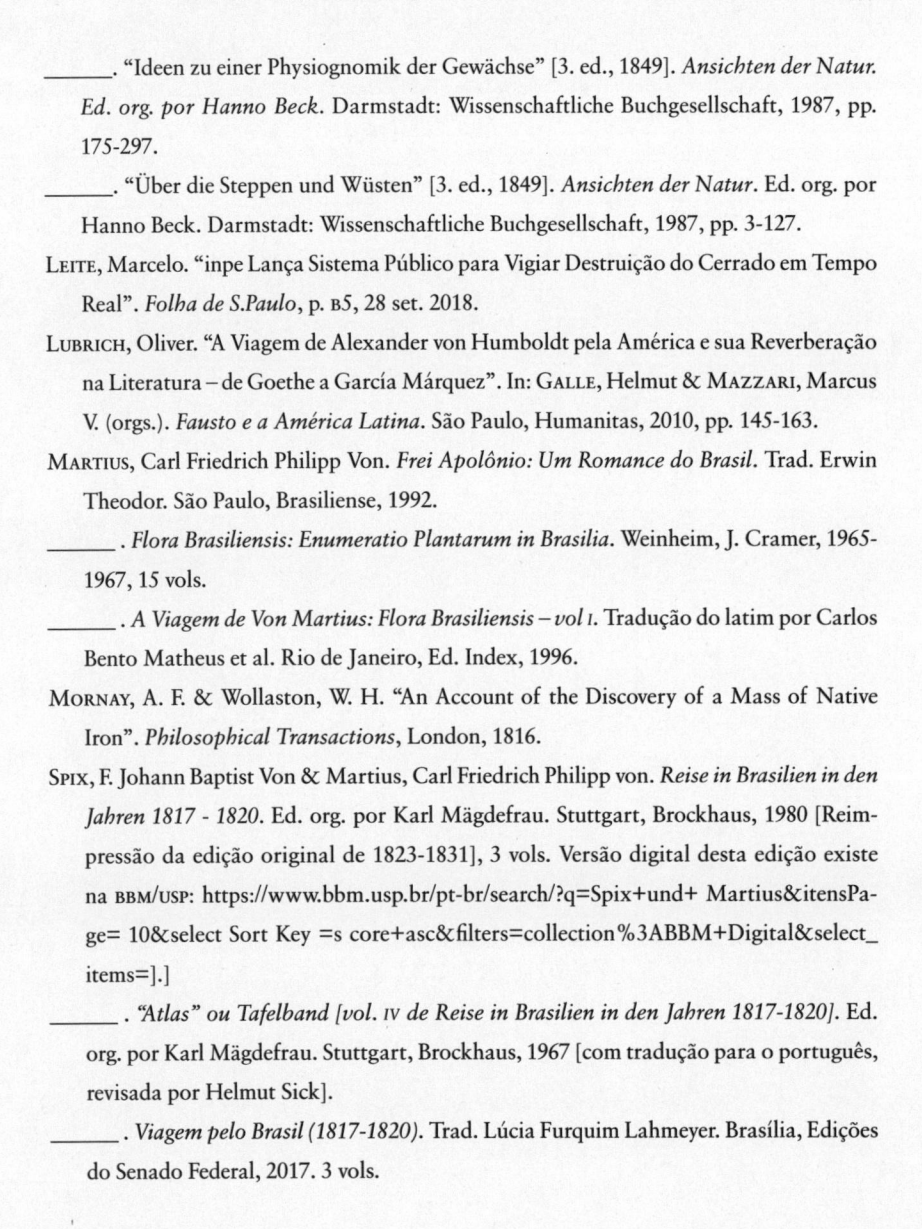

_____. "Ideen zu einer Physiognomik der Gewächse" [3. ed., 1849]. *Ansichten der Natur*. Ed. org. por Hanno Beck. Darmstadt: Wissenschaftliche Buchgesellschaft, 1987, pp. 175-297.

_____. "Über die Steppen und Wüsten" [3. ed., 1849]. *Ansichten der Natur*. Ed. org. por Hanno Beck. Darmstadt: Wissenschaftliche Buchgesellschaft, 1987, pp. 3-127.

LEITE, Marcelo. "inpe Lança Sistema Público para Vigiar Destruição do Cerrado em Tempo Real". *Folha de S.Paulo*, p. B5, 28 set. 2018.

LUBRICH, Oliver. "A Viagem de Alexander von Humboldt pela América e sua Reverberação na Literatura – de Goethe a García Márquez". In: GALLE, Helmut & MAZZARI, Marcus V. (orgs.). *Fausto e a América Latina*. São Paulo, Humanitas, 2010, pp. 145-163.

MARTIUS, Carl Friedrich Philipp Von. *Frei Apolônio: Um Romance do Brasil*. Trad. Erwin Theodor. São Paulo, Brasiliense, 1992.

_____. *Flora Brasiliensis: Enumeratio Plantarum in Brasilia*. Weinheim, J. Cramer, 1965-1967, 15 vols.

_____. *A Viagem de Von Martius: Flora Brasiliensis – vol I*. Tradução do latim por Carlos Bento Matheus et al. Rio de Janeiro, Ed. Index, 1996.

MORNAY, A. F. & Wollaston, W. H. "An Account of the Discovery of a Mass of Native Iron". *Philosophical Transactions*, London, 1816.

SPIX, F. Johann Baptist Von & Martius, Carl Friedrich Philipp von. *Reise in Brasilien in den Jahren 1817 - 1820*. Ed. org. por Karl Mägdefrau. Stuttgart, Brockhaus, 1980 [Reimpressão da edição original de 1823-1831], 3 vols. Versão digital desta edição existe na BBM/USP: https://www.bbm.usp.br/pt-br/search/?q=Spix+und+ Martius&itensPage= 10&select Sort Key =s core+asc&filters=collection%3ABBM+Digital&select_items=].]

_____. *"Atlas" ou Tafelband [vol. IV de Reise in Brasilien in den Jahren 1817-1820]*. Ed. org. por Karl Mägdefrau. Stuttgart, Brockhaus, 1967 [com tradução para o português, revisada por Helmut Sick].

_____. *Viagem pelo Brasil (1817-1820)*. Trad. Lúcia Furquim Lahmeyer. Brasília, Edições do Senado Federal, 2017. 3 vols.

IV
SOBRE MESTRE CANDIDO

IV

SOBRE MOSTEL CANDIDO

19

Lições de um Mestre, na Vida e na Arte

Beth Brait

Palavras Iniciais[1]

TODOS OS INTERESSADOS em estudos literários e estudos da linguagem em geral sabem que o crítico literário, ensaísta, sociólogo e professor universitário, Antonio Candido de Mello e Souza (1918-2017), recebeu inúmeras e merecidas homenagens em 2018, ano de seu centenário. Todas elas foram marcadas pela atmosfera de grande tristeza, causada por seu desaparecimento em 2017 e, ao mesmo tempo, pela alegria de encontros com a grandeza de sua obra, singularizada pelo humanismo e pelo consistente debate a respeito da formação literária nacional. Entrar nessa pertinente e variada exposição das contribuições de Antonio Candido para os estudos de linguagem no Brasil, sem reiterar o que já foi dito e muito bem-dito por especialistas em crítica literária, história da literatura, sociologia etc., e mesmo orientandos, amigos e colegas do mestre, com acesso às suas vivências e seus arquivos, não é uma tarefa simples.

---

1. Este texto, com poucas modificações, foi publicado na revista *Todas as Letras*, vol. 21, n. 2, pp. 210-223, maio-ago. 2019. Disponível em: http://dx.doi.org/10.5935/1980-6914/letras.v21n2p210-223. Agradeço aos Editores, Helena Bonito C. Pereira e Ronaldo de Oliveira Batista, a autorização para a republicação. As reflexões desenvolvidas neste texto iniciaram-se no XXXIII *Encontro Nacional da Anpoll-2018*, cuja temática foi "Produção de Conhecimento, Liberdade Intelectual e Internacionalização: Homenagem ao Professor Antonio Candido", do qual participei na condição de membro da mesa de abertura, em 27 de junho de 2018, intitulada "As Contribuições de Antonio Candido para os Estudos de Linguagem no Brasil".

Assim, o objetivo deste texto, que modestamente se coloca no rol das homenagens ao mestre, é destacar a importância, a pertinência e a atualidade da escrita crítica, acadêmico-didática de Antonio Candido, procurando entender como alunos de diferentes níveis (graduação ou pós-graduação) adentram seus escritos e, a partir deles, assinam suas leituras e suas análises, ou seja, transportam para a profissão e para a vida os ensinamentos registrados na obra de Candido. Isso significa olhar sua escrita e reiterar a inigualável capacidade desse pensador, cujo traço marcante é a sabedoria de articular detalhes linguísticos, enunciativos, discursivos componentes de um texto literário a uma fina, singular e iluminadora interpretação. Nesse percurso, é preciso destacar que o texto, por ele examinado com lupa, não fala sozinho. Ele é levado a dialogar, pelos caminhos assumidos pela análise e pelo ponto de vista do analista, com outros textos, do mesmo autor e/ou de outros, da mesma e/ou de diferentes épocas, o que implica, a um só tempo, fazer emergir as singularidades do texto escolhido e, a partir daí, iluminar o autor, o conjunto de sua obra, o momento histórico, social, cultural e estético que o abriga e é por ele constituído.

A observação desse caminho analítico pretende fazer-se, aqui, pelo ponto de vista de um leitor iniciante que, ao trilhar linha a linha a escrita de Candido, constrói seus conhecimentos, traça seu próprio percurso para a leitura de textos artísticos ou não, verbais e não verbais. Não se trata, entretanto, de uma pesquisa longitudinal em que leitores que beberam nas páginas tecidas pelo mestre tenham sido entrevistados. Na verdade, apresentarei, em primeira pessoa, o que considero traços invariantes da consistente vereda oferecida a neófitos em Letras, Linguística e Estudos da(s) linguagem(ns), escolhendo um dos trabalhos do autor como um dos possíveis marco zero. Destacarei a maneira como, na obra escolhida, metonímia de todas as demais, o candidato a letrado vivencia, intelectualmente, um ritual de passagem que altera não apenas seu estatuto de aprendiz, mas especialmente sua condição existencial, interferindo em sua vida, dentro e fora da sala de aula. Essa relação, que se estabelece entre o leitor da obra e as veredas traçadas por Candido, ao articular-se ao tema "As Contribuições de Antonio Candido para os Estudos de Linguagem no Brasil", título da mesa de abertura do XXXIII Enanpoll, e que poderia também ser o título deste texto, possibilita o entendimento amplo de que as reflexões desse grande mestre, mesmo tendo a literatura como principal objeto, ultrapassam as brilhantes análises literárias e repercutem na maneira de um leitor/espectador encarar outras formas de linguagem em sua relação constitutiva com a vida.

A discussão estar focada exclusivamente em estudos literários, como acontece, por exemplo, na obra aqui escolhida, na relação existente entre literatura e sociedade, literatura e cultura, já seria uma grande abertura para falar do conjunto da produção de Antonio Candido, assim como das especificidades de cada um de seus trabalhos em particular. Cada escrito, sem exceção, impacta a visão de mundo do leitor, seu conhecimento a respeito do homem em geral e do brasileiro em particular, a percepção da literatura como estética verbal, social e culturalmente localizada que, ao falar do humano, sem fronteiras, constitui-se como um direito inalienável de todos, de acordo com um de seus escritos mais lidos e comentados até hoje: *O Direito à Literatura*[2]. A perspectiva aberta pelo título do referido evento científico de homenagem ao pensador brasileiro, e que inclui estudos de linguagem no Brasil, instiga um envolvimento nesse rico universo da linguagem pelo qual transita Candido, possibilitando ao leitor, não exclusivamente dedicado aos estudos literários, encontrar seu lugar na discussão sobre as contribuições do mestre. E é essa abertura que permite ao analista do discurso se incluir e, pela memória, trazer para o presente deste texto seu ritual de iniciação, passagem que marcará sua vida de forma indelével.

Formação da Literatura Brasileira:
Momentos Decisivos para a Formação de um Leitor

Remontando aos primórdios da minha experiência com a linguagem, portanto antes de ser professora, estudiosa da linguagem, pesquisadora, analista de discurso, quando ainda era aluna, estudante de Letras da usp, chego a um tempo/espaço em que a hoje conhecida Faculdade de Filosofia, Letras e Ciências Humanas (FFLCH) chamava-se Faculdade de Filosofia, Ciências e Letras, sobre a qual o mestre se pronunciou várias vezes e, em uma delas, com as seguintes palavras:

---

2. Antonio Candido, "O Direito à Literatura", *Vários Escritos*, 5. ed. rev., São Paulo, Ouro sobre Azul, 2011.

Considero a Faculdade inicialmente chamada de Filosofia, Ciências e Letras e depois dividida em vários institutos um acontecimento extraordinário. Ela não apenas mudou a vida cultural de São Paulo, mas contribuiu para modificar a de todo o país[3].

E a minha também. Naquele momento, caipira vinda de uma cidade do interior paulista[4], estava completamente deslumbrada com estudos da linguagem, quer em textos literários ou não literários, e de maneira muito especial despertada para a forma como linguagem e vida, em diferentes disciplinas, entrelaçavam-se. E é daquele tempo/espaço, fisgado pela memória, que eu recupero a influência desse humanista, desse grande professor, em todos os sentidos, no meu aprendizado sobre a linguagem e sua relação com o existir, com a sociedade, com a cultura, com a estética, com a política, dimensões que acompanham até hoje a minha atuação como profissional centrada na linguagem em diálogo com essas dimensões todas. Remeto, portanto, a um tempo/espaço que deixou marcas profundas na aluna e, consequentemente, na professora, na pesquisadora, na analista de discurso, dentro e fora da sala de aula.

Fui buscar nos balaios de minhas memórias o registro do meu primeiro encontro com o professor Antonio Candido, acontecimento que diz respeito à maneira como eu e grande parte da minha geração aprendemos a olhar o texto em sua tessitura, em sua singular materialidade e, ao mesmo tempo, em sua constitutiva relação com o mundo exterior. Adentrar e participar desse indissolúvel jogo interno/externo representado pelo texto e por sua capacidade de sinalizar mundos capturados, reorganizados imageticamente pela escritura literária, revelando de forma muito significativa um posicionamento, uma postura diante da vida que corre lá fora. Embora já tivesse ouvido falar dele, sobre ele, o primeiro momento em que me defrontei realmente com Antonio Candido foi no final dos anos 1960. Não nos corredores da Faculdade, que ficava na Maria Antônia, atual Centro Universitário Maria Antônia da USP, onde eu estudava. Isso veio depois. Mas o encontro se deu, de fato, nas páginas de um livro. Comprei do seu Jaime, um livreiro que eu diria quase tão importante quanto as aulas que tivemos na faculdade, uma edição de segunda mão

---

3. Antonio Candido, *Revista da adusp*, n. 17, pp. 32-37, jun. 1999.
4. Bem mais tarde fui ter conhecimento do livro *Os Parceiros do Rio Bonito: Estudo sobre O Caipira Paulista* (Antonio Candido, 2. ed. São Paulo, Livraria Duas Cidades, 1971), falando de minha região e de coisas tão próximas às minhas vivências interioranas.

dos dois volumes da *Formação da Literatura Brasileira: Momentos Decisivos*, da Livraria Martins Editora, cuja primeira edição é de 1959. E é esse exemplar que chamo de marco zero, ao menos para mim, e que vou tomar como *corpus* deste texto. Foi ele o momento-espaço em que conheci Antonio Candido, sua inigualável capacidade de se fazer ouvir linha a linha, palavra a palavra, como se estivesse diante de mim e de todos os alunos em uma sala de aula.

Mais que leitora voraz, deslumbrada com a universidade, com os professores, com o universo do saber, transformei-me naquele instante, e com essa obra, em uma aluna, no sentido mais profundo, ou seja, uma aprendiz levada pelas palavras do mestre a construir conhecimentos. Foi como se uma das portas do grande edifício chamado Antonio Candido, construído por meio de seus trabalhos escritos e de suas aulas, se abrisse para mim, permitindo que eu adentrasse essa sala de aula intitulada *Formação da Literatura Brasileira: Momentos Decisivos*, me sentasse em uma privilegiada carteira e ouvisse os ensinamentos do mestre.

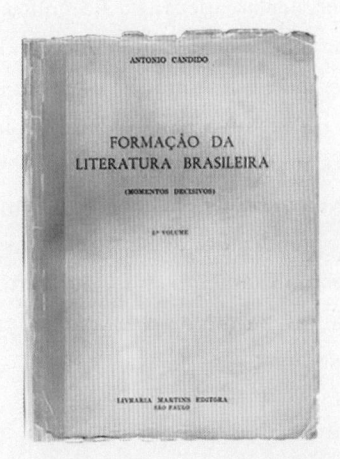

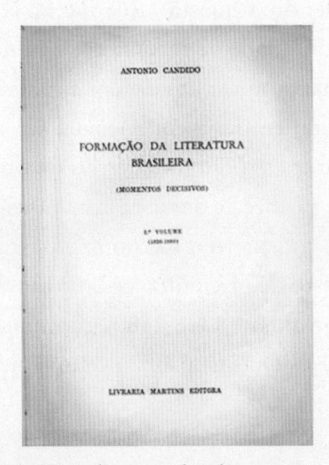

Figuras 1 e 2 – Capa e página de rosto do exemplar da autora
Fonte: Antonio Candido, *Formação da Literatura Brasileira: Momentos Decisivos*. São Paulo, Livraria Martins Editora, 1959.

Diante daquelas páginas, que os olhos percorriam com muito prazer, chegava aos ouvidos uma voz tranquila, pausada, coerente, profundamente erudita, crítica, capaz de discernir e mostrar coisas boas e ruins em um mesmo poeta. Nesse universo, aprendi a caminhar por um conjunto de autores, de obras que, com suas especificidades, com sua materialidade, faziam-me entender a linguagem poética e seu papel na compreensão da vida brasileira, dos movimentos literários, das influências sofridas pelos escritores. Mas minha visão auditiva se fazia principalmente sem deixar de lado meu problema maior: Como analisar um texto para poder penetrar um mundo que, sendo interior a esse texto e a quem o escreveu, faz um movimento de mão dupla entre esse interno e o externo? Como percorrer esse caminho? Onde entrever tudo isso?

De certa maneira, acontecia comigo, frente a esse belíssimo texto crítico, o que Roland Barthes[5] define como "levantar a cabeça" durante a leitura de um texto literário, poético:

> Estar com quem se ama e pensar em outra coisa: é assim que tenho os melhores pensamentos, que invento melhor o que é necessário a meu trabalho. O mesmo sucede com o texto: ele produz em mim o melhor prazer se consegue fazer-se ouvir indiretamente; se, lendo-o, sou arrastado a levantar muitas vezes a cabeça, a ouvir outra coisa.

E esse livro, mais que qualquer outro que eu lia naquele momento, foi respondendo à questão que me fazia erguer a cabeça. Eu lia muito. Eu tinha a humildade de reconhecer a minha ignorância, a minha necessidade de aliar a paixão pela linguagem a saberes que eu desconhecia e sem os quais a linguagem, eu tinha consciência, seria apenas uma paixão. Para explicitar e concretizar essa minha imersão na obra, mantendo a pergunta que me fazia levantar a cabeça e ouvir outras coisas, vou me deter em uma parte, justamente a que considero a metonímia desse aprendizado, desse rito de passagem, desse misto de disciplina, construção de conhecimento e prazer. Refiro-me ao segundo volume (1836-1880), capítulo II, "Os Primeiros Românticos", item 5, "Gonçalves Dias Consolida o Romantismo"[6].

A Construção de uma Leitura

Eu era uma aluna, leitora voraz sem dúvida, com uma relação um tanto estranha, eu diria hoje, em face do objeto físico livro e de cada uma de suas páginas. Para mim, não bastava ler e fazer anotações à parte. Eu precisava sublinhar, com caneta, o que considerava importante no decorrer da leitura.

---

5. Roland Barthes, *O Prazer do Texto*. trad. Jacó Guinsburg, São Paulo, Perspectiva, 1977, p. 35.
6. Antonio Candido, *Formação da Literatura Brasileira: Momentos Decisivos*, São Paulo, Livraria Martins Editora, 1959, pp. 81-96.

Essa heresia pode ser observada na primeira página do item 5: "Gonçalves Dias consolida o Romantismo"⁷. De fato, ela expõe a relação possessiva que eu mantinha com o livro, mergulhada na leitura, mas tentando deter-me e detê-la. Se por um lado eu procurava responder às minhas perguntas sobre "como proceder metodologicamente diante de um texto", por outro (ou talvez exatamente por isso), um estado fronteiriço entre a consciência e a inconsciência me tomava a ponto de eu me apoderar da página e de marcar com caneta, colocando-me na página, me enunciando como sujeito aprendiz. Na página em destaque, sublinhei somente com azul aquilo que eu considerava fundamental. Em outras, há trechos assinalados em vermelho, amarelo, verde e roxo. Nesse sentido, eu imagino que a crítica genética e a psicanálise fariam observações muito pertinentes sobre esse sujeito leitor que eu era e que, por esses traços, por essas pegadas, se insinua e faz parceria com a escrita. As cores indelevelmente intrometidas na página impõem essa parceria, instalando-se como escrita da leitura. E os analistas de discurso também teriam muito a dizer sobre essa forma de enunciar-se no discurso alheio, de se fazer sujeito intrometido na escrita de outrem a partir da leitura personalizada, assinalada, assinada (Figura 3).

Por essas marcas da colorida enunciação desse sujeito leitor disseminadas pela página, é possível perceber o que chama sua atenção, o que o empolga nesse início do item: saber como o mestre iria demonstrar que Gonçalves Dias "se destacava no medíocre panorama romântico pelas qualidades superiores de inspiração e consciência artística"⁸; que elementos de sua obra demonstram sua "ausência de pessimismo e deliberada resistência à intemperança sentimental [...] seu ideal literário: beleza na simplicidade, fuga ao adjetivo, procura da expressão de tal maneira justa que outra seria difícil"⁹. Além disso, o destaque para o fato de que a "[...] maioria dos poetas e mesmo jornalistas considerava Gonçalves Dias o verdadeiro criador da literatura nacional"¹⁰.

Se essas questões gerais para uma aproximação com o poeta romântico me fizeram, leitora iniciante e sem pudor, sublinhar grosseira e indelicadamente as páginas, me enunciando, me intrometendo visualmente nessa escrita, na

7. *Idem*, p. 81.
8. Antonio Candido, *Formação da Literatura Brasileira: Momentos Decisivos*, p. 71.
9. *Idem, Ibidem*.
10. *Idem*, p. 81.

verdade, o motor, o elemento central que me levava a isso era, sem dúvida, a questão que me fazia estar no texto e levantar a cabeça para essa *outra coisa*: Como perceber isso na materialidade verbal, na carnadura do poema? Como relacionar interior e exterior?

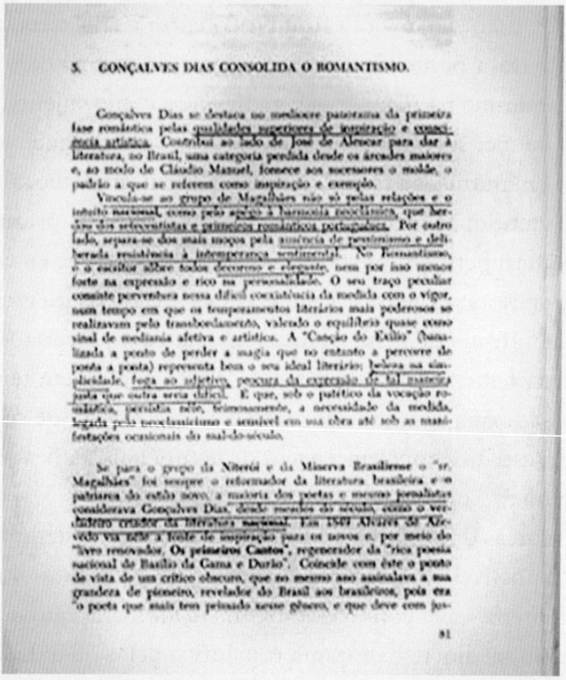
5. GONÇALVES DIAS CONSOLIDA O ROMANTISMO.

Gonçalves Dias se destaca no medíocre panorama da primeira fase romântica pelas qualidades superiores de inspiração e consciência artística. Contribui ao lado de José de Alencar para dar à literatura, no Brasil, uma categoria perdida desde os árcades maiores e, ao modo de Cláudio Manuel, fornece aos sucessores o molde, o padrão a que se referem como inspiração e execução.

Vincula-se ao grupo de Magalhães não só pelas relações e o intuito nacional, como pelo apego à harmonia neoclássica, que herdara dos setecentistas e primeiros românticos portugueses. Por outro lado, separa-se dos mais moços pela ausência de pessimismo e deliberada resistência à intemperança sentimental. No Romantismo, é o escritor sôbre todos decoroso e elegante, nem por isso menos forte na expressão e rico na personalidade. O seu traço peculiar consiste porventura nessa difícil coexistência da medida com o vigor, num tempo em que os temperamentos literários mais poderosos se realizavam pelo transbordamento, valendo o equilíbrio quase como sinal de mediania afetiva e artística. A "Canção do Exílio" (banalizada a ponto de perder a magia que no entanto a percorre de ponta a ponta) representa bem o seu ideal literário: beleza na simplicidade, fuga ao adjetivo, procura da expressão de tal maneira justa que outra seria difícil. É que, sob o patético da vocação romântica, persistia nêle, teimosamente, a necessidade da medida, legada pelo neoclassicismo e sensível em sua obra até sob as manifestações ocasionais do mal-do-século.

Se para o grupo da **Niterói** e da **Minerva Brasiliense** o "sr. Magalhães" foi sempre o reformador da literatura brasileira e o patriarca do estilo novo, a maioria dos poetas e mesmo jornalistas considerava Gonçalves Dias, desde meados do século, como o verdadeiro criador da literatura nacional. Em 1849 Álvares de Azevedo via nêle a fonte de inspiração para os novos e, por meio do "livro renovador, **Os primeiros Cantos**", regenerador da "rica poesia nacional de Basílio da Gama e Durão". Coincide com êste o ponto de vista de um crítico obscuro, que no mesmo ano assinalava a sua grandeza de pioneiro, revelador do Brasil aos brasileiros, pois era "o poeta que mais tem primado nesse gênero, e que deve com jus-

81

Figura 3. Página 81 do exemplar da autora. Fonte: Antonio Candido, *Formação da Literatura Brasileira: Momentos Decisivos*, São Paulo, Livraria Martins Editora, 1959.

Eu diria que foi exatamente isso que Antonio Candido me ensinou. Foi isso que o mestre, nessa obra, mostrou à aluna, convencendo-a, para sempre, que considerações genéricas ou citações de vários comentadores e teóricos, ou o apoio em uma única fundamentação teórica não são suficientes para dizer o que é singular em um determinado texto, aquele que está sendo observado, lido, decifrado. E, além disso, a significação desse texto no conjunto dos textos de um autor, de um poeta, de um prosador, sua distinção e seu papel em relação aos demais no escopo da literatura à qual pertence. Por meio dessas páginas, o mestre me mostrou como encaminhar o olhar, com lupa disciplinada e metodicamente posicionada, para um determinado texto e, assim, perceber que essa escritura com a qual eu me defronto como leitora, como apaixonada, aponta para fora, vem de fora, faz dialogar o *interno* e o *externo* ao texto. Para isso, o tempo todo ele me fazia perceber, com suas lentes de aumento, a construção do texto que, com a singularidade de sua linguagem criadora, apontava para o contexto intelectual, para a vida de uma sociedade, de uma cultura ou de várias culturas entrelaçadas. Esses elementos todos, entretecidos, desvendavam as especificidades do autor, seu posicionamento diante da vida social, intelectual, cultural, concretizadas pela linguagem esteticamente elaborada, distinguindo-o de outros (bons ou maus) escritores.

Tomo como exemplo inesquecível, para mim, embora eu tenha tido tantas outras lições nessa obra e em outras do mestre, a leitura que Candido faz, não da "obra-prima da poesia indianista brasileira", como ele designa o poema "I-Juca Pirama" (p. 85), ou de "Os Timbiras" (pp. 93-96), mas de "Leito de Folhas Verdes"[11]. Se o poema me emociona até hoje por sua beleza, delicadeza, pelo lugar feminino aí construído, foi a leitura de Candido que me seduziu intelectualmente, fazendo-me perceber, pela análise minuciosa do texto, a relação entre interno e externo e, consequentemente, levando-me a entender "as qualidades superiores de inspiração e consciência artística"[12] de Gonçalves Dias.

Para demonstrar o encaminhamento dado pelo analista para trazer o leitor iniciante para o texto, destaco, inicialmente, suas palavras em relação a esse poema: "'Leito de Folhas Verdes' é a obra-prima do exótico tomado como pretexto para inserir em dado ambiente um tipo de emoção que, em si, independe de ambientes, mas vai se renovando na lírica, pela constelação dos detalhes sensíveis"[13]. Essa síntese funcionou para mim, mais uma vez, como um elemento provocador. Eu me interessava, linha a linha, palavra a palavra pelas formas de desnudamento do texto, na certeza de que, pela exploração da materialidade, por meio da linguagem tecida pelo poeta, surgiriam os elementos que, costurados, magistralmente articulados, levariam a interpretações. E

---

11. Poema incluído em *Últimos Cantos* (1851). Para ler o poema completo, consultar Gonçalves Dias ("Leito de Folhas Verdes", *Poemas de Gonçalves Dias*, seleção, introdução e notas por Péricles Eugênio da Silva Ramos, São Paulo, Cultrix, 1968, p. 114) ou outras edições impressas ou online.
12. Antonio Candido, *Formação da Literatura Brasileira: Momentos Decisivos*, p. 81.
13. *Idem*, p. 84.

aí começa a análise de Candido, que em sua generosidade para com o leitor iniciante, desencadeia o rito de passagem e, consequentemente, a formação do leitor crítico. É preciso salientar que, nesse sentido, essa obra não trata apenas da *formação da literatura brasileira*, mas de modo muito especial, da formação do leitor literário e, sem qualquer controle, do leitor das linguagens que fiam a vida. Em "Leito de Folhas Verdes", para mostrar o que afirmou no trecho transcrito, Candido conclui o parágrafo da seguinte maneira: "Numa das estrofes, a simples referência à arasóia (tanga de penas) faz a emoção vibrar numa tonalidade desusada, que refresca e torna mais expressiva a declaração de amor"[14]. Começa, portanto, pela última estrofe, destacando um elemento do léxico indígena (arasóia): "Meus olhos outros olhos nunca viram, / Não sentiram meus lábios outros lábios, / Nem outras mãos, Jatir, que não as tuas, / A arasóia na cinta me apertaram"[15].

O início inesperado, começando a análise pela última estrofe, não apenas desfaz a expectativa de uma leitura linear, mas situa a percepção do leitor em um momento extremamente sensual: o movimento descendente, que se inicia nos olhos, passa pelos lábios, mãos do amado e cinta. O destaque para o termo arasóia leva Candido a tecer considerações sobre elementos que ligam essa materialidade textual/sensual, sua relação com emoção, tonalidade, singularidade de uma declaração de amor, a elementos literários, poéticos, que um leitor mais experimentado, "habituado à tradição europeia", retoma com o auxílio do intérprete:

> [...] no efeito poético da surpresa que consiste o principal significado da poesia indianista – como o da liga vermelha de Araci, a liga rubra da virgindade, que tarda a ser rompida por Ubirajara e dá à paixão de ambos uma rara e colorida beleza[16].

Assim, pelo prisma do léxico e de um movimento corporal descendente, no caso de Gonçalves Dias, outro escritor brasileiro romântico é sinalizado pela análise, indiciando o efeito de sentido da virgindade que tarda a ser rompida. Trata-se de José de Alencar e seu romance indianista *Ubirajara* (1874), recuperado por Candido por meio de um paralelismo léxico direto; arasóia/liga

---

14. *Idem*, p. 85, grifo do autor.
15. *Idem, ibidem*.
16. Antonio Candido, *Formação da Literatura Brasileira: Momentos Decisivos*, p. 85.

vermelha da personagem Araci. O cromatismo acrescenta mais um argumento interpretativo, mais um efeito de sentido.

Por um elemento componente da materialidade textual, o analista faz o leitor enxergar, no texto e na relação entre textos, a maneira como o exterior está dentro, como ele afirma no parágrafo seguinte, ao destacar "a função propriamente estética do pitoresco e do exótico":

> Sendo recurso ideológico e estético, elaborado no seio de um grupo europeizado, o indianismo, longe de ficar desmerecido pela imprecisão etnográfica, vale justamente pelo caráter convencional; pela possibilidade de enriquecer processos literários europeus com um temário e imagens exóticas, incorporados deste modo à nossa sensibilidade[17].

Ainda nessa página, Candido afirma que "o índio de Gonçalves Dias não é mais autêntico que o de Magalhães e Norberto pela circunstância de ser mais índio, mas por ser mais poético[18]". E para dar continuidade a seu argumento, Candido aparentemente abandona "Leito de Folhas Verdes" e passa a analisar "I-Juca Pirama", diferenciando seu autor de Magalhães, Garrett e Castilho. Ao apresentar características do poeta, passa ao poema "Os Timbiras", pelas possíveis sugestões vindas de Alexandre Herculano, Sousa Caldas, analisa "O Mar" e conclui, a respeito do Gonçalves Dias: "A força deste aspecto da poesia gonçalvina vem da capacidade de *organizar* as sugestões do mundo exterior, num sistema poeticamente coerente de representações plásticas e musicais"[19].

Considera, na mesma página, que

> Alguns poemas espelham-na com surpreendente densidade – como é o caso do citado "Leito de Folhas Verdes", tentativa de adivinhar a psicologia amorosa da mulher indígena pelo truque intelectualmente fácil, mas liricamente belo, de, como vimos, alterar apenas o ambiente e certos detalhes de uma espera sentimental doutro modo indiscernível na tradição lírica[20].

A partir daí, entendendo que se trata de "Poesia admirável, das mais altas do nosso lirismo [...]"[21], descreve e sintetiza as características do poema, a an-

---

17. Idem, ibidem.
18. Idem, p. 75.
19. Idem, p. 90, grifo nosso.
20. Idem, ibidem.
21. Antonio Candido, *Formação da Literatura Brasileira...*, p. 90.

gústia da índia à espera do amado, o fluir do tempo relacionado à expectativa, à espera infrutífera. Ocupa-se da técnica de composição, do duplo movimento que justapõe detalhes da natureza como expressão psicológica, combinados com o discurso amoroso e as imagens naturais, chegando ao recurso linguístico/poético da repetição de palavras que "tece a rede sutil do encantamento poético"[22]. Dessa forma, destaca novamente o léxico, explorando o sentido da palavra "folhas", como aparece na primeira, na segunda e na nona estrofes do poema. Ressalta o termo como definição da hora noturna na primeira: "Da noite a viração, movendo as folhas"; foco da espera amorosa, na segunda: "Nosso leito gentil cobri zelosa/com mimoso tapiz de folhas brandas"; e testemunho da longa espera e sinal tangível da decepção na nona: "Tupã! Lá rompe o sol! do leito inútil/A brisa da manhã sacuda as folhas"[23].

O intéprete demonstra, também, que a análise a respeito da variação de sentido, em diferentes ocorrências, se dá com outros vocábulos, os quais ele denomina "vocábulos-chave do poema", caso de tamarindo, bogari, flor, exalar, "aferindo a sua variação em cada ocorrência, compreendida como 'movimento psicológico da personagem'"[24]. Apoia-se, para essa afirmação, na terceira e oitava estrofes, consideradas por ele estrofes complementares: [3ª.] "do tamarindo a flor abriu-se, há pouco, / Já solta o bogari mais doce aroma"; [8ª.] "do tamarindo a flor jaz entreaberta, / Já solta o bogari mais doce aroma"[25]. Candido explica e demonstra que a repetição do verso em que aparece bogari não tem sentido poético idêntico, em função do verso que o antecede em cada uma das estrofes, dos quais é complemento e nos quais se encontra a flor do tamarindo. Assim, na terceira, a expressão aberta há pouco, indica "as primeiras horas da noite"; na oitava, jaz entreaberta "denota o fato consumado". E, segundo o analista, "dessa diferença, decorre o sentimento de fuga do tempo, que vai dispersando, primeiro o perfume das flores, em seguida o do próprio coração"[26].

22. *Idem*, p. 91.
23. *Idem, ibidem*.
24. *Idem, ibidem*.
25. *Idem*, pp. 91-92.
26. *Idem*, p. 92.

Candido apresenta a diferença de sentido e de função de uma mesma palavra como um processo importante no poema e ao qual se junta outro processo que é:

[...] a utilização sistemática dos verbos de movimento para manter o deslizar sutil das horas e o doloroso amadurecimento interior: mover, correr, ir, girar, perpassar, acudir, que empurram a composição, contrastando o sentimento inicial de permanência, – o angustioso travamento do verso por meio de fortes aliterações, que exprimem a duração psicológica bloqueada pela expectativa: *Por que tardas, Jatir, que tanto a custo...*

Dessa translação em vários planos resulta o sentimento de fuga do tempo, que é o tecido mesmo de que se enroupa a decepção amorosa. Note-se que toda magia decorre do processo poético, da sábia estrutura de vocábulos e imagens extremamente singelos[27].

Na materialidade textual, o autor aponta com sua inigualável lupa, que permite ao leitor enxergar junto, compartilhar os detalhes do trabalho poético tecido na e com a linguagem, concluindo: "Note-se que toda magia decorre do processo poético, da sábia estrutura de vocábulos e imagens extremamente singelos". Essa análise, assim como tantas outras, conduz o olhar do leitor de maneira a iluminar a constituição interna do texto e sua relação com o fora, o criado, o recriado, o imaginado. É esse aprendizado que, tendo o texto poético como meta, ultrapassa as especificidades próprias da literatura, disciplinando o olhar e o ouvido do leitor também para textos não poéticos que, de diferentes maneiras, se constituem na vida e para ela apontam. Parafraseando palavras de Candido a respeito de Gonçalves Dias e mudando o que deve ser mudado, o leitor/espectador/ouvinte passa a observar a capacidade dos textos de organizar as sugestões do mundo exterior. Para proceder a uma análise e não para ter um texto como pretexto. Para mostrar a relação entre a linguagem e a vida. E isso não é fácil de aprender e de fazer, mesmo estando no universo das letras, linguísticas e análises do discurso. Eu me vejo em cada aluno e em cada orientando, quando eles perguntam, tanto os de literatura, como os de linguagem em geral: "Como fazer a análise?", "Que categorias usar?" e "A teoria x ou a y dá conta do que eu preciso entender para interpretar um texto ou um conjunto de textos?"

---

27. *Idem, ibidem.*

Muitas vezes, eles fazem essas perguntas antes mesmo de tentar uma leitura do texto, tentar ter uma relação de proximidade com ele, seja de empatia ou antipatia. Isso porque estão acostumados a terceirizar a leitura. Estou chamando de terceirização justamente o apego às teorias e suas "quase receitas", aos interpretadores e suas indicações vistas como caminhos infalíveis. Nesse sentido, concordo com Italo Calvino[28] quando ele diz:

> [...] nunca será demais recomendar a leitura direta dos textos originais, evitando o mais possível bibliografia crítica, comentários, interpretações. A escola e a universidade deveriam servir para fazer entender que nenhum livro que fala sobre outro livro diz mais sobre o livro em questão; mas fazem de tudo para que se acredite o contrário. Existe uma inversão de valores muito difundida segundo a qual a introdução, o instrumental crítico, a bibliografia são usados como cortina de fumaça para esconder aquilo que o texto tem a dizer se o deixarmos falar sem intermediários que pretendem saber mais do que ele.

Penso que isso não quer dizer que a crítica, que as teorias e os intérpretes não sejam importantes e não devam participar de nosso universo de letrados, quer na vertente dos estudos linguísticos, quer na dos estudos literários. Eles são necessários e essenciais, na medida em que cada leitura que fazemos é uma e a partir de um determinado lugar teórico e vivencial, dando ao texto, ao longo de sua existência, condições de possibilitar muitas e diferenciadas leituras. E esse é o motivo de eu ter recorrido a Italo Calvino, para reiterar as lições de vida e de arte do mestre Candido. *Formação da Literatura Brasileira: Momentos Decisivos* é um trabalho sobre a formação da literatura brasileira e a formação do leitor, como afirmei antes, porque mais que evocar teorias e a autoridade de leitores autorizados, o crítico centra sua perspectiva em uma maneira de abordar os textos, os autores, a relação entre os textos de um mesmo autor, tirando daí conclusões inéditas sobre uma sociedade, uma cultura, as relações entre culturas, a partir da linguagem que constitui os textos e seus autores. Trata-se, portanto, da construção, ao longo da obra *Formação da Literatura Brasileira: Momentos Decisivos* de um método, que em nenhum momento é assim designado, mas que vai conduzindo as leituras, nessa dialética entre o dentro e o fora, o interno e o externo, dando ao leitor condições de ouvir o texto que fala a partir de uma

---

28. Italo Calvino, *Por que Ler os Clássicos*, trad. Nilson Moulin, São Paulo, Companhia das Letras, 2009, pp. 19-20.

escuta de sua linguagem esteticamente elaborada. E com ele aprender, por exemplo, que nem tudo de um poeta, em um determinado escritor, é necessariamente bom. A escuta de cada texto possibilita identificar os momentos altos e os baixos no conjunto de uma escritura.

Dessa maneira, eu não tenho pruridos, estando na análise do discurso ou na literatura, de dizer aos meus alunos e orientandos, a partir de minha experiência como aluna, a qual eu trouxe para a vida e para a profissão: batam à porta do edifício do mestre e usufruam de suas análises primorosas, que vão dos aparentemente menores detalhes linguísticos, sua função e importância na arquitetura do texto, à consequente interpretação. Aprendam com ele. E essa minha metáfora do edifício Antonio Candido me acompanha, sempre, me faz ler não somente textos verbais, mas também textos visuais ou verbo-visuais.

O Leitor Ensaia a Escrita de uma Leitura

Não por acaso, depois de tantas décadas desfrutando o privilégio de conviver com as lições do mestre, na academia e na vida, escolho um texto visual contemporâneo para finalizar este texto.

Figura 4 – Foto que circulou nas redes sociais. Autoria e data desconhecidas.

Trata-se de uma foto que circulou nas redes sociais em junho de 2018, sem créditos de autoria e data de realização. Na verdade, não se trata, aparentemente, de uma foto exclusiva. Com pequenas variações de ângulo, foco, distância e luz, várias fotos circularam, especialmente no WhatsApp, focalizando um mesmo sujeito fotográfico, composto, basicamente, por parte da entrada de um edifício, onde uma placa permite sua identificação: "LETRAS. FFLCH/USP. Edifício Professor Antonio Candido de Mello e Souza", com um amontoado de carteiras bloqueando sua entrada.

A razão de eu ter escolhido uma foto para finalizar este texto tem a ver, em primeiro lugar, com a importância fundamental de Antonio Candido, dentre muitas outras coisas, para a construção de um leitor crítico de textos, quer esses textos se constituam exclusivamente enquanto plano verbal, como os do poeta Gonçalves Dias, mostrado como metonímia das lições do mestre, quer visual ou verbo-visual. O leitor, inicialmente ingênuo, mas ávido de conhecimentos voltados para o texto e os discursos que o constroem, ao longo de sua vida vai revisitar os ensinamentos do mestre. Por várias razões: para saborear a escrita clara, generosa, didática e profunda, em que não somente aprendeu (e continua aprendendo), como abraçar um texto, ganhando coragem e instrumental para enfrentar sua materialidade e extrair daí um caminho para assinar sua própria leitura. E nessa toada, nunca mais terá álibi para ignorar as relações dialéticas entre as dimensões internas e externas que produzem os sentidos e os efeitos de sentido de um texto. Ou, parafraseando o mestre, reconhecendo que a força de um texto vem da capacidade do autor organizar as sugestões do mundo exterior, num sistema coerente de representações[29] seja ele verbal ou não.

Assim, ao se defrontar com essa foto, o espectador/leitor crítico, inspirado pelas páginas de *Formação da Literatura Brasileira*, vai se deter no visível, na materialidade visual que a constitui. E, consequentemente, indagar-se, de forma consciente (ou não), sobre os componentes dessa materialidade que traz para dentro de sua textualidade o exterior que a motivou. Um exterior que está aí refletido e refratado, capturado por um ponto de vista (o do fotógrafo) que, ao captar um tempo-espaço, assume um lugar axiológico, caracterizado por um conjunto de valores. E, com seu texto visual, interpela esse leitor/

---

29. Antonio Candido, *Formação da Literatura Brasileira...*, p. 90.

espectador para que ele estabeleça as relações entre essa superfície interna, o visível, e a situação imediata, o contexto mais amplo, para o qual ela aponta.

Muitas perguntas, motivadas pelo percurso metodológico que o mestre sugeriu, vão assomando, articulando o sujeito que vê, como nós agora, e o impacto causado pela foto. Qual o sentido dessa foto? Que discursos atravessam essa foto e a constroem? Que sujeitos aí se enunciam e se deixam ser e ver? O que está por trás do visível? De que maneira essa foto traz, para dentro de si, um espaço e um tempo acadêmicos e, consequentemente, um momento da vida brasileira, apontando para a vida que corre lá fora?

Para os que entraram comigo no Edifício Antonio Candido, aquele que expressei como metáfora de sua obra e que, na minha experiência de leitora, me acolheu por uma das muitas portas sempre abertas, olhar essa foto, anônima e tão profundamente sensível e expressiva, ocasionará uma inevitável sensação de tristeza, acompanhada do espanto de ver um bloqueio, real e metafórico, à entrada do edifício Antonio Candido de Mello e Souza. E esse sobressalto advém do fato de que, sendo uma foto figurativa – observa-se que não se trata de montagem ou ficcionalização –, ela expõe, como instrumento do bloqueio ao edifício Antonio Candido de Mello e Souza do setor de Letras da Faculdade de Letras da FFLCH-USP, carteiras escolares tiradas de seu habitat, a sala de aula, formando uma montanha ameaçadora, assumindo a função bélica de barricada. Parafraseando qualquer dicionário da língua portuguesa, impressos ou on-line, reconhecemos, pela expressão *carteira escolar*, um móvel desenhado com a finalidade de proporcionar aos alunos acomodação adequada para assistir às aulas. Essa foto literal é, pela organização de seus elementos, metáfora (e talvez isso que doa mais) da desconstrução da função das carteiras, alçando-as à condição inversa: em lugar de acomodação prevista para que os alunos assistam às aulas, colocam-se como obstáculo para o acesso ao prédio, às classes e, consequentemente, ao conhecimento. Mas para esta leitora, e provavelmente para tantas(os) outras(os), mesmo localizando e reconhecendo o exterior contextual para o qual aponta a foto – greve do curso de Letras da USP em junho de 2018 –, o jogo de sentidos inclui, de forma tensa e polêmica, um distanciamento, por parte dos construtores da barricada, do significado da obra do mestre, simbolicamente concretizado na atribuição de seu nome a um edifício da Faculdade de Letras da FFLCH-USP.

Deixo aos leitores deste texto, a possiblidade de discutir a pertinência do confronto entre a abertura das lições de um mestre, na vida e na arte, e os sentidos possíveis dessa foto, trazendo para meu esboço de leitura versos do grande poeta João Cabral de Melo Neto[30] que, em seu poema "Fábula de um arquiteto", dialoga com o conjunto arquitetônico dos trabalhos de Antonio Candido:

> A arquitetura como construir portas,
> de abrir; ou como construir o aberto;
> construir, não como ilhar e prender,
> nem construir como fechar secretos;
> construir portas abertas, em portas;
> casas exclusivamente portas e teto.
> O arquiteto: o que abre para o homem
> (tudo se sanearia desde casas abertas)
> portas por-onde, jamais portas-contra;
> por onde, livres: ar luz razão certa.

Em Tempo e Sem Álibi

O texto que acabo de alinhavar, na verdade retoma um grande mestre para homenagear outra grande mestra, criada na mesma escola, discípula extremamente próxima de Candido, em todos os sentidos. Refiro-me a Walnice Nogueira Galvão.

No início de minha graduação, eu era uma estudante franzina, vinda do interior, perdida entre tantos eventos paulistanos, olhos arregalados, ouvidos abertos, tropeçando no novo, quase sem coragem de abrir a boca. Ela, professora, presença forte, bonita, ousada, ensinando a desbravar aplicada e minuciosamente um texto, a descortinar os meandros do que tece a escritura e faz ouvir/ver o fora que se faz presença.

Não apenas o texto literário era objeto dessas leituras, mas também outras manifestações culturais e artísticas, aí incluída a canção, a música popular daquele momento. Entre os contos de *Sagarana*, de João Guimarães Rosa, que li pela primeira vez sob sua severa, precisa, motivadora e inesquecível batuta,

---

30. João Cabral de Melo Neto, "Fábula de um Arquiteto", em *João Cabral de Melo Neto: Obra Completa*, Edição organizada por Marli de Oliveira, com assistência do autor, Rio de Janeiro, Nova Aguilar, 1999, pp. 345-346.

intrometia-se *A Banda*, de Chico Buarque de Holanda. Como era possível pensar, criteriosamente, esses dois eventos de linguagem no espaço universitário da FFLCH? Para Guimarães Rosa, confesso que eu estava preparada, tratando-se do curso de Letras na USP. Mas para *A Banda*, já ouvida incontáveis vezes em minha vitrolinha portátil, era realmente o inesperado. Uma espécie de forte empurrão para atravessar fronteiras.

E naquelas aulas (na verdade fiz mais de um curso com Walnice), tive o privilégio de ampliar meus encontros com as escutas possíveis de um texto, de um conjunto de contos ou de canções e, mais do que isso, de começar a desconfiar do lugar do feminino no mundo das artes e na vida. Esse ensinamento não era teórico ou sistematizado: era dado pelo ser e pelo fazer de Walnice. Esboçava-se em mim, pouco a pouco, a certeza de que eu precisava olhar as filigranas da escritura para compreender sua especificidade e, ao mesmo tempo e a partir daí, as singularidades tensas e complexas da existência de cada um, do coletivo, das infinitas belezas e das agruras do mundo.

E foi isso que Walnice me ensinou naquele momento, e continuou a me ensinar pela vida afora. Uma leitora crítica é sinônimo de muita pesquisa, muita leitura disciplinada, mas especialmente de disponibilidade para enxergar o movimento de diferentes manifestações artísticas (e não artísticas), suas formas de produção, circulação e recepção. Arregalar olhos e espichar as orelhas para a vida e suas formas de se fazer arte.

Referências Bibliográficas

BARTHES, Roland. *O Prazer do Texto*. Trad. Jacó Guinsburg. São Paulo, Perspectiva, 1977.

CALVINO, Italo. *Por que Ler os Clássicos*. Trad. Nilson Moulin. São Paulo, Companhia das Letras, 2009 [1. ed. brasileira 1991].

CANDIDO, Antonio. *Formação da Literatura Brasileira: Momentos Decisivos*. São Paulo, Livraria Martins Editora, 1959. 2 vols.

_____. *Os Parceiros do Rio Bonito: Estudo sobre O Caipira Paulista*. 2. ed. São Paulo, Livraria Duas Cidades, 1971.

_____. *Revista da Adusp*, n. 17, pp. 32-37, jun. 1999.

_____. "O Direito à Literatura". *Vários Escritos*. 5. ed. rev. São Paulo, Ouro sobre Azul, 2011, pp. 171-193. [1988].

DIAS, Gonçalves. "Leito de Folhas Verdes". *Poemas de Gonçalves Dias*. Seleção, introdução e notas por Péricles Eugênio da Silva Ramos. São Paulo, Cultrix, 1968.

MELO NETO, João Cabral de. "Fábula de um Arquiteto". In: *João Cabral de Melo Neto: Obra Completa*. Edição organizada por Marli de Oliveira, com assistência do autor. Rio de Janeiro, Nova Aguilar, 1999.

20

Canto de Amor Pelos Livros, a Partir da Morte

Jorge Schwartz

Do repertório de piadas que Antonio Candido costumava fazer, tinha uma que ele repetia com gosto e graça, ao se lembrar de um amigo que, após a morte da esposa, passara do Partido Comunista para o Espiritismo. Ao comentar o episódio, AC observara que, se o céu existisse, o pai dele, Dr. Aristides de Mello e Souza, que falecera aos 57 anos de idade, receberia no Além um filho quase centenário!

A morte só começou a ser um tema mais recorrente nos últimos anos, sempre com sobriedade. Mas quando ele completou os sessenta anos de idade, na época da aposentadoria da USP, por alguma razão, ele começou a achar que a morte estaria perto, e comentava isso com os alunos. Foi o único período em que esse assunto esteve mais presente.

Em outubro de 2018, meses depois da morte de Antonio Candido, a revista Piauí (nº 145) publicou "O Pranto dos Livros", um texto inédito[1] de AC, descoberto por Eduardo Escorel em meio aos mais de cem cadernos de anotações – já quase míticos! – que seu sogro acumulara ao longo de anos. Foi graças à gentileza e à sensibilidade de Ana Luísa Escorel, Laura de Mello e Souza e Marina Escorel, filhas do crítico, que esse material está hoje arquivado no Instituto de Estudos Brasileiros da USP, mas ainda em fase de processamento.

---

1. Acessível em https://piaui.folha.uol.com.br/materia/o-pranto-dos-livros/.

Foram elas, mais uma vez, que me permitiram a transcrição integral desta curta crônica, apensa logo em seguida a esta memória afetiva do Professor.

"O Pranto dos Livros" está dividido em duas partes bem simétricas: a primeira que descreve o processo da própria morte, e a segunda, sua relação com os livros e a dos livros com ele. O texto beira a ficção, o morto que se narra, no melhor estilo das Memórias póstumas de Brás Cubas:

Morto, fechado no caixão, espero a vez de ser cremado. O mundo não existe mais para mim, mas continua sem mim. O tempo não se altera por causa da minha morte, as pessoas continuam a trabalhar e a passear, os amigos misturam alguma tristeza com as preocupações da hora e lembram de mim apenas por intervalos. Quando um encontra o outro começa o ritual do "veja só", "que pena", "ele estava bem quando o vi a última vez", "também, já tinha idade", "enfim, é o destino de todos".

Os jornais darão notícias misturadas de acertos e erros e haverá informações desencontradas, inclusive dúvida quanto à naturalidade. Era mineiro? Era carioca? Era paulista? É verdade que estudou na França? Ou foi na Suíça? O pai era rico? Publicou muitos livros de pequena tiragem, na maioria esgotados. Teve importância como crítico durante alguns anos, mas estava superado havia tempo. Inclusive por seus ex-assistentes Fulano e Beltrano. Os alunos gostavam das aulas dele, porque tinha dotes de comunicador. Mas o que tinha de mais saliente era certa amenidade de convívio, pois sabia ser agradável com pobres e ricos. Isso, quando se conseguia encontrá-lo, porque era esquivo e preferia ficar só, principalmente mais para o fim da vida. Uns dizem que era estrangeirado, outros, que pecava por nacionalismo. Era de esquerda, mas meio incoerente e tolerante demais. Militava pouco e no PT funcionou sobretudo como medalhão. Aliás, há quem diga que teve jeito de medalhão desde moço. Muito convencional. Mas é verdade que fugia da publicidade, recusava prêmios e medalhas quando podia e não gostava de homenagens. Contraditório, como toda a gente. O fato é que havia em torno dele muita onda, e chegou-se a inventar que era uma "unanimidade nacional". No entanto, foi sempre atacado, em artigos, livros, declarações, e contra ele havia setores de má vontade, como é normal. Enfim, morreu. Já não era sem tempo e que a terra lhe seja leve.

Mas o que foi leve não foi a terra pesada, estímulo dos devaneios da vontade. Foi o fogo sutil, levíssimo, que consumiu a minha roupa, a minha calva, os meus sapatos, as minhas carnes insossas e os meus ossos frágeis. Graças a ele fui virando rapidamente cinza, posta a seguir num saquinho de plástico com o meu nome, a data da morte e a da cremação. Enquanto isso, havia outros seres que pensavam em mim com uma tristeza de amigos mudos: os livros.

De vários cantos, de vários modos, a minha carcaça que evitou a decomposição por meio da combustão, suscita o pesar dos milhares de livros que foram meus e de meus pais, que conheciam o tato da minha mão, o cuidado do meu zelo, a atenção com que os limpava, mudava de lugar, encadernava, folheava, doava em blocos para serviço de outros. Livros que ficavam em nossa casa ou se espalhavam pelo mundo, na Faculdade de Poços de Caldas, na de Araraquara, na Católica do Rio, na Unicamp, na USP, na Casa de Cultura de Santa Rita, na ex-Economia e Humanismo além dos que foram furtados e sabe Deus onde estão – todos sentindo pena do amigo se desfazer em mero pó e lembrando os tempos em que viviam com ele, anos e anos a fio. Então, dos recantos onde estão, em estantes de ferro e de madeira, fechadas ou abertas, bem ou mal tratados, usados ou esquecidos, eles hão de chorar lágrimas invisíveis de papel e de tinta, de cartonagem e percalina, de couro de porco e pelica, de couro da Rússia e marroquim, de pergaminho e pano. Será o pranto mudo dos livros pelo amigo pulverizado que os amou desde menino, que passou a vida tratando deles, escolhendo para eles o lugar certo, removendo-os, defendendo-os dos bichos e até os lendo. Não todos, porque uma vida não bastaria para isso e muitos estavam além da sua compreensão; mas milhares deles. Na verdade, ele os queria mais do que como simples leitura. Queria-os como esperança de saber, como companhia, como vista alegre, como pano de fundo da vida precária e sempre aquém. Por isso, porque os recolheu pelo que eram, os livros choram o amigo que atrasava pagamentos de aluguel para comprá-los, que roubava horas ao trabalho para procurá-los, onde quer que fosse: nas livrarias pequenas e grandes de Araraquara ou Catanduva, de Blumenau ou João Pessoa, de Nova York ou New Haven; nos sebos de São Paulo do Rio, de Porto Alegre; nos buquinistas de Paris e nos alfarrabistas de Lisboa, por toda a parte onde houvesse papel impresso à venda. O amigo que, não sendo Fênix, não renascerá das cinzas a que está sendo reduzido, ao contrário deles, que de algum modo viverão para sempre.

A fria enumeração dá conta de um acelerado processo de dissolução, de evanescência. Um de seus comentários nos últimos anos era que, com a velhice, os rostos das pessoas iam se parecendo aos dos bichos. Das raras queixas que eu ouvi, sobre a idade, foi a de que as pernas eram frágeis e o medo de uma fratura deixá-lo preso a uma cadeira de rodas. Quis o destino que isso não acontecesse; até os últimos dias, surpreendentemente, faz as caminhadas diárias. Digamos que foi poupado, já que nunca seguiu, até onde eu sei, receitas para uma longevidade sadia, como exercícios, vitaminas ou alimentação especial. Isso sim, era frugal em tudo. A quantidade enorme de frutas na cozinha, que nos surpreendia, na realidade, era sempre destinada à empregada.

A consideração inicial após a primeira frase, de grande impacto, é que o mundo continua: "O mundo não existe mais para mim, mas continua sem mim". Lembra de certa forma a frase de abertura do famoso "O Aleph" de Borges, em tradução de David Arrigucci, quando o personagem Carlos Argentino Daneri registra a morte da amada (e traidora) Beatriz Viterbo: "Na candente manhã de fevereiro em que Beatriz Viterbo morreu, depois de uma imperiosa agonia que em nenhum instante se rebaixou ao sentimentalismo ou ao medo, notei que os porta-cartazes de ferro da praça Constitución tinham renovado não sei que anúncio de cigarros; o fato me tocou, pois compreendi que o incessante e vasto universo já se afastava dela e que aquela mudança era a primeira de uma série infinita".

O texto prima pelas ironias a seu respeito. Na visão retrospectiva propiciada pela morte, AC se enxerga como "crítico [...] superado [...] por seus ex-assistentes Fulano e Beltrano". Elegante a ponto de não mencionar nomes, podemos pensar que se trata dos seus primeiros assistentes, por ele convidados, Walnice Nogueira Galvão, Roberto Schwarz, João Alexandre Barbosa e, mais tarde, Davi Arrigucci Jr. Quando se retrata como docente diz que tinha "dotes de comunicador", como se fosse astro de algum programa de TV, não mais do que isso, e que "o que tinha de mais saliente era certa amenidade de convívio, pois sabia ser agradável com pobres e ricos". De fato, elegância e afabilidade eram traços de sua personalidade, e não poderiam ser reduzidas a um gesto nada mais do que "ameno". Sim, os motoristas de táxi do ponto da rua José Maria Lisboa com a alameda Joaquim Eugênio de Lima pouco menos que idolatravam o professor. Quando se retrata ideologicamente, há muito de verdade no meio das sucessivas ironias. Que era de esquerda, mas "tolerante demais". Numa antiga entrevista no periódico *Teoria & Debate*, ele comentara que não era político porque respeitava muito a palavra alheia. E sempre frisou que o verdadeiro político no grupo dele era o Paulo Emilio Salles Gomes. Quando declara que no PT ele "funcionou sobretudo como medalhão", sabemos que isso não é verdade. Que foi muito atuante nas reuniões que fundaram o partido. Quando Lula chegou à presidência, ele afirmou, de forma muito curiosa, que se afastaria totalmente das atividades políticas no PT. Sei que lhe foi oferecido até o Ministério da Cultura, mas, muito coerente com sua postura, recusou. Nos últimos anos, disse que não lia mais os jornais, mas a *Folha de S. Paulo* do dia estava sempre na pilha de jornais e revistas na sala. Sabemos também que nunca se furtou a fazer ato de presença quando era chamado para defender alguma injustiça ou para apoiar alguma causa ou alguém. Quando conta que "recusava prêmios e medalhas", temos de destacar o fato excepcional de que nunca aceitou entrar na Academia Brasileira de Letras. Prometeram-lhe em três ocasiões que não precisaria fazer campanha por votos, mas, mesmo assim, a recusa se manteve. Cito aqui a Profa. Walnice Nogueira Galvão: "Infenso a agremiações mas fiel a suas origens mineiras, a única de que aceitou participar foi a Academia Poços-Caldense de Letras. Devendo escolher o patrono da Cadeira 21, indicou sua professora de ginásio D. Maria Ovídia Junqueira, que lhe revelara as belezas da Bíblia e de Shakespeare, a que se apegaria para sempre. Num tal preito de gratidão figura em alto-relevo o sinete do mestre"[2].

Algo que sempre me chamou a atenção era a rapidez com que aceitava ou recusava convites. Sabia exatamente o que queria, e se manteve fiel à sua ética. Muitos membros da nossa Academia cairão no esquecimento, e não posso imaginar Antonio Candido fardado, ou com cadeira cativa, ou participando dos chás, em meio a esquecíveis e esquecidos. Falando de Academias, a própria comissão do Prêmio Nobel cometeu graves injustiças, entre elas nunca ter outorgado o prêmio a Jorge Luis Borges, e sim a Neruda, Gabriela Mistral, Gabriel García Márquez e Mario Vargas Llosa. Mencionei injustiças mas poderíamos recordar outro tipo de página policial.

Aceitou, porém, alguns títulos *Honoris Causa*, entre outros, o da Universidad de la República (Montevidéu) e o Prêmio Alfonso Reyes, em Monterrey (México), em outubro de 2005, e aos 87 anos de idade, quando tive o privilégio de acompanhá-lo. Foram também Ana Luisa Escorel e Celso Lafer. É claro que perguntávamos a ela sobre o pai, quando nos contou que no quarto adjacente ele acordara assobiando. São certas intimidades reveladoras de uma personalidade ao meu ver *sui generis*.

Esta primeira parte do texto, que se abre com a frase taxativa, fecha-se com outra não menos peremptória e machadiana: "Enfim, morreu. Já não era sem tempo e que a terra lhe seja leve".

Da verdadeira montanha de materiais críticos em livros de homenagem ao longo das décadas (o mais recente, *Antonio Candido 100 Anos*, org. por Maria Augusta Fonseca e Roberto Schwarz), artigos em jornal e revistas especializadas, achei que esta breve análise do último inédito, entremeada com as experiências pessoais que a minha limitada memória permite, poderia ser

---

2. Em "Antonio Candido, 100 Anos", *O Estado de S. Paulo*, Caderno 2, 18 jul. 2018.

algo interessante para a apresentação de hoje. Nos últimos anos, as visitas ao mestre junto com Berta Waldman se intensificaram. Nunca ele disse estar com a agenda ocupada: sem secretária eletrônica, atendia pessoalmente o telefone, ia consultar a agenda, e confirmava. Coube a mim, numa das visitas, testemunhar como ele atendeu a uma moça de *telemarketing*. Explicou a ela, com enorme paciência e educação, que tinha certa idade, mas que desejava a maior sorte nas pesquisas. De fato, ninguém que eu conheça atende dessa forma às irritantes solicitações de *telemarketing*!

Antonio Candido até o fim, abria a porta pessoalmente, arrumava as poltronas, sentava-se sempre em frente de nós, e aí enveredávamos, ou enveredava ele por longas conversas. Uma verdadeira Caixa de Pandora, em que apareciam nomes e fatos novos, que nunca tinham sido contados anteriormente. Assim como existe ouvido total para a música, AC tinha uma memória total e a partir da infância. Uma memória inteligente, não meramente acumulativa. São poucos os testemunhos pessoais que não mencionam essa prodigiosa memória.

Nos primeiros anos, tomávamos chá na sala ou na cozinha, na companhia de D. Gilda, onde estava tudo já arrumado anteriormente. Nos últimos tempos, ele passou a servir deliciosos vinhos do Porto, o que evitava ter de sair da sala. Sempre lamentei não poder gravar as formidáveis conversas (e eu jamais faria isso), mas saía de lá com a nítida sensação de que se tratava de um ser absolutamente excepcional e que coube a mim a enorme sorte de partilhar de seu convívio. Ele costumava dizer que o maior orgulho dele não era a obra, mas os orientandos (!), afirmação da qual nós sempre achávamos graça. E, dizia, ainda, que nenhum professor na FFLCH tinha formado um grupo como o dos orientandos dele. Viveu um século, trabalhando até o final, e como disse Walnice, levaremos um século para desvendar a sua obra.

Fiz parte da última turma de alunos de pós-graduação, de 1971. Trabalhava no Colégio Objetivo, dava aulas de inglês, a pior de todas as experiências profissionais, no qual conheci Salete de Almeida Cara, e ambos nos inscrevemos no curso de Antonio Candido. Eu tinha acabado de chegar de Jerusalém, onde fiz a graduação em Literatura Inglesa e Estudos Latino-americanos. Conto isso para descrever a entrevista de seleção de candidatos. A única pergunta que ele me fez: quais os autores de minha preferência. Falei da poesia de John Donne (poeta metafísico inglês de fins do século XVII), sobre cuja obra acabara de fazer um curso. Não perguntou por projeto, exigência que se faz hoje. Quando fui ver o resultado, no meu português mambembe, confundi "deferido" por "indeferido". Mesmo assim, fui à primeira aula, perguntando se, apesar da recusa, eu poderia frequentar o curso. Após minha insistência, ele pediu para eu ir até a Secretaria de Pós-Graduação! Só Freud explica. Foi nesse curso que conheci também Marisa Lajolo, Antonio Arnoni Prado, José Miguel Wisnik, Norma Goldstein e outros colegas do que hoje é uma geração. Simultaneamente, comecei a dar aulas no curso de Espanhol da USP, e pretendia fazer um mestrado sobre os contos fantásticos de Roberto Arlt. Ele me sugeriu um estudo comparativo com Murilo Rubião, *O Ex-mágico*, inclusive me trouxe os livros.

Quero também aproveitar para destacar o verdadeiro sentido de liberdade numa orientação. Fiz a pesquisa do doutorado em Yale, por intermédio do convite de Emir Rodríguez Monegal. Ignorava eu que Ángel Rama, amigo muito próximo de AC, era inimigo acérrimo de Monegal. Mesmo assim, jamais ele disse uma única palavra sobre essa desavença, que na realidade eu tive de aguentar em New Haven com Monegal! O doutorado também seguiu uma linha de pesquisa diferente das dele, estabelecendo uma tradição poética do Modernismo até o Concretismo. Tinha muito mais a ver com o *paideuma* de Haroldo de Campos. Nunca soube se ele gostou. Leu tudo, fez correções. Como no mestrado, ele demonstrara tamanho respeito pelo meu trabalho (pelo *outro*) que provavelmente o impedia de indicar caminhos diversos, ou mesmo a eles se contrapor; simplesmente, não era esse seu feitio. Ele chegou a orientar as teses mais diversas: desde histórias em quadrinhos, do Antonio Luiz Cagnin, hoje falecido, até um doutorado sobre Borges, que não era autor do seu repertório. Quando necessário, AC, sim, intervinha de forma direta, como foi o caso de uma difícil tese de uma querida colega, também hoje falecida.

Quando comecei a orientar, perguntei o que ele recomendava ao principiante que eu era; foi taxativo: se tiver alguma dúvida, não aceite!

Uma última curiosidade: sabendo que Marcel Proust era seu autor favorito, e que tinha uma biblioteca inteira dedicada ao autor francês, nunca conseguimos convencê-lo a que nos desse um curso sobre sua obra.

Voltando à segunda parte do texto, ela é dedicada aos "amigos mudos: os livros"; é um canto de amor pelos livros a partir da morte. AC os personifica *post mortem*, como amigos que choram por ele, "todos sentindo pena do amigo se desfazer em mero pó". Descreve os vários lugares em que seus livros foram ficando ao longo da vida, e os cuidados extremos a eles dedicados desde a infância. Também não deixa de haver ironia, quando diz que "passou a vida tratando deles, escolhendo para eles o lugar certo, removendo-os, defendendo-os dos bichos e *até os lendo. Não todos, porque uma vida não bastaria para isso e muitos estavam além da sua compreensão*". Na piada, podemos até tentar nos igualar com as nossas próprias bibliotecas ou tentativas de bibliotecas, e o fato de os livros nos superarem, e nos aguardarem sempre como fieis amigos. Nessa figura criada por AC, a da transitoriedade da vida e da perenidade do conhecimento por meio dos livros, ele finaliza concluindo em terceira pessoa que "o amigo que, não sendo Fênix, não renascerá das cinzas a que está sendo reduzido, ao contrário deles [os livros], que de algum modo viverão para sempre".

1º de Maio de 2017, A Última Visita

Antonio Candido acompanhou o percurso de Oswald de Andrade desde os primeiros trabalhos, que resenhou em jornal. Mas também por meio de ensaios e nos vários depoimentos, palestras, programas de televisão, datas comemorativas, que culminaram na grande homenagem da Flip em 2011. Nas inúmeras conversas privadas, a lembrança era permanente, sempre com graça e alegria, mesmo que fosse para falar da personalidade difícil de Oswald. Ao longo do tempo, houve idas e voltas, todas elas registradas por Antonio Candido, mas a amizade e a mútua admiração se preservaram até e além da morte de Oswald em outubro de 1954.

Com a obra completa agora publicada pela Companhia das Letras, graças à iniciativa de Marília de Andrade, única filha viva do poeta paulista, surgiram novas propostas para cada um dos volumes dessa nova coleção. As edições anteriores foram da Difel (Difusão Europeia do Livro), da Civilização Brasileira (as duas sob a coordenação de Antonio Candido, seu testamenteiro literário), e posteriormente da Editora Globo de São Paulo, já por iniciativa do filho Rudá de Andrade, em 20 volumes publicados de 2002 a 2014.

Gênese Andrade, coordenadora junto comigo dessa nova série da Companhia das Letras, transcreveu uma das várias palestras sobre Oswald por ela gravadas. Antonio Candido, ao ler a transcrição, achou que era coloquial demais; imediatamente trouxe do escritório um datiloscrito, que ele considerou já pronto para publicação. Pediu apenas alguns dias para fazer uma releitura. Semanas mais tarde, me entregou o datiloscrito "O Oswald de Andrade que eu conheci", com correções, pedindo que, por favor, as passasse a limpo. Quando o visitei de novo com o texto limpo, produziu outro datiloscrito, "Lembrando Oswald de Andrade", muito semelhante, mas, segundo ele, mais bem-acabado. Ambos tinham oito laudas cada e as diferenças eram mínimas. Entregou a segunda versão com correções, que seriam mais uma vez passadas a limpo. Isto ocorreu na última visita feita ao Mestre, na tarde da segunda-feira, dia 1º de maio. Na sexta-feira, recebi de Gênese a versão limpa, sem saber que, no dia anterior, ele fora internado com uma crise de saúde, que levaria ao desenlace dias mais tarde.

Na visita feita durante o feriado, acompanhado de Berta Waldman, a quem dava sempre um forte abraço na chegada e outro tão ou mais forte na saída, ele estava muito agasalhado. Era uma dessas tardes frias de São Paulo. Mesmo assim, continuou tirando de sua infinita memória lembranças que nós ouvíamos assombrados, por nunca tê-las ouvido anteriormente, ao longo dos quase cinquenta anos de convivência: ele como eterno Mestre, orientador de nossas teses, e nós como eternos alunos. Éramos a "meninada", como ele gostava de chamar, agora septuagenária. Rememorou naquela tarde uma das tantas malícias do Oswald: Otto Maria Carpeaux, o crítico austríaco, sofria de uma espécie de gagueira, e no final da fala era acometido por umas tosses compassadas que ele imitou. Imitações magníficas, divertidíssimas, dos mais variados indivíduos (pessoalmente, acho que a de Ungaretti era insuperável). Voltando à gagueira e às tosses no final da frase: Oswald o apelidara por isso de Otto Rino Laringo Carpeaux Morse. Maledicência de uma graça infinita, a exemplo de outras que tanto custaram em vida ao amigo Oswald.

Naquela tarde, também rememorou e imitou mais uma vez a leitura que Oswald fazia da própria poesia. Embora de vanguarda, era imitada por Antonio Candido em tom de grandiloquência própria do bacharel das Arcadas, numa voz elevada e trêmula, própria ao século XIX, e que paradoxalmente nada tinha a ver com o espírito de modernidade do poema escrito.

Poucas semanas antes, na penúltima visita, acompanhei Marília de Andrade. Ela tinha em mãos um documento assinado por Antonio Candido, depois da morte do Oswald, sobre os *Cadernos Confessionais*, ainda inéditos. Ele prometeu dar total apoio à publicação. Para minha surpresa, transcreveu *ipsis litteris* o documento por ele escrito mais de meio século antes, e copiou até a própria assinatura. No momento, chamei a atenção para o fato de que a letra e a assinatura eram idênticas, como se o tempo não tivesse passado. Algo pouco menos que assombroso, para alguém quase chegando a fazer um século de idade. Cumpriu a promessa daquela tarde, enviando a Marília pelo correio o novo documento. Como sabemos, ele ia pessoalmente ao correio, e na semana anterior ao falecimento chegou até a ir ao banco.

Registro tudo isso, antes de eu mesmo esquecer, pela ação do tempo, essas visitas que sempre me traziam muita emoção. E, embora nas últimas, ele continuasse em perfeito estado de saúde e de lucidez mental, meu medo era de que não houvesse mais a próxima visita.

Vendo os familiares e os amigos em volta, por ocasião do velório e da despedida final no cemitério Horto da Paz, percebi que éramos todos seres reais. Mas que Antonio Candido pairava em outra esfera, a da transcendência. Um modelo a ser admirado incondicionalmente, mas impossível de ser imitado. Como disse Ana Luisa Escorel, ele foi feito de um barro diferente do da gente. E como observara Laura de Mello e Souza, a segunda das três filhas, o mundo continua, mas um mundo foi embora.

9 nov. 2018

V
À GUISA DE POSFÁCIO

21

As Tarefas da Crítica

Antonio Candido

Quando Walnice Nogueira Galvão prestou concurso para o cargo de professora titular de Teoria Literária e Literatura Comparada na Faculdade de Filosofa, Letras e Ciências Humanas da Universidade de São Paulo, eu, já aposentado, fz parte da banca examinadora. Tive então a oportunidade de dizer, adaptando uma frase famosa de Juscelino Kubitschek, que Deus me poupou o sentimento da inveja, salvo quando esta é uma forma de admiração pelo trabalho melhor dos outros. Assim, quando leio certos estudos de alta qualidade, lamento não os ter escrito, e foi o que se deu depois da leitura de um admirável de Walnice sobre "Meu Tio, o Iauaretê", de Guimarães Rosa, que me parece um dos momentos mais bem realizados da crítica brasileira. Para mim, é o exemplo perfeito do que o nosso trabalho pode ter de mais satisfatório, porque, fundindo saber e intuição, reúne a pesquisa erudita à percepção analítica Desconversa mais penetrante, transfigurando o texto na medida em que o desvenda por meio de uma escrita certeira.

As qualidades condensadas nesse ensaio se encontram em toda a produção de Walnice, que vai do levantamento paciente e minucioso de *No Calor da Hora* (sua tese de livre docência), ou do rigor incansável que esgota o assunto na edição crítica d'*Os Sertões,* até as engenhosas conjeturas críticas da tese de doutorado (*As Formas do Falso*) e tantos ensaios reunidos sob títulos despretensiosos (como *Saco de Gatos*). Ela é uma estudiosa tenaz e obstinada, que não se satisfaz com os achados da sensibilidade e da inteligência, mas procura a cada passo inseri-los na verificação, na comprovação, na demonstração trabalhosa, que parece não obstante ao leitor conclusão leve e espontânea. Um conhecimento seguro expresso com a estratégia da elegância.

Essa firmeza com fexibilidade se encontra no presente livro, que mostra além disso a versatilidade da autora. Nem todos os críticos são versáteis, e alguns se caracterizam por aplicar metros invariáveis com os quais medem os textos, rejeitando os que ultrapassam ou não alcançam a medida. José Veríssimo foi um pouco assim, e assim foi o Alceu Amoroso Lima dos anos de 1930. Mas como a obra literária é "ondulante e vária", são mais universais os capazes de esposar da maneira mais ampla possível a variedade infinita dos textos. É o caso de Walnice, como este livro comprova.

Desconversa parece uma demonstração das diferentes tarefas do crítico, e por esse lado é uma verdadeira lição. Aqui, tanto o leitor desinteressado quanto o profissional aprendiz podem entrar em contacto com diversos aspectos do nosso trabalho: levantamento, demonstração por meio de trechos escolhidos, estudo de gênero, análise temática, investigação sobre a linguagem de autor, comparação, interpretação e até política cultural. Ao abrir o leque de suas capacidades, Walnice vai assumindo os diferentes papéis que integram a personalidade intelectual do crítico, e o faz por meio de ensaios mais simples e ensaios mais complexos.

Neste livro, ensaios comparativamente mais simples são, por exemplo, os que traçam panoramas, como "As falas, os silêncios", ou os que focalizam certo tipo de personagem: "Forasteiros", sobre estrangeiros na ficção brasileira, ou "As mandonas nos textos", que, por meio de trechos escolhidos, apresenta mulheres fortes na ficção e fora dela. Neste último, o discernimento de Walnice aparece na visão inesperada de um dos personagens mais líricos da nossa literatura: "E que o mel de Iracema não iluda o leitor; Lovelace de tanga, é ela quem droga e possui o titubeante Martim" etc.

O gosto pela crítica, digamos documentada, que aparece nestes dois ensaios, encontra-se também nos três que consagra a Euclides da Cunha, uma de suas especialidades. Inclusive iniciando o leitor em importantes filões desconhecidos da sua correspondência, como as cartas a Reinaldo Porchat e João Luis Alves. Para não falar nas indicações a respeito do rigoroso cuidado com que costurou certas missivas a Oliveira Lima, conhecidas por fragmentos ou má reconstituição. Essa faina levou-a a escrever "À Margem da Carta", um dos três ensaios referidos, de muito interesse para o estudo do gênero epistolar.

Escrito de tipo mais complexo é "Uma cidade, dois autores", que sugere como é possível compreender aspectos essenciais de um autor por meio do estudo do ambiente onde viveu e sobre o qual escreveu. No caso, Machado de Assis e Lima Barreto em relação ao Rio de Janeiro. Com segurança, Walnice procede a uma análise diferencial, mostrando o que têm de diverso sobre a base comum das afinidades, no quadro da cidade que amaram e souberam transpor para as suas criações.

Um texto como este abre caminho para aqueles que lhe permitem demonstrar o mais fino da sua capacidade de investigação e refexão – como "Modernismo: intertextos", brilhante análise comparativa que ilumina textos de Gonçalves Dias, Mário de Andrade e Oswald de Andrade; ou "Demiurgos", onde o escritor é visto, menos segundo o que registra do que segundo o que cria. No caso, trata-se de Jorge Luis Borges e Clarice Lispector, cujas obras refinadas e essenciais requerem leitura em profundidade, como a que faz Walnice com sensibilidade e penetração.

No ensaio "Heteronímia em Guimarães Rosa" e "Metáforas náuticas" (também sobre Rosa) ela se move em esferas mais raras do nosso trabalho, aquelas onde o crítico tem, ele próprio, alguma coisa de criador. O primeiro é um estudo engenhoso e original sobre os pseudônimos (bastante provincianos, digo eu) do grande escritor quando faz poesia, o que leva a sugerir certa relação, nele, entre o prosador (assumido) e o poeta (envergonhado, diz Walnice). "No fundo do cidadão bem-sucedido, do narrador aclamado, haveria um (uns) poeta (s) irrealizado (s)..." O segundo ensaio, talvez o mais brilhante do livro, é magistral e mostra uma bela aliança entre a percepção lingüística e sua aplicação ao estudo da língua literária, com exemplos que são verdadeiras descobertas a respeito da invenção de Guimarães Rosa, no âmbito do vocabulário e no âmbito da frase, elucidando a sua capacidade de refazer a linguagem. Ensaios como este são boas amostras do tom de Walnice, que pressupõe paciência infinita, denodo de investigação e intuições certeiras, alimentadas por uma enorme cultura.

É oportuno que ela tenha fechado o livro com um estudo alentado e desalentador sobre a má política cultural do Brasil no exterior, numa demonstração de que, nela, a crítica e a professora se completam pela intelectual consciente da função social da cultura. Baseada na observação direta, em documentação expressiva e muita lucidez, ela expõe a situação calamitosa das atividades oficiais brasileiras nos países estrangeiros e o lugar insignificante que a nossa produção ocupa neles. Ao mesmo tempo, informa sobre a atitude completamente diversa de Portugal, que leva a sério o problema e organizou um sistema poderoso e eficiente que assegura a sua presença fora.

Devo dizer que o estudo de Walnice me encheu de melancolia, pois no fm de 1961 e começo de 62, tempo do governo João Goulart, fui à França por encargo do Ministério das Relações Exteriores fazer uma visita aos leitorados, e verifquei que a situação era pouco mais ou menos a que Walnice expõe trinta e seis anos depois. Parece que estamos condenados à exclusão cultural e ainda não passamos, neste terreno, de apêndice ocasional da América Espanhola ou de Portugal.

Finalmente, não posso deixar de exprimir a alegria que tenho quando vejo a qualidade dos estudiosos de literatura que tive a sorte de ter, primeiro como alunos, depois como orientandos e, alguns deles, como colaboradores na Universidade de São Paulo. Essa sorte me ligou a um número ponderável de moças e rapazes, hoje madurões, de um nível que raramente se encontra nas instituições de ensino superior. O livro de Walnice, antiga aluna e companheira de trabalho, é mais uma prova disso.

Prefácio do livro *Desconversas – Ensaios Críticos* (1998).

Walnice Nogueira Galvão e Antonio Candido.
Foto: Mary Lafer.

22

Para Louvar Walnice

Celso Lafer

WALNICE NOGUEIRA GALVÃO reúne e combina muitos atributos. É uma escritora de qualidade e uma estudiosa de calibre da literatura e da cultura. Sua erudição é abrangente, seus interesses, múltiplos.

Seus méritos foram reconhecidos pela Faculdade de Filosofia, Letras e Ciências Humanas da USP, na qual estudou e lecionou, que a ela conferiu o título de professora emérita. Na ocasião, foi saudada pela prof^a Ligia Chiappini, que tratou circunstanciadamente de sua trajetória. A prof^a. Ligia em parceria com o prof. Antonio Dimas são os organizadores deste *liber amicorum*. Dele participo com muita satisfação com algumas reflexões sobre o seu último livro, *Lendo e Relendo*[1], que reúne diversificada coletânea de seus ensaios. Trata-se de uma escolha lastreada em dois motivos.

Recortes é um livro de Antonio Candido que Walnice aprecia. Nele aponta que muitas vezes o crítico se realiza tão bem em escritos mais breves, fruto das circunstâncias, quanto nos mais elaborados. É o caso de *Lendo e Relendo*. A isto agrego que há uma tonalidade pessoal nas escolhas que presidiram a elaboração dos textos de *Lendo e Relendo* com a qual me afino.

Com efeito, Ortega y Gasset observou que toda geração possui uma sensibilidade compartilhada perante a vida e as coisas que independe de suas opções pessoais e da diversidade dos seus caminhos. É esta sensibilidade com-

---

1. São Paulo/Rio de Janeiro, Sesc-SP/Ouro sobre Azul, 2019.

partilhada de nossa geração que também identifico nos textos de *Lendo e Relendo*. É o que confere a estas minhas reflexões a dimensão da proximidade, tão pertinente para um *liber amicorum*.

Walnice foi aluna e discípula de Antonio Cândido, a quem este livro é dedicado *in memoriam*. Fez na Faculdade de Filosofia, Ciências e Letras da USP o seu inaugural curso de Teoria Literária e Literatura Comparada de 1961, dedicado ao romance. Nele, fomos jovens colegas e nos tornamos amigos pela vida afora.

O curso desbravou caminhos e abriu horizontes pois Antonio Candido teve a iniciativa de incorporar outros domínios do saber relevantes para uma visão abrangente do estudo da Teoria Literária. Assim, além de outras atividades, o curso contou não apenas com as suas iluminadoras aulas, mas também com exposições sobre o problema geral da ficção, por Anatol Rosenfeld, da personagem do teatro, por Décio de Almeida Prado e do cinema, por Paulo Emilio Sales Gomes. Destas exposições e do texto de Antonio Candido, "A Personagem do Romance", resultou o livro *A Personagem de Ficção*, que oferece a um público maior o alcance heurístico de um curso inaugural (a 13ª edição publicada pela Perspectiva é de 2014). No entanto, para os que o assistiram de viva voz e presencialmente, como se diz hoje nesta época de Covid-19, foi uma experiência única impregnadora das sensibilidades dos que dele participaram.

Foi no espírito desta sensibilidade, que Walnice e eu escrevemos em parceria "Teresina e muito mais", artigo dedicado ao livro *Teresina, etc.* de Antonio Candido, que sempre foi elo de ligação de nossa amizade, assim como Araraquara, na qual minha mãe e a de Walnice foram colegas próximas na Escola Normal.

A Antonio Candido e a D. Gilda consagrou, com argúcia e conhecimento, em *Lendo e Relendo* os ensaios da seção "Duo", situados entre os mais extensos de "Figuras", e os mais curtos das seções de "Paisagens" e "Flagrantes". É como se o espírito do ininterrupto diálogo que um grande casal de intelectuais de proa manteve durante toda a vida, fosse, em surdina, uma das fontes de inspiração deste livro e do percurso de Walnice, como aliás também de tantos que tiveram o privilégio de conviver com o casal.

Antonio Candido escreveu que "estudar literatura brasileira é estudar literatura comparada". Foi o que fez em *Formação da Literatura Brasileira* e

D. Gilda em *O Tupi e o Alaúde*, sua interpretação de *Macunaíma*. Também aponta Antonio Candido a importância da literatura comparada para um país como o nosso, "caracterizado pelo cruzamento intenso das culturas". É a linha adotada, por Walnice, com suas características próprias em *Lendo e Relendo*.

No seu percurso, Walnice tornou-se meritória estudiosa e desbravadora crítica de uma das grandes vertentes da literatura brasileira do século XX, representada por Euclides da Cunha e Guimarães Rosa. Há ecos dos dois nos textos de *Lendo e Relendo*, como também de José de Alencar, que estudamos no mencionado curso de 1961 sobre o romance e a personagem de ficção. Nos dedicados a Alencar menciono "A Cortesã e o Amor Romântico" que incorporou, na perspectiva de Walnice sobre a condição feminina, ensinamentos do curso que juntos fizemos.

Walnice, no entanto, não é, pela diversidade de seus interesses, autora de uma nota só. É o que descortina *Lendo e Relendo*. Os textos nele reunidos são variações intelectuais relacionadas à sensibilidade crítica dos seus múltiplos olhares. Permito-me aqui uma analogia. Lasar Segall dizia que sempre conservou muito abertos os olhos e, levando isto em conta, interpretei a sua grande obra de artista plástico com o bem sucedido resultado estético dos seus múltiplos olhares. De maneira semelhante, os olhos abertos de Walnice ao que se passa no mundo da cultura e da vida se traduzem na hermenêutica crítica dos textos de *Lendo e Relendo*. Estes desvendam correspondências – afinidades entre coisas e situações aparentemente remotas, mas que trazem à tona componentes significativos da sensibilidade compartilhada da nossa geração, como apontei no início desta minha colaboração.

Sublinho inicialmente, como ponto de partida, a importância de "Edmund Wilson, scholar". Walnice o considera um clássico dos estudos literários, que na elegância do bem escrever, lastreado numa erudição não ostentada, caracteriza-se pela segurança do juízo, o apuro do gosto, o domínio da cultura geral e a sensibilidade em relação aos movimentos da História. É compreensível que seja para Walnice uma referência de peso.

Menciono o abrangente "Victor Hugo: A Águia e o Leão", pela importância da obra de Hugo, do seu impacto no Brasil e porque assinala a presença do povo na literatura – um tema caro a Walnice. Aponto o texto sobre o "Cântico dos Cânticos", revelador não só do conhecimento que tem Walnice da Bíblia, mas também de como se insere no cânon da literatura ocidental. Indico o que Walnice discute sobre o teatro brasileiro e seu papel de resistência democrática na vigência do regime autoritário. Aponto o que escreveu sobre Pagu e Frida Kahlo, onde a análise literária e a sensibilidade em relação às artes plásticas ajudam a esclarecer os desafios da condição feminina no século xx – outro tema caro a Walnice, que aprecia as "donzelas guerreiras". É aliás, o que dá espaço para ela pontuar com originalidade a condição de guerreira da bela Iracema de José de Alencar, cuja "única fraqueza é a força de sua paixão".

Suas antenas em relação ao moderno e ao contemporâneo literário brasileiro explicitam-se no seu panorama do nosso modernismo, na discussão das estratégias identitárias na prosa literária, na sua análise do impacto do regime autoritário brasileiro na literatura, no qual destacou o caráter paradigmático do romance *Zero*, de nosso eminente conterrâneo araraquarense Ignacio de Loyola Brandão.

É muito iluminadora a *ars combinatoria* com a qual discute "Haicais e Grafites" e muito interessantes os perfis que traça na seção *Flagrantes*. Entre eles os de Richard Morse (*Um Ianque nos Trópicos*); Benedito Nunes (*O Grande Benedito Nunes*); Paulo Emilio Salles Gomes (*O Príncipe dos Cinéfilos*); Décio de Almeida Prado (*Um Homem de Teatro*); Levi-Strauss, e os seus trópicos não tão tristes, e o destaque que deu à dimensão visionária de Monteiro Lobato.

Entre os muitos ensaios de *Lendo e Relendo* dos quais apontei alguns, um pouco ao sabor do acaso e das preferências, há um importante trabalho sobre as origens da recepção da obra de Fernando Pessoa em nosso país, no qual aliás, Walnice aponta muito apropriadamente o papel inaugural da sensibilidade de Cecilia Meirelles. É com Fernando Pessoa que concluo esta contribuição a este *liber amicorum*, apontando que *Lendo e Relendo* é um livro em sintonia com a obra de Walnice e, à maneira da mensagem do grande poeta português, é "claro no pensar e claro no sentir".

Sobre os Autores

Afonso Galvão Ferreira
Filho de Walnice, trabalha na França como Directeur de Recherche no Centre National de la Recherche Scientifique (CNRS), alocado ao Institut de Recherche en Informatique de Toulouse. Seu doutorado e sua Habilitation à Diriger des Recherches, ambos em Ciências da Computação, trataram de algoritmos e modelos computacionais. Afonso mora há anos em Bruxelas, Bélgica, onde trabalhou durante doze anos em instituições europeias, incluindo seis anos na Comissão Europeia, na qual participou da concepção dos programas de fomento à pesquisa Horizon 2020 e Horizon Europe e de legislações como a General Data Protection Regulation e o Cybersecurity Act. Frequentemente convidado como palestrante e autor de mais de uma centena de publicações, atualmente Afonso participa de vários projetos europeus e colabora assiduamente com diversos Think-Tanks. Sua área de atuação corrente encontra-se na intersecção entre tecnologias digitais, políticas públicas, e prospectiva, presentemente com o foco em cibersegurança e inteligência artificial.

Alipio Freire
Jornalista, escritor, artista plástico e cineasta, Alipio Freire foi militante da organização Ala Vermelha contra a ditadura militar instalada no país em 1964.

Por essa militância, foi vítima da repressão, tendo sido preso, com outros companheiros, no Presídio Tiradentes, onde ficou de 1969 a 1974. Sobre a experiência na prisão, organizou com José Adolfo de Grandville Ponce e Izaias Almada o livro *Tiradentes, um Presídio da Ditadura* (prefácio de Antonio Candido), no qual publicou seu testemunho e de outros ex-presos políticos no mesmo presídio.

No livro *Estação Paraíso*, Alipio Freire recolheu parte de seus poemas, criados ao longo de muitos anos. Deixa inédita outra coletânea de poemas, intitulada *Das brumas de Alcácer-Quibir*.

Como jornalista foi editor da revista *Teoria e Debate* do Partido dos Trabalhadores, co-fundador da *Revista Sem Terra* e do jornal *Brasil de Fato*, ambas publicações do Movimento dos Sem Terra (MST).

Versátil, fez também incursões pelo cinema e pelas artes plásticas, produziu o documentário *1964 - Um Golpe Contra o Brasil*, bem como a curadoria da exposição *Insurreições: expressões plásticas nos presídios políticos de São Paulo* (2013).

Antonio Dimas

Depois de se formar em Letras na Unesp-Assis, em 1965, Antonio Dimas ingressou no PPG de Literatura Brasileira da FFLCH/USP, em 1967. Em 1969, ingressou na carreira docente e se aposentou em 2012, como Professor Titular da disciplina. Foi Fulbright Fellow na University of Illinois/Urbana-Champaign, em 1975; Bolsista da Gulbenkian em Lisboa, em 1979; Professor Visitante na Université de Rennes, em 1986-1987; Bolsista de pós-doc da Fapesp junto à Maison des Sciences de l'Homme, em Paris, em 1997-1998; Representante de Área na Capes, 1999/2004; Professor Visitante na UCLA, em 2001 e na University of Texas/Austin, em 2007. Bolsista do Harry Ransom Center da University of Texas/Austin, em 2014. Atualmente, AD é Pesquisador Sênior do IEB/USP. Autor de vários artigos e de alguns livros, entre os quais: *Tempos Eufóricos*, São Paulo, Ática, 1983; *Espaço e Romance*, São Paulo, Ática, 1985; *Vossa Insolência*, São Paulo, Companhia das Letras, 1996. *Brasil, País do Passado?*, em colaboração com Berthold Zilly e Lígia Chiappini, São Paulo, Edusp-Boitempo, 2000; *Reinventar o Brasil: Gilberto Freyre entre História e Ficção*, em colaboração com Jacques Leenhardt e Sandra J. Pesavento, Porto Alegre/São

Paulo, Edufrgs-Edusp, 2006; *Bilac, o Jornalista*, São Paulo, Edusp-Imprensa Oficial, 2006, 3 vols.; *História Cultual da Cidade*. Homenagem a Sandra J. Pesavento, em colaboração com Charles Monteiro, Daniela M. Fialho, Jacques Leenhardt, Nádia M. W. Santos, Porto Alegre, Marcavisual-Propur, 2015.

Benjamin Abdalla Júnior

Professor Titular Sênior da FFLCH/USP foi um dos fundadores do comparatismo literário entre os países de língua portuguesa. Foi vice-presidente da comissão de cooperação internacional da Reitoria/USP, tendo organizado grupo de alunos (USP/Mackenzie/PUC- SP) que se deslocou para o Timor-Leste em apoio a sua independência política. Obteve, para tanto, recursos do Ministério de Relações Exteriores do Brasil. Por suas gestões foi representante de Letras na Capes/MEC. Foi membro de seu Conselho Superior, como representante das áreas Humanas. Editor das séries Literatura Comentada (Abril) e Princípios, Fundamentos e Básica Universitária (Ed. Ática). Publicou 38 títulos de sua autoria (Crítica literária e Antologia), sendo o seu primeiro título *A Escrita Neo--Realista* (1981), que serviu de paradigma para a área de Estudos Comparados de Literaturas de Língua Portuguesa da USP, da qual foi um dos fundadores.

Beth Brait

Graduada em Letras, com doutorado e Livre-Docência na USP, fez seu pós--doutorado na École des Hautes Études en Sciences Sociales – Paris/ França, é pesquisadora nível 1a do CNPq e editora criadora e responsável pelo periódico *Bakhtiniana*. Revista de Estudos do Discurso. Aposentada da FFLCH/USP, atua nos Programas de Estudos Pós-Graduados em Linguística Aplicada e Estudos da Linguagem e Literatura e Crítica Literária da PUC-SP. É autora de várias obras, dentre elas *A Personagem* (edição revista e ampliada/2017); *Ironia em Perspectiva Polifônica*; *Literatura e Outras Linguagens*; organizadora de várias coletâneas sobre Bakhtin e o Círculo, além de artigos e capítulos de livros. Foi crítica militante de literatura no *Jornal da Tarde* (SP) e outros periódicos paulistas.

Betty Mindlin

É antropóloga, com projetos de pesquisa e apoio a povos indígenas da Amazônia desde 1978. É autora de *Diários da Floresta, Crônicas Despidas e Vestidas* e outros livros. Publicou sete livros em coautoria com narradores indígenas orais, entre os quais *Moqueca de Maridos*, traduzido para várias línguas.

CELSO LAFER

Celso Lafer é Professor Emérito da USP e da sua Faculdade de Direito, da qual foi Professor Titular. Nela lecionou Direito Internacional e Filosofia do Direito de 1971 até a sua aposentadoria em 2011. É membro da Academia Brasileira de Letras e da Academia Paulista de Letras. Presidiu a Fapesp de 2007 a 2015. Foi Ministro das Relações Exteriores (1992, 2001-2002). Entre suas obras estão: *Relações Internacionais, Política Externa e Diplomacia Brasileira, Pensamento e Ação*, 2 volumes, Brasília, Funag, 2018; *Hannah Arendt: Pensamento, Persuasão e Poder*, 3. ed., rev. e ampl., Rio de Janeiro, Paz e Terra, 2018; *Lasar Segall: Múltiplos Olhares*, São Paulo, Imprensa Oficial do Estado, 2015; *Um Percurso no Direito no Século XXI*, vol. 1 – Direito Humanos, vol. 2 – Direito Internacional, vol. 3; *Filosofia e Teoria Geral do Direito*, São Paulo, Atlas, Grupo Gen, 2015; *Norberto Bobbio: Trajetória e Obra*, São Paulo, Perspectiva, 2013.

ETTORE FINAZZI-AGRÒ

Professor Titular Aposentado de Literatura Portuguesa e Brasileira na Sapienza Universidade de Roma. Ele publicou livros sobre Fernando Pessoa, Clarice Lispector e Guimarães Rosa e organizou (junto com outros) duas coletâneas de ensaios sobre o "trágico moderno" e, sozinho, outro livro em inglês intitulado *Toward a Linguistic and Literary Revision of Cultural Paradigms*. Além de quase duzentos ensaios, ele é ainda autor do livro *Entretempos: Mapeando a História da Cultura Brasileira* (Ed. Unesp, 2013) e diretor de duas revistas (*Letterature d'America*, Roma; *Rivista di Studi Portoghesi e Brasiliani*, Pisa). Em 2014, enfim, ele foi nomeado Doutor *honoris causa* pela Unicamp.

EUGÊNIA ZERBINI

Escritora e roteirista. Conquistou o Prêmio Sesc Literatura com seu romance de estreia, *As Netas da Ema* (Record, 2005). Seus contos, publicados em jornais e revistas, foram reunidos na coletânea *Harém* (Patuá, 2016). Em 2020, foi uma das cinco finalistas do Prêmio Kindle com *Para Você Nunca Se Esquecer de*

Mim, romance histórico sobre a imperatriz Tereza Cristina, mulher de Pedro II. Nasceu e vive em São Paulo.

Flávio Aguiar
Professor aposentado de Literatura Brasileira da Universidade de São Paulo. Reside atualmente em Berlim, onde é correspondente de várias mídias alternativas brasileiras e analista político da Radio France International- Brasil. Tem mais de trinta livros publicados, entre eles: *A Comédia Nacional no Teatro de José de Alencar*, São Paulo, Ática, 1984, tese de doutorado realizada sob orientação da profa. Walnice Nogueira Galvão, prêmio Jabuti da Câmara Brasileira do Livro; e *Anita, romance*, São Paulo, Boitempo, 1999, Prêmio Jabuti da CBL em 2000. Seu último livro é *O Legado de Capitu*, romances policial, São Paulo, e-galáxia, Boitempo, 2017 (e-book), 2020 (impresso).

Jacqueline Penjon
Professora emérita de "Língua, literatura e civilização brasileira" na Sorbonne Nouvelle – Paris 3. Dirigiu o Centre de recherches sur les Pays Lusophones (Crepal), organizou uma dúzia de livros como *Hommes et Paysages* (2010), *La Fête dans le Monde Lusophone – Le Carnaval et son Cortège* (2013); meia dúzia junto com outros, como *Jorge Amado, Lectures et Dialogues Autour d'une OEuvre* (2005); *Interpretações literárias do Brasil Moderno e Contemporâneos* (2014); *Momentos da Ficção Brasileira* (2016), etc. É autora, entre outros capítulos de livros e ensaios de "A Recepção de João Guimarães Rosa na França" (2009), "Da América para a Europa: a Mediação do Tradutor na Circulação das Obras" (2018), "Machado de Assis: Um Século de Traduções Francesas" (2019), "De Centre d'Etudes Portugaises à Centre d'Etudes Portugaises et Brésiliennes" (2021).

João Roberto Faria
Foi aluno da Profa. Walnice Nogueira Galvão no quarto ano de Letras na Unesp-Araraquara. É Professor Titular aposentado de Literatura Brasileira da FFLCH da USP. É pesquisador do CNPq e membro do Grupebraf (Grupo de Pesquisa Brasil-França), no Instituto de Estudos Avançados da USP. Publicou, entre outros: *José de Alencar e o Teatro*; *O Teatro Realista no Brasil: 1855-*

1865; *O Teatro na Estante*; *Ideias Teatrais: o Século XIX no Brasil*; *Machado de Assis: Do Teatro: Textos Críticos e Escritos Diversos* (org.); *História do Teatro Brasileiro* (dir.), em dois volumes; e *O Naturalismo* (com J. Guinsburg, org.).

Jorge Schwartz
Possui graduação em Estudos Latino-Americanos e Inglês pela Universidade Hebraica de Jerusalém (1970), mestrado, doutorado e titulação em Teoria Literária e Literatura Comparada pela Universidade de São Paulo (1979) sob orientação de Antonio Candido. Tem experiência na área de Letras Latino-americanas atuando principalmente nos seguintes temas: Oswald de Andrade-Jorge Luis Borges, vanguardas, Oliverio Girondo e Modernismo. Diretor do Museu Lasar Segall de 2008 a 2018, onde foi responsável por várias curadorias. Autor, entre outros, de *Murilo Rubião: Poética do Uroboro*, *Vanguarda e Cosmopolitismo*, *Fervor das Vanguardas*. Organizador das *Vanguardas Latino-americanas*, *Nuevo Homenaje a Girondo*, *Borges no Brasil*, *Caixa Modernista*, *Borges Babilônico*, *Vicente do Rego Monteiro: Do Amazonas a Paris*, *Oswald de Andrade: Obra Incompleta* e *Crisálidas*.

K. David Jackson
Professor de literatura luso-brasileira na Yale University. Em 1978, na Universidade do Texas, serviu 7-Up à recém-chegada colega Walnice N. Galvão. Interessa-se pelos movimentos modernistas na literatura e outras artes, na cultura portuguesa na Ásia, na poesia, música e etnografia. Entre os seus livros: *Cannibal Angels: Transatlantic Modernism and the Brazilian Avant--Garde* (2021), *Machado de Assis: A Literary Life* (2015), *Adverse Genres in Fernando Pessoa* (2010), *Oxford Anthology of the Brazilian Short Story* (New York, 2006), *A Vanguarda Literária no Brasil* (1998), *Haroldo de Campos: A Dialogue with the Brazilian Concrete Poet* (2005) e o cd-rom *Luís de Camões and the First Edition of The Lusiads, 1572* (2003). É co-tradutor para o inglês dos romances *Parque Industrial* e *Serafim Ponte Grande* e atualmente prepara o jornalismo de Patrícia Galvão para publicação. Pesquisou na Índia e no Sri Lanka, foi professor da Fulbright no Brasil e atuou como violoncelista em várias orquestras profissionais e num quarteto de cordas.

Lígia Chiappini

Formada em Letras (USP, 1968), com Mestrado (USP, 1971) e doutorado (USP, 1974), em Teoria Literária e Literatura Comparada, sob orientação de Antonio Candido. Assistente nessa Área, já nos anos 1970; Livre Docente (USP, 1986), Titular (USP, 1990) e chefe de Departamento (DTLLC-USP, 1990-92). Pós-doutorado na École de Hautes Études, em Paris, sobre Literatura e Educação (Fapesp, 1978-79) e na Columbia University, em Nova York, sobre romance e filme Noir (Fullbright/1985-86). Pesquisas sobre regionalismos nas literaturas europeias, em Berlim, Paris, Roma, Florença, Barcelona, Madrid e Lisboa, com bolsa da CAPES (1992). Professora Visitante na Universidade Livre de Berlim (1989-90), ganhou concurso público e ocupou a primeira Cátedra de Literatura e Cultura Brasileira da Alemanha e da Europa, no Lateinamerika Institut da mesma Universidade, com a qual até hoje colabora na Pós Graduação e em eventos culturais. Pelo livro *No Entretanto dos Tempos, Literatura e História em João Simões Lopes Neto,* e pelo conjunto de seus trabalhos sobre esse escritor, recebeu o prêmio "300 onças " (Pelotas, 2012). Pelo livro *Quando a Pátria Viaja: Uma Leitura dos Romances de Antonio Callado,* o prêmio Casa de Las Américas (Havana, 1983).

Participou em mais de 300 congressos e simpósios no Brasil e em outros países, entre os quais, Argentina, Equador, México, Paraguai, Cuba, Grécia, França, Inglaterra, Espanha, Portugal, Suécia, Holanda, Dinamarca, Hungria, Polonia, República Checa e Estados Unidos. Orientou mais de 60 mestrados e doutorados na USP e na FU-Berlin. Foi sócia-fundadora, vice-presidente e presidente da APLL (Brasil- 1979-80); sócia-fundadora e primeira presidente do Centro Ángel Rama (1983); Vice-presidente do IDEA (Genebra 2006); Conselheira do ICBRA, Berlim (1997-2005) e membro do Grupo de Brasilianistas da ADLAF (Alemanha, 2000-2010).

Publicou mais de 10 livros individuais, como, por exemplo, *Antonio Callado e os longes da Pátria* (2010) e mais de 100 ensaios; preparou uma edição crítica das 3 obras principais de Simões Lopes Neto e coordenou vários livros coletivos, dentre os quais: *Studies in The Literary Achievement of João Guimarães Rosa*, New York, 2012; *Welt des Sertão/Sertão der Welt: Erkundungen im Werk João Guimarães Rosas*, Berlin, 2007; *Fronteiras da Integração: Mercosul e Cultura*, Porto Alegre, 2011; *Mercosul/Mercosur, Dynamik der Grenzen und Culturelle*

Integration (Berlim, 2007); *Brasilien, Land der Vergangenheit?* (Frankfurt am Main, 2000); *Literatura e História na América Latina* (São Paulo, 1992).

Sobre Antonio Candido, organizou e publicou na Alemanha a antologia: *Antonio Candido. Literatur und Gesellschaft*, Frankfurt am Main, 2005.

Na área de Literatura e Educação publicou vários ensaios e dois livros: *Invasão da Catedral, Literatura e Ensino em Debate* (Porto Alegre, 1983) e *Reinvenção da Catedral: Língua, Literatura, Comunicação, Novas Tecnologias, Políticas de Ensino* (São Paulo, 2005). Na mesma área destacam-se os 13 volumes da Coleção "Aprender e Ensinar com Textos", parte de um projeto de formação-pesquisa que coordenou com colegas da USP e Unicamp, publicados pela Editora Cortez (São Paulo, 1997- 2005).

MARCEL VEJMELKA
Professor de Português e Espanhol na Universidade Johannes Gutenberg de Mainz, em Germersheim, Alemanha. Tem experiência na área de Literatura, Cultura e Tradução, com ênfase em Literatura Brasileira e Hispano-Americana, atuando principalmente nos seguintes temas: tradução literária, literatura brasileira e hispano (Mais recentemente está explorando tópicos da cultura popular, futebol, música e HQ). Publicações mais recentes: "Antonio Candido e a obra rosiana: da nota de crítica literária ao contexto da literatura latino--americana", Suzana Vasconcelos de Melo, Cleusa Rios Pinheiro Passos, Kim Tiveron da Costa e Sebastian Thies (orgs.), *Explorando os Entremeios: Cultura e Comunicação na Literatura de João Guimarães Rosa*, São Paulo, Hucitec 2020; dossiê "Narrativas gráficas no Brasil" (org.), *Veredas, Revista da Associação Internacional de Lusitanistas*, n. 31 (2019); dossiê "Futebol e política: "Transculturação e transformação no mundo da língua portuguesa" (org. com Elcio Loureiro Cornelsen), *FuLiA/ufmg: Revista sobre Futebol, Linguagem, Artes e outros Esportes*, vol. 4, n. 3 (2019); dossiê "Theory and Practice of Translation in the Portuguese Speaking World" (org. com Thomas Sträter), *Santa Barbara Portuguese Studies,* vol. 3 (2019).

MARCUS V. MAZZARI
Professor de Literatura Comparada na Universidade de São Paulo. Traduziu para o português textos de Gottfried Keller, Heinrich Heine, Karl Marx, Wal-

ter Benjamin, Jeremias Gotthelf e outros. Publicações mais recentes: *Romance de Formação: Caminhos e Descaminhos do Herói*, São Paulo, Ateliê, 2020 (org. com Cecilia Marks); *A Dupla Noite das Tílias. História e Natureza no Fausto de Goethe*, São Paulo, Editora 34, 2019; "Weltliteratur im brasilianischen Hinterland (Sertão)", *Vergleichende Weltliteraturen / Comparative World Literatures*, Mainz, Metzler, 2018; "Machado de Assis em Perspectiva Comparada", *Reflexão como Resistência: Homenagem a Alfredo Bosi*, São Paulo, Edições Sesc/Companhia das Letras, 2018. Coordena a coleção Thomas Mann editada pela Companhia das Letras.

Marilena Chaui

Marilena Chaui é Professora Emérita da Faculdade de Filosofia, Letras e Ciências Humanas da Universidade de São Paulo. Suas áreas de trabalho docente e de pesquisa são História da Filosofia Moderna e Contemporânea e Filosofia Política. Alguns de seus livros: *A Nervura do Real. Imanência e Liberdade em Espinosa*, vol. I Imanência; vol. II Liberdade; *Política em Espinosa*; *Espinosa: Desejo, Ação e Paixão*; *Merleau Ponty: Experiência do Pensamento*; *Cultura e Democracia*; *Contra a Violência*; *Brasil: Mito Fundador e Sociedade Autoritária*; *Conformismo e Resistência*.

Michel Riaudel

Titular da "agrégation" de Letras na França, fez doutorado em literatura comparada (Paris x) e é hoje professor responsável do departamento de estudos lusófonos e diretor da UFR de Estudos ibéricos e latino-americanos da Sorbonne. Membro do CRIMIC, publicou em 2017 um livro sobre os avatares históricos, míticos e literários da figura de Caramuru. Sua pesquisa volta-se para a literatura brasileira, as circulações literárias, questões de intertextualidade, recepção, transferência, tradução e regimes de conhecimento. Traduziu também Ana Cristina Cesar, Modesto Carone, José Almino, Milton Hatoum, João Guimarães Rosa, entre outros autores. É de sua autoria: *Dossiê Sobre a Literatura Brasileira Contemporânea*, organizado com P. Rivas, Europe, 2005; catálogo bibliográfico France-Brésil, Paris, 2005; *Le Corps et ses Traductions*, organizado com C. Dumoulié, Paris, Desjonquères, 2008; *Caramuru, Un Héros Brésilien Entre Mythe et Histoire*, Paris, Petra, 2017 (2ª ed. revista).

Salete de Almeida Cara

Professora livre-docente do Departamento de Letras Clássicas e Vernáculas da FFLCH-USP. É autora, entre outros livros, de *Marx, Zola e a Prosa Realista* (2009) e, entre outros ensaios e capítulos de livros, de *Formação e Negatividade* (2014), *Lição das Coisas: Ruínas Modernas e o Romance Naturalista Brasileiro* (2015), *As Armadilhas do Contra* (2017), *Percurso Histórico-estético da Ideia de Formação* (2019), *Tempos Sombrios e Documentário no Cinema* (2020), *Émile Zola e as Formas da Prosa Realista* (2020), *Atualidade do Realismo Histórico* (2021).

Šárka Grauová

Possui mestrado em Letras pela Universidade Carolina de Praga e doutorado em Literaturas Românicas pela mesma universidade. Atualmente é pesquisadora e docente do Departamento de Estudos Luso-Brasileiros do Instituto de Estudos Românicos da Faculdade de Letras da Universidade Carolina onde desenvolve pesquisas nos campos de literatura brasileira, estudos de tradução e crítica textual. Traduziu vários livros de literatura brasileira, entre outros Machado de Assis: *Memórias Póstumas de Brás Cubas*; Mário de Andrade: *Macunaíma*; Chico Buarque: *Budapeste*; Lima Barreto: *Triste Fim de Policarpo Quaresma*. Por suas traduções recebeu vários prémios nacionais. Fundadora e Presidente da Sociedade Checa de Língua Portuguesa. Presidente do Júri do Prêmio de Tradução Literária Pavla Lidmilová para tradutores principiantes. Dirige a coleção Biblioteca Luso-Brasileira junto das editoras Torst e Triáda. Vice-Presidente de Associação de Brasilianistas na Europa (ABRE).

Willi Bolle

Professor titular sênior de literatura na Universidade de São Paulo. É autor dos livros *Fisiognomia da Metrópole Moderna: Representação da História em Walter Benjamin* (Edusp, 1ª ed. 1994, 3ª ed. 2021); *grandesertão.br: O Romance de Formação do Brasil* (Editora 34, 2004); e *Boca do Amazonas: Sociedade e Cultura em Dalcídio Jurandir* (Edições Sesc São Paulo, 2020) – uma trilogia que apresenta uma topografia cultural do Brasil: da Metrópole/Megacidade através do Sertão até a Amazônia.

Formato	16 × 23 cm
Tipologia	Sabon MT STD
Papel	Markatto Concetto Naturale 250 g/m² (capa)
	Pólen Natural 70 g/m² (miolo)
Impressão e acabamento	Camacorp Visão Gráfica
Data	Março de 2023